"十三五"职业教育系列教材

U0657829

电厂化学与环保

主　　编　黄成群　傅毓赟

副 主 编　徐彦芹　陈文瑞　游绍碧

编　　写　穆顺勇　侯俊凤　周　滔

　　　　　董　晔　韩佳圆

主　　审　洪锦从

中国电力出版社

CHINA ELECTRIC POWER PRESS

内 容 提 要

本书为"十三五"职业教育系列教材。

本书全面系统地介绍了电厂化学与环保课程所涉及的主要知识，内容包括：锅炉补给水处理、热力系统水处理、其他水处理、水汽化学监督、电厂燃煤化学监督、电力用油化学监督、制氢与发电机的氢冷却、烟气脱硫以及烟气脱硝。

本书可做为高职高专热能与发电工程类、电力技术类相关专业教学的教材，也可作为企业岗位培训、职业资格鉴定的培训教材，还可作为电力、化工、石油、冶金和纺织等单位从事化学与环保技术领域相关的工程技术人员和管理人员的参考书。

图书在版编目（CIP）数据

电厂化学与环保/黄成群，傅毓赟主编. —北京：中国电力出版社，2018.2（2023.7重印）

"十三五"职业教育规划教材

ISBN 978-7-5198-1272-0

Ⅰ. ①电…　Ⅱ. ①黄…②傅…　Ⅲ. ①电厂化学－职业教育－教材②发电厂－环境保护－职业教育－教材　Ⅳ. ①TM621.8②X773

中国版本图书馆 CIP 数据核字（2017）第 253489 号

出版发行：中国电力出版社
地　　址：北京市东城区北京站西街 19 号（邮政编码 100005）
网　　址：http://www.cepp.sgcc.com.cn
责任编辑：吴玉贤（010-63412540）
责任校对：王小鹏
装帧设计：郝晓燕　左　铭
责任印制：吴　迪

印　　刷：北京雁林吉兆印刷有限公司
版　　次：2018 年 2 月第一版
印　　次：2023 年 7 月北京第四次印刷
开　　本：787 毫米×1092 毫米　16 开本
印　　张：18.25
字　　数：447 千字
定　　价：46.00 元

前　言

伴随着电力工业的进步，火力发电机组不断向着大容量高参数方向发展，为将电力行业的新知识、新技术、新工艺及时反映在教材中，我们编写了此书。

本书在编写过程中坚持少而精的原则，教材内容紧密结合现场实际，具有较强的针对性、实用性和可操作性，对电厂运行人员学习和了解化学与环保知识有很大的帮助。本书具有以下特点：①突破传统电厂化学教材在内容上的选编方式，力求实用为主、简明易懂，对于研究性理论和公式推导以够用为度；②注重推广国家及行业新标准；③对现场运行操作技术给予了充分重视，着力从技术应用角度介绍各种工艺的设备及工作过程等；④力求汲取最新信息，强调结合实际，注重反映新技术。

本书由黄成群、傅毓赟主编。本书共分九章，第一～四章由重庆电力高等专科学校黄成群编写；第五～七章由保定电力职业技术学院傅毓赟和重庆大学徐彦芹编写；第八章由广西电力职业技术学院陈文瑞编写；第九章由神华国能重庆发电厂游绍碧编写；西安电力高等专科学校穆顺勇、郑州电力高等专科学校侯俊凤、长沙电力职业技术学院周滔、内蒙古机电职业技术学院董晔和安徽电气工程职业技术学院韩佳圆也参加了部分章节的编写工作。

本书由台山核电合营有限公司洪锦从审稿，他对本书进行了认真的审阅，提出了许多宝贵的意见和建议，在此谨表诚挚的谢意。

由于编者的学识所限，加之时间仓促，书中难免存在不妥之处，敬请读者批评指正。

作　者

2018 年 1 月

目　　录

第一章 锅炉补给水处理

第一节 概 述

一、电厂用水的水源

（一）水在火电厂中的作用

在电厂中，水的用途是多方面的，主要用于发电过程中的能量传递、设备冷却、废渣输送、煤堆喷淋和生活、消防和绿化等场合。在火电厂或核电厂的生产过程中，水是整个热力系统的工作介质，也是某些热力设备的冷却介质，可称得上是电厂中流动的"血液"。

（二）电厂用水的水源及水质特点

水源是电厂维持生产的基本条件。在选择水源上应兼顾政策性、经济性和环保要求。目前电厂用水的水源主要有地表水和地下水两种。另外，中水也正逐渐成为电厂用水的另一种水源。

1. 地表水

地表水是指流动或静止在陆地表面的水，主要是指江河水、湖泊及水库水和海水。

（1）江河水。江河水流域面积广阔，又是敞开流动的水体，所以水质易受自然条件影响，而且随季节变化的幅度大，是水源中最为活跃的部分。江河水的化学组分具有多样性与易变性的特点。

通常江河水中悬浮物和胶体杂质含量较多，浊度高于地下水，且随地区和季节的不同，差异很大。我国幅员辽阔，大小河川纵横交错，自然地理条件相差悬殊，因而各地区江河水的浊度也相差很大。黄土高原、黄河水系，由于水土流失严重，悬浮物和含砂量较高，随季节变化的范围也很大：冬季枯水季节悬浮物含量有时仅几十毫克/升至几百毫克/升；夏季多雨季节，可增加到几克/升至数百克/升。东北、华东和中南地区大部分河流的浊度均比较低，只是雨季时河水较浑，平均悬浮物含量为 50～400mg/L。

江河水的含盐量及硬度较低，其含盐量一般为 50～500mg/L，硬度一般为 1.0～8.0mmol/L，是电厂用水最合适的水源。江河水最大的缺点是易受工业废水、生活污水及其他各种人为的污染。

（2）湖泊及水库水。湖泊及水库水主要由江河水和降水补给，水质与江河水类似。湖泊及水库水的流动性小，进出水交替缓慢，停留时间较长。其水质的一般特征是：经过长期自然沉淀，浊度较低；化学耗氧量和生化需氧量较高，溶解氧较低。

湖泊水易受生活污水和工业废水的污染，有机物、总氮、总磷的含量普遍较高，甚至出现水质富营养化，藻类大量繁殖，使水产生色、嗅、味，化学耗氧量升高，溶解氧下降。此外，由于水的不断蒸发，湖泊水含盐量会升高。湖泊水按含盐量分为淡水湖、微咸水湖和咸水湖，前两种可作为电厂用水的水源。

由降水作为主要补给的水库水，一般得到较好的水源保护，各种污染物含量、浊度及含盐量都较低，是电厂用水的优质水源。

（3）海水。海水的盐类含量是常见地表水及地下水的 100 倍上下，其一特点是以氯化钠为主，镁的含量比钙的含量高；另一特点是全世界海洋水的成分大致相近。海水的主要组成为氯离子 18 950mg/L、钠离子 10 560mg/L、镁离子 1272mg/L、硫酸根离子 2652mg/L、钙离子 400mg/L、钾离子 380mg/L、溴离子 62mg/L、硼 46mg/L。未经过淡化处理的海水主要用来冷却热交换器设备。在 DL/T 783—2001《火力发电厂节水导则》4.1.1.2 条中指出，滨海电厂的主机凝汽器冷却水应使用海水，辅机应采用海水开式与淡水闭式相结合的冷却系统。

2. 地下水

存在地球表面以下的土壤和岩层中的水称为地下水。

地下水是由雨水和地表水经过地层的渗流而形成的。水在地层渗透过程中，通过土壤和砂砾的过滤作用，悬浮物和胶体已基本或大部分去除，所以地下水浊度普遍较低。

由于地下水长期与石灰石等矿物质接触，溶解了各种可溶性物质，因而水中的含盐量、胶体硅、铁、CO_2 等通常高于地表水。至于含盐量的多少及盐类的成分，则取决于地下水流经地层的矿物质成分、地下水埋深和与岩石接触时间等。我国水文地质条件比较复杂，各地区地下水含量相差很大。一般情况下，多雨地区如东南沿海地区及西南地区，由于地下水受大量雨水补给，故含盐量相对低些；干旱地区如西北、内蒙古等地，地下水含盐量较高。

如果在土壤中含有较多有机物时，氧气将消耗于生物氧化，产生 CO_2、H_2S 等气体，此气体溶于水中，使水具有还原性。还原性的水与高价铁锰矿石反应，使它们以低价离子形态进入水中，因此地下水游离 CO_2 含量高，并普遍含有 Fe^{2+} 和 Mn^{2+}。

地下水受外界影响小，水质比较稳定，可以用作电厂用水的水源。

3. 中水

中水一词起源于日本，对应给水、排水的内涵而得名，是指洁净程度介于给水与排水之间的水。中水在工业利用方面称为"回用水"，主要是指城市污水或生活污水经处理达到一定的水质标准后，可在一定范围内重复使用的非饮用水。中水作电厂循环冷却水补充水在国外早已有应用，近几年来在国内也逐渐成为研究的热点。

中水可以作为电厂冷却水的补充水。中水水质不稳定，胶体颗粒细小，含盐量高，暂时硬度较高，含有大量氨氮、磷酸盐及微生物等污染物质。应根据具体水质情况和冷却水系统的水质要求选择有效的城市污水处理措施，以便中水回用。

二、天然水中的杂质及特征

天然水体是海洋、河流、湖泊、沼泽、水库、冰川、地下水等地表和地下储水体的总称，包括水和水中各种物质、水生生物及底质。天然水体在自然循环运动中，无时不与大气、土壤、岩石、各种矿物质、动植物等接触。由于水是一种很强的溶剂，极易与各种物质混杂，所以天然水体中不同程度地含有各种杂质。

天然水中杂质有的呈固态，有的呈液态或气态，它们大多以分子态、离子态或胶体颗粒存在于水中。表 1-1 为天然水中常见的杂质。

表 1-1　　　　　　　　　　天然水中常见的杂质

主要离子		溶解气体		生物生成物	胶 体		悬浮物质
阴离子	阳离子	主要气体	微量气体		无机	有机	
Cl^-	Na^+	O_2	N_2	NH_3、NO_3^-	$SiO_2 \cdot nH_2O$	腐殖质	硅铝铁酸盐

续表

主要离子		溶解气体		生物生成物	胶 体		悬浮物质
阴离子	阳离子	主要气体	微量气体		无机	有机	
SO_4^{2-}	K^+	CO_2	H_2S	NO_2^-、PO_4^{3-}	$Fe(OH)_3 \cdot nH_2O$		砂粒
HCO_3^-	Ca^{2+}		CH_4	HPO_4^{2-}	$Al_2O_3 \cdot nH_2O$		黏土
CO_3^{2-}	Mg^{2+}			$H_2PO_4^-$			微生物

  天然水中杂质种类很多，按其性质可分为无机物、有机物和微生物；按分散体系，即水中杂质颗粒的大小，分为悬浮物、胶体和溶解物质。水处理实践表明，只要杂质尺寸处在同一范围内，无论何种杂质，其除去方法都基本相同。因此，水处理应用中是按后者进行分类的。下面介绍这些杂质的情况。

  （一）悬浮物

  悬浮物是指直径为 100nm 以上的微粒。它们在水中是不稳定的，在重力或浮力的作用下易于分离出来。比水密度大的悬浮物，当水静置时或流速较慢时会下沉，在天然水中常见的此类物质是砂子和黏土类无机物；比水密度小的悬浮物，当水静置时会上浮，这类物质中常见的是动植物生存过程中产生的物质或死亡后腐败的产物，它们是有机物。此外，还有些密度与水相近的，它们会悬浮在水中。近年来，随着工业污染的加剧，一些排入水体的工业污染物也逐渐成为悬浮物的主要部分。

  由于悬浮物颗粒对进入水中的光线有折射、反射作用，因此，悬浮物是水发生混浊的主要原因。

  （二）胶体

  胶体是指颗粒直径为 1~100nm 的微粒。胶体颗粒在水中有布朗运动，它们不能靠静置的方法自水中分离出来。而且，胶体表面带电，同类胶体之间有同性电荷的斥力，不易相互粘合成较大的颗粒，所以胶体在水中是比较稳定的。

  在天然水中，胶体物质既有有机物，也有无机物，一般以有机胶体为主。有些溶于水的高分子化合物，由于分子较大、具有与胶体相似的性质，也被看作有机胶体。有机胶体物质多来自土壤的有机质，来自动植物的生物分解作用，如腐殖质、氨基酸、蛋白质等，它们是水体产生色、嗅、味的主要原因。无机胶体大都是由不溶于水的分子组成的集合体，有硅酸盐和铁、铝、锰等物质。硅酸盐是地壳的主要构成成分，岩石和由岩石风化形成的土壤中都以硅酸盐为主。最常见的如石英、长石、花岗岩、高岭土等，它们常以二氧化硅表示。铁、铝氧化物的水合物（氢氧化物）多为胶体状态，它们的溶度积很小，溶解度低，在水中的含量低于 1mg/L。

  水中胶体物质的存在，使水在光照下显得浑浊。

  （三）溶解物质

  溶解物质是指直径小于 1nm 的微粒。它们大都以离子或溶解气体状态存在于水中。

  1. 离子态杂质

  离子态杂质包括阳离子和阴离子，水中常见的阳离子有 Ca^{2+}、Mg^{2+}、Na^+、K^+、Fe^{3+} 和 Mn^{2+} 等，阴离子有 HCO_3^-、Cl^-、SO_4^{2-}、NO_3^- 等。水中离子态杂质来源于水在与岩石、土壤等物质接触过程中溶解的某些矿物质。不同的矿物质与水接触，就可溶出相应的杂质离子，成为水中各种离子的主要来源。

下面着重介绍天然水中主要离子的来源。

石灰石（$CaCO_3$）和石膏（$CaSO_4 \cdot 2H_2O$）的溶解是 Ca^{2+}、HCO_3^-、SO_4^{2-} 的主要来源，白云石（$MgCO_3 \cdot CaCO_3$）和菱镁矿（$MgCO_3$）是 Mg^{2+} 的主要来源。$CaCO_3$、$MgCO_3$ 在水中的溶解度虽然很小，但当水中含有游离态 CO_2 时，$CaCO_3$、$MgCO_3$ 被转化为较易溶的 $Ca(HCO_3)_2$、$Mg(HCO_3)_2$ 而溶于水中，其反应式为

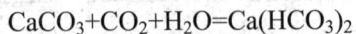

$$CaCO_3 + CO_2 + H_2O = Ca(HCO_3)_2$$

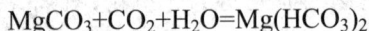

$$MgCO_3 + CO_2 + H_2O = Mg(HCO_3)_2$$

由于存在上述反应，所以天然水中存在 Ca^{2+}、Mg^{2+}、HCO_3^-、SO_4^{2-}。在含盐量不大的水中，Mg^{2+} 的含量一般为 Ca^{2+} 的 $25\% \sim 50\%$，水中 Ca^{2+}、Mg^{2+} 是形成水垢的主要成分。

钠盐矿、钾盐矿是 Na^+、K^+ 的主要来源。含钠的矿石在风化过程中易于分解，释放出 Na^+，所以地表水和地下水中普遍含有 Na^+。因为钠盐的溶解度很高，在自然界中一般不存在 Na^+ 的沉淀反应，所以在含盐量高的水中，Na^+ 是主要阳离子。天然水中 K^+ 的含量远低于 Na^+，这是因为含钾的矿物比含钠的矿物抗风化能力强，所以 K^+ 比 Na^+ 较难转移至天然水中。由于在一般水中 K^+ 的含量不高，而且化学性质与 Na^+ 相似，因此在水质分析中，常以（$K^+ + Na^+$）之和表示它们的含量，并取加权平均值 $25g/mol$ 作为两者的摩尔质量。

天然水中都含有 Cl^-，这是因为水流经地层时，溶解了其中的氯化物，所以 Cl^- 几乎存在于所有的天然水。氯化物主要存在于古海洋沉积物和干旱地区内陆湖的沉积物中，另外，还存在于曾经遭受海水侵蚀过的岩石孔隙中以及海洋泥质岩中。在所有这些岩石和沉积物中，Na^+ 和 Cl^- 几乎伴随在一起。

硝酸根的存在常表明水体曾有生物污染，如果有亚硝酸根则表明仍存在生物污染，此时甚至还可检出氨（铵、胺）。

由上可知，天然水中最常见的阳离子是 Ca^{2+}、Mg^{2+}、K^+、Na^+，阴离子是 HCO_3^-、SO_4^{2-}、Cl^-、NO_3^-、$HSiO_3^-$，某些地区的地下水中还含有较多的 Fe^{2+} 和 Mn^{2+}。

2. 溶解气体

天然水中常见的溶解气体有 O_2 和 CO_2，有时还有 H_2S、SO_2 和 NH_3 等。

天然水中 O_2 的主要来源是大气中 O_2 的溶解，因为空气中含有 20.95% 的氧，水与大气接触使水体具有自充氧的能力。另外，水中藻类的光合作用也产生一部分的氧，但这种光合作用并不是水体中氧的主要来源，因为在白天靠这种光合作用产生的氧，又在夜间的新陈代谢过程中消耗了。

由于水中微生物的呼吸、有机质的降解以及矿物质的化学反应都消耗氧，如水中氧不能从大气中得到及时补充，水中氧的含量可以降得很低。所以，一般情况下，地下水的氧含量总是比地表水低，地表水氧的含量一般在 $0 \sim 14mg/L$ 之间。

天然水中 CO_2 的主要来源为水中或泥土中有机物的分解和氧化，地下水中的 CO_2 还因地层深处进行的地质过程而生成，如碳酸氢钙的分解。地表水的 CO_2 含量常不超过 $20 \sim 30mg/L$，地下水的 CO_2 含量较高，有时达到几百毫克/升。

天然水中 CO_2 并非来自大气，而恰好相反，它会向大气中析出，因为大气中 CO_2 的体积百分数只有 $0.03\% \sim 0.04\%$，与之相对应的溶解度仅为 $0.5 \sim 1.0mg/L$。

水中 O_2 和 CO_2 的存在是使金属发生腐蚀的主要原因。

（四）主要无机化合物

1. 碳酸化合物

在天然水中，特别是在低含盐量的水中，碳酸化合物是主要成分，是造成结垢和腐蚀的主要因素，是锅炉水处理的重要去除对象。

在水中碳酸化合物有四种不同的存在形态：溶于水的气体二氧化碳、分子态碳酸、HCO_3^- 和 CO_3^{2-}，这四种化合物统称为碳酸化合物，气体二氧化碳和分子态碳酸称为游离二氧化碳。在水溶液中，这四种碳酸化合物有以下平衡关系：

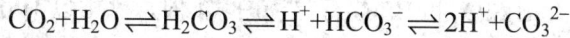

$$CO_2 + H_2O \rightleftharpoons H_2CO_3 \rightleftharpoons H^+ + HCO_3^- \rightleftharpoons 2H^+ + CO_3^{2-}$$

由上述平衡关系可计算出不同的 pH 值时，各种碳酸化合物的百分率。图 1-1 表示在 25℃ 时上述关系的曲线。由图 1-1 可以看出，当 pH<4.2 时，水中只有 CO_2 一种形态；当 pH>12.1 时，水中只有 CO_3^{2-} 一种形态；当 pH 为 4.2～8.3 时，水中 CO_2 和 HCO_3^- 并存，其中在 pH=6.35 处，CO_2 和 HCO_3^- 各占 50%；当 pH 为 8.3～12.1 时，水中 HCO_3^- 和 CO_3^{2-} 并存，其中在 pH=10.33 处，HCO_3^- 和 CO_3^{2-} 各占 50%。

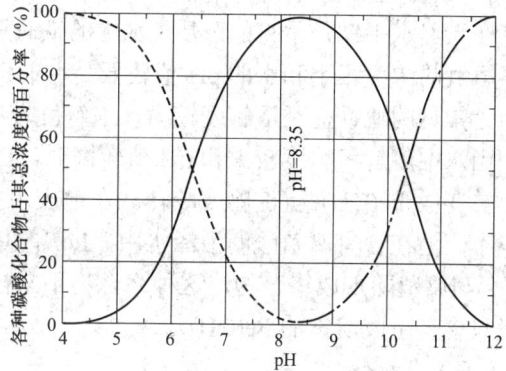

固体 $CaCO_3$ 在水中的溶解和析出是水中常见的反应。例如，含有游离 CO_2 的水溶解地层 $CaCO_3$ 是天然水中含有 $Ca(HCO_3)_2$ 的来源。又如，用生水供给锅

图 1-1　各种碳酸化合物的相对量与 pH 值的关系（25℃）

---- CO_2；——— HCO_3^-；—·— CO_3^{2-}

炉会因析出 $CaCO_3$ 而形成水垢。$CaCO_3$ 的这些反应与它的化学特性有关。HCO_3^- 和 CO_3^{2-} 之间的转换关系：$2HCO_3^- \rightleftharpoons CO_2 + CO_3^{2-}$。当水中游离 CO_2 增多时，反应向生成 HCO_3^- 的方向转移，CO_3^{2-} 减少，会促使固体 $CaCO_3$ 溶解；当水中游离 CO_2 减少时，反应向生成 CO_3^{2-} 的方向转移，会促使 $CaCO_3$ 沉淀生成。

2. 硅酸化合物

硅酸化合物是天然水中的一种主要杂质，它是因水流经地层时，与含有硅酸盐和铝硅酸盐岩石相作用而带入的。一般地下水的硅酸化合物含量比地表水多，天然水中硅酸化合物（SiO_2）含量一般为 1～20mg/L，地下水有时高达 60mg/L。

硅酸化合物比较复杂，在水中存在的形态包括离子态、分子态和胶体。硅酸化合物的形态与其本身含量、pH 值、其他离子（如 Ca^{2+}、Mg^{2+}）含量等有关。

硅酸的通式为 $x SiO_2 \cdot y H_2O$，当 $x=1$，$y=2$ 时，称为正硅酸 H_4SiO_4；当 $x=1$，$y=1$ 时，称为偏硅酸（或硅酸）H_2SiO_3；当 $x>1$ 时，硅酸呈聚合态，称为多硅酸。当水中 SiO_2 的浓度增大时，它会聚合成二聚体、三聚体、四聚体等，这些聚合体在水中很难溶解。随着聚合体的增大，SiO_2 会由溶解态转变成胶态，甚至呈凝胶态自水中析出。

不同的 pH 值条件下，由 $H_2SiO_3 \rightleftharpoons H^+ + HSiO_3^- \rightleftharpoons 2H^+ + SiO_3^{2-}$ 平衡关系，可计算出各种硅酸化合物的相对量，其结果见表 1-2。

表 1-2 不同的 pH 值时各种硅酸化合物的相对量

pH 值 硅酸形式	5	6	7	8	9	10	11
H_2SiO_3（%）	100.0	100.0	99.7	96.9	75.8	23.5	2.6
$HSiO_3^-$（%）			0.3	3.1	24.2	75.3	84.0
SiO_3^{2-}（%）						1.2	13.4

从表 1-2 可以看出，当 pH 值较低时，硅酸以游离态分子形式存在，水中胶态硅酸增多；当 pH>7 时，水中同有 H_2SiO_3 和 $HSiO_3^-$；当 pH>11 时，水中以 $HSiO_3^-$ 为主；只有碱性较强的水中才出现 SiO_3^{2-}。

3. 铁的化合物

在天然水中铁是常见的杂质。水中的铁有亚铁（Fe^{2+}）和高铁（Fe^{3+}）两种。在深井水中，因溶解氧的浓度很小和水的 pH 值较低，水中会有大量 Fe^{2+} 存在，有多达 10mg/L 以上的，这是因为常见的亚铁盐类溶解度较大，水解度较小，Fe^{2+} 不易形成沉淀物。

当水中溶解氧浓度较大和 pH 值较高时，Fe^{2+} 会氧化成 Fe^{3+}，而 Fe^{3+} 的盐类很容易水解，从而转变成 $Fe(OH)_3$ 沉淀物或胶体。在地表水中，由于溶解氧的含量较多，所以 Fe^{2+} 的量通常很小。但在含有腐殖酸的沼泽水中，Fe^{2+} 的量可能较多，因为这种水的 pH 值常接近于 4，Fe^{2+} 会与腐殖酸形成络合物，这种络合物不易被溶解氧氧化。在 pH 值为 7 左右的地表水中，一般只含有呈胶溶态的 $Fe(OH)_3$。

（五）有机物

天然水中的有机物是十分复杂的分子集合体，按其形态有溶解物、胶体和悬浮状态三种形式。

有机物主要来自土壤中的腐殖质、工业废水和生活污水。腐殖质是由动植物残体经微生物新陈代谢产生，为暗色、含氮的芳香结构的酸性高分子化合物。腐殖质中的有机物按其性质大体上可分为腐殖酸和富里酸，腐殖酸可溶于碱性溶液，但不溶于酸性溶液，在水中多呈胶体状态；富里酸可溶于酸，在水中多为溶解状态。在水处理中，过去讨论的重点往往是腐殖酸、富里酸等天然有机物；但近年来因为工业废水污染严重，地表水中存在的有机物主要是工业污染物，因此，有机物的组成更为复杂。

水中有机物在进行生物氧化分解时，需要消耗水中的溶解氧，在缺氧条件下发生腐败，恶化水质、破坏水体。

（六）微生物

天然水中的微生物种类繁多，常见的微生物有藻类、细菌、真菌和原生动物，其中藻类、细菌和真菌对用水系统的影响较大。

藻类广泛分布于各种水体和土壤中，最常见的有蓝藻、绿藻和硅藻等，它们是水体产生黏泥和臭味的主要原因之一。藻类的细胞内含有叶绿素，它能进行光合作用，其结果一是使水中溶解氧增加，二是使水的 pH 值上升。

细菌是一类形体微小、结构简单、多以二分裂方式进行繁殖的原核生物，是自然界中分布最广、个体数量最多的有机体。细菌呈球状、杆状、弧状、螺旋状等形状，它们通常以单细胞或多细胞的菌落生存。在循环冷却水中常见的细菌主要有铁细菌、硫酸盐还原菌和硝化细菌。

真菌是具有丝状营养体的单细胞微小植物的总称。当真菌大量繁殖时会形成一些丝状物，附着于金属表面形成黏泥。

微生物在循环冷却水系统中极易生长繁殖，其结果是使水的颜色变黑，发生恶臭，同时会形成大量黏泥，严重影响冷却水系统的正常运行。

三、电厂用水的水质指标

水质是指水和其中杂质共同表现出的综合特性，也就是常说的水的质量。天然水体的水质是由所含杂质的数量和组成决定的。

由于工业用水的种类繁多，因此对水质的要求也各不相同。电厂用水的水质指标有两类：一类是表示水中杂质离子组成的成分指标，如 Ca^{2+}、Mg^{2+}、Na^+、Cl^-、SO_4^{2-} 等；另一类指标是表示某些化合物之和或表征某种性能，这些指标是由于技术上的需要而专门制定的，故称为技术指标，见表 1-3。

表 1-3　　　　　　　　　　　　　电厂用水的技术指标

指标名称	符　号	单　位	指标名称	符　号	单　位
pH 值	pH	—	硬度	YD 或 H	mmol/L
全固体	QG	mg/L	碳酸盐硬度	H_T	mmol/L
悬浮固体	SS	mg/L	非碳酸盐硬度	H_F	mmol/L
浊度	ZD	FTU	碱度	JD 或 B	mmol/L
透明度	TD	cm	酸度	SD 或 A	mmol/L
总溶解固体	TDS	mg/L	化学耗氧量	COD	mg/LO_2
灼烧减少固体	SG	mg/L	生化需氧量	BOD	mg/LO_2
含盐量	YL 或 C	mg/L 或 mmol/L	总有机碳	TOC	mg/L
电导率	DD	μS/cm	氨氮	NH_3-N	mg/L
稳定度	—	—	菌落总数	—	CFU/mL

（一）悬浮固体和浊度

1. 悬浮固体

悬浮固体（SS）是水样在规定的条件下，经过滤能够分离出来的固体，单位为 mg/L。这项指标仅能表征水中颗粒较大的悬浮物，而不包括能穿透滤纸的颗粒小的悬浮物及胶体，所以有较大的局限性。此法需要将水样过滤，滤出的悬浮物需经烘干和称量等手续，操作复杂，不易用作现场的监督指标。

2. 浊度

浊度是指水中微粒物质对入射光的作用而使水样透光率下降的程度。浊度是反映水中悬浮物和胶体含量的一个综合性指标。

浊度通过专用仪器测定，操作简便。由于仪器测量方法和浊度标准液配制方法不同，所使用的单位也不相同。散射光浊度是利用水样中微粒物质对光的散射特性（通常采用垂直散射式测量方法）所表征的浊度，用 NTU 表示；透射光浊度是利用水样中微粒物质对光的透射特性所表征的浊度，用 FTU 表示。

当前，国内及国际上通用的浊度标准液是国际标准化组织在 ISO 7027 中定义的福马肼标准液［由硫酸肼（$N_2H_6SO_4$）和六次甲基四胺（$C_6H_{12}N_4$）配制成的浑浊液］，其浊度为 400FTU（NTU），通过稀释这一浊度储备液获得一系列的浊度标准工作溶液，以满足不同浊度水样的测定要求。

利用透光率测量容易受到颜色吸收或颗粒物吸收等干扰的影响。而且，透射光浊度与散射光浊度测得的结果之间并无相关性。

（二）表征水中溶解盐类的指标

1. 含盐量

含盐量是表示水中各种溶解盐类的总和。其测定方法是先分析出水中所有离子的含量，然后计算出含盐量的值。含盐量有两种表示方法：一是质量表示法，即将水中各种阴、阳离子的含量以质量浓度（mg/L）为单位全部相加。二是物质的量浓度表示法，即将水中各种阳离子（或阴离子）均按带一个电荷的离子为基本单元，计算其物质的量浓度（mmol/L），然后将它们（阳离子或阴离子）相加。

2. 溶解固体

总溶解固体物（TDS）是指在规定的条件下，水样经过滤除去悬浮固体后，经蒸发、干燥所得的残渣质量，单位用 mg/L 表示。这种方法实际测得的是在蒸发时水中不挥发性物质的质量，主要是水中各种溶解性盐类。溶解固体只能近似表示水中溶解盐类的含量，因为在过滤时水中的胶体及部分有机物与溶解盐类一样能穿过滤纸，蒸干时某些物质的湿分和结晶水不能除尽，有些有机物分解了，水中原有的碳酸氢盐全部转换为碳酸盐。

3. 电导率

水中溶解的盐类电离，使水具有导电能力，溶解的盐类越多，导电能力越强。水中溶解盐类的量发生变化将导致水的电导率变化。虽单凭电导率不能计算水中含盐量，但在水中离子的组成比较稳定的情况下，可以根据试验求得电导率与含盐量的关系，将测得的电导率换算成含盐量，因而在实际应用中可直接以电导率反映水中含盐量。

水的电导率是指在一定温度下，$1cm^3$ 正方体水的两个相对面之间电阻的倒数，其符号可用 DD 表示，常用单位为 $\mu S/cm$。水的电导率大小除与水中离子含量有关外，还与离子的种类和水的温度有关。如纯水可解离出少量氢离子和氢氧根离子，在 25℃下的电导率仅为 $0.055\mu S/cm$；氢离子和氢氧根离子的电导率高于其他盐类离子，多价离子高于 1 价离子。一般情况下，温度每改变 1℃，电导率将发生 2%的变化。通常取 25℃的电导率为标准值，以便于比较。

（三）硬度

硬度是指水中某些易形成沉淀的多价金属离子的总浓度，在天然水中，形成硬度的物质主要是钙、镁离子，所以通常认为硬度就是指水中这两种离子的含量，它在一定程度上表示了水中结垢物质的多少。水中钙离子含量称钙硬（H_{Ca}），镁离子含量称镁硬（H_{Mg}），总硬度是指钙硬和镁硬之和，即 $H=H_{Ca}+H_{Mg}=c\left(\dfrac{1}{2}Ca^{2+}\right)+c\left(\dfrac{1}{2}Mg^{2+}\right)$。DL434—1991（2005）、GB/T 12145—2008 均规定用 $\dfrac{1}{2}Ca^{2+}$ 和 $\dfrac{1}{2}Mg^{2+}$ 为基本单元。根据 Ca^{2+}、Mg^{2+} 与阴离子组合形式的不同，又将硬度分为碳酸盐硬度和非碳酸盐硬度。

1. 碳酸盐硬度（H_T）

碳酸盐硬度是指水中钙、镁的碳酸盐及碳酸氢盐的含量。钙、镁的碳酸氢盐在水沸腾时就从溶液中析出而产生沉淀，所以有时也称为暂时硬度。

2. 非碳酸盐硬度（H_F）

非碳酸盐硬度是指水中钙、镁的硫酸盐、氯化物等的含量，由于这种硬度物质和钙、镁的碳酸盐在水沸腾时不能析出沉淀，所以有时也称永久硬度。在实际应用中，因为水中的碳酸盐含量很低，因此可以认为永久硬度与非碳酸盐硬度相等。

硬度的单位为毫摩尔/升（mmol/L），这是一种最常用的表示物质浓度的方法，是我国的法定计量单位。在美国硬度单位为 ppmCaCO$_3$，这里的 ppm 表示百万分之一，它与 mg/L 大致相当；在德国硬度单位采用的是德国度°G，1°G 相当于 10mg/LCaO 所形成的硬度。

以上几种硬度单位的关系如下：

$$1mmol/L=2.8°G=50ppmCaCO_3$$

（四）碱度和酸度

1. 碱度

碱度是指水中能接受 H^+，与强酸进行中和反应的物质的总量，简写代号为 JD 或 B，单位用 mmol/L 表示。与硬度一样，在美国和德国分别用 ppmCaCO$_3$ 和°G 为单位。

形成碱度的物质有三类。

（1）强碱，如 NaOH、Ca(OH)$_2$ 等，它们在水中全部以 OH$^-$ 形式存在；

（2）弱碱，如 NH$_3$ 的水溶液，它在水中部分以 OH$^-$ 形式存在；

（3）强碱弱酸盐类，如碳酸盐、碳酸氢盐、磷酸盐等，它们水解时产生 OH$^-$。

在天然水中的碱度成分主要是碳酸氢盐，有时还有少量的腐殖酸盐。

水中常见的碱度形式是 OH$^-$、CO$_3^{2-}$ 和 HCO$_3^-$，当水中同时存在有 HCO$_3^-$ 和 OH$^-$ 的时候，就会发生化学反应，即

$$HCO_3^- + OH^- \rightarrow CO_3^{2-} + H_2O$$

故一般说水中不能同时含有 HCO$_3^-$ 碱度和 OH$^-$ 碱度。根据这种假设，水中的碱度可能有五种不同的形式：只有 OH$^-$ 碱度、只有 CO$_3^{2-}$ 碱度、只有 HCO$_3^-$ 碱度、同时有 OH$^-$+CO$_3^{2-}$ 碱度、同时有 CO$_3^{2-}$+HCO$_3^-$ 碱度。

水中的碱度是用中和滴定法进行测定的，这时所用的标准溶液是 HCl 或 H$_2$SO$_4$ 溶液，酸与各种碱度成分的反应为

$$OH^- + H^+ \rightarrow H_2O \tag{1-1}$$

$$CO_3^{2-} + H^+ \rightarrow HCO_3^- \tag{1-2}$$

$$HCO_3^- + H^+ \rightarrow H_2O + CO_2 \tag{1-3}$$

如果水的 pH 值较高，用酸滴定时，上述三个反应将依次进行。当用甲基橙作指示剂时，因终点的 pH 值为 4.2，所以上述三个反应都可以进行到底，所测得的碱度是水的全碱度，也称为甲基橙碱度；如用酚酞作指示剂，终点的 pH 值为 8.3，此时只进行式（1-1）、式（1-2）的反应，反应式（1-3）并不进行，测得的是水的酚酞碱度。因此，测定水中碱度时，所用的指示剂不同，碱度值也不同。

2. 酸度

酸度是指水中能提供 H^+，与强碱进行中和反应的物质总量，简写代号为 SD 或 A，单位

用 mmol/L 表示。

可能形成酸度的物质有强酸、强酸弱碱盐、弱酸和酸式盐。天然水中酸度的成分主要是碳酸，一般没有强酸酸度。在水处理过程中，H 离子交换器出水有强酸酸度。水中酸度的测定是用强碱标准溶液来滴定的。所用指示剂不同时，所得到的酸度不同，如用甲基橙作指示剂，测出的是强酸酸度。

酸度并不等于水中氢离子的浓度。水中氢离子的浓度常用 pH 值 $[pH=-\lg c(H^+)]$ 表示，它表示呈离子状态的 H^+ 量；而酸度则表示中和滴定过程中可以与强碱进行反应的全部 H^+ 量，其中包括原已电离的和将要电离的两个部分。同样道理，碱度并不等于水中 OH^- 的浓度，水中 OH^- 的浓度常用 pOH 表示，是指呈离子状态的 OH^- 量。

（五）表示水中有机物的指标

天然水中的有机物种类繁多，成分也很复杂，很难进行逐类测定。通常是利用有机物的可氧化特性，用某些指标间接地反映它的含量，如化学氧化、生物氧化和燃烧三种氧化方法，都是以有机物在氧化过程中所消耗氧或氧化剂的量来表示有机物可氧化程度的。

1. 化学耗氧量

化学耗氧量是指在规定条件下，用氧化剂处理水样时，水样中有机物氧化所消耗该氧化剂的量，即为化学耗氧量，简写代号为 COD，单位用毫克/升 O_2 表示。COD 值越高，表示水中有机物越多。测定 COD 的方法通常有两种：一种是重铬酸钾法，用 COD_{Cr} 表示，简称铬法；另外一种是高锰酸钾法，用 COD_{Mn} 表示，简称锰法。由于每一种有机物的可氧化性不同，每一种氧化剂的氧化能力也不同，所以化学耗氧量只能表示所用氧化剂在规定条件下所能氧化的那一部分有机物的含量，并不表示水中全部有机物的含量。测定化学耗氧量时，应严格控制氧化反应条件，温度、氧化时间和 pH 值对测定结果影响较大。

铬法测定原理与锰法相同，只是将氧化剂换成了氧化能力更强的 $K_2Cr_2O_7$，同时氧化温度和氧化时间与锰法不同。因为 $K_2Cr_2O_7$ 的氧化能力比 $KMnO_4$ 强，所以 COD_{Cr} 一般要比 COD_{Mn} 大，二者之间没有固定的比例关系。在使用 COD 的过程中，一定要标明是铬法还是锰法，否则，意义含糊，无使用价值。

另外，无论是 $K_2Cr_2O_7$ 还是 $KMnO_4$，都有可能氧化水中的 Cl^-、Fe^{2+} 等还原性无机离子，如果这些离子的含量很高，测定结果会有一定的误差。

2. 生化需氧量

生化需氧量是指在特定条件下，水中的有机物进行生物氧化时所消耗溶解氧的量，即为生化需氧量，简写代号为 BOD，单位也用毫克/升 O_2 表示。因为水中有机物可以作为微生物的营养源，微生物在吸收水中有机物后，又按一定比例吸收水中溶解氧，在体内对有机物进行生物氧化，所以水中微生物需要的氧量间接反映了水中有机物的多少。

构成有机体的有机物大多是碳水化合物、蛋白质和脂肪等，其生物氧化的整个过程一般可分为两个阶段：第一个阶段主要是有机物被转化为 CO_2、水和氨的过程；第二个阶段主要是氨转化为亚硝酸盐和硝酸盐的过程。BOD 通常指第一阶段有机物氧化所需的氧量。

由于利用微生物氧化水中有机物是一种生化反应，所以反应速率一般比化学反应慢，而且受温度的影响。因此一般规定 20℃ 作为测定 BOD 的标准温度，在此温度下，通常需要 20d 左右才能基本完成第一阶段有机物的氧化过程。因此，BOD 的反应时间采用 20d，用 BOD 或者 BOD_{20} 表示。但此时间太长，在实用上有困难。试验表明，一般有机物的 5d 生化需氧量就可以达到 20d 的 70%左右，因此目前都以 5d 作为测定 BOD 的时间，用 BOD_5 表示。

3. 总有机碳

总有机碳（TOC）是指水中有机物的总含碳量，它以碳的数量表示水中含有机物的量。因为有机物均含有碳元素，因此可以通过测定其含碳量来反映有机物的量。直接测定有机物中的碳含量并非容易，所以常将其转换成易于测定的物质。例如，将水样中有机物在 900℃高温和加催化剂的条件下气化、燃烧，使其变成 CO_2，然后用红外线测定 CO_2 的量。因为在高温下水样中的碳酸盐也分解产生 CO_2，故上面测得的为水样中的总碳（TC）。为此，在测定总碳的同时，还需要对同一水样中的碳酸盐在 150℃时分解产生的 CO_2（有机物却不能被分解氧化）进行测定，测得无机碳，两者之差即为总有机碳。

此外，用仪器测定有机物完全燃烧所消耗氧的量，称为总需氧量（TOD）。

上述 COD、BOD、TOC、TOD 都只能笼统地反映水被有机物污染的程度，不能区分有机污染物的具体组成，也无法知道有机物的真正含量。

（六）活性硅和非活性硅

活性硅是指在水中以离子态或者单分子态存在的硅酸化合物。在硅的测定中，这部分硅酸能与钼酸铵起反应而显色，故又称为溶解硅。

水中以多分子态存在的硅酸化合物具有胶体的某些性质，所以称为胶体硅。胶体硅不能与钼酸铵起反应，又称为非活性硅。如果向水中加氢氟酸溶液，胶体硅可以转化为单分子活性硅，能够与钼酸铵起显色反应。所以，在水质分析中测定全硅时，先向水样中加入氢氟酸，将胶体硅转化为活性硅，然后再加钼酸铵等药剂进行反应，测定的结果即为全硅。

全硅是指水中以各种形式存在的硅酸化合物的总和，即胶体硅和活性硅之和。全硅与活性硅的差值为胶体硅。水中硅酸化合物由于形态复杂，通常统一写成 SiO_2。

（七）氨氮和菌落总数

1. 氨氮

氨氮是指以氨或铵离子形式存在的化合氨。氨氮主要来源于人和动物的排泄物，雨水径流及农用化肥的流失也是氨氮的重要来源。另外，氨氮还来自化工、冶金、煤炭、鞣革、化肥等工业废水中，中水再利用时也会带入较多的氨氮。当氨溶于水时，其中一部分氨与水反应生成铵离子，另一部分形成水合氨，也称非离子氨。非离子氨是引起水生生物毒害的主要成分，而氨离子相对基本无毒。国家标准Ⅲ类地面水，规定非离子氨的浓度不大于 0.02mg/L。

氨氮是水体中的营养素，可导致水富营养化现象产生，是水体中的主要耗氧污染物，对某些水生生物有毒害。当以中水作为工业冷却水或循环冷却水的补充水时，若氨氮浓度较高，有可能在冷却水系统中滋长大量微生物，甚至生成黏泥、泥垢。此外，氨氮在硝化细菌的作用下，会部分转化为硝酸盐和亚硝酸盐，这可能导致水的 pH 值下降和设备腐蚀等。

2. 菌落总数

菌落总数是指水样在一定条件（如培养基成分、培养温度和时间、pH 值等）下培养后，所得 1mL 水样中所含细菌菌落的总数。单位通常用 CFU/mL（菌落数/毫升）表示。GB5749—2006《生活饮用水卫生标准》规定，菌落总数限值为 100CFU/mL。

细菌在自然界的分布很广，存在于土壤、水、空气和动植物体表面及消化道等处，其中土壤是细菌的主要存在场所。水中菌落总数在一定程度上反映了水被微生物污染的程度，水中菌落总数增多，说明水的生物污染加重。

四、锅炉补给水质量要求

为了保证锅炉、汽轮机等热力设备正常运行，对锅炉用水的质量有严格的要求，而且机组中蒸汽的参数越高，对其要求也就越严。

锅炉补给水的质量，以不影响给水质量为标准。根据 GB/T 12145—2016《火力发电机组及蒸汽动力设备水汽质量》，锅炉补给水质量可参照表 1-4 的规定控制。

表 1-4　　　　　　　　　　　　火力发电机组锅炉补给水质量标准

锅炉过热蒸汽压力（MPa）	二氧化硅（μg/L）	除盐水箱进水电导率（25℃，μS/cm）		除盐水箱出口电导率（25℃，μS/cm）	TOCi[①]（μg/L）
		标准值	期望值		
5.9～12.6	—	≤0.20		≤0.40	μg/L
12.7～18.3	≤20	≤0.20	≤0.10		≤400
>18.3	≤10	≤0.15	≤0.10		≤200

① 必要时监测。TOCi（总有机碳离子）是指有机物中总的碳含量及氧化后产生阴离子的其他杂原子含量之和。

五、锅炉补给水处理系统

锅炉补给水处理系统的选择，应根据进水水质、给水及锅炉水的质量标准、补给水率、设备和药品的供应条件及环境保护等因素，经技术经济比较确定。

通常锅炉补给水处理系统包括以下单元：

（1）预处理。预处理主要去除水中悬浮物和胶体等杂质，预处理常用的工艺有杀菌、混凝、沉淀、澄清、普通过滤和超滤等。

（2）预脱盐。水经预处理后，除去了水中的悬浮物、胶体和大部分有机物，但水中的溶解盐类并没有除去，因此用于锅炉补给水时，还必须进一步处理。除去水中溶解盐类最常用的方法是反渗透（reverse osmosis membrane，RO）和离子交换法。对于含盐量较高的水源或机组对给水品质有特殊要求时，一般采用反渗透工艺进行预脱盐。

（3）除盐设备。除盐设备包括离子交换除盐和电除盐设备。除去水中离子态杂质最为普遍的方法是离子交换法。离子交换法是利用阳、阴树脂分别交换水中所含的阳离子和阴离子，生产出"纯"水。只装有阳（或阴）树脂的交换器称阳（或阴）床，既装有阳树脂，又装有阴树脂的交换器称混床。经过阳床和阴床处理过的水，不能满足超临界参数机组锅炉补给水的要求，混床能够得到纯度很高的水，通常采用在阳床和阴床之后串以混床进行深度除盐。EDI 工艺可代替传统的离子交换法来制备除盐水。

第二节　补给水预处理

一、混凝处理

混凝处理就是在水中投加适当的化学药剂，使水中微小的悬浮物以及胶体结合成大的絮凝体，并在重力作用下沉淀分离出来。投加的化学药剂称为混凝剂。

1. 混凝处理原理

一般认为混凝处理过程包括混合（胶体颗粒脱稳）和絮凝两个阶段。首先是混合，它是指向水中投加混凝剂后进行快速混合，混凝剂均匀地分散于水中并与胶体微粒迅速接触，使胶体颗粒失去稳定性。这一过程所需要的时间很短，在 10～30s 内完成，最多不超过 2min；第二个阶段是絮凝，它是指脱稳后的胶体颗粒相互黏附长大，形成可沉降的大的絮凝体（通常称为矾花）的过程，这一过程需要的时间为 15～30min。

混凝剂加入水中后，会产生羟基桥联和水解反应，这样水中就有各种形态和不同电荷的可溶性络合离子同时存在。以铝盐为例，一般来讲，铝盐在低 pH 值下，高电荷低聚合度的多核羟基络合离子占主要地位；在高 pH 值下，低电荷高聚合度的络合聚离子占主要地位；当 pH 值为 7～8 时，聚合度很大的中性氢氧化铝沉淀物占绝大多数，当 pH>8.5 时，氢氧化铝沉淀物又重新溶解为阴离子。铁盐与铝盐相似，只是适应的 pH 值较宽。

混凝处理中起作用的是混凝剂水解、桥联的中间产物。具有低电荷高聚合度的多核羟基络合离子，由于分子结构呈链状，可通过吸附架桥作用使胶体发生凝聚；具有高电荷低聚合度的多核羟基络合离子，可通过电性中和，减少胶体颗粒之间的斥力，使颗粒之间发生碰撞而凝聚。天然水体中的 pH 值一般为 6.5～7.8，此时以聚合度很大的氢氧化物沉淀为主，由于它的表面积大，吸附能力强，可通过与水中脱稳的胶体颗粒发生吸附，形成网状沉淀物，进一步卷扫、网捕水中胶体颗粒及 SiO_2 和有机物，形成共沉淀。

如前所述，混凝处理的效果在很大程度上取决于混凝剂的存在形态是否能对水中的胶体颗粒发挥最有效的混凝作用，因而影响混凝效果的工艺条件很多。其中影响较大的有水温、pH 值（原水碱度）、混凝剂剂量、水力条件、接触介质和原水的浊度。此外，当水中含有较多有机物时，它们会吸附在胶体颗粒的表面上，起到保护胶体的作用，使胶粒之间不容易聚集，结果使混凝效果变差。在这种情况下，可采用加氯的办法破坏这些有机物。

2. 混凝剂及助凝剂

火电厂通常使用的混凝剂主要是无机盐和无机聚合高分子两大类。其中无机盐类混凝剂包括明矾（硫酸铝钾）、硫酸铝等铝盐和硫酸铁、三氯化铁和硫酸亚铁等铁盐；无机高分子类混凝剂常用的有聚合铝（又称碱式氯化铝）、聚合铁、聚合铝铁等。目前火电厂常用的混凝剂为聚合铝或聚合铁，无机盐类混凝剂已经很少使用。

当由于原水水质等方面的问题，单独采用混凝剂不能取得良好的效果时，需要投加一些辅助药剂来提高混凝处理效果，这种辅助药剂称为助凝剂。助凝剂分无机类和有机类。在无机类的助凝剂中，有的用来调整混凝过程中的 pH 值，有的用来增加絮凝物的密度和牢固性。典型的无机助凝剂有氧化钙、水玻璃、膨润土；有机类的助凝剂大都是水溶性的聚合物，分子呈链状或树枝状，其主要作用有：①离子性作用，即利用离子性基团进行电性中和，起絮凝作用；②利用高分子聚合物的链状结构，借助吸附架桥起凝聚作用。典型的有机助凝剂有聚甲基丙烯酸钠、聚丙烯酰胺（PAM）等。

3. 混凝处理设备

混凝处理设备称为反应池或絮凝池。当采用澄清处理时，絮凝反应在澄清池中完成，故不另设反应池；而沉淀处理时，须在沉淀池前设反应池。火电厂沉淀处理前常用的反应池形式有平板反应池、机械反应池。

二、沉淀处理

水中固体颗粒在重力的作用下，从水中分离出来的过程称为沉淀（或沉降）。这里所说的固体颗粒可以是水中原有的泥砂、黏土颗粒，也可以是在混凝处理中生成的絮凝物。

1．沉淀处理原理

固体颗粒在水中的沉降受到许多因素的影响，包括颗粒本身的特性（密度、粒径和形状）、水的密度和黏度、水中悬浮物含量和水流状态等。这些悬浮颗粒在沉降过程中通常有以下几种情况：当水中悬浮颗粒浓度较小时，沉降过程可以按絮凝性的强弱分成离散沉降和絮凝沉降；当颗粒浓度较大而且颗粒具有絮凝性时，呈层状沉降；当浓度很大时，呈压缩沉降。

2．沉淀处理设备

沉淀池常用的形式有平流沉淀池和斜管（板）沉淀池，目前应用较多的是斜管（板）式沉淀池。集混合、絮凝、沉淀为一体的混凝沉淀设备称混凝沉淀池，如图 1-2 所示，待处理的水依次通过混合器—反应池—沉淀池，完成净化处理的全过程。

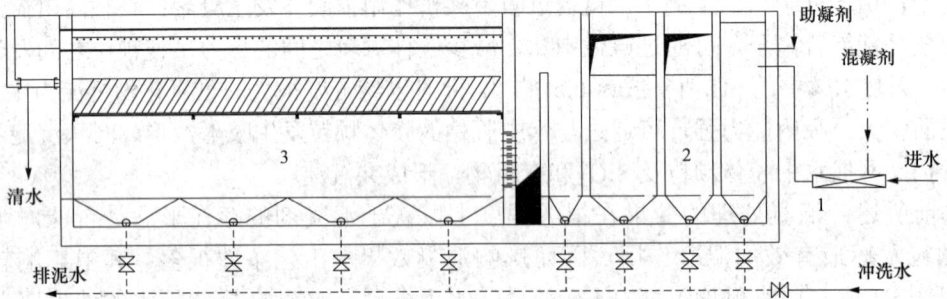

图 1-2　混凝沉淀池

1—混合器；2—反应池；3—沉淀池

斜管和斜板式沉淀池之所以能提高沉降效率，主要有以下原因：一是加装斜板或斜管后，改善了水力条件，水流比较稳定，不易产生涡流，有利于颗粒的沉降；二是利用斜管或斜板将水流分隔成薄层，增大了沉淀面积，缩短了颗粒沉降距离，沉降时间大大缩短。

三、澄清处理

将混凝和沉淀两个过程在同一个设备中完成，这种处理工艺就是常说的水的澄清处理，它是电厂水处理中常见的处理工艺。澄清处理的技术特点是在池内维持一定量的悬浮泥渣层，与加了混凝剂的原水一起进行混合、反应和沉淀的过程，从而获得较为理想的处理效果。

1．澄清处理原理

澄清处理的重要特征是利用了泥渣对颗粒的絮凝和过滤作用来提高出水水质。

（1）泥渣的絮凝作用。澄清池运行时，泥渣返送回原水后加速了絮凝体（矾花）的形成和长大，其原因为：①进入原水的泥渣相当于提高了悬浮颗粒的初始浓度，缩短了颗粒间的距离，使颗粒间的碰撞次数增加。②由于返送回原水的是新生泥渣，具有较高的活性，可起到晶核和吸附等作用。③回流的泥渣及携带的新生矾花要在池内循环，与絮凝物一次性通过沉淀区相比，沉淀时间延长了，与此相应的反应时间也延长了，微小矾花浓度衰减速度越快。

（2）泥渣的过滤作用。澄清池工作时，总保持着一定高度的泥渣层，它是由大颗粒、高浓度的矾花形成的。投加混凝剂后的原水与回流的泥渣一起，经过搅拌混合生成微小矾花后，必须穿过泥渣层。这种泥渣层类似滤层，通过筛分和吸附等作用，一方面促使微小矾花迅速生成粗粒矾花，另一方面将这些矾花截留在泥渣层中。

2. 澄清处理设备

澄清池按照工作原理可以分为泥渣循环式和泥渣悬浮式两类。其中，火电厂常用的泥渣循环式澄清池有机械搅拌澄清池、水力循环澄清池；泥渣悬浮式澄清池有悬浮泥渣澄清池、脉冲澄清池等。本书以机械搅拌澄清池为例进行介绍。

图1-3所示为一典型机械搅拌澄清池的结构。其工作过程为：原水由进水管进入环形三角槽，经槽底出水孔均匀流入第一反应室，在此水与混凝剂以及从分离区回流的泥渣在搅拌装置的搅动作用下充分混合，混合后的水被搅拌装置上的涡轮提升到第二反应室继续反应以形成较大的絮粒。然后，水流经设在第二反应室上部四周的导流室进入分离室。在分离室中，由于其截面大于第二反应室，水流速度下降，泥渣和水可分离，澄清水经集水槽排出。分离出的泥渣大部分通过回流缝回到第一反应室，不断形成循环，少部分进入泥渣浓缩室，浓缩至一定浓度后排出池外。

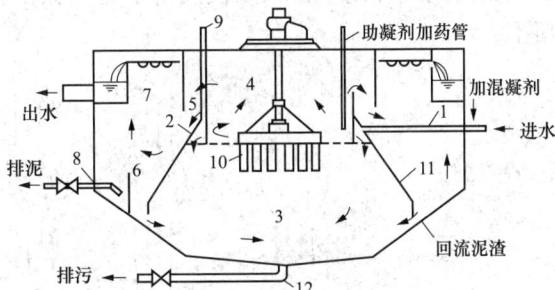

图1-3　机械搅拌澄清池的结构

1—进水管；2—三角槽；3—第一反应室；4—第二反应室；

5—导流室；6—分离室；7—集水槽；8—侧排泥斗；

9—排气管；10—搅拌浆板；11—伞形板；12—底部排泥

混凝剂、助凝剂配合使用时，两种药剂应按先后顺序投加，间隔时间大于30s；若在管道中加入，距离至少大于15m。若有杀菌处理，应加在混凝剂之前。混凝剂加药点宜选择澄清池的进水管或进口的配水井，助凝剂加药点宜选择第二反应室入口处，杀菌剂也加入进水管中。

四、过滤处理

在重力或压力差作用下，水通过多孔材料层的孔道，而悬浮物被截留在介质上的过程，称为过滤。用于过滤的多孔材料称为滤料或过滤介质。过滤设备中堆积的滤料层称为滤层或滤床。装填滤料的钢筋混凝土构筑物称为滤池，装填滤料的钢制设备称为过滤器。

（一）过滤原理

在过滤过程中，水中的悬浮物被滤层截留，当滤层中截留有较多量悬浮颗粒时，需要将滤层进行反冲洗（简称反洗或冲洗）。

1. 过滤原理

杂质被滤料截留的机理比较复杂，一般认为有薄膜过滤（表面过滤）和接触黏附过滤（深层过滤）两种。

（1）薄膜过滤。当含有悬浮颗粒的水自上而下进入滤层时，某些粒径大于滤料层孔隙的悬浮物被滤层表面截留下来，经过一段时间后，在滤层表面好像形成了一层附加的滤膜（薄膜），在以后的过滤过程中，这层滤膜起主要的过滤作用。

如图1-4所示，滤膜的截留原理主要有以下三种：①筛分。膜拦截比其孔径大或孔径相当的微粒，也称为机械截留。②吸附。微粒通过物理化学吸附而被膜截获。因此即使微粒尺寸小于孔径，也能因吸附作用而被

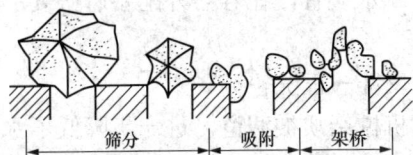

图1-4　滤膜的截留原理示意

膜截留。③架桥。微粒相互推挤，导致它们都不能进入膜孔或卡在膜孔中无法动弹。

对于超滤膜来讲，由于膜孔径很小，截留机理是以机械筛分作用为主。

（2）接触黏附作用。接触黏附主要有迁移和黏附两个过程。迁移是颗粒脱离流线接近滤料的过程，迁移的途径（见图1-5）主要有布朗运动、惯性运动、重力沉降、拦截、水力学作用等。当水中杂质迁移至滤料表面上时，在范德华引力、静电力以及一些特殊化学力等若干种力的共同作用下，杂质被黏附于滤料颗粒表面上，或者黏附在滤料表面上原先黏附的杂质上。

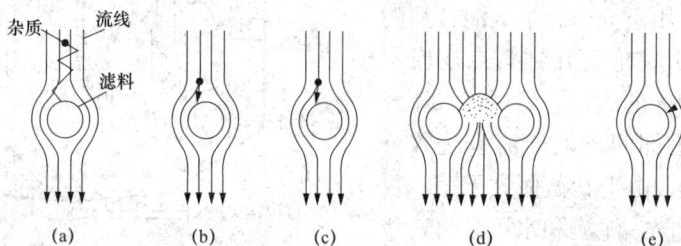

图 1-5　迁移途径示意

（a）布朗运动；（b）惯性运动；（c）重力；（d）拦截；（e）水力学

在实际过滤过程中，上述两种机理往往同时起作用，只是依条件不同而有主次之分。对粒径较大的悬浮颗粒，以滤膜的截留为主，由于这一过程主要发生在滤料表层，通常称为表面过滤。对于细微悬浮物，以发生在滤料深层的接触黏附为主，称为深层过滤。

2. 反洗原理

反洗是水力剪切和摩擦两种机理共同作用的结果。

（1）水力剪切。向上流动的水流高速冲刷滤料表面，带走污物。反洗水的流速越高，水流对滤料的剪切力就越强，反洗效果就越好。

（2）摩擦。反洗时松动的滤料之间因相对运动而产生摩擦，通过摩擦去掉污物。从这个角度来讲，并不是反洗水流速越大反洗效果越好，而是存在一个最佳的反洗膨胀率，使得滤料之间产生的摩擦最为强烈。空气辅助擦洗正是在较低的膨胀率条件下，利用气泡加强滤层的紊动和摩擦来改善反洗效果的。

（二）过滤设备

根据过滤介质、过滤速度或过滤动力的差异，过滤工艺有多种不同的类型，过滤设备类型也有多种。本书以电厂常用的机械过滤器、无阀滤池、超滤设备为例进行介绍。

1. 机械过滤器

机械过滤器外壳为一个密闭的钢罐，在一定压力下进行工作，滤料层可以是单层、双层或三层。单流式双层滤料机械过滤器（双介质过滤器）结构如图 1-6 所示，过滤器上部装有进水装置及排气管，器内装有一定高度的滤料层，下部有配水装置，在容器外配备有必要的管道和阀门。

过滤器运行呈循环状态，一个运行周期包括：过滤→反洗→正洗。

过滤时，水经进水装置由上而下均匀流过滤层，水中机械杂质被截留，进一步降低了水的浊度。为了保证设备出力和出水水质，过滤器通常运行到水头损失或出水浊度达到规定的允许值时停止运行，这时称过滤器失效。过滤器失效后进行反洗，利用由下向上的水流冲洗滤层，使滤料层发生松动、膨胀，将滤层中截留的污物用水冲出并排出过滤器，从而恢复滤层的清洁状态和截污能力，反洗至排水清澈为止。正洗是在反洗操作之后，按水的过滤方向通水，将不合格的出水排走，待正洗完成后，即可重新投入过滤。

2. 无阀滤池

无阀滤池以无阀门而得名，其结构如图 1-7 所示。

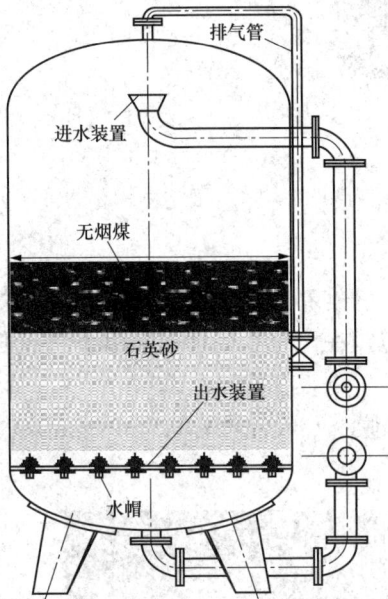

图 1-6 双介质过滤器结构

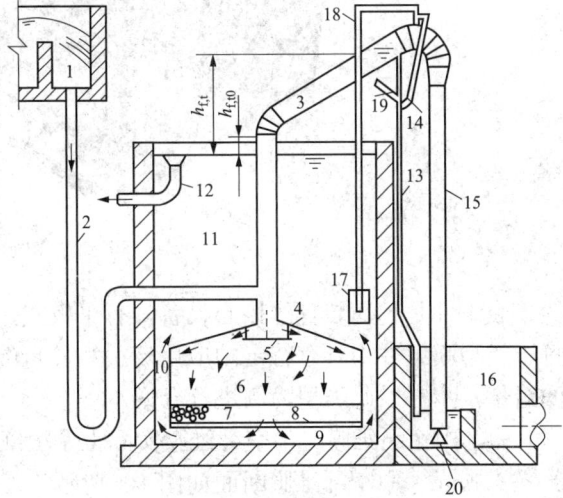

图 1-7 重力式无阀滤池结构

1—进水分配槽；2—进水管；3—虹吸上升管；4—顶盖；
5—挡板；6—滤料层；7—承托层；8—配水系统；9—集水室；
10—连通管；11—冲洗水箱；12—出水管；13—虹吸辅助管；
14—抽气管；15—虹吸下降管；16—水封井；17—虹吸破坏斗；
18—虹吸破坏管；19—强制冲洗管；20—冲洗强度调节器

过滤时，水顺次经过进水分配槽、U 形进水管、虹吸上升管、伞形顶盖下面的挡板后，均匀地分布在滤料层上。过滤后的水通过配水系统进入下部集水室，经连通管流至上部冲洗水箱中，当冲洗水箱的水位达到出水管处时，便开始向外送水。滤池运行中，滤层不断截留杂质，造成滤层的水流阻力逐渐增大，虹吸上升管内的水位便相应地升高。当水位上升到虹吸辅助管的管口时，水从虹吸辅助管快速流下，于是借助此快速水流的夹气作用，通过抽气管将虹吸上升管和下降管中的空气抽走，虹吸管中真空度逐渐增大，使虹吸上升管和下降管中水位很快上升，当两上升水流汇合后，便形成虹吸。这时过滤室内的水被虹吸管迅速抽走，滤层上部压力急剧下降，促使冲洗水箱中的水倒流至过滤室，经虹吸管排走，这便是滤层的反洗。在反洗过程中，冲洗水箱中的水位逐渐下降，当水位降到虹吸破坏管以下时，管口与大气相通，大量空气进入虹吸管内将虹吸破坏，冲洗结束，过滤过程立即重新开始。

3. 超滤装置

超滤装置由若干个膜组件并联组合在一起，并配备相应的水泵、自动阀门、检测仪表、支撑框架和连接管路等附件，如图 1-8 所示。

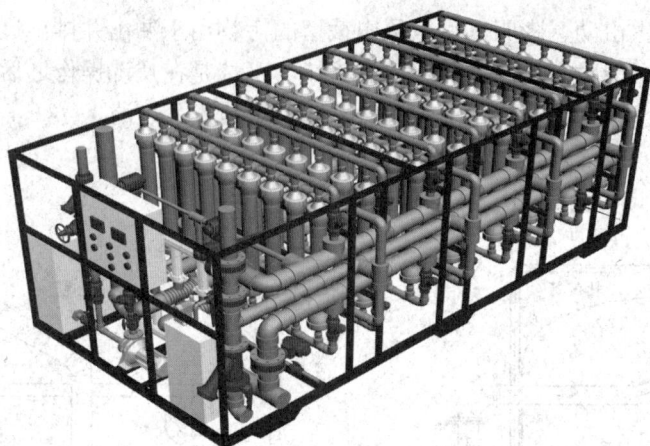

图 1-8 超滤装置示意

　　膜组件是超滤装置的核心设备，有平板式、管式、螺旋卷式和中空纤维式等多种类型。每一类型膜组件均具有特定的应用场所和各自的优缺点，在电厂水处理中常用中空纤维式超滤组件，本书以此类型为例进行介绍。

　　（1）中空纤维膜。中空纤维膜实际上是很细的管状膜，一般外径为 0.5～2.0mm，内径为 0.3～1.4mm。中空纤维膜断面如图 1-9 所示。

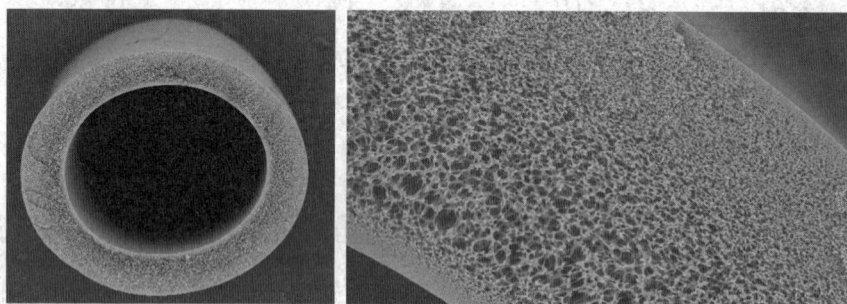

图 1-9 中空纤维膜断面

　　超滤膜具有非对称断面结构，由一层均匀致密、很薄的外皮层和多孔的海绵状支撑层构成。通常支撑层的孔径要比皮层高一个数量级以上。

　　可以用来制造超滤膜的材质很多，在火电厂使用的主要是有机合成膜，包括聚偏氟乙烯（PVDF）、聚醚砜（PES）、聚砜（PS）、聚氯乙烯（PVC）等。其中，聚偏氟乙烯和聚醚砜是目前最广泛使用的超滤膜材料。

　　（2）膜组件。超滤膜组件如图 1-10 所示。中空纤维膜丝在组件内呈垂直组装，用几千甚至上万根膜丝端部密封后放入一个圆柱形容器中构成。环氧树脂或聚氨酯等黏结材料端封的作用是密封住膜丝之间的间隙，从而使原液与透过液分离，防止原液不经过膜丝过滤而直接渗入到透过液中。

　　中空纤维膜组件可分为内压式和外压式两种。如果过滤时原水由膜丝内向外通过，即原水在膜丝管内流动，从管外壁收集透过水，这种超滤膜被称为内压膜（见图 1-11）；如果进水在管外壁流动，产水从管内收集，这种超滤膜被称为外压膜（见图 1-12）。

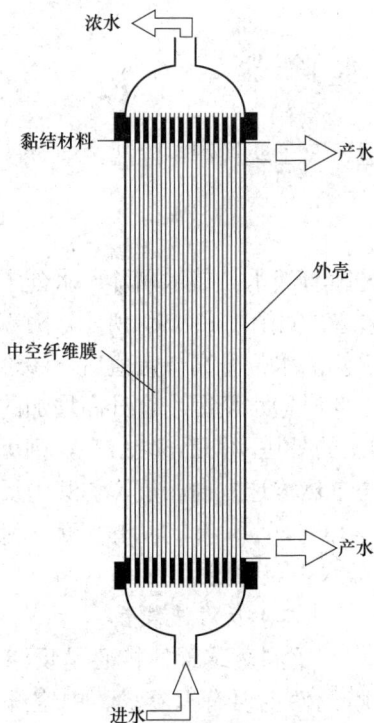

图 1-10 中空纤维超滤组件

图 1-11 内压膜示意

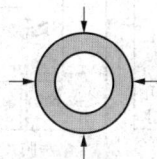

图 1-12 外压膜示意

（3）工作过程。不同厂家的超滤装置工作过程不尽相同，但基本上都有五种运行模式：制水（正常过滤）、反洗（含化学加强反洗）、正洗、化学清洗和完整性检验。

1）制水。超滤制水有死端过滤（全量过滤）和错流过滤两种方式。前者指超滤的进水全部透过膜而成为产水，没有浓水排放的过滤方式；后者指进水中只有一部分水透过滤膜成为产水，另一部分水没有透过膜并以"浓水"的形式排出。超滤装置一般为全量过滤运行，但在进水浊度高时会自动切换成错流过滤方式或者自动停止运行。

2）反洗。定期反洗可以有效地清除制水过程中在膜表面慢慢积累的污染物，恢复膜的性能。为提高反洗效果，有时还需要在反洗水中加入一定浓度的酸、碱和次氯酸钠。通常系统自动控制程序设置反洗时间为 60s，频率为 15～60min 一次。

3）正洗。正洗又称顺洗或正冲。将进水流量提高，用高速水流冲刷膜表面上的沉积物，以达到清洁膜表面、改善反洗效果的目的。正洗可以在反洗前后均采用，也可以仅在反洗后采用。

4）化学清洗。反洗能够使透膜压差降低，但是反洗并不能将截留在超滤膜中的杂质完全清除。当温度修正后透膜压差达到一定值（如 0.14MPa）时，便需要对膜进行化学清洗。化学清洗时，一般将单套装置从系统中断开，用低 pH 值的柠檬酸溶液循环清洗，然后用高 pH 值的 NaOH 和 NaClO 溶液循环清洗，也可根据污染物类型采用其他清洗剂。

5）完整性检验。中空纤维膜丝有时会发生破裂，使透过的污染物增加。找出破裂的膜丝并将其封堵是十分重要的。当单套装置从系统中隔离开后，可以用压力衰减试验法或气泡观察法来鉴定膜丝的完整性。如果发现有破裂的膜丝，在其端部插入补膜针，使其与系统永久隔离。

第三节　补 给 水 除 盐

目前电厂常用的补给水除盐工艺主要有反渗透、离子交换和电除盐。

一、反渗透

（一）脱盐原理

在一定温度下，用一张易透水而难透盐的半透膜将淡水与盐水隔开，水分子会自动地从淡水侧穿过半透膜向盐水侧转移，这一过程称为渗透，如图1-13（a）所示。随着盐水侧的水位逐渐升高，水分子的渗透量也逐渐减小；当盐水侧的水位升高一定值后，渗透停止（实质上是两侧的渗透达到平衡），如图1-13（b）所示。此时盐水侧因水位升高增加的压力就是渗透压，以$\Delta\Pi$表示。若在盐水侧施加一个超过渗透压的外压（即$\Delta p > \Delta\Pi$），则可以驱使盐水侧的水分子被迫渗透到淡水侧，由于其渗透方向与自然渗透方向相反，称其为反渗透，如图1-13（c）所示。因此，可以利用反渗透从盐水中获得淡水。

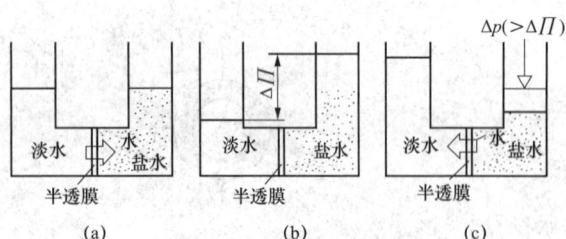

图1-13　渗透与反渗透现象

（二）反渗透装置

反渗透装置的核心是反渗透膜元件，膜元件主要有涡卷式、中空纤维式、管式和板框式四种形式。电厂水处理以涡卷式应用最为普遍，约占用户的99%，本书以此类型为例进行介绍。

1. 膜元件

涡卷式反渗透膜元件结构如图1-14所示。膜元件核心部分由膜、进水隔网和透过水隔网围中心管卷绕而成，其排列顺序为膜1/透过水隔网/膜2/进水（浓水）隔网/膜3/透过水隔网/膜4。这种结构中，两层膜（如膜1、膜2）背对背地黏接起来形成类似一个长信封状的膜袋，开口的一边与开孔的中心集水管密封连接。运行时进水从膜元件端部引入，在压力推动下，进水水流从膜的外侧沿着与膜表面平行的方向流动，水量不断减少，浓度不断增加，最后变成浓水从下游排出。垂直于膜表面透过膜的淡水在膜袋内流动，流量不断增加，最后汇流入中心集水管。透过水隔网构成透过水通道，并起支撑膜的作用；进水隔网构成进水（浓水）通道，并起扰动水流防止浓差极化的作用。

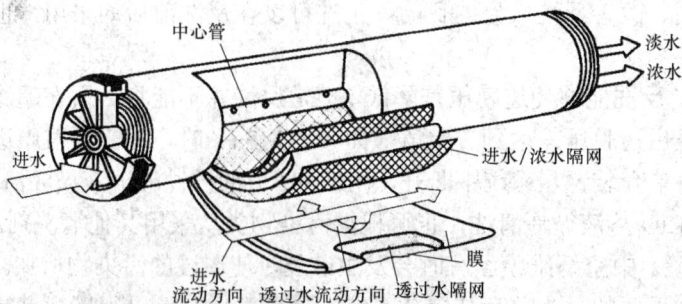

图1-14　涡卷式反渗透膜元件

2. 膜组件

根据工艺的需要，一个反渗透组件中可以只装一支膜元件，也可以串联装几支膜元件，膜元件之间通过内连接件连接。电厂水处理中广泛使用的卷式膜元件直径为 8in（0.2032m），长为 40in（1.016m），通常称为 8040 膜元件。由于反渗透的进水中仍然含有各种污染物，为减少反渗透膜元件的污染，每支膜元件的回收率一般不允许超过 18%。按照这种要求，一个串联有 6 支膜元件的组件，其回收率也只能达到 70%左右。因此，为了达到电厂要求的高回收率（75%以上），反渗透装置一般为二段膜组件排列，每一个组件中装 6 支膜元件。为了保持各段膜表面浓水流速基本一致，二段膜组件排列中一、二段并联的膜组件个数比为 2:1。

反渗透装置由若干个膜组件按一定方式排列组合在一起，并配备保安过滤器、高压泵、相应的自动阀门、检测仪表、支撑框架和连接管路等附件。膜组件排列形式以"一级二段"（见图 1-15）和"二级"较为常用。段指反渗透膜组件按浓水流程串接的阶数；级指反渗透膜组件按淡水流程串联的阶数，表示利用反渗透膜组件对水进行脱盐处理的次数。

3. 工作过程

如图 1-15 所示，预处理过的原水送入 5μm 保安过滤器去除颗粒状物质，再经过高压泵升压后进入第一段膜组件。在第一段膜组件中一部分水透过膜形成产水；其余部分进水（浓水）浓度增加，流量变小，形成浓水排入第二段膜组件制水。第二段生产出的产水与第一段产水会合送往淡水箱或后续处理系统，浓水则直接排放或者送往废水处理系统。

启动时为了防止产生"水锤"现象而损坏膜元件，必须用不带压冲洗的方法排净空气；运行时为了防止膜结垢，需要在反渗透的进水中加入酸或阻垢剂进行水质调节；为了防止浓水侧亚稳态过饱和溶液的结晶沉积，防止淡水回吸，停机后应立即用淡水冲洗。

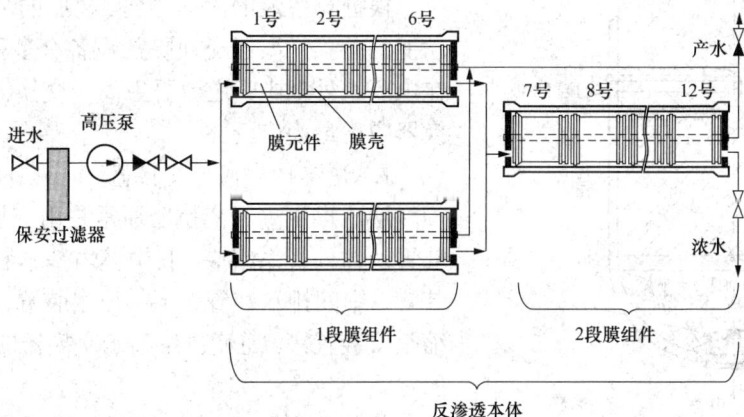

图 1-15 一级二段反渗透装置示意

二、离子交换

（一）离子交换除盐原理

当含盐的水依次通过氢型阳树脂（RH）和氢氧型阴树脂（ROH）时，水中所含的阳离子和阴离子分别与阳树脂中的 H^+ 和阴树脂的 OH^- 发生离子交换，交换的结果是水中的阳离子和阴离子分别转移到阳树脂和阴树脂上，同时有等量的 H^+ 和 OH^- 进入水中，H^+ 和 OH^- 离子互相结合而生成水，从而除去了水中的盐类物质。

上述原理可用下列反应式表示：

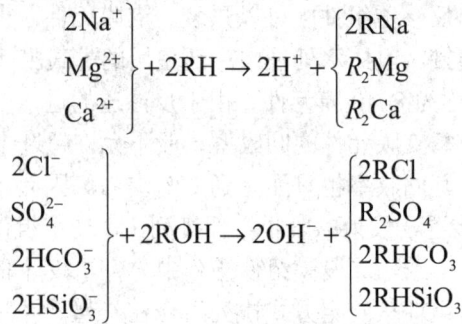

$$\left.\begin{array}{l}2Na^+\\Mg^{2+}\\Ca^{2+}\end{array}\right\}+2RH\rightarrow 2H^++\left\{\begin{array}{l}2RNa\\R_2Mg\\R_2Ca\end{array}\right.$$

$$\left.\begin{array}{l}2Cl^-\\SO_4^{2-}\\2HCO_3^-\\2HSiO_3^-\end{array}\right\}+2ROH\rightarrow 2OH^-+\left\{\begin{array}{l}2RCl\\R_2SO_4\\2RHCO_3\\2RHSiO_3\end{array}\right.$$

交换反应生成的 H^+ 和 OH^- 结合成水，即

$$H^++OH^-\rightarrow H_2O$$

离子交换反应是可逆的，离子交换反应的可逆性是离子交换树脂可以反复使用的基础，也是离子交换树脂在水处理工艺中得到广泛应用的一个重要方面。当离子交换反应进行到大部分阳树脂由 RH 型转化为 R_2Ca、R_2Mg 和 RNa 型，阴树脂由 ROH 型转化为 RCl、R_2SO_4、$RHCO_3$、$RHSiO_3$ 型后，出水中泄漏的离子量开始增加。当泄漏量超过一定值后，离子交换反应到达了终点，称为树脂失效。

树脂失效后，需要利用酸、碱溶液分别对阳、阴树脂进行再生，将阳、阴树脂重新转化为 RH 型和 ROH 型，恢复其除盐能力。

（二）离子交换除盐设备

根据再生液的流动方向、树脂的装载状态或设备功能的差异，离子交换除盐设备有多种不同的类型。在电厂水处理中，逆流再生离子交换器、混合离子交换器应用最为广泛。

1. 逆流再生离子交换器

逆流再生离子交换器通常是由交换器本体、体内装置及体外管系组成，其中体内基本装置有上部进水装置、中间排水装置、下部排水装置，有的还有进压缩空气装置等。逆流再生离子交换器的结构如图1-16所示。

装载氢型阳树脂（RH）的离子交换器称为阳离子交换器，俗称阳床；装载氢氧型阴树脂（ROH）的离子交换器则为阴离子交换器，俗称阴床。

制水时，含阳（阴）离子的水从离子交换器的顶部进入，向下流经 RH（ROH）树脂层，水中所含的

图 1-16　逆流再生离子交换器结构
1—壳体；2—十字形进水装置；3—空气管；
4—中间排水装置；5—树脂层；6—石英砂垫层；
7—穹形孔板；8—加强筋；9—压脂层

阳（阴）离子转移到阳（阴）树脂上，即水中阳（阴）离子被除去。随着交换器运行时间的增长，出水中欲除去的离子量开始增加，达到一定值时称树脂失效，交换器停运。失效树脂通过再生恢复其交换能力，再生液从交换器的底部进入，向上流经树脂层，将阳（阴）树脂重新转化为 RH（ROH）型。

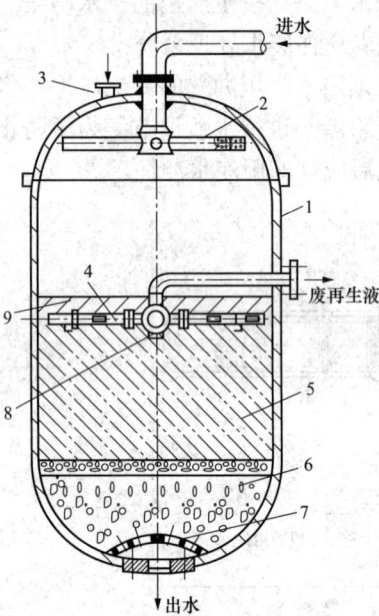

离子交换器运行呈循环状。以采用压缩空气顶压的方法为例，逆流再生离子交换器的一个运行周期从交换器失效后算起，依次分为小反洗、放水、顶压、进再生液、逆流清洗、小正洗、正洗及制水等步骤。

2. 一级复床除盐

（1）一级复床除盐系统。在电厂锅炉补给水处理中，为了除去水中盐类物质，常将 H 离子交换器和 OH 离子交换器组合成一级复床除盐系统。图 1-17 所示为典型的一级复床除盐系统，它由一个强酸 H 交换器、一个除碳器和一个强碱 OH 交换器串联而成。此外，一级复床除盐系统还包括酸、碱再生液系统。

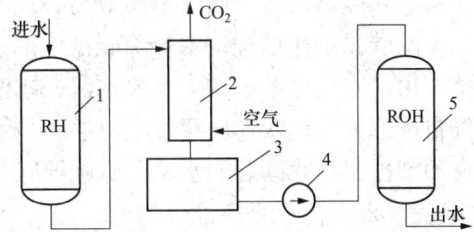

图 1-17   一级复床除盐系统

1—强酸 H 交换器；2—除碳器；3—中间水箱；

4—中间水泵；5—强碱 OH 交换器

（2）除碳器。经 H 离子交换后的水呈强酸性，水中碳酸化合物几乎全部以游离 CO_2 形式存在。CO_2 气体在水中的溶解度服从亨利定律，即在一定温度下气体在溶液中的溶解度与液面上该气体的分压成正比。所以，只要降低与水相接触的气体中 CO_2 的分压，溶解于水中的游离 CO_2 便会从水中解吸出来，从而将水中游离 CO_2 除去。除碳器就是根据这一原理设计的。

电厂水处理中应用较广泛的是大气式除碳器，其结构如图 1-18 所示。除碳器本体是一个

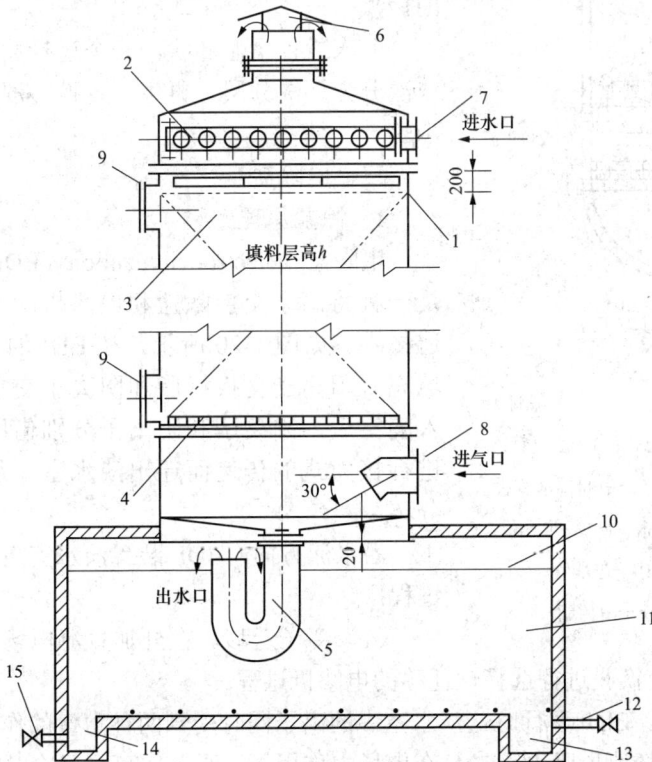

图 1-18   除碳器结构

1—筒体；2—进水装置；3—填料；4—格栅；5—产水 U 形弯头；6—排气挡雨帽；7—进水管；8—进气口；

9—检修人孔；10—中间水箱水位线；11—中间水箱；12—出水管；13—集水井；14—集污排水井；15—底部放水阀

圆形筒体，筒体内顶部装有进水装置即喷淋水装置，筒体的下侧设有进气口；筒体内进气口以上设有格栅，格栅上装有一定高度的填料；出水口设在筒体底部，其出口处有一 U 形水封弯头。除碳器风机一般采用高效离心式风机，有的风机进口装有消音器和过滤网。

除碳器工作过程：水自除碳器上部引入，经喷淋装置，流过填料层表面，由于填料的阻挡作用，水被分散成许多小股水流、水滴或水膜，增大了与空气的接触面积。与此同时，空气自下部风口进入逆向穿过填料层，与水充分接触，水中的游离 CO_2 迅速解吸进入空气中，自顶部排出。除碳后的水流入除碳器底部的水箱。

3. 混合离子交换器

混合离子交换器（简称混床）的结构如图 1-19 所示。混床主要由交换器本体、进水装置、排水装置、碱液分配装置和离子交换树脂层等组成。

制水时，水从混床的顶部进入，向下流经 RH 和 ROH 均匀混合的树脂层，水中所含的阳离子、阴离子几乎同时与阳树脂、阴树脂发生交换反应，生成的 H^+、OH^- 立即互相中和生成 H_2O，从而除去了水中的盐类物质。随着混床制水时间的增长，出水中离子量开始增加，达到一定值时称树脂失效，混床停运。失效阴、阳树脂先分离，然后分别用 NaOH、HCl 再生重新转化为 ROH 型、RH 型。

混床运行呈循环状，一个运行周期从失效后算起，依次分为反洗分层、再生、置换、混合、正洗及制水等步骤。

三、电除盐

1. 除盐原理

电除盐（electrodeionization，EDI）采用电能脱盐，是一种将离子交换除盐和电渗析除盐相结合的纯水制造技术。如图 1-20 所示，在 EDI 的淡水（产水）室中填充有阳离子交换树脂和阴离子交换树脂，当给水进入隔室后，阳离子和阴离子分别借助阳树脂和阴树脂进行接力式的传递而迁出淡水室，从而实现水与盐的分离。

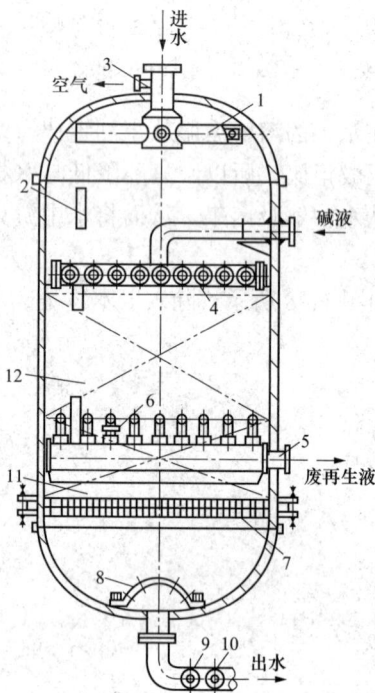

图 1-19　混床的结构（再生状态时）

1—进水装置；2—窥视孔；3—空气管；
4—母支管式进碱装置；5—中间排水装置；
6—槽钢支架；7—多孔板；8—穹形孔板；
9—压缩空气管；10—进酸管；
11—阳树脂；12—阴树脂

沿水流方向，EDI 装置淡水室主要进行着以下变化过程：

（1）离子迁移。在外加直流电场作用下，水中离子（盐类）通过离子交换膜进行选择性迁移的电渗析过程。

（2）离子交换。EDI 运行时，淡水室中的离子同时受到两种力量的作用：一是在树脂的离子交换作用下被树脂所吸着；二是在电场力作用下，吸着的离子又会从树脂上脱吸下来，向电极方向迁移。由于树脂颗粒排列紧密，树脂内部又有大量孔隙，所以离子在电场驱动和离子交换的双重作用下，表现出不断地从树脂上一个交换点向下游的另一个交换点转移，最终进入浓水室。

在淡水室中，混合离子交换树脂的作用是：①利用离子交换特性传递离子，帮助离子迁移。水中离子在树脂和膜中的迁移速度比在水中的迁移速度大 100~1000 倍以上，因此，淡水室中离子迁移几乎全部是通过树脂来完成的；②利用树脂良好的导电特性降低淡水室电阻，使 EDI 能在较高的电流下工作。这样，强化了离子（包括弱酸离子）的迁移过程，为制备高纯水创造条件。

（3）电再生。由于离子交换树脂和离子交换膜的选择透过性，水中离子在树脂和膜中的迁移速度大，所以在树脂颗粒表面和网孔内部表面及膜的表面处，离子浓度很快降至接近于零，即产生了浓差极化，这时的电流密度称为极限扩散电流密度。若进一步增大电流密度，淡水室水中原有的离子已不能完全满足传导电流的需要，必将导致上述表面处的水被电离为 H^+ 和 OH^-，以负载部分电流，并与树脂上的可交换离子进行交换，使相当数量的树脂以 RH 和 ROH 的形态存在，这一过程可称为树脂的"电再生"。

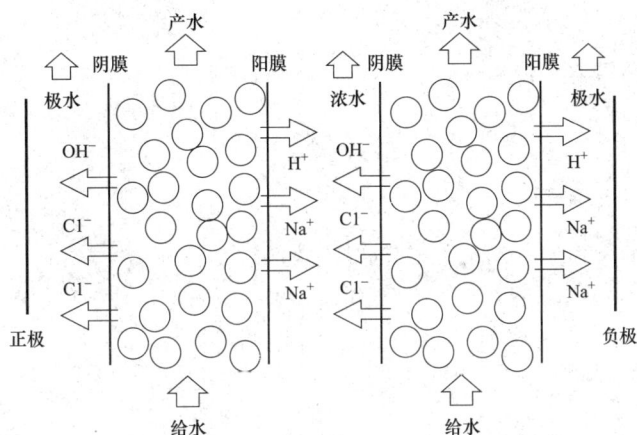

图 1-20 EDI 除盐原理示意

2. EDI 装置

按离了交换膜组装在 EDI 中的形状分类，EDI 装置可分为板框式和螺旋卷式两类，前者组装的是平板状离子交换膜，后者组装的是卷筒状离子交换膜。

EDI 装置通常采用模块化设计，即利用若干个一定规格的 EDI 模块组合成一套 EDI 装置。EDI 模块可分为板框式和螺旋卷式两种，目前应用最为广泛的是板框式。板框式 EDI 模块结构如图 1-21 所示，主要由阳电极板、阴电极板、离子交换膜、淡水隔板、浓水隔板及端板等部件按一定的顺序组装而成。

EDI 模块的进水被分成三股独立的水流：淡水（产水）水流、浓水水流、极水水流。

当原水进入淡水室后，在直流电场作用下，水中阳离子和阴离子分别借助阳树脂和阴树脂进行接力式的传递而迁出淡水室，从而完成水的深度除盐。淡水室中离子迁移、离子交换、电再生三个过程同时存在，从而实现 EDI 装置的连续运行。

伴随着淡水室除盐的过程，水中离子不断迁进浓水室或极水室，从进水端至出水端，浓水水流、极水水流离子浓度上升。同时，在两个电极的极水室发生了电化学反应，产生 H_2、O_2 等电极反应产物，还伴随发热。为避免气体混合可能引起的爆炸危险，应及时排放极水。

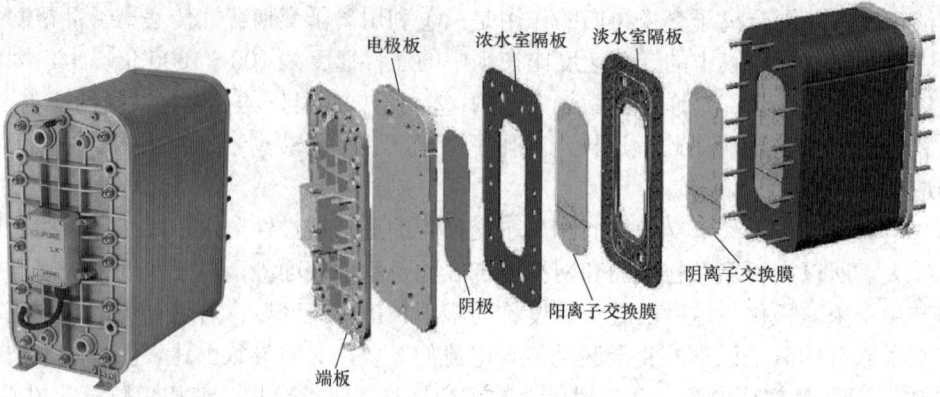

图 1-21　板框式 EDI 模块结构

第二章 热力系统水处理

第一节 概　述

一、热力系统

1. 热力系统水汽流程

火力发电机组是利用煤炭、石油或天然气等燃料燃烧时产生的热能来加热水，使水变成高温、高压蒸汽，然后再由蒸汽推动汽轮机，汽轮机驱动发电机发电。锅炉、汽轮机及其附属设备、管道组成了热力系统。热力系统中的各种热交换部件或水汽流经的设备，如省煤器、水冷壁（简称炉管）、过热器、汽轮机、高压加热器、低压加热器、除氧器和凝汽器等，通称为热力设备。

传递能量的水汽循环运行，凝汽式发电厂水汽主要流程（见图2-1）如下：凝汽器→凝结水泵→凝结水净化装置→低压加热器→除氧器→给水泵→高压加热器→省煤器→锅炉→过热器→汽轮机高压缸→低温再热器→高温再热器→汽轮机中压缸→汽轮机低压缸→凝汽器。其中，凝汽器出口至省煤器出口的水系统，包括凝结水泵、低压加热器、除氧器、给水泵、高压加热器、省煤器及其相连的管道阀门等称为给水系统。有时为了叙述方便，将凝汽器出口至除氧器出口称为凝结水系统或低压给水系统；将除氧器出口至省煤器出口称为给水系统或高压给水系统。

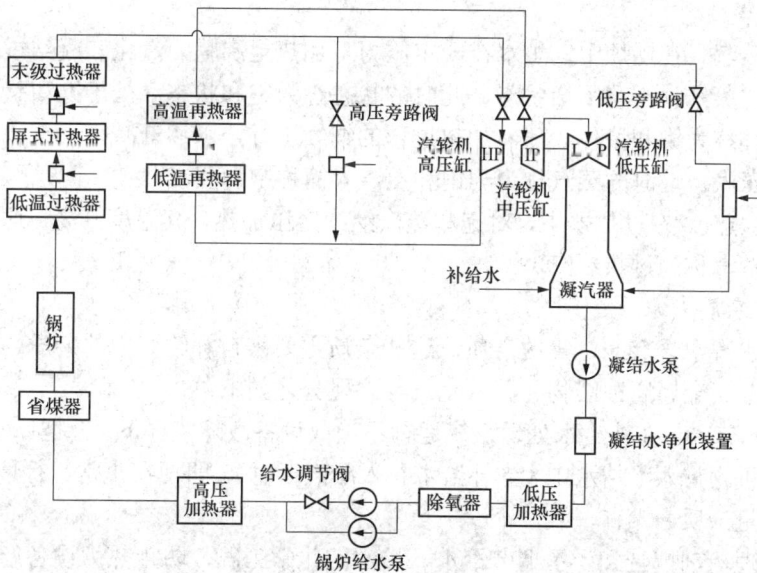

图 2-1　凝汽式发电厂热力系统水汽主要流程

调节蒸汽温度的喷水减温器装于低温过热器与屏式过热器之间和屏式过热器与高温过热器之间。再热蒸汽温度的调节通过位于省煤器和低温再热器后方的烟气调节挡板进行控制，在低温再热器出口管道上布置再热器微调喷水减温器作为辅助调节手段。

在热力系统中，水、汽虽然是密封循环，但总免不了有些损失，补给水就是为了补偿此种损失而补加的水。在现代大型机组中，锅炉补给水一般是补入凝汽器，与凝结水混合并在凝汽器内经除氧后进入给水系统；在小型机组中，通常是使补给水补入除氧器后再与主凝水和各种疏水混合后进入给水系统。

2. 水汽名称

由于水在热力系统中所经历的过程不同，其水质常有较大的差别。因此，为了工作需要，常根据生产的实际给予这些水、汽以不同的名称，现简述如下：

（1）原水。原水也称为生水，是未经净化处理的水源水，如江、河、湖的水和地下水等。

（2）补给水。生水经净化处理后，用来补充水汽循环系统中损失的水，称补给水。按其净化处理方法的不同，分为软化水和除盐水等。

（3）汽轮机凝结水。在汽轮机中做功后的蒸汽经冷凝形成的水，称为汽轮机凝结水，简称凝结水。

（4）疏水。各种蒸汽管道和用汽设备中的蒸汽凝结水，它经疏水器汇集到疏水箱或并入凝结水系统中。

（5）返回凝结水。热电厂向热用户供热后，回收的蒸汽凝结水，称为返回凝结水（简称返回水）。其中又有热网加热器凝结水和生产返回凝结水之分。

（6）给水。在火电厂中常以送进锅炉系统的水称为给水。凝汽式火电厂的给水是由汽轮机凝结水、补给水和各种疏水组成；热电厂的给水还包括返回凝结水。

（7）锅炉水。在锅炉本体的蒸发系统中流动着的水，称为锅炉水，简称炉水。

（8）冷却水。用作冷却介质的水称为冷却水，用来补充循环冷却水系统中的水，称为补充水。

（9）饱和蒸汽。在锅炉中，炉水在一定压力下加热至沸腾，汽化和凝结过程虽仍在不断进行，但汽化与凝结处于动平衡状态，此时的状态称为饱和状态。处于饱和状态的蒸汽称为饱和蒸汽，液体称为饱和液体。随着加热过程的继续进行，水逐渐减少，蒸汽逐渐增多，直至水全部变成蒸汽，这时的蒸汽称为干饱和蒸汽（简称饱和蒸汽）。

（10）过热蒸汽。在过热器中，对饱和蒸汽继续定压加热，其温度升高，这种超过该压力下饱和温度的蒸汽称为过热蒸汽。

3. 水汽中杂质来源

热力系统水汽中含有一定量的杂质，这些杂质主要来自补给水中的杂质、水处理药剂携带、凝汽器泄漏、金属腐蚀产物、漏入空气等。现分述如下：

（1）补给水带入。在补给水处理系统运行不当或设备故障情况下，会把原水中的悬浮物、溶解盐类或有机物带入凝结水中（当补给水补入凝汽器时），即使在正常运行情况下，补给水中仍然会有微量杂质。

（2）水处理药剂携带。为了调节给水、炉水的化学工况，防止热力设备腐蚀、结垢、积盐，需要向水汽系统中加入 NH_3、联氨、磷酸三钠等水处理药剂，但同时也向水汽系统中输入了杂质。此外，停炉保护药剂的残留物也会造成水汽污染。

（3）凝汽器泄漏。凝结水含有杂质的主要原因之一是冷却水从凝汽器不严密的部位泄漏至凝结水中。在汽轮机长期运行过程中，当凝汽器的管子因制造缺陷或腐蚀而出现裂纹、穿孔或破损，或者当管子与管板的固接不良或遭到破坏时，则冷却水漏到凝结水中，这种现象称为凝汽器泄漏。凝汽器泄漏通常发生在换热管与管板的连接处。

微量的泄漏也称渗漏，即使制造和安装质量很好的凝汽器，也会因长期运行和负荷变化等因素而导致凝汽器管与管板结合处的严密性降低，造成一定程度的渗漏。

凝汽器泄漏的冷却水水量占汽轮机额定负荷时凝结水量的百分数称凝汽器的泄漏率，一般为 0.01%～0.05%，严密性较好的凝汽器泄漏率可以达到 0.005%。即使如此，凝结水因泄漏而带入的盐量也是不可忽视的。

凝结水因冷却水的泄漏而引起的污染程度还与汽轮机的负荷有关。因为当汽轮机的负荷很低时，凝结水量大为减少，但漏入的冷却水不因负荷的改变而有多大变化，所以这时凝结水污染会更明显。

（4）金属腐蚀产物。发电厂水汽系统中的设备和管道，不可避免地要发生腐蚀，机组启动时，在水和蒸汽的冲刷溶解作用下，这些腐蚀产物会进入热力系统中。腐蚀产物的主要成分是铁的氧化物，其次还有铜的氧化物。腐蚀产物的数量与许多因素有关，如：机组负荷的变化、设备停用期间保护的好坏、凝结水的 pH 值、给水中的溶解氧及 CO_2 含量等。在这些因素中，凝结水中铁、铜含量受机组负荷变化的影响最为敏感，因为负荷的变化会促进设备及管壁上腐蚀产物的脱落，导致凝结水铁铜含量明显升高。现场测定数据表明，机组启动过程中铁铜含量比正常运行值要高十几倍甚至几十倍，致使长时间的冲洗才能达到凝结水回收标准（Fe≤80μg/L）。

（5）漏入空气。水汽系统中最常见的空气漏入的部位是汽轮机的密封系统、给水泵密封处和低压加热器膨胀节点处。空气漏入会使给水中含氧量增高，随空气漏入的 CO_2 增加了水中碳酸化合物含量。

（6）凝结水精处理装置释出。为减少水汽系统杂质量，在凝结水泵后设置凝结水精处理装置。但同时，精处理装置中树脂降解、破碎及残留再生剂将向水汽系统输入新杂质。

（7）维修残留。维修残留包括维修活动使用的各种辅助材料残留、工具及设备打开引入、新装配件释放等。

此外，热电厂返回凝结水中一般含有较多的铁、油类物质。

综上所述，在机组运行的过程中，水汽会受到一定程度的污染，使水汽中的溶解盐类和固体微粒含量增加。

4. 水汽品质不良的危害

长期的实践使人们认识到，如果水汽品质不符合规定，则可能引起以下危害：

（1）热力设备的腐蚀。火电厂热力设备的金属经常和水接触，若水质不良，则会引起金属腐蚀。腐蚀不仅缩短设备本身的使用寿命，而且由于金属腐蚀产物转入水中，使给水中杂质增多，从而加剧炉管内的结垢过程，结成的垢又会加速炉管的腐蚀，形成恶性循环。如果金属的腐蚀产物被蒸汽带到汽轮机中，则会因它们沉积下来而严重影响汽轮机的安全、经济运行。

（2）热力设备的结垢。进入锅炉的水中如果有易于沉积的物质，或发生反应后生成难溶于水的物质，则在与水接触的受热面上会生成一些固体附着物，这种现象称为结垢。垢的导热性比金属差几百倍，且它又极易在热负荷很高的部位生成，使金属壁的温度过高，引起金属强度下降，致使锅炉的管道发生局部变形、鼓包，甚至爆管；水垢能导致金属发生沉积物下腐蚀；结垢还会增加燃料消费，降低锅炉的热效率，从而影响发电厂的经济效益。热力设备结垢后需要清洗，这不但增加了检修工作量和费用，而且使热力设备的年运行时间减少。

（3）过热器和汽轮机内积盐。水质不良还会引起锅炉产生的蒸汽不纯，从而使蒸汽带出的杂质沉积在蒸汽通过的各个部位，例如过热器或汽轮机，这种现象称为积盐。过热器管内积盐会引起金属管壁过热甚至爆管；汽轮机内积盐会大大降低汽轮机的出力和效率，加速叶片的腐蚀或降低密封效果。当汽轮机内积盐严重时，还会使推力轴承负荷增大，隔板弯曲，造成事故停机。

由上述分析可知，热力系统水处理的目的就是为了保证热力系统各部分有良好的水汽品质，以防止热力设备的腐蚀、结垢和积盐。因此，在热力发电厂中，水处理工作对保证发电厂的安全、经济运行具有十分重要的意义。

二、热力设备腐蚀

材料受环境介质作用而变质或破坏的过程称为腐蚀。金属腐蚀主要是由于金属材料与环境介质的化学或电化学作用而引起的破坏或变质，有时还同时伴有机械、物理或生物作用。单纯机械应力和磨损引起的金属材料的破坏分别属于断裂和磨损的范畴，不属于腐蚀的范畴。腐蚀的结果包括金属材料化学成分的改变、金相组织发生变化和机械性能的下降等。

热力设备的腐蚀除了具有腐蚀的一般特点之外，还具其特殊之处：①热负荷在热力设备的腐蚀过程中起很重要的作用。水冷壁管、过热器管和省煤器管的腐蚀，除了汽水分层或汽塞的部位以外，都集中在热负荷较高的部位，如炉管的向火侧。②机组的运行工况对热力设备腐蚀的影响较大。对于水汽侧，生水水质变化、水处理设备运行状况变化、给水和炉水处理方式变化、热力设备运行状况变化都将引起汽、水品质改变；对于烟气侧，燃料成分和热力设备运行状况变化，烟气成分也会明显改变。此外介质温度、金属表面状态、各部分受力状态都会因锅炉运行状况的变化而改变。由于这些因素的变化，腐蚀的类型和程度也将改变。③随着机组参数的提高，腐蚀速度增加。因为水、汽温度和压力升高，金属腐蚀的热力学倾向增加，腐蚀的反应速度加快。所以，在同一水质条件下，亚临界机组比超高压机组腐蚀严重，超临界机组又比亚临界机组腐蚀严重。同时，机组参数提高、设备的材质改变、补给水的纯度提高，腐蚀的形态也会发生改变。

下面根据火电机组的实际，介绍热力设备可能发生的几种常见腐蚀。

（一）氧腐蚀

热力设备在安装、运行和停用期间都可能发生氧腐蚀。运行氧腐蚀过程、特征、部位及影响因素介绍如下。

1. 腐蚀原理

当碳钢与含氧水接触时，碳钢表面各部位的电极电位不相等，从而形成微腐蚀电池，电极电位较负的部位为阳极区，电极电位较正的部位为阴极区。因此，在腐蚀电池的作用下，阴极区表面上主要发生溶解氧的阴极还原反应：$O_2 + 2H_2O + 4e \rightarrow 4OH^-$；而在阳极区表面上发生铁的阳极溶解反应：$Fe \rightarrow Fe^{2+} + 2e$。阳极反应产生的 Fe^{2+} 在遇到水中的 OH^- 和 O_2 时进一步发生反应，最后的腐蚀产物主要是 Fe_3O_4 和 Fe_2O_3 或 $FeOOH$。

2. 腐蚀特征

钢铁发生氧腐蚀时，钢铁表面形成许多小鼓包或称瘤状小丘，形同"溃疡"。这些小丘的大小及表面颜色相差很大，鼓包小至 1mm，大到几十毫米；鼓包表层的颜色随着温度的升高由黄红色到褐色，次层是黑色粉末状的腐蚀产物。去掉腐蚀产物后金属基体留有腐蚀坑，如图 2-2 所示。但在水流速较高的部位基本无腐蚀产物，在金属表面会出现不规则的坑洞或溃疡状的蚀面。

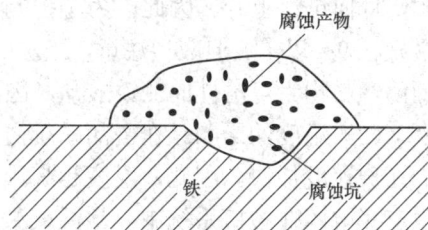

图 2-2　氧腐蚀特征示意

3. 腐蚀部位

在采用除氧水工况的情况下，氧腐蚀主要发生在温度较高的高压给水系统，包括给水管道、高压加热器、省煤器等部位。另外，在疏水系统中，由于疏水箱一般不密闭，溶解氧浓度接近饱和值，并且水中溶解有较多的游离二氧化碳，因此氧腐蚀比较严重。凝结水系统也会遭受氧腐蚀，但腐蚀程度较轻，因为凝结水中正常含氧量低于 30μg/L，且水温较低。低压给水系统与凝结水系统相比，温度由 40～60℃升至 140℃左右，对于有凝结水精处理设备的机组，由于凝结水中的杂质基本除去，并且能保证水质的前提下，即使溶解氧浓度较高，氧对低压给水系统的腐蚀也不明显。

一般来说，除氧器出口给水的溶解氧偏高时，即使加入联氨，由于反应温度低，反应时间短，在除氧器后的第一个高压加热器前会发生不同程度的氧腐蚀。而到第二个高压加热器以后，由于水中溶解氧的不断消耗和随温度的升高联氨除氧速度逐渐加快，水中的溶解氧含量降低到 7μg/L 以下，氧腐蚀会减轻。

当除氧器运行不当或锅炉启动初期，溶解氧可能进入锅炉内。腐蚀首先发生在省煤器的进口端，随着其含氧量的增大，腐蚀可能延伸到省煤器的中部和尾部，直至锅炉的下降管遭到腐蚀。在锅炉的上升管（水冷壁）内，通常不会发生氧腐蚀，因为这里水处于沸腾状态，氧集中在气泡中，不易到达金属表面。

锅炉停用期间，整个热力系统都可能发生氧腐蚀。

4. 腐蚀影响因素

（1）溶解氧浓度的影响。水中的溶解氧对水中碳钢的腐蚀具有双重作用，它既可导致钢铁的腐蚀，又可使碳钢发生钝化，它所起的作用与水的纯度（电导率）、溶解氧浓度、pH 值、流速等因素有关。当水中杂质较多（如水的氢电导率大于 0.3μS/cm）时，溶解氧主要起腐蚀作用，碳钢的腐蚀速度随溶解氧浓度的提高而增大。因此，当水质较差时，为了控制氧腐蚀，应尽可能除尽给水的溶解氧。但是，在高纯水中（氢电导率小于 0.15μS/cm），溶解氧主要起钝化作用。此时，随溶解氧浓度的提高，碳钢表面氧化膜的保护性加强，所以碳钢腐蚀速度降低。试验结果表明，在流动的高温水中 [250℃, pH=9.0(NH$_3$), 0.5m/s]，当溶解氧的浓度提高到 25μg/L 时，低碳钢表面上即可形成良好的 Fe$_3$O$_4$-Fe$_2$O$_3$ 双层保护膜，使低碳钢的腐蚀速度由除氧条件下的 10.7mdd [mg/(dm^2·d) 的缩写] 降低到 1.7mdd。

（2）pH 值的影响。图 2-3 所示为低碳钢在温度 232℃、含氧量低于 0.1mg/L 的高温水中的动态腐蚀试验结果。它表明 pH 值在 6.5～10.5 的范围

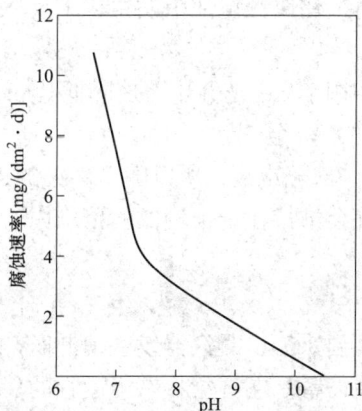

图 2-3　低碳钢在高温水中的动态腐蚀试验结果

内，pH 值越低，低碳钢的腐蚀速度就越高；特别是当 pH<7.5 时，碳钢的腐蚀速度随 pH 值的降低而迅速上升。因此，为了控制低碳钢的腐蚀，至少应将给水的 pH 值提高到 7.5 以上，最好在 9.5 以上。但应当注意，当水的 pH>13 时，特别是在较高的温度和除氧的条件下，钢的腐蚀产物为可溶性的亚铁酸盐，因而腐蚀速度又将随 pH 值的提高而急剧上升。

（3）温度的影响。在密闭系统内，当溶解氧浓度一定时，水温升高，铁的溶解反应和氧的还原速度加快。因此，温度越高，氧腐蚀速度就越快。温度对腐蚀形态及腐蚀产物的特征也有影响。在敞口系统中，常温或温度较低的情况下，钢铁氧腐蚀的蚀坑面积较大，腐蚀产物松软，如在疏水箱里所见到的情况；而在密闭系统中，温度较高时形成的氧腐蚀的蚀坑面积较小，腐蚀产物也较坚硬，如在给水系统中所见到的情况。

（4）离子成分的影响。水中离子种类对腐蚀速度的影响很大。水中的 H^+、Cl^-、SO_4^{2-} 等离子对钢铁表面的氧化物保护膜具有破坏作用，故随着它们浓度的增加，氧腐蚀的速度也增大。特别是 Cl^- 能破坏金属表面的钝化膜，所以具有促进金属点蚀的作用。因此，为了防止给水系统的氧腐蚀，特别是在进行加氧处理时，必须严格控制凝结水和给水的纯度。

（5）水流速的影响。在一般情况下，水的流速增大，钢铁的氧腐蚀速度会提高。因为随着水流速增大，扩散层厚度会减小，钢的腐蚀速度将因此而提高。但是，当水流速增大到一定程度时，可能促使钢表面发生钝化，氧腐蚀速度又会下降。如果水流速进一步增大，到一定程度后腐蚀速度又将开始迅速上升，这是因为水的冲刷作用破坏了钢表面的钝化膜，促使腐蚀加速，此时金属表面呈现出冲刷腐蚀的特征，如 AVT 水工况下省煤器管道中发生的流动加速腐蚀。

5. 腐蚀防止方法

（1）严格控制凝结水和给水的纯度，这是应用各种水化学工况的前提条件。

（2）依照不同水化学工况的要求，加氨或其他合适的碱化剂适当提高凝结水和给水的 pH 值，并通过除氧或加氧控制水中溶解氧的浓度，促使钢表面形成良好的钝化膜。

（二）二氧化碳腐蚀

水汽系统中的 CO_2 腐蚀是指溶解在水中的游离 CO_2 导致的酸性腐蚀。

1. 腐蚀原理

当水中有游离的 CO_2 存在时，在水溶液中存在下面的电离平衡：$H_2CO_3 \rightleftharpoons H^+ + HCO_3^-$。这样，由于水中 H^+ 的量增多，就会产生氢去极化腐蚀。此时，在腐蚀电池中发生以下反应：阴极反应为 $2H^+ + 2e \rightarrow H_2$；阳极反应为 $Fe - 2e \rightarrow Fe^{2+}$。

CO_2 溶于水虽然只显弱酸性，但当它溶解在很纯的水中时，还是会显著地降低其 pH 值。例如，室温时，纯水中溶有 1mg/L CO_2，其 pH 值即可由 7.0 降至 5.5。

弱酸的腐蚀性不能单凭 pH 值来衡量，因为弱酸只有一部分电离，所以随着腐蚀的进行，消耗掉的离子会被弱酸的继续电离所补充，因此 pH 值就会维持在一个较低的范围内，直到所有的弱酸电离完毕。

2. 二氧化碳来源

锅炉补给水所含的碳酸化合物是水汽系统中 CO_2 的主要来源；凝汽器发生泄漏时，漏入凝结水中的冷却水也会带入碳酸化合物；水汽系统中有些设备是在真空状态下运行的，当这些设备的结构不严密时，外界空气会漏入，这也会使系统中 CO_2 的量有所增加。

碳酸化合物进入给水系统后，在高压除氧器中，碳酸氢盐会热分解一部分，碳酸盐也会

部分水解，放出 CO_2，反应方程式为

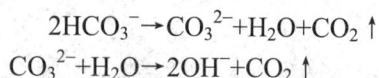

$$2HCO_3^- \rightarrow CO_3^{2-} + H_2O + CO_2 \uparrow$$
$$CO_3^{2-} + H_2O \rightarrow 2OH^- + CO_2 \uparrow$$

在除氧工况下，热力除氧器能除去水中大部分 CO_2。因此，在除氧器后的给水中，碳酸化合物主要是碳酸氢盐和碳酸盐。当它们进入锅炉后，随着温度和压力的提高，几乎能完全分解成 CO_2。生成的 CO_2 随着蒸汽进入汽轮机和凝汽器。在凝汽器中会有一部分 CO_2 被凝汽器抽汽器抽出，但仍有相当一部分 CO_2 溶入凝结水中，使凝结水受到 CO_2 污染。但是，如果凝结水 100% 进行精处理，可将凝结水中的 CO_2 等碳酸化合物除去。

3. 腐蚀部位

由 CO_2 的来源可知，CO_2 腐蚀主要发生在凝结水系统。因为凝结水水质较纯，缓冲性很小，溶有少量 CO_2，pH 值就会显著降低。另外，在疏水系统中和供热锅炉的供汽管道、回用水管道系统中也会发生 CO_2 腐蚀。

4. 腐蚀特征

在温度不太高的情况下，碳钢和低合金钢在流动介质中受 CO_2 腐蚀时，金属材料一般均匀减薄。因为在这种条件下生成的腐蚀产物的溶解度较大，易被水流带走。因此，一旦设备发生 CO_2 腐蚀，往往出现大面积损坏。

5. 腐蚀影响因素

（1）金属材质。铸铁、铸钢、碳钢和低合金钢容易受 CO_2 腐蚀，增加合金元素铬的含量，可以提高钢材耐 CO_2 腐蚀的性能，如果含铬量增加到 12.5% 以上，则可耐 CO_2 腐蚀。

（2）游离 CO_2 的含量。在密闭热力系统中，压力随温度升高而增大，CO_2 溶解量随其本身分压的上升而增大，钢铁的腐蚀速度也随溶解 CO_2 量的增多而增大。

（3）水的温度。温度对钢铁 CO_2 腐蚀的影响较大，它不仅影响碳酸的电离程度和腐蚀速度，而且对腐蚀产物的性质有很大的影响。当温度较低时，碳钢、低合金钢的 CO_2 腐蚀速度随温度升高而增大，当温度提高到 100℃ 附近，腐蚀速度达到最大值，温度更高时，钢铁表面上生成了比较薄、致密且黏附性好的碳酸铁保护膜，因而腐蚀速度反而降低了。

（4）水的流速。随着水流速的增大，腐蚀速度增加，但当流速增大到紊流状态时，腐蚀速度不再随流速增大而变化。

（5）水中的溶解氧。如果水中除了含 CO_2 外，同时还有溶解氧，腐蚀将更加严重。这时，金属除发生 CO_2 腐蚀外，还发生氧腐蚀。另外，CO_2 的存在使水呈酸性，原来的保护膜容易被破坏，新的保护膜难以生成，因而使氧腐蚀更严重。这种腐蚀不仅具有酸性腐蚀的一般特征，表面往往没有或只有很少的腐蚀产物，还具有氧腐蚀的特征，腐蚀表面呈溃疡状，并有腐蚀坑。这种情况常常出现在凝结水系统、给水系统及疏水系统。

6. 腐蚀防止方法

为了防止或减轻水汽系统中游离 CO_2 腐蚀，除了选用不锈钢来制造某些关键部件外，首先应设法减少进入系统的碳酸化合物。为此，可采取下列措施：①减少补给水带入的碳酸化合物；②防止凝汽器泄漏，提高凝结水质量。超临界机组的凝结水应 100% 进行处理。③防止空气漏入水汽系统，在进行 AVT 时应提高除氧器和凝汽器的除气效率。

除了采取上述措施外，还普遍采取向凝结水和给水中加氨的措施来中和水中的游离 CO_2，具体方法详见本章第三节。

（三）锅炉酸性腐蚀

1. 腐蚀原因

高参数锅炉用除盐水作补给水，锅炉水总含盐量低，一般仅 2～50mg/L，炉水的碱度很小，因此炉水的缓冲性很小。当运行中某些因素使得炉水中存在无机强酸或低分子有机酸时，能使锅炉水的 pH 值明显下降，酚酞碱度降低甚至完全消失，导致设备的酸性腐蚀。

2. 锅炉酸性物质的来源

低分子有机酸和无机强酸的来源主要有以下几个方面：

（1）补给水、冷却水进入给水系统，其含有的有机物杂质在锅炉内高温高压条件下分解，生成低分子有机酸和其他化合物。

（2）离子交换树脂降解或分解反应产生低分子有机酸及无机酸。补给水和凝结水处理用的离子交换树脂若保管、使用不当，或者机械强度较差，在使用过程中可能产生破碎树脂，当树脂捕捉器失效时，破碎树脂进入水汽系统；离子交换设备进水温度过高或者水中含有较多的强氧化剂（如残余氯），则会造成树脂的降解或分解。在高温高压下，树脂降解或分解反应均释放出低分子有机酸（主要是乙酸，也有甲酸、丙酸等），同时还释放出大量的无机阴离子（如 Cl^-、SO_4^{2-}）。值得注意的是，强酸阳离子交换树脂上的磺酸基在高温高压下会从链上脱落，在水中形成硫酸。

（3）强酸阴离子在锅炉中发生反应产生无机强酸。给水采用加氨处理，凝结水高混漏 Cl^- 和树脂降解过程中释放出 Cl^- 往往以氯化铵的形式进入锅炉中，并发生如下反应：

$$NH_4Cl = NH_3 + HCl$$

由于在弱碱性的炉水中，氨比盐酸容易挥发，使炉水的 pH 值逐渐降低。例如，某些电厂由于凝结水混床运行的终点按电导率控制，而在混床将要失效前，电导率变化不大，但混床出水已经漏 Cl^-，其浓度通常为 1～3μg/L，有时更高，进入锅炉后经深度蒸发、浓缩，炉水的 Cl^- 含量达到数毫克/升，并导致炉水的 pH 值低于 7。

（4）没有安装凝结水精处理设备或设备停止运行时，冷却水（特别是海水）中的 $MgCl_2$、$MgSO_4$ 等进入锅炉后会水解产生酸性物质，反应方程式为

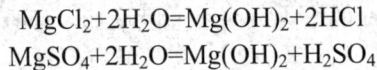

$$MgCl_2 + 2H_2O = Mg(OH)_2 + 2HCl$$
$$MgSO_4 + 2H_2O = Mg(OH)_2 + H_2SO_4$$

3. 腐蚀部位和特征

锅炉酸性腐蚀损坏范围广，因为 pH 值低的水使金属表面原有的保护膜遭到大面积破坏，因而酸性腐蚀可能发生在金属与水接触的整个表面上而不是只局限于某些部位。但酸性腐蚀破坏的程度还与锅炉热负荷、工质的流速等因素有关，热负荷高，管壁温度较高的部位，腐蚀程度也较高，因而向火侧管壁的减薄比背火侧严重。

锅炉水冷壁管的酸性腐蚀一般呈现管壁均匀减薄的情况，管壁表面无明显的蚀坑，腐蚀产物附着也较少。这种酸性腐蚀常引起水冷壁管的氢脆，这就使它的危害更显严重。

4. 腐蚀防止方法

锅炉的酸性腐蚀是在给水水质不良或恶化的情况下产生的，因此提高补给水的质量，防止凝汽器泄漏，防止精处理装置释出树脂和再生剂，保证给水品质是防止锅炉酸性腐蚀的根本措施。此外，还采取向汽包中加药的措施来适当提高炉水的 pH 值，具体方法详见本章第四节。

（四）汽轮机酸性腐蚀

1. 腐蚀原因

锅炉炉水中产生的某些酸性物质（盐酸为主）被蒸汽带入汽轮机，从而引发汽轮机形成初凝水的部位发生酸性腐蚀。汽轮机上述部位发生酸性腐蚀与蒸汽初凝水的化学特性密切相关。初凝水的化学特性主要是：①氨和酸的分配系数不同，造成初凝水 pH 值低。分配系数是指汽水两相共存时，某物质在蒸汽中的浓度与液相水中浓度的比值。过热蒸汽所携带的化学物质在蒸汽相和初凝水中的浓度取决于它们分配系数的大小。若一种物质的分配系数越小，则蒸汽凝结形成初凝水时，该物质溶于初凝水的倾向就越大，导致该物质在初凝水中浓缩。过热蒸汽中携带的酸性物质的分配系数值通常都小于 1，例如，$100℃$ 时，盐酸、硫酸等的分配系数均为 $3×10^{-4}$ 左右；甲酸、乙酸、丙酸的分配系数值分别为 0.20、0.44 和 0.92。因此，当蒸汽中形成初凝水时，它们将被初凝水"洗出"，造成酸性物质在初凝水中富集和浓缩。高参数机组采用除盐水作补给水后，一般采用氨作碱化剂来提高水汽系统介质的 pH 值，但由于氨的分配系数大，因而在汽轮机尾部汽、液两相共存的湿蒸汽区，氨大部分留在蒸汽相中。因此，即使在给水中所含的氨量是足够的，在这些部位的液相中，氨的含量也仍可能不够。②氨是弱碱，它只能部分地中和初凝水中的酸性物质，导致初凝水的 pH 值低于蒸汽的 pH 值。

试验结果表明，初凝水的 pH 值可能降到中性、甚至酸性 pH 值范围。采用软化水作为锅炉补给水时，由于炉水的含盐量和 pH 值都高，对酸碱的缓冲性较大，虽然锅炉有结垢、腐蚀现象，但汽轮机长期运行并未发现有酸性腐蚀；采用除盐水作为补给水时，水汽品质提高，对酸碱的缓冲性减弱，如果运行中有微量的酸性物质被蒸汽带入汽轮机，则会使初凝水 pH 值显著降低，造成汽轮机酸性腐蚀。低 pH 值的初凝水对铸钢、铸铁和碳钢部件具有侵蚀性。当有空气漏入热力设备水汽系统中使蒸汽中氧含量增大时，也使蒸汽初凝水中的溶解氧含量增大，大大增加初凝水对低压缸金属材料的侵蚀性。

2. 腐蚀部位

汽轮机的酸性腐蚀主要发生在低压缸的入口分流装置、隔板、隔板套、叶轮，以及排汽室缸壁等。由于汽轮机运行条件的变化，形成初凝水的部位也会有一些变动。

3. 腐蚀特征

这种腐蚀常发生在铸铁、铸钢或普通碳钢部件上，而在这些部位的合金钢部件则不发生酸性腐蚀。受腐蚀部件的保护膜被破坏，金属晶粒裸露，表现为银灰色，类似酸洗后的表面。隔板导叶根部常形成腐蚀凹坑，严重时，蚀坑深达几毫米，以致影响叶片与隔板的结合，危及汽轮机的安全运行。

4. 腐蚀防止方法

为解决汽轮机蒸汽初凝区的酸性腐蚀问题，最根本的措施是严格控制给水的纯度，确保给水的氢电导率小于 $0.2\mu S/cm$。为此，必须认真地做好补给水处理工作；防止凝汽器泄漏；对有凝结水精处理设备的机组，应对凝结水进行 100%处理，出水的氯离子含量通常控制在 $1\mu g/L$ 以下。另外，也可从改变受酸性腐蚀区域汽轮机部件的材质和材料性能方面考虑，如采用等离子喷镀或电涂镀措施，在金属材料表面镀覆一层耐蚀材料层来防止酸性腐蚀。

此外，在热力设备的水汽系统中加入分配系数较小的挥发性碱性药剂，也是防止汽轮机酸性腐蚀的一项措施。例如，在低压蒸汽条件下，联氨具有非常有利的分配系数值，$80℃$ 时为 0.27，此时若蒸汽中含 $20\mu g/L$，则金属表面的蒸汽初凝水膜中，联氨浓度可达 $700\mu g/L$ 以上，这样的碱性水膜对金属有很好的保护作用，联氨不但使水膜的 pH 值增高、碱性增加，还可使金属表面保护膜稳定。在汽轮机低压缸出现空气漏入的情况时，联氨又能起到除氧剂的作用，还原蒸汽初凝水中的溶解氧。因此可以考虑采用将联氨或催化联氨喷入汽轮机低压缸的导气管，以减轻汽轮机中初凝区的酸性腐蚀。

（五）汽水腐蚀

1. 腐蚀过程

当过热蒸汽温度超过 450℃时，蒸汽可与钢中的铁直接发生化学反应生成 FeO、Fe_3O_4 或 Fe_2O_3 而使管壁减薄，这种化学腐蚀称为汽水腐蚀或高温蒸汽腐蚀。汽水腐蚀过程主要为氧化膜（皮）的形成、剥离、堵塞和爆管过程。下面介绍氧化膜的形成和剥离。

（1）氧化膜的形成。在制造过程中过热器管的氧化膜是在高温条件下形成的，通常在 570℃以上的高温条件下，由空气中的氧和金属直接反应形成。这种高温下形成的氧化膜在低于570℃时稳定性差，易脱落。因此，在新炉投产前，一定要用蒸汽对过热器进行吹洗，将易脱落的氧化膜吹掉，否则，在投运后汽轮机会产生大量冲蚀坑。

蒸汽管道内壁在运行后所形成的氧化膜主要由水蒸气和铁反应形成。该氧化膜通常分为内外两层，内层主要以 FeO 为主；外层以 Fe_3O_4 为主，蒸汽中的溶解氧和蒸汽本身可将 Fe_3O_4氧化，随之外表面还会形成 Fe_2O_3。由于高温的蒸汽是不导电的，也就是说生成氧化膜的反应是化学反应而不是电化学反应，其反应如下：

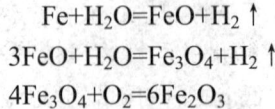

$$Fe+H_2O=FeO+H_2\uparrow$$
$$3FeO+H_2O=Fe_3O_4+H_2\uparrow$$
$$4Fe_3O_4+O_2=6Fe_2O_3$$

前两个反应都伴随着氢气放出，通过检测氢气在过热器中的增加量，可以测出蒸汽对过热器管的氧化速度。

在蒸汽中钢表面生成氧化膜是一个很自然的过程。开始时，氧化膜很快形成，一旦膜形成后，进一步氧化的速度便慢了下来，与时间呈抛物线关系。但在某些不利的运行条件下，如超温或温度、压力波动的条件下，金属表面的双层膜就会变成多层膜的结构，甚至产生了剥离，这时氧化速度与时间就变成直线关系。

（2）氧化膜的剥离。氧化膜的剥离主要与各氧化层的自然生长应力、氧化膜和基体的膨胀系数不同有关。末级过热器和再热器管材通常为 1Crl9Ni9/(TP304) 或 0Crl8Ni11Nb/(TP347H) 等不锈钢，它们的热膨胀系数一般为 $(16\sim20)\times10^{-6}/℃$，而 Fe_3O_4 和 FeO·CrO_3 则分别为 $9.1\times10^{-6}/℃$ 和 $5.6\times10^{-6}/℃$。由于热膨胀系数的差异，当垢层达到一定厚度后，在温度发生变化，尤其是发生反复的或剧烈的变化时，氧化膜很容易从金属本体剥离。铬、钼钢管的氧化膜内外层同时剥离，剥离层厚度超过 0.2mm，而不锈钢管只剥离 0.05mm厚的外层。

氧化膜剥离有两个主要条件：一是垢层达到一定厚度，不锈钢 0.10mm，铬钼钢 0.2∼0.5mm（运行 5 万 h 可以达到）；二是温度变化幅度大、速度快、频率高。

2. 汽水腐蚀部位和特征

汽水腐蚀一般发生在过热器或再热器管中，氧化膜最容易剥离的位置是在 U 形立式管的上端，尤其是出口端。因为出口端蒸汽温度最高，氧化膜最厚；U 形管的自重使立式管的上端承受着很大的拉伸力，当温度变化大时，在这个部位受到的拉伸力最大。所以，立式 U 形管的上端，尤其是出口端，是氧化膜最容易剥落的位置。

汽水腐蚀使管壁减薄既可能是均匀的，也可能是局部的。均匀腐蚀通常发生在金属温度超过允许温度的部位，并在金属过热部位形成密实的氧化皮；局部腐蚀可能以溃疡、沟痕和裂纹等形态出现，常发生在金属交替接触蒸汽和水的部位，这些部位金属温度的变化经常大于 70℃，这样就加速了保护膜的局部破裂，使蒸汽得以反复地与裸露的局部金属表面接触，从而加快了局部的腐蚀速度，所形成的溃疡常被 Fe_3O_4 所覆盖。

3. 汽水腐蚀防止方法

一般来说，蒸汽系统不进行任何化学处理，只能通过对给水和炉水的处理来间接控制蒸汽系统的腐蚀。

汽水腐蚀大多与金属材料和过热状况有关，防止汽水腐蚀有以下措施：

（1）避免过热器超温运行。当更换煤种或对炉膛燃烧系统改造时，应密切监视过热器的温度。对于奥氏体合金钢来说，超过设计温度 10℃ 以上就可能使内表面氧化皮迅速增厚，当达到一定厚度时就容易脱落。脱落的氧化皮往往堆积在弯头处，影响蒸汽流通和热量传递，严重时导致爆管。

（2）机组应避免快启、快冷。由于奥氏体合金钢管内的氧化膜的热膨胀系数与基体差别很大，机组在进行快启或快冷的过程中因膨胀系数不同而容易脱落。建议机组启动时采用启动旁路系统。

（3）选择合适的材料。末级过热器采用高含铬量的合金钢，防止氧化膜的脱落。采用沉积稀土氧化膜、铬酸盐处理、铬化处理等技术，改善氧化膜的质量，提高金属的抗高温氧化性能和氧化膜的附着力。

（4）做好监测工作。机组运行时做好氧化膜监测工作，例如检测蒸汽中的含氢量等。锅炉检修时测量过热器和再热器管氧化膜的厚度。

（六）应力腐蚀破裂

1. 腐蚀原因

应力腐蚀破裂是指金属材料在拉应力和特定的腐蚀介质共同作用下所产生的脆性断裂。发生应力腐蚀破裂时，拉应力是物理因素，腐蚀介质是化学因素。产生拉应力的主要来源有：金属部件在制造安装过程中产生的残余应力；设备在运行过程中产生的工作应力；温度变化时产生的热应力。对于某种金属或合金，只有在特定的腐蚀介质中才可能发生应力腐蚀破裂。例如，碳钢在碱溶液中的"碱脆"，奥氏体不锈钢在含氯离子的溶液中的"氯脆"，黄铜在含氨介质中的"氨脆"。

2. 腐蚀部位

在所有的材料中，发生应力腐蚀从难到易的顺序为：碳钢、低合金钢、高合金钢、不锈钢。高参数锅炉的过热器和再热器，采用不锈钢材料，易遭受应力腐蚀破裂；在汽轮机运行时，常常发现低压缸的叶片发生应力腐蚀破裂，特别是蒸汽开始凝结的部位最容易发生应力腐蚀破裂。

3. 腐蚀特征

合金材料的应力腐蚀破裂为脆性断裂，其裂纹既有主干又有分支，主裂纹垂直于拉应力方向发展，开裂中的塑性变形极少，甚至完全没有变形。断口的宏观特征是裂纹及扩展区因介质的腐蚀作用而呈黑色或灰黑色，微观特征比较复杂，与合金的成分、金相结构、应力状态和介质条件有关。裂纹的形态有沿晶、穿晶和混合几种。

4. 腐蚀防止方法

（1）合理选材。由于 Cr-Ni 奥氏体不锈钢容易产生应力腐蚀破裂，有的国家将锅炉过热器的管材改用含 Cr12% 的高强不锈钢，例如联邦德国有近 60% 的过热器采用这种钢材，基本上避免了应力腐蚀破裂。它的缺点是一般腐蚀速度比 Cr-Ni 奥氏体钢高。

（2）改变介质环境。为了防止不锈钢过热器和汽轮机叶片的应力腐蚀破裂，电厂热力设备运行时，必须保证给水和炉水的水质，尽可能地降低蒸汽中腐蚀成分的浓度。为了保护奥氏体不锈钢过热器，化学清洗时不允许用盐酸，否则，设备重新运行时残留的少量氯离子将产生应力腐蚀破裂。为了防止热力设备清洗时污染汽轮机，在清洗锅炉、凝汽器及其他有关设备时，应将汽轮机和清洗设备隔开。

（3）降低应力。如果存在临界应力就将应力降低到临界应力以下。还可以用退火的方法消除残余应力，或将部件加厚，或减少载荷。普通碳钢可在 593~649℃ 温度范围内退火消除应力，奥氏体不锈钢常在 816~927℃ 内退火消除应力。

（七）腐蚀疲劳

1. 腐蚀原因

腐蚀疲劳是指金属材料受交变应力和腐蚀介质共同作用引起的一种破坏形式。腐蚀疲劳往往在很低的应力条件下就会发生断裂。这是由于热力设备在交变应力的作用下，表面的保护膜被破坏，产生蚀孔等使应力集中，并诱发裂纹，导致电化学不均一性，发生局部腐蚀。在裂纹的尖端腐蚀最为强烈。

腐蚀疲劳造成的破坏要比单纯的交变应力作用造成的破坏（机械疲劳）严重得多。

2. 腐蚀部位

热力设备容易发生腐蚀疲劳的部位有锅炉集汽联箱的排水孔处；汽包与管道结合处，如给水管接头处、加药管接头、定期排污管与下联箱的结合处等；汽水混合物时快时慢流过的管道；汽轮机干湿交替的初凝区等。其原因可能是结构设计或安装不合理，接触的介质发生冷、热周期性变化引起交变应力。如果机组启停频繁，上述部位产生腐蚀疲劳的可能性将会更大，因为启动或停用期间系统内氧含量较高，容易造成设备的点蚀，在启停时产生的交变应力的作用下，这些点蚀将成为疲劳源而引发腐蚀疲劳。

3. 腐蚀疲劳防止方法

防止热力设备腐蚀疲劳可采取下列措施：

（1）降低设备在运行中承受的交变应力。为此，机炉启停不应过于频繁，运行中锅炉负荷也不应波动太大，以免产生交变应力。在汽包的给水管接头处加以特殊的保护套管，使汽包壁上管孔处的金属不与给水管直接接触，而在其间隔着一层蒸汽或炉水，以消除温度的剧变。

（2）尽量降低介质的腐蚀性，减少给水和蒸汽中 Cl^- 等腐蚀性阴离子的含量。

（3）做好机组的停备用保护，防止炉管或汽轮机的叶片发生点蚀。

（八）流动加速腐蚀

磨损腐蚀是在腐蚀性介质与金属表面间发生相对运动时，由介质的电化学作用和机械磨损作用共同引起的一种局部腐蚀。给水系统常因湍流的冲击而发生的流动加速腐蚀（FAC）是一种典型的磨损腐蚀。此外，凝汽器管水侧发生的冲刷腐蚀，在高速旋转的给水泵叶轮表面蒸汽泡破灭产生的冲击波而发生的空泡腐蚀（简称空蚀，空蚀也是典型的磨损腐蚀）。这里只介绍流动加速腐蚀。

流动加速腐蚀是由于水流速过高或处于湍流状态时，对碳钢和低合金钢材料表面氧化膜的冲击而造成的腐蚀。

（1）发生机理。在给水系统中，金属铁离子在低含氧的金属表面会形成双层 Fe_3O_4 氧化膜—致密的内伸 Fe_3O_4 层和多孔疏松的 Fe_3O_4 外延层，氧化膜不太致密，附着力差，在水流的冲击下撕裂、溶解，使氧化膜破坏。钢铁表面在当时的水环境下继续腐蚀又形成氧化膜，之后又被高流速水破坏，如此恶性循环造成了钢铁的快速腐蚀减薄状态，直到管道腐蚀泄漏。

（2）发生部位。在水流突然改变方向，突然缩径的部位最容易发生 FAC。AVT 工况下给水系统特别是省煤器管道中的紊流区（弯头、三通、变径处）。

（3）抑制措施。可用下列方法之一解决流动加速腐蚀问题：①更换材料。使用含铬的材料使金属表面的氧化膜附着力增强，一般不会发生 FAC。②改变介质的性质。将还原性水处理方式改为氧化性处理方式。③改进设计，避免产生水流急变的部位。例如，尽量不使用缩径的管系，尽量避免使用 $90°$ 的弯头。当不可避免时，应增加弯头的曲率半径。

三、热力设备结垢

某些杂质进入锅炉后，在高温、高压和蒸发、浓缩的作用下，部分杂质会从炉水中析出并牢固附着在受热面上，这种现象称为结垢。这些在热力设备受热面水侧金属表面上生成的固态附着物称为水垢。如果析出的固态附着物不在受热面上附着，在锅炉水中呈悬浮状态，或沉积在汽包和下联箱底部的水流缓慢处，这些附着物称为水渣。水渣通常可以通过连续排污或定期排污排出锅炉。但是，如果排污不及时或排污量不足，有些水渣会随着炉水的循环，黏附在受热面上形成二次水垢。

（一）水垢

水垢往往不是单一的化合物，而是由许多化合物组成的混合物。其外观、物理特性及化学组分因水质不同、生成的部位不同而有很大差异。如以一级钠离子交换软化水作为锅炉补给水的热力设备（中、低压锅炉），其水垢的主要化学组分为碳酸钙、硫酸钙、硅酸钙等；以二级钠离子交换软化水作为锅炉补给水的热力设备（中、高压锅炉），其锅炉水冷壁管内的水垢化学组分常以复杂的硅酸盐为主；以除盐水作为锅炉补给水的热力设备（高压或超高压以上的锅炉），其水垢的主要化学组分主要是 Fe、Cu 的氧化物。

水垢的化学组分虽然比较复杂，但往往以某种组分为主，因此可按水垢的化学组分分为钙镁水垢、硅酸盐水垢、氧化铁垢和铜垢等。

1. 钙、镁水垢

（1）成分、特征及生成部位。在钙、镁水垢中，钙、镁盐的含量常常很大，甚至可达 90% 左右，按其主要化合物的形态，分成碳酸钙水垢、硫酸钙水垢、硅酸钙水垢、镁垢等。锅炉省煤器、加热器、给水管道以及凝汽器冷却水通道等部位易生成碳酸钙水垢，锅炉炉管、蒸发器等热负荷较高的受热面上容易生成硫酸钙和硅酸钙水垢。

（2）形成原因。钙镁盐类之所以能在受热面上析出形成水垢，是因为：①随着水的温度升高，某些钙镁化合物在水中的溶解度下降；②水在蒸发过程中，水中盐类逐渐浓缩；③水在受热过程中，水中一些钙镁的碳酸氢盐受热分解。当水中这些钙镁盐类的离子浓度超过其溶度积时，就会从水中析出并附着在受热面上，逐渐成为坚硬的沉积物，即水垢。在目前的高参数热力设备中，大都以除盐水为锅炉的补给水，天然水中一些常见的杂质已基本除尽，而且凝汽器的严密性较高，给水水质已很纯净，所以在热力设备的受热面上生成钙镁水垢的情况已不多见。

（3）防止方法。为了防止锅炉受热面上结钙镁水垢，一是要尽量降低给水的硬度，二是应采取适当的炉水处理。这要从以下几方面着手：①制备高质量的补给水，降低补给水的硬度。②防止凝汽器泄漏，保证汽轮机凝结水的水质。冷却水漏入凝结水中，往往是锅内产生钙镁水垢的主要原因。所以当发现凝结水有硬度时应及时查漏并处理。③采用磷酸盐处理，使进入炉水中的钙、镁离子形成一种不黏附在受热面的水渣，随锅炉排污排除掉。

2. 硅酸盐水垢

（1）成分、特征及生成部位。复杂的硅酸盐水垢的化学成分，绝大部分是铝、铁的硅酸盐化合物，往往含有 40%～50% 的二氧化硅，25%～30% 的铝和铁的氧化物及 10%～20% 的钠的氧化物，钙、镁化合物的总含量一般不超过百分之几，这种水垢常常均匀地覆盖在热负荷很高或水循环不良的炉管内壁上。

（2）形成的原因。锅炉给水中铝、铁、硅的化合物含量较高，是在热负荷很高的炉管内形成硅酸盐水垢的主要原因。

（3）防止方法。应尽量降低给水中硅化合物、铝化合物和其他金属氧化物的含量。为此，一方面要求对补给水进行除硅处理，并保证优良的补给水水质；另一方面要严防凝汽器泄漏。

3. 氧化铁垢

（1）成分、特征及生成部位。氧化铁垢的主要成分是铁的氧化物，其含量可达 70%～90%，表面为咖啡色，内层是黑色或灰色，垢的下部与金属接触处常有少量白色盐类沉积物，生成部位主要在热负荷很高的炉管管壁上。

（2）氧化铁垢的形成原因。关于氧化铁垢的形成过程，目前主要有以下观点：①锅炉水含铁量大和炉管上的局部热负荷太高，炉水中铁的化合物沉积在管壁上，形成氧化铁垢。②炉管上的金属腐蚀产物转化成为氧化铁垢。在锅炉运行时，如果炉管内发生碱性腐蚀或汽水腐蚀，其腐蚀产物附着在管壁上就成为氧化铁垢；在锅炉制造安装或停用时，若保护不当，在炉管内会因大气腐蚀生成氧化铁等腐蚀产物。这些腐蚀产物有的附着在管壁上，锅炉运行后，就会转化成氧化铁垢。

（3）防止方法。防止锅炉内产生氧化铁垢的基本方法为：①减少给水、炉水的含铁量。除了对炉水进行适当的排污外，主要是防止给水系统发生运行腐蚀和停用腐蚀，以减少给水的含铁量。②减少组成给水的各部分水（包括补给水、汽轮机主凝结水、疏水和生产返回凝结水等）的含铁量。③对于中小锅炉，还可以往炉水中加络合剂，使铁的氧化物变成稳定的络合物，以减缓或防止氧化铁垢的生成。

4. 铜垢

（1）成分、特征及生成部位。当水垢中平均含铜量达到 20% 或更多时，这种水垢就称为铜垢。铜垢中每层的含铜量不同，表层含铜量可达到 70%～90%，越靠近金属表面，垢层的含铜量就越低，一般只有 7%～20% 甚至更低。在局部热负荷很高的炉管内，容易结铜垢，常常高负荷区比低负荷区严重，向火侧比背火侧严重。

（2）形成原因。热力系统中铜合金制件遭到腐蚀后，铜腐蚀产物随给水进入锅内。在沸腾的碱性锅炉水中，这些铜的腐蚀产物主要以络离子形式存在。在高热负荷的部位，一方面，锅炉水中部分铜的络离子会被破坏，使锅炉水中的铜离子含量升高；另一方面，由于高热负荷的作用，炉管中高热负荷部件的金属保护膜被破坏，并且使高热负荷部位的金属表面与其他部分的金属表面之间产生电位差，局部热负荷越大时，这种电位差也越大，其结果是铜离子在带负电量多、局部热负荷高的地方获得电子而析出金属铜，即 $Cu^{2+}+2e \rightarrow Cu$，而在面积很大的邻近区域上进行铁释放电子过程，即 $Fe \rightarrow Fe^{2+}+2e$。所以铜垢总是形成在局部热负荷高的管壁上。开始析出的金属铜呈一个个多孔的小丘，小丘的直径为 0.1～0.8mm，随着许多小丘逐渐连成整片，形成多孔的海，绵状的沉淀层。炉水冲灌到这些小孔中，由于热负荷很高，孔中的炉水很快就被蒸干而将水中的氧化铁、磷酸钙、硅化合物等杂质留下，这一过程一直进行到杂质将小孔填满为止。杂质填充的结果使垢层中铜的百分含量比刚形成而未填充杂质时低。铜垢有很好的导电性，不妨碍上述过程的继续进行，所以在已经生成的垢层中又按同样的过程生成新的铜垢层，结垢过程便这样继续进行下去。

（3）防止方法。一方面应减缓铜部件的腐蚀，降低给水中的含铜量；另一方面应严禁超负荷运行，避免炉管局部热负荷过高。

（二）水渣

1. 组成

水渣的组成一般也较复杂。水渣的化学分析和物相分析（X 射线衍射）结果表明，水渣是由多种物质混合组成的，而且随水质的不同，组成也各异，它的主要组成物质是金属的腐蚀产物，如铁的氧化物（Fe_2O_3、Fe_3O_4）、铜的氧化物（CuO、Cu_2O）、碱式磷酸钙 [$Ca_{10}(OH)_2(PO_4)_6$] 和蛇纹石 [$3MgO \cdot 2SiO_2 \cdot 2H_2O$] 等，有时水渣也可能含有某些随给水带入锅炉水中的悬浮物。

2. 分类

水渣按其性质的不同，可分为以下两大类：

（1）不会黏附在受热面上的水渣。这类水渣较松软，常悬浮在锅炉水中，易随锅炉水的排污从锅炉内排掉，如碱式磷酸钙和蛇纹石水渣。

（2）易黏附在受热面上转化成水垢的水渣。这类水渣容易黏粘附在受热面管内壁上，经高温烘焙后，转变成水垢（这种水垢松软、有黏性，俗称为软垢），如磷酸镁和氢氧化镁等。

四、热力设备积盐

从锅炉出来的饱和蒸汽中往往含有少量钠盐、硅酸盐等杂质，从而使蒸汽不纯，即蒸汽受到污染。蒸汽品质是指蒸汽中所含杂质的多少。所含杂质越多，蒸汽品质就越差。如果蒸汽品质差，就会在过热器和汽轮机叶片上产生积盐，影响机组的安全经济运行。

（一）蒸汽中杂质的来源

1. 水滴携带

从锅炉汽包出来的饱和蒸汽经常夹带一部分锅炉水的小水滴，使锅炉水中的钠盐、硅酸盐等杂质成分以水溶液的形式带入蒸汽中，这种现象称为水滴携带，也称机械携带。

影响饱和蒸汽带水量的因素如下：

（1）锅炉负荷。锅炉负荷增加，水冷壁管内产生的蒸汽量增加，穿出汽水分界面的蒸汽泡动能增大，从而使形成小水滴的数量增加；锅炉负荷增加，由汽包引出的饱和蒸汽量增大，从而使蒸汽携带小水滴的能力增加；锅炉负荷增加，汽包内水位的膨胀现象加剧，汽空间的实际有效高度减小，不利于汽水分离。所以，锅炉负荷越大，饱和蒸汽的带水量就越大。实际证明，随着锅炉负荷增加，饱和蒸汽中的含水量先是缓慢增大，当锅炉负荷增加到某一数值后，蒸汽中含水量会急剧增大，此转折点处的负荷称为锅炉的临界负荷。

（2）锅炉压力。随着锅炉压力增加，蒸汽密度随之增加，蒸汽流携带小水滴的能力增大。而且，压力增加，锅炉水的表面张力降低，容易形成小水滴。因此，锅炉的压力越高，蒸汽的带水量就越大。

（3）汽包结构。汽包直径的大小、内部汽水分离装置的形式、汽水混合物引入和引出汽包的方式等，都会对饱和蒸汽的带水量产生较大的影响。

汽包直径越大，汽空间高度就越高，汽流携带的一些较大的水滴升高到一定高度后靠自身质量落到水空间，从而减小蒸汽的带水量。但当汽空间高度超过 1.2m 时，蒸汽的带水量不再明显降低，因为这时蒸汽携带小水滴的能力与汽空间高度已无关系。实践证明，比较合适的汽空间高度为 0.4～0.5m，这时既可保证蒸汽带水量较小，又允许锅炉较大的热负荷。汽包内的汽水分离装置和分离效果不同，蒸汽的带水量差异很大。如果汽水混合物不能沿汽包长度均匀引入和引出，会造成局部蒸汽流速过高，增加蒸汽带水量，影响蒸汽质量。

（4）汽包水位。汽包内水位过高时，汽空间高度减小，会缩短水滴到引出口的距离，使蒸汽带水量增加。所以，锅炉运行人员应特别注意汽包内的水位膨胀现象（汽包内的实际汽水分界面比锅炉汽包外面水位计指示的水位略高，这种现象称为水位膨胀现象）。

（5）锅炉水水质。在某一范围内，锅炉水的含盐量增加，蒸汽的带水量和含盐量均成比例缓慢增加。但当锅炉水中含盐量超过某一数值时，蒸汽中的含盐量急剧增加。这时锅炉水的含盐量称为临界含盐量。产生这种现象的原因有两种解释：一种解释认为，随着锅炉水含盐量的增加，水的黏度增大，水层中的小气泡不易合并成大气泡，小气泡在水层中的上升速度小，使水位膨胀现象加剧和汽空间减小，不利于汽水分离，从而使蒸汽含盐量急剧上升；另一种解释认为，当锅炉水的含盐量达到某一值时，气泡的水膜强度提高，气泡在水面的破裂速度小于气泡的上升速度，结果在汽水分界面处形成泡沫层，水位膨胀现象加剧，汽空间高度减小，汽水分离效果变差，从而使蒸汽中的含盐量急剧上升。锅炉水中有机物和悬浮颗粒、油脂、$NaOH$、Na_3PO_4 等起泡物质越多，这种现象就越严重。

锅炉水的临界含盐量大小除与锅炉汽包结构和运行工况有关以外，还与锅炉补给水的水质有关。对于采用除盐水作锅炉补给水的高参数大容量锅炉，由于锅炉水的含盐量很低，一般不会达到临界含盐量。而对于以软化水作锅炉补给水的中压锅炉或采用锅内处理的低压锅炉，锅炉水的含盐量一般都比较高，有可能达到临界含盐量。

2. 溶解携带

溶解携带是指饱和蒸汽因溶解作用而携带炉水中某一种物质而使蒸汽纯度降低的现象。饱和蒸汽对某种物质的溶解携带量与炉水中该物质的浓度成正比。饱和蒸汽溶解某一种物质能力的大小，可用分配系数 K_F 来表示。分配系数 K_F 越大，饱和蒸汽溶解该物质的能力就越强。

研究表明，饱和蒸汽的这种溶解特性有两个特点：①具有选择性。即在锅炉压力一定的情况下，饱和蒸汽对各种物质的溶解能力有较大的差异，其中对硅酸（通式为 $xSiO_2 \cdot yH_2O$）的溶解能力最大，$NaOH$ 和 $NaCl$ 次之，Na_2SO_4、Na_3PO_4、Na_2SiO_3 等钠盐在饱和蒸汽中几乎是不溶的，所以溶解携带也称选择性携带；②溶解携带量随锅炉压力提高而增大。因为随着蒸汽压力的提高，蒸汽的性质越来越接近于水的性质，所以，高参数蒸汽也是一种很强的溶剂，对各种物质都有很高的溶解特性。

另外，炉水的 pH 值影响硅酸的溶解携带量。从硅酸与硅酸盐水解平衡可以看出，当降低炉水的 pH 值时，炉水中分子形态的硅酸含量增大，因此，蒸汽带硅化物之总量就增加。也就是说，硅酸的溶解携带系数随炉水 pH 值的降低而增大。由于炉水全挥发处理时，高温炉水实际的 pH 值要比炉水磷酸盐处理或氢氧化钠处理低得多，所以在同等蒸汽含硅量的情况下，就要求炉水的含硅总量低得多。以亚临界锅炉为例，通常炉水采用全挥发处理时的允许含硅量只有磷酸盐处理（或氢氧化钠处理）的 1/3～1/2。

在汽包锅炉中，饱和蒸汽中某种杂质的含量，应为水滴携带和溶解携带之和。在直流锅炉中，饱和蒸汽中某种杂质的含量，为溶解携带所至。

（二）各种物质在过热器中的沉积

在饱和蒸汽被加热至过热蒸汽的过程中，由于蒸发、浓缩和温度升高等作用，小水滴中的某些盐类物质因形成过饱和溶液而结晶析出。但因为过热蒸汽对各种物质的溶解能力比饱和蒸汽大，所以小水滴中的某些物质会溶解转入过热蒸汽中，使过热蒸汽中这些物质的含量增加。当饱和蒸汽对某种物质的携带量超过该物质在过热蒸汽中的溶解度时，该物质就会沉积在过热器中，称为过热器积盐。如果饱和蒸汽对某种物质的携带量，小于该物质在过热蒸汽中的溶解度，则这种物质就不会在过热器中沉积，而被带入汽轮机中。由于各种物质在过热蒸汽中的溶解特性不同，所以它们在过热器中的沉积规律也就不同。

汽包锅炉过热器中的盐类沉积情况，按锅炉压力的不同区分如下：

（1）中、低压锅炉的过热器中，沉积的盐类主要是 Na_2SO_4、Na_3PO_4 以及 Na_2CO_3 和 $NaCl$。

（2）高压锅炉的过热器中，沉积的盐类主要是 Na_2SO_4。

（3）超高压和亚临界压力锅炉的过热器中，盐类沉积量较少。因此类锅炉的过热蒸汽溶解盐类的能力很大，饱和蒸汽携带的盐类大都转入过热蒸汽中带往汽轮机。

在各种压力汽包锅炉的过热器中，还可能沉积氧化铁，这些氧化铁是过热器本身的腐蚀产物。由于铁的氧化物在过热蒸汽中溶解度很小，绝大部分铁的氧化物沉积在过热器内，极少部分以固态微粒形态被过热蒸汽带往汽轮机中。

应该指出，上述讨论的是过热蒸汽只携带某一种物质时的沉积规律。当饱和蒸汽所携带的小水滴中混合有各种不同的物质时，各种物质的溶解度特性会有所变化。实际运行中，盐类沉积情况将更为复杂。

（三）各种物质在汽轮机中的沉积

从锅炉出来的蒸汽中携带的杂质，会在汽轮机的通流部分形成沉积物。

1. 汽轮机内形成沉积物的原因

当带有各种化合物的过热蒸汽进入汽轮机后，由于膨胀做功，其压力和温度都在不断降低，各种化合物在蒸汽中的溶解度随着压力降低而减小。当其中某一种化合物在蒸汽中的溶解度减小到低于它在蒸汽中的携带量时，该化合物就会在汽轮机的蒸汽流通部分以固态的形式沉积下来，这称为汽轮机的积盐。另外，蒸汽中的一些固体微粒或一些微小的 NaOH 浓缩液滴，也可能黏附在汽轮机的流通部分，形成沉积物。

2. 汽轮机内沉积物的主要成分及分布

由于上述各种原因，在汽轮机的不同级中，生成沉积物的情况各不相同，可归纳成以下几点。

（1）不同级中沉积物量不一样。在汽轮机中除第一级和最后几级积盐量极少外，低压级的积盐量总是比高压级的多些。图 2-4 所示为某高压汽轮机各级中沉积物的量。

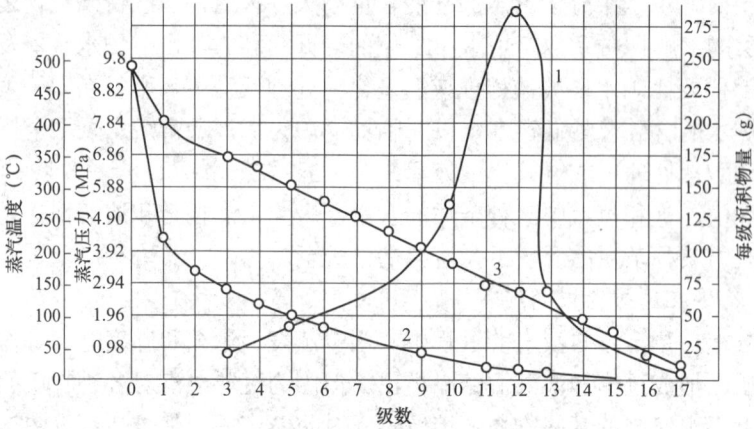

图 2-4 某高压汽轮机内沉积物分布
1—沉积物分布线；2—压力变化线；3—温度变化线

在汽轮机最前面的一级中，由于蒸汽参数仍然很高，而且蒸汽流速很快，杂质尚不会从蒸汽中析出或者来不及析出，因此往往没有沉积物。在汽轮机的最后几级中，由于蒸汽中已含有湿分，杂质就转入湿分中，且湿分能冲洗掉汽轮机叶轮上已析出的物质，所以在这里往往也没有沉积物。

（2）不同级中沉积物的化学组成不同。图 2-5 所示为某超高压汽轮机各级叶轮上沉积物的化学组成。

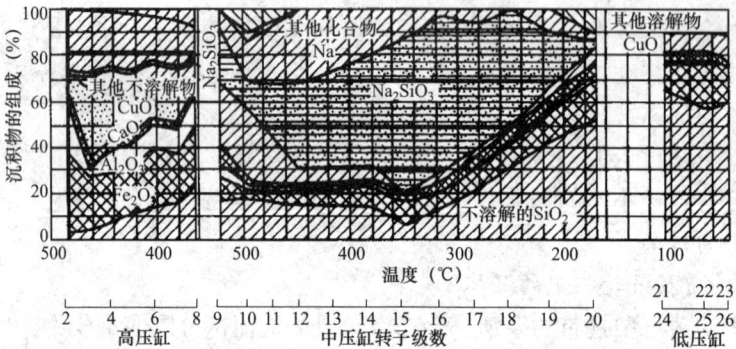

图 2-5 某超高压汽轮机叶轮上沉积物的化学组成

一般来说，汽轮机高压级中的沉积物主要是易溶于水的 Na_2SO_4、Na_2SiO_3、Na_3PO_4 等；中压级中的沉积物主要是易溶于水的 $NaCl$、Na_2CO_3 和 $NaOH$ 等，这里还可能有难溶于水的钠化合物，如 $Na_2O \cdot Fe_2O_3 \cdot 4SiO_2$（钠锥石）和 $NaFeO_2$（铁酸钠）等；低压级中的沉积物主要是不溶于水的 SiO_2。

铁的氧化物（主要是 Fe_3O_4，部分是 Fe_2O_3）在汽轮机各级中都可能沉积。通常在高压级的沉积物中，它所占的百分率要比低压级多些。实际上，往往沉积在各级中铁的氧化物的质量大致相同，但因低压级中沉积物的量增加，所以铁的氧化物所占的百分率在减少。

对于亚临界、超临界参数汽轮机，由于锅炉使用高纯度补给水，尤其是配备了凝结水除盐设备进行凝结水处理，蒸汽含钠和含硅量极少，在这种条件下，汽轮机内的沉积物主要就是金属氧化物。

（3）在各级隔板和叶轮上分布不均匀。汽轮机中的沉积物不仅在不同级中的分布不均匀，即使在同一级中，部位不同，分布也不均匀。例如，在叶轮上叶片的边缘、复环的内表面、叶轮孔、叶轮和隔板的背面等处积盐量往往较多，这可能与蒸汽的流动工况有关。

（4）供热机组和经常启、停的汽轮机内的沉积物量较少。在汽轮机停机和启动时，都会有部分蒸汽凝结成水，这对于易溶的沉积物有清洗作用，所以在经常停、启的汽轮机内，往往积盐量较少。此外，热电厂的供热汽轮机内，积盐量也往往较少，这是因为：①供热抽汽带走了许多杂质；②汽轮机的负荷往往有较大的变化（与热用户的用热情况和季节有关），在负荷降低时，汽轮机中工作在湿蒸汽区的级数增加，而湿分有清洗作用，能将原来沉积的易溶物质冲去。

（四）蒸汽系统积盐的防止

为了获得清洁的蒸汽，应减少炉水杂质的含量，还应设法减少蒸汽的带水量和降低杂质在蒸汽中的溶解量。为此，应采取下述的措施。

1. 减少进入锅炉水中的杂质

锅炉水中的杂质主要来源于给水，至于锅炉本体的腐蚀产物，除新安装的锅炉外，它在锅炉水中的量一般很少。所以，要减少进入锅炉水中的杂质，主要应保证给水水质优良。

保证给水水质优良的方法如下：

（1）减少热力系统的汽水损失，降低补给水量。

（2）采用优良的水处理工艺，降低补给水中杂质的含量。

（3）防止凝汽器泄漏，以免汽轮机凝结水被冷却水污染。

（4）采取给水和凝结水系统的防腐措施，减少给水中的金属腐蚀产物。

（5）对凝结水进行100%精处理，除掉汽轮机凝结水中的各种杂质。

（6）对于新安装的锅炉进行启动前的化学清洗、蒸汽吹管等工艺，以除掉锅炉水汽系统内的各种杂质。新安装的锅炉，在制造，储运和安装过程中，锅内常常会沾染氧化皮、铁屑、焊渣、腐蚀产物和硅化合物等杂质，启动投运后，这些杂质会不断转入锅炉水中，而使锅炉水水质（特别是含硅量）长期不合格，以致引起蒸汽品质长期不良。

（7）对于运行锅炉要做好停炉保护工作。

2. 适当的锅炉排污

锅炉排污就是在锅炉运行过程中，经常排放一部分杂质含量大的锅炉水，并补充相同数量杂质含量小的给水，使锅炉水中的各种杂质含量维持在允许值以下，从而保证饱和蒸汽的纯度。锅炉排污方式有连续排污和定期排污两种。

连续排污就是连续不断地从锅炉汽包的水面下排放一部分杂质含量较高的锅炉水，同时也排掉锅炉水中细微或悬浮的水渣，以改善水的质量。连续排污一般是采用直径为28～60mm的钢管做排污管，它沿汽包长度水平放置，管子上均匀地开着许多直径为5～10mm的小孔或在小孔上再接一个小吸污管。排污管一般安装在汽包正常水位以下80～300mm处，这样排放时可防止带走部分蒸汽，而且此处炉水因蒸发作用杂质含量高，所以连续排污也称表面排污。

定期排污就是从锅炉水循环系统的最低点（如汽包底部、下锅筒或水冷壁下联箱）定期排放一部分含水渣较高的锅炉水，以改善锅炉水的质量。所以定期排污也称间断排污或底部排污。定期排污的间隔时间主要与锅炉水的水质和锅炉的蒸发量大小有关。定期排污时间很短，一般不超过 0.5～1.0min，每次排污水量为锅炉蒸发水量的 0.1%～0.5%。定期排污应在低负荷下进行。因为低负荷下水循环速度低，水渣下沉，而且由于盐类隐藏的特殊性，在低负荷下排污可事半功倍。

锅炉排污总是会损失一些热量和水量，排污每增加 1% 就会使燃料消耗量增加 0.3%。所以，应在保证锅炉水水质的前提下，尽量减少锅炉排污水量。表 2-1 是我国规定的锅炉排污率（排污水量占锅炉蒸发水量的百分数）。为了防止锅炉内水渣沉积，锅炉最小排污率不小于 0.3%。

表 2-1　　　　　　　　　　　　　　　锅炉最大允许排污率　　　　　　　　　　　　　　（%）

给 水 类 别	凝汽式电厂	热 电 厂
除盐水或蒸馏水	1	2
软化水	2	5

对于高参数的机组，锅炉的排污量非常小。但是很多电厂由于没有做热化学试验，无法确定最佳的运行参数，为了安全起见，锅炉连续排污控制为 1%～2%。做过热化学试验的锅炉，由于确定了锅炉的最佳运行参数，排污率大多数都定为 0.3%。有定期排污的锅炉，一般每周排一两次即可。

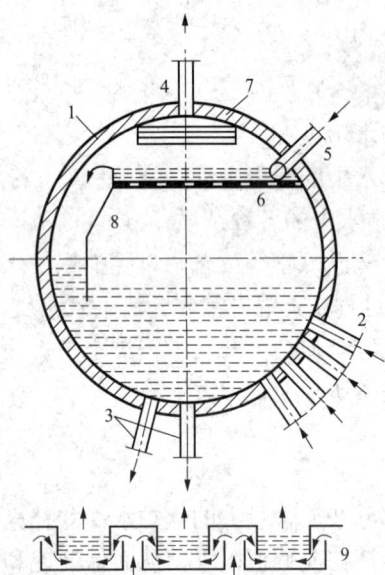

图 2-6　蒸汽清洗装置工作原理示意

1—汽包；2—汽水混合物上升管；3—下降管；4—饱和蒸汽引出管；5—给水引入管；6—清洗装置；7—百叶窗分离器；8—清洗后给水；9—钟罩式穿层清洗装置工作示意

3. 完善汽包内部装置

为了保证蒸汽的纯度，通常在汽包内设置高效汽水分离装置、蒸汽清洗装置和多孔挡板等装置。汽水分离装置有旋风分离器、波纹板和百叶窗等。

对于超高压及以下等级的锅炉，汽包内一般装有蒸汽清洗装置。蒸汽清洗就是让饱和蒸汽通过一个杂质含量很小的清洗水层，使饱和蒸汽所携带的锅炉水小水滴转入清洗水中，而饱和蒸汽原来溶解携带的杂质将按分配系数重新分配，从而使通过清洗水层的饱和蒸汽中的杂质含量明显降低。目前采用的蒸汽清洗装置工作原理如图 2-6 所示。

对于亚临界压力以上的汽包锅炉，由于对全部凝结水进行了精处理，给水水质已很纯净，锅炉水中的杂质含量非常小，再在汽包内设置清洗装置并不一定能提高蒸汽的纯度，所以，目前在亚临界压力以上的汽包锅炉中有的已不再设置清洗装置。

此外，还有在以软化水作锅炉补充水的中、高压汽包锅炉上采用分段蒸发的方法来降低排污率的。

4. 使锅炉处于最佳的运行工况

锅炉的负荷、负荷变化速度和汽包水位等运行工况对饱和蒸汽的带水量有很大影响，因而也是影响蒸汽品质的重要因素，即使汽包内部装置很完善也不例外。例如锅炉负荷过大时，汽包内蒸汽流速太大，旋风分离器等汽水分离装置会负担不了，就会使蒸汽流中的细小水滴不能充分分离出来而影响蒸汽品质。

有时锅炉的运行工况不当还会引起"汽水共沸"现象，即饱和蒸汽大量带水，蒸汽品质非常差，且往往因带水太多而造成过热蒸汽温度下降。锅炉运行中，若汽包水位过高、锅炉负荷超过临界负荷或者突然变化，都容易引起这种现象。

能够保证良好蒸汽品质的锅炉运行工况，应通过专门的试验来求得，这种试验称为热化学试验。在运行中，应根据锅炉热化学试验的结果，调整好锅炉的运行工况，使锅炉的负荷、负荷变化速度、汽包水位等不超过热化学试验所确定的允许范围，以确保蒸汽品质合格。

5. 选用合理的炉水处理方式

锅炉在相同的运行工况下，不同的炉水处理方式对蒸汽的品质影响很大，因此，应根据锅炉运行特性和给水水质，选用合理的炉水处理方式。例如，如果炉水采用磷酸盐处理，蒸汽总是按炉水中磷酸根的浓度以一定比例携带。在凝汽器无泄漏的情况下，应尽量少向锅炉添加磷酸盐。当锅炉汽包压力特别高时，磷酸盐的溶解携带就非常严重。研究发现，凡是用磷酸盐处理的锅炉，蒸汽中都可以检测出 PO_4^{3-}；汽、水分离效果差的锅炉，在汽轮机中往往析出磷酸盐，严重时磷酸盐含量高达 50%以上。按 DL/T 805.2—2016，汽包的运行压力超过 19.3MPa 时不应采用磷酸盐处理。这时最好应改为全挥发处理。

对于高参数的机组，如果锅炉给水的含硅量较大，SiO_2 可能是污染蒸汽的主要杂质。如果炉水采用全挥发处理，由于氨在高温炉水中碱性明显不足，使炉水中的硅酸钠转化成 SiO_2，由于分子状 SiO_2 的汽、水分配系数要比离子状态的 Na_2SiO_3 大得多，为了保证蒸汽的硅合格，不得不加大锅炉排污。例如 350MW 的机组，如果采用全挥发处理，炉水的允许含硅量只有 60～80μg/L，这就要求补给水的含硅量要低，否则锅炉排污量就会增加。如果采用磷酸盐处理，炉水的允许含硅量可达到 100μg/L 以上。

五、热力系统水汽质量要求

为防止热力设备腐蚀、结垢和积盐，水汽质量应符合 GB/T 12145—2016《火力发电机组及蒸汽动力设备水汽质量》的规定。

1. 蒸汽质量标准

根据 GB/T 12145—2016，蒸汽质量应符合表 2-2 的规定。

表 2-2   蒸 汽 质 量 标 准

过热蒸汽压力（MPa）	钠（μg/kg）		氢电导率（25℃，μS/cm）		二氧化硅（μg/kg）		铁（μg/kg）		铜（μg/kg）	
	标准值	期望值	标准值	期望值	标准值	期望值	标准值	期望值	标准值	期望值
3.8～5.8	≤15	—	≤0.30	—	≤20	—	≤20	—	≤5	—
5.9～15.6	≤5	≤2	≤0.15[①]	—	≤15	≤10	≤15	≤10	≤3	≤2
15.7～18.3	≤3	≤2	≤0.15[①]	≤0.10[①]	≤15	≤10	≤10	≤5	≤3	≤2
>18.3	≤2	≤1	≤0.10	≤0.08	≤10	≤5	≤5	≤3	≤2	≤1

① 表面式凝汽器、没有凝结水精除盐装置的机组，蒸汽的脱气氢电导率标准值不大于 0.15μS/cm，期望值不大于 0.10μS/cm；没有凝结水精除盐装置的直接空冷机组，蒸汽的氢电导率标准值不大于 0.30μS/cm，期望值不大于 0.15μS/cm。

2. 炉水质量标准

汽包炉炉水水质根据制造厂的规范并通过水汽品质专门试验确定，可参照表 2-3 的规定控制。

表 2-3　　　　　　　　　　　　　　　炉 水 质 量 标 准

汽包压力（MPa）	处理方式	二氧化硅（mg/L）	氯离子（mg/L）	电导率（25℃，μS/cm）	氢电导率（25℃，μS/cm）	磷酸根（mg/L）	pH 值（25℃）	
							标准值	期望值
3.8～5.8	碱化剂处理	—	—			5～15	9.0～11.0	—
5.9～10.0		≤2.00[①]	≤50			2～10	9.0～10.5	9.5～10
10.1～12.6		≤2.00[①]	≤30			2～6	9.0～10.0	9.5～9.7
12.7～15.8		≤0.45[①]	≤1.5	≤20		≤3[③]		9.3～9.7
>15.8	碱化剂处理	≤0.10	≤0.4	≤15	≤5.0[②]	≤1[③]	9.0～9.7	9.3～9.6
	全挥发处理	≤0.08	≤0.03		≤1.0	—		

①　汽包内有清洗装置时，其控制指标可适当放宽。炉水 SiO_2 浓度指标应保证蒸汽 SiO_2 浓度符合标准。

②　炉水 NaOH 处理。

③　控制炉水无硬度。

3. 给水质量标准

给水的质量应符合表 2-4 的规定。

表 2-4　　　　　　　　　　　　　　　给 水 质 量 标 准

控制项目	标准值和期望值	过热蒸汽压力（MPa）					
		汽包炉				直流炉	
		3.8～5.8	5.9～12.6	12.7～15.6	>15.6	5.9～18.3	>18.3
氢电导率（25℃，μS/cm）	标准值	—	≤0.30	≤0.30	≤0.15[①]	≤0.15	≤0.10
	期望值	—	—	—	≤0.10	≤0.10	≤0.08
硬度（μmol/L）	标准值	≤2.0					
溶解氧[②]（μg/L） AVT（R）	标准值	≤15	≤7	≤7	≤7	≤7	≤7
AVT（O）	期望值	≤15	≤10	≤10	≤10	≤10	≤10
铁（μg/L）	标准值	≤50	≤30	≤20	≤15	≤10	≤5
	期望值	—	—	—	≤10	≤5	≤3
铜（μg/L）	标准值	≤10	≤5	≤5	≤3	≤3	≤2
	期望值	—	—	—	≤2	≤2	≤1
钠（μg/L）	标准值	—	—	—	—	≤3	≤2
	期望值	—	—	—	—	≤2	≤1
二氧化硅（μg/L）	标准值	应保证蒸汽二氧化硅符合标准			≤20	≤15	≤10
	期望值				≤10	≤10	≤5
氯离子（μg/L）	标准值	—	—	—	≤2	≤1	≤1
TOCi（μg/L）	标准值	—	≤500	≤500	≤200	≤200	≤200

①　没有凝结水精处理除盐装置的水冷机组，给水氢电导率应不大于 0.30μS/cm。

②　加氧处理溶解氧指标按表 2-6 控制。

当给水采用全挥发处理时，给水的调节指标应符合表 2-5 的规定。

表 2-5 全挥发处理给水的调节指标

炉型	过热蒸汽压力（MPa）	pH（25℃）	联氨（μg/L）	
			AVT（R）	AVT（O）
汽包炉	3.8～5.8	8.8～9.3	—	—
	5.9～15.6	8.8～9.3（有铜给水系统）或 9.2～9.6[①]（无铜给水系统）	≤30	—
	>15.6			
直流炉	>5.9			

① 凝汽器管为铜管和其他换热器管为钢管的机组，给水 pH 值宜为 9.1～9.4，并控制凝结水铜含量小于 2μg/L。无凝结水精除盐装置、无铜给水系统的直接空冷机组，给水 pH 值应大于 9.4。

当采用加氧处理时，给水的调节指标应符合表 2-6 的规定。

表 2-6 加氧处理给水 pH 值、氢电导率和溶解氧的含量

pH（25℃）	氢电导率（25℃，μS/cm）		溶解氧（μg/L）
	标准值	期望值	标准值
8.5～9.3	≤0.15	≤0.10	10～150[①]

注 采用中性加氧处理的机组，给水的 pH 控制在 7.0～8.0（无铜给水系统），溶解氧 50～250μg/L。

① 氧含量接近下限值时，pH 值应大于 9.0。

4. 凝结水质量标准

凝结水泵出口水质量应符合表 2-7 的规定。

表 2-7 凝结水泵出口水质量标准

锅炉过热蒸汽压力（MPa）	硬度（μmol/L）	钠（μg/L）	溶解氧[①]（μg/L）	氢电导率[①]（25℃，μS/cm）	
				标准值	期望值
3.8～5.8	≤2.0	—	≤50	—	
5.9～12.6	≈0	—	≤50	≤0.30	
12.7～15.6	≈0	—	≤40	≤0.30	<0.20
15.7～18.3	≈0	≤5[②]	≤30	≤0.30	<0.15
>18.3	≈0	≤5	≤20	≤0.20	<0.15

① 直接空冷机组凝结水溶解氧浓度标准值应小于 100μg/L，期望值小于 30μg/L。配有混合式凝汽器的间接空冷机组凝结水溶解氧浓度宜小于 200μg/L。

② 凝结水有精处理除盐装置时，凝结水泵出口的钠浓度可放宽至 10μg/L。

凝结水经精处理除盐后水质质量应符合表 2-8 的规定。

表 2-8 凝结水除盐后的水质质量标准

锅炉过热蒸汽压力（MPa）	氢电导率（25℃，μS/cm）		钠（μg/L）		氯离子（μg/L）		铁（μg/L）		二氧化硅（μg/L）	
	标准值	期望值	标准值	期望值	标准值	期望值	标准值	期望值	标准值	期望值
≤18.3	≤0.15	≤0.10	≤3	≤2	≤2	≤1	≤5	≤3	≤15	≤10
>18.3	≤0.10	≤0.08	≤2	≤1	≤1	—	≤5	≤3	≤10	≤5

六、热力系统水处理

热力系统水处理方式应根据机组参数、材料特性、炉型及水的纯度等因素，经技术经济比较确定。热力系统水处理包括凝结水精处理、给水处理和炉水处理三部分。这三个组成部分并不是每个机组都必须具备，有些机组不设凝结水精处理或不设炉水处理。

（1）凝结水精处理。凝结水精处理的目的是提高凝结水纯度，去除凝结水中杂质。常用工艺有过滤、离子交换法。

（2）给水处理。给水处理（也称给水水质调节）是指向给水中加入水处理药剂，改变水的成分及其化学特性，如 pH 值、氧化-还原电位等。给水处理是为了抑制给水对金属材料的腐蚀，减少随给水带入锅炉的腐蚀产物和其他杂质，防止因减温水引起混合式过热器、再热器和汽轮机积盐。给水处理方式有还原性全挥发处理 [AVT（R）]、氧化性全挥发处理 [AVT（O）] 和加氧处理（OT）三种。

（3）炉水处理。炉水处理（也称炉水水质调节）是指向炉水中加入适当的化学药品，使炉水在蒸发过程中不发生结垢现象，并能减缓炉水对炉管的腐蚀，在保证锅炉安全运行的前提下尽量降低锅炉的排污率，以保证锅炉运行的经济性。常用的炉水处理方式有磷酸盐处理和氢氧化钠处理，其中磷酸盐处理有磷酸盐处理（PT）、协调 pH-磷酸盐处理（CPT）、低磷酸盐处理（LPT）和平衡磷酸盐处理（EPT）四种方式。

第二节　凝结水精处理

凝结水精处理的目的是提高凝结水的纯度，去除凝结水中微量溶解盐类和固体微粒。精处理常用工艺有过滤和离子交换。过滤主要用来去除水中的金属腐蚀产物、悬浮物及油类等微粒；离子交换则是去除水中的溶解盐类。为保证精处理系统长期安全、经济、稳定地运行，最大限度发挥各设备功能，将过滤工艺放在离子交换工艺之前，故过滤器常常称为前置过滤器。

凝结水精处理系统常用前置过滤器+混床，此外，还有粉末树脂覆盖过滤器、阳阴分床等。图 2-7 所示为某电厂 600MW 超临界机组凝结水精处理系统。每台机组配两台过滤器，按 2×50%全流量配置；每台机组设有三台高速混床，单台出力为凝结水全流量的 50%，两台运行，一台备用，凝结水 100%处理；每台混床后都装有树脂捕捉器；过滤系统及混床系统都设有旁路单元，混床还设有再循环单元。

一、过滤处理

过滤原理见本书第一章。在凝结水精处理中常用的过滤设备有管式微孔过滤器、前置阳床、电磁过滤器、粉末树脂覆盖过滤器等。下面以管式微孔过滤器为例进行介绍。

1. 设备结构

目前常用的管式微孔过滤器的结构如图 2-8 所示，它由一个承压外壳和壳体内若干管状滤元组成。过滤器内设有进水装置、出水装置和布气装置，过滤器顶部和下部各设有人孔。

滤元是过滤器的关键部件，一根滤元就是一个过滤单元，根据制水量大小的要求，过滤器中可以安装不同数量的滤元。目前用于凝结水过滤的滤元按其制造工艺有折叠式、绕线式和熔喷式等，以折叠滤元的应用最为广泛。滤元孔板将整个过滤器分为过滤室和集水室上下两部分。如图 2-9 所示，滤元孔板用来固定滤元，每个孔安装一根不锈钢内螺纹固定件，固定一根外螺纹插口的滤元。滤元孔板为一向下凹的穹形多孔板，中央为进水区，孔板上的孔通常按等六边形排列钻制。孔板由厚度为 30mm 左右的碳钢板（衬胶）或 20mm 以上的不锈钢板制成。

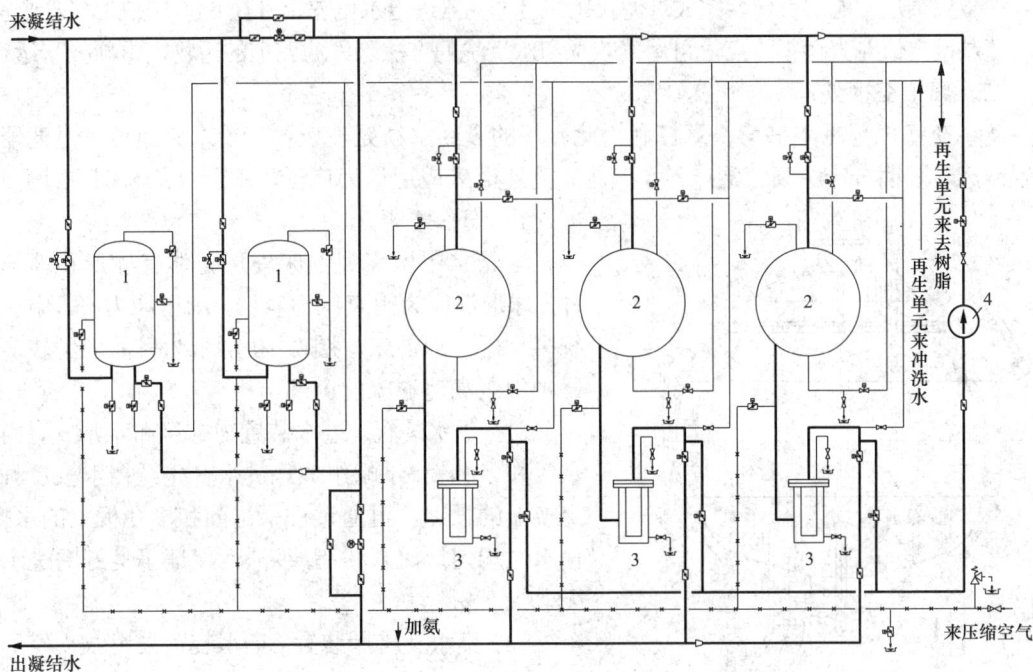

图 2-7 凝结水精处理系统

1—过滤器；2—高速混床；3—树脂捕捉器；4—再循环泵

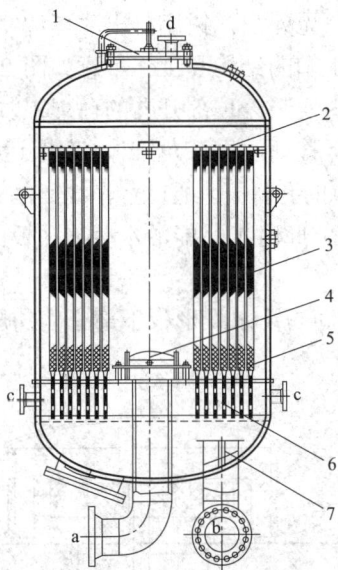

图 2-8 管式微孔过滤器结构

1—人孔；2—上部滤元固定装置；3—滤元；

4—进水装置；5—滤元孔板；6—布气管；7—出水装置

a—进水口；b—出水口；c—进气口；d—排气口

图 2-9 滤元孔板结构

2. 工作过程

过滤器运行时，被处理水从滤元外侧通过滤层进入中心管内，向筒体底部汇集后引出，水中的各种微粒杂质被滤层截留，完成过滤作用。当过滤器进出水压差上升至 0.08～0.12MPa 或运行时间超过设定值时为运行终点，可用气吹洗和水反洗的方法除去滤元上的污物，重新投入运行。

二、离子交换处理

离子交换原理见本书第一章，利用此原理的凝结水精处理设备有粉末树脂覆盖过滤器、前置阳床、阳阴分床、高速混床等。其中，高速混床应用最为广泛，本节以此为例进行介绍。

1. 设备结构

凝结水中压高速混床外形壳体有柱形和球形两种，球形混床为垂直压力容器，承压能力好。中压系统多采用球形混床，图 2-10 所示为目前应用较多的一种中压高速混床的内部结构。

图 2-10 球型混床的内部结构

1—集水双流速水帽；2—树脂层；3—布水水帽；
4—多孔板；5—挡水板；6—进水裙圈；
7—平衡管；8—蝶形多孔板；9—蝶形板
a—进水口；b—进脂口；c—人孔；d—出脂口；
e—出水口；f—视镜；g₁、g₂—底部排污口

（1）进水装置。进水装置为二级布水形式，由挡水板和多孔板+水帽组成。进水首先经挡水板反溅至交换器的顶部，再通过进水裙圈和多孔板上的水帽，使水流均匀地流入树脂层，从而保证了良好的进水分配效果。

（2）集水及排脂装置。集水装置采用双盘碟形设计，上盘上安装有双流速水帽，出水经水帽流入位于下部碟形盘上的出水管。在上部碟形盘中心处设置有排脂管，水帽反向进水可清扫底部残留的树脂，使树脂输送彻底，无死角，树脂排出率可达 99.9% 以上。

双流速水帽的结构和工作示意如图 2-11 所示。在水帽的腔内安装一顶部开孔的环形罩，罩内设一可沿垂直轴上下移动的倒三角锥体。混床运行时，锥体落下，环形罩的孔打开，通过水帽绕丝的大量水由此送出；反向进水时，锥体被水流推向上部，孔被堵住，此时水只能沿水帽与孔板的缝隙处高速喷出，对底部残留的树脂进行清扫。

（3）压力平衡管。可平衡床内进水多孔板上部空间与出水蝶形板下部空间的压差。

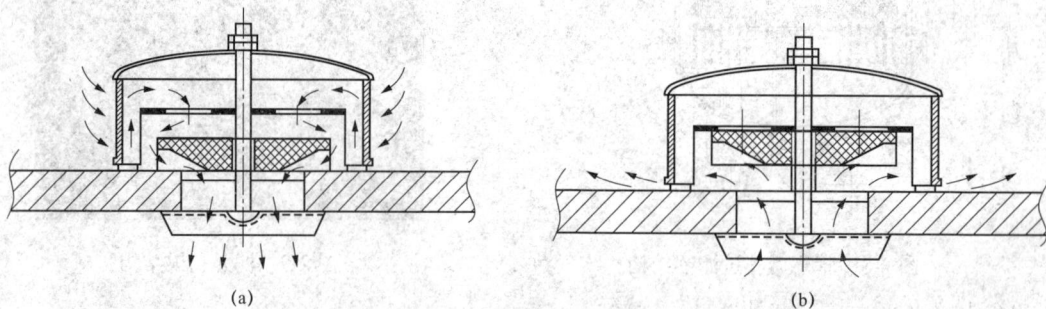

(a) (b)

图 2-11 双流速水帽的结构和工作示意
（a）正排水；（b）反排水

（4）树脂捕捉器。混床出口安装有树脂捕捉器，用于截留混床出水可能带有的破碎树脂，其结构如图 2-12 所示。树脂捕捉器内部滤元采用 316SS 材料制成，滤元梯形绕丝，绕丝缝隙为 0.2mm。一般情况下，运行压差为 0.05MPa，当压差大于 0.10MPa 时，应对其进行反冲洗，洗去截留的碎树脂微粒。树脂捕捉器配备差压变送器，具有压差显示和报警功能，并配有冲洗滤芯的管路系统。

（5）再生装置。高速混床采用体外再生方式。体外再生是指将混床中的失效树脂外移到另一专用的设备中进行再生，经再生后的树脂又送回混床运行。常用树脂分离技术包括高塔分离法、锥体分离法和中间抽出法等，分离系统主要由树脂分离塔、阴再生塔、阳再生塔以及罗茨风机和压缩空气储罐等组成。

2. 工作过程

高速混床运行时，水从上部进水装置进入，均匀地流过树脂层，向下部集水装置汇集，经双流速水帽后引出，水中所含的盐类物质与阳树脂、阴树脂发生交换反应而除去。当出水氢电导率或 SiO_2 达到设定值时，混床失效，退出运行。失效树脂排出至体外再生装置，再生好的树脂送入，高速混床重新投入运行。

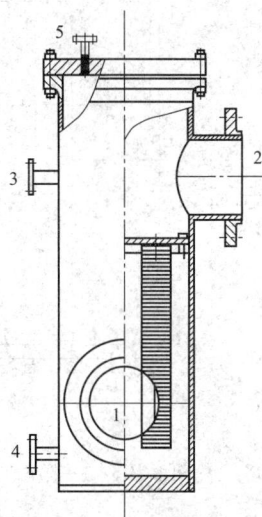

图 2-12　树脂捕捉器结构

1—凝结水进水口；2—凝结水出水口；
3—冲洗树脂进水口；4—排污口；5—排气口

高速混床运行呈循环状，一个运行周期可分为充水排气、升压、循环正洗、运行、停运卸压、失效树脂送出、树脂送入、充水、水位调整、树脂混合、树脂沉降、充水等步骤。

三、混床失效树脂的分离

高速混床采用体外再生方式。体外再生是指将混床中的失效树脂外移到另一专用的设备中进行再生，经再生后的树脂又送回混床运行。

常用树脂分离技术包括高塔分离法、锥体分离法和中间抽出法等，这里介绍常用的高塔分离法和锥体分离法。

1. 高塔分离法

高塔分离法又称完全分离法，高塔分离系统是由树脂分离塔、阴再生塔、阳再生塔（兼储存）、罗茨风机和压缩空气储罐等组成。混床失效树脂的分离是在分离塔中进行的，图 2-13 所示为某厂凝结水精处理的高塔分离系统。

其工作过程为：混床中的失效树脂送到分离塔后，先进行一次空气擦洗，使较重的腐蚀产物从树脂层中分离出来。再用水反洗使阴、阳树脂分层。待树脂沉降分层后，分别将阴、阳树脂用水力输送至阴再生塔、阳再生塔，中部的"界面树脂"（即混脂）留在塔内参与下次分离。接着分别对阴再生塔和阳再生塔中的树脂进行空气擦洗、再生、清洗。最后将阴树脂送入阳再生/储存塔，用压缩空气混合后备用。

分离塔的作用：①空气擦洗树脂除去腐蚀产物；②水反洗使阴、阳树脂分离；③暂时储存未完全分开的"界面树脂"，以待下次分离。阴树脂再生塔的作用是对阴树脂进行空气擦洗及再生。阳树脂再生/储存塔的作用：①对阳树脂进行空气擦洗及再生；②阴阳树脂在此塔内进行混合；③储存已混合好的备用树脂。罗茨风机提供低压空气，用于树脂的空气擦洗和混合。

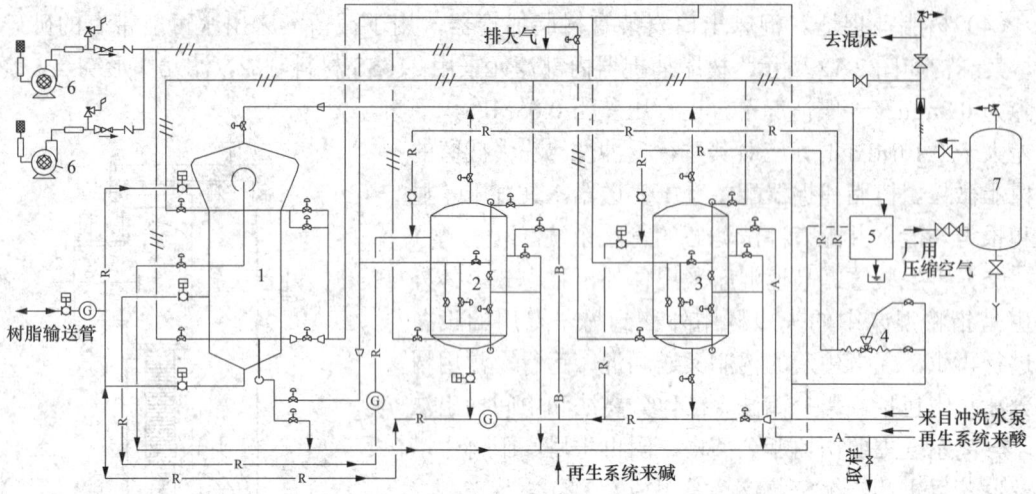

图 2-13　高塔分离系统

1—分离塔；2—阴再生塔；3—阳再生/储存塔；4—树脂装卸斗；5—废水树脂捕捉箱；6—罗茨风机；7—压缩空气储罐

2. 锥体分离法

锥体分离法是因分离塔底部设计成锥形而得名。锥体分离系统由锥形分离塔（兼阴再生）、阳再生塔（兼混合、储存）、混脂塔（习惯称隔离罐）、罗茨风机及树脂界面检测装置等组成。典型的锥体分离系统如图 2-14 所示。

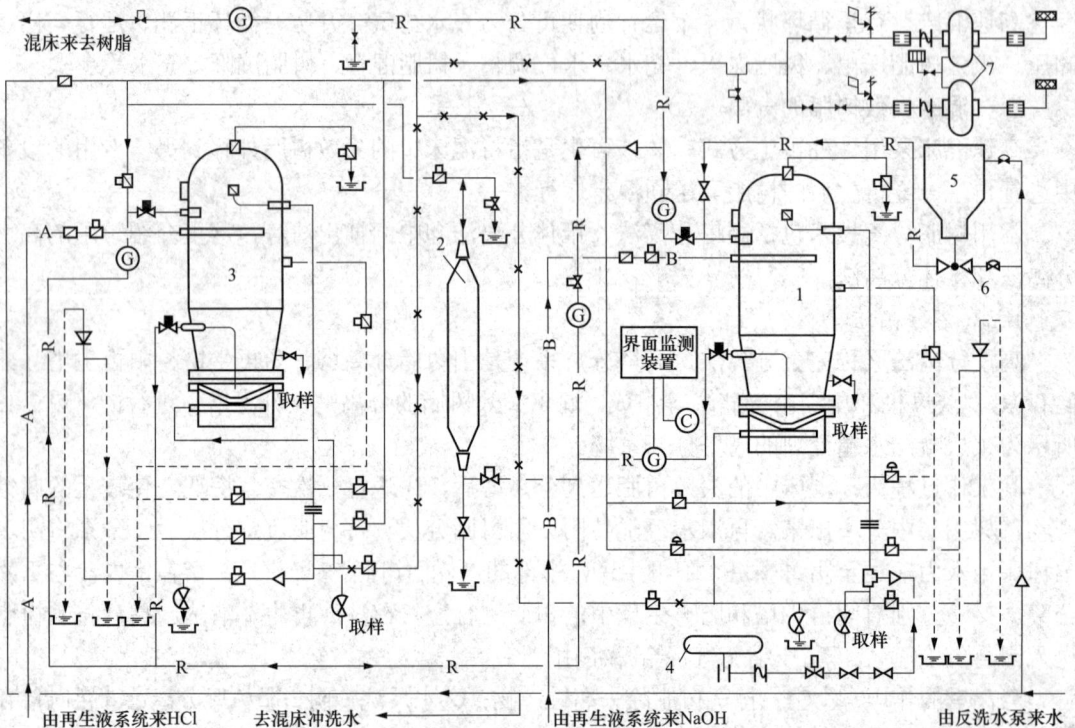

图 2-14　锥体分离系统

1—阳再生塔；2—隔离罐；3—分离/阴再生塔；4—CO₂瓶；5—树脂装卸斗；6—树脂喷射器；7—罗茨风机

其工作过程：混床失效树脂在分离塔内反洗分层后，从分离塔底部进水，将阳树脂从底部出脂管送至阳再生塔，在树脂输送过程中，利用树脂输送管上的"树脂界面检测装置"来控制树脂的输送量。当阳树脂输送完毕，再将混脂送入混脂罐，参与下次分离。接着分别对阳再生塔、分离塔中的树脂进行空气擦洗、再生、清洗。最后将阴树脂送至阳再生塔，利用压缩空气将阳、阴树脂充分混合，正洗合格后备用。

分离塔的作用除了对树脂进行分离外，再就是对阴树脂进行空气擦洗及再生。

常用阴阳树脂界面检测装置主要包括以下三个部份：①光电检测装置。其原理是利用阴、阳树脂颜色不同，对光的反射强度不同，具有不同光电信号来判断终点。通常阳树脂与阴树脂有一定的色差，阳树脂为褐色而阴树脂为淡黄色，阴树脂对光的反射强度高于阳树脂。这样，输送阳树脂过程中，当检测到界面树脂时，光电信号显著增强，表明阳树脂已输送完毕，此时系统会自动继续转移界面树脂到隔离罐。②电导率检测装置。其原理是利用阴、阳树脂具有不同电导信号来进行检测的。一般来说，阳树脂的电导率大于阴树脂的电导率。另外，为提高阴、阳树脂界面的灵敏度，在移出阳树脂的后期，输送水中引入 CO_2 气体，以增大输送阳树脂时的电导率，而 CO_2 遇到阴树脂时，因被交换反应（$ROH+HCO_3^- \rightarrow RHCO_3+OH^-$，$H^++OH^- \rightarrow H_2O$）使电导率降低。由于上述原因，当阴树脂经过检测装置时，电导率就急剧下降，表示阳树脂已输送完毕，此时系统会自动继续转移树脂到隔离罐。③电控柜。它由计算机及各种执行电路组成。以上的光电和电导检测在实现电路中接成"或"逻辑，它们同时有效，根据调试结果把光电和电导信号的采样时间间隔设为 500ms，哪一个先检测到，哪一个就先发出动作指令。

第三节 给 水 处 理

一、给水处理原理

由本章第一节的分析可知，防止给水系统的腐蚀可采取提高 pH 值、除氧或加氧等给水处理措施。其中，给水除氧主要采用热力除氧，在一些高压以上机组中还同时采用化学除氧作为辅助措施。

（一）给水 pH 值调节

给水的 pH 值调节就是往给水中加一定量的碱性物质，使给水的 pH 值保持在适当的碱性范围内，从而将给水系统中钢铁和铜合金材料的腐蚀速度控制在较低的范围，以保证水汽中铁和铜的含量符合规定的标准。目前火电厂中用来调节给水 pH 值的碱化剂一般采用氨（NH_3）。给水加氨处理的实质就是用氨来中和给水中的游离 CO_2，并碱化介质，把给水的 pH 值提高到规定的数值。

1. 加氨处理原理

氨在常温常压下是一种有刺激性气味的无色气体，极易溶于水，其水溶液称为氨水。一般市售氨水的密度为 $0.91g/cm^3$，含氨量约 28%。氨在常温下加压，很容易液化，液氨沸点为 $-33.4℃$。由于氨在高温高压下不会分解、易挥发、无毒，因此可以在各种压力等级的机组及各种类型的电厂中使用。

给水加氨后，水中存在下面的平衡关系：

$$NH_3 \cdot H_2O \rightleftharpoons NH_4^+ + OH^-$$

因而水呈碱性，可以中和给水中的游离二氧化碳，其中和反应为

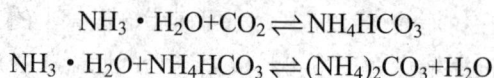

$$NH_3 \cdot H_2O + CO_2 \rightleftharpoons NH_4HCO_3$$

$$NH_3 \cdot H_2O + NH_4HCO_3 \rightleftharpoons (NH_4)_2CO_3 + H_2O$$

实际上，在水汽系统中 NH_3、CO_2、H_2O 之间存在着复杂的平衡关系。在热力设备运行过程中，水汽系统中有液相的蒸发和汽相的凝结，以及抽汽等过程。氨又是一种易挥发的物质，因而氨进入锅炉后会挥发进入蒸汽，随蒸汽通过汽轮机后排入凝汽器。在凝汽器中，富集在空冷区的氨，一部分会被抽气器抽走，尚有一部分氨溶入凝结水中。随后当凝结水进入除氧器后，随除氧器排汽而损失一些，剩余的氨则进入给水中继续在水汽循环系统中循环。AVT 运行试验表明，氨在凝汽器和除氧器中的损失率为 20%～30%。如果机组设置了凝结水精处理系统，则氨将可能全部被除去。因此，在加氨处理时，估计加氨量的多少，要考虑氨在水汽系统和水处理系统中的实际损失情况。

2. 加氨剂量控制

在采用 AVT 时，加氨量应按 DL/T 805.4—2004 的规定调整，无铜机组的 pH 值控制在 9.0～9.6 的范围内；有铜机组的 pH 值控制在 8.8～9.3 的范围内。

实际所需的加氨量要通过运行调整试验来确定。在调整试验中，一方面要确保给水 pH 值在水汽质量标准规定的范围内；另一方面要使给水中的铜、铁含量保持在最低水平，以减轻锅内的结垢速度和避免引起腐蚀。

自动加药的控制信号有 pH 值和电导率两种。电导率控制是根据氨浓度与电导率的关系间接控制加氨量，由于氨量与 pH 值有一定的对应关系，因而也间接地控制了给水的 pH 值。低浓度氨与电导率、pH 值的关系见图 2-15。在控制给水加氨时，最好采用控制电导率的方法。因为在电厂化学仪表中，电导率的测量相对准确、可靠、运行维护量更小。但是，这种控制方法不适用于水质恶化，如凝汽器泄漏、给水受污染且无凝结水精处理装置的机组。

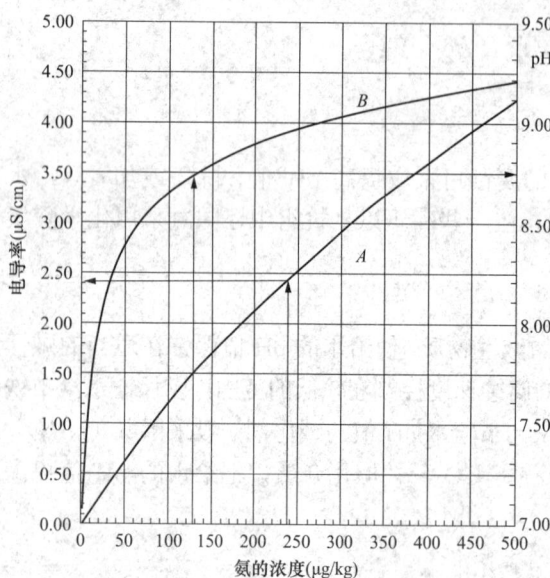

图 2-15 低浓度的氨与电导率、pH 值的关系
曲线 A—氨的浓度与电导率的关系；
曲线 B—氨的浓度与 pH 值的关系

（二）热力除氧

根据气体溶解定律（亨利定律），一种气体在与之相接触的液相中的溶解度与它在气液分界面上气相中的平衡分压成正比。在敞口设备中把水温提高时，水面上水蒸气的分压增大，其他气体的分压下降，则这些气体在水中的溶解度也下降，因而不断从水中析出。当水温达到沸点时，水面上水蒸气的压力和外界压力相等。其他气体的分压降至零，溶解在水中的气体可能全部逸出。利用气体溶解定律，在敞口设备（如热力除氧器）中将水加热到沸点，使水沸腾，这样水中溶解的氧就会析出，这就是热力除氧的原理。由于气体溶解定律在一定程度上也适用于 CO_2 等其他气体，热力法不仅可

除去水中溶解的氧，也能同时除去水中的 CO_2 等其他气体。而 CO_2 的去除，又会促使水中的碳酸氢盐的分解，所以热力法还可除去水中部分碳酸氢盐。

热力除氧器的功能是把水加热到除氧器工作压力下的沸点，并且通过喷嘴产生水雾及淋水盘或填料形成水膜等措施尽可能地使水流分散，以使溶解于水中的氧及其他气体能尽快地析出。热力除氧器按其工作压力不同，可分为真空式、大气式和高压式三种。真空式除氧器的工作压力低于大气压力，凝汽器就具有真空除氧作用。因此，在高参数、大容量机组中，通常是将补给水补入凝汽器，而不是补入除氧器，这进一步改善了除氧效果，可使给水达到"无氧"状态。大气式除氧器的工作压力（约为 0.12MPa）稍高于大气压力，常称为低压除氧器。高压式除氧器在较高的压力（一般大于 0.5MPa）下工作，其工作压力随机组参数的提高而增大。超临界机组通常采用卧式高压除氧器，其工作压力常在 1MPa 以上，除氧头壳体采用碳钢-不锈钢（内壁）复合钢板制成，所有内部构件材料也均为不锈钢。

为提高除氧效果，通常应满足下列基本条件：

（1）不论在何种压力下进行除氧，都应保证将水加热到相应压力下的饱和温度。加热不足，将会引起除氧效果恶化。

（2）除氧器的除氧效果，决定于传热和传质两个过程。为此，应使欲除氧的水分散成细小的水滴，以获得适当的水与加热蒸汽的接触面积，这样，不仅加速传热和传质过程，而且有利于溶氧从水中扩散出来。

（3）除氧器内应有足够的流通面积，使加热蒸汽的流通自由通畅。

（4）保证水和蒸汽有足够的接触时间。

（5）除氧器应有足够的排汽，以保证氧气和其他不凝结气体的充分排出。

（6）送入的补给水量应稳定。当突然有大量补给水送入除氧器时，则有可能恶化除氧效果。因此，补给水应连续均匀地进入，不宜间断。

（三）化学除氧

化学除氧的药品，必须具备能迅速地和氧完全反应，反应产物和药品本身对锅炉的运行无害等条件。对高压及更高参数的机组，给水进行化学除氧常用的药品为联氨。

1. 联氨处理原理

联氨又称肼，在常温下是一种无色液体，易溶于水，它和水结合成稳定的水合联氨（$N_2H_4 \cdot H_2O$），水合联氨在常温下也是一种无色液体。在 25℃时，联氨的密度为 $1.004g/cm^3$，100%水合联氨的密度为 $1.032g/cm^3$，24%的水合联氨的密度为 $1.01g/cm^3$。在 101.3kPa 时联氨和水合联氨的沸点分别为 113.5℃和 119.5℃；凝固点分别为 2.0℃和–51.7℃。

联氨易挥发，当溶液中 N_2H_4 的浓度不超过 40%时，常温下联氨的蒸发量不大。联氨蒸汽对呼吸系统和皮肤有侵害作用，所以空气中的联氨蒸汽量不允许超过 1mg/L。联氨能在空气中燃烧，其蒸汽量达 4.7%（按体积计）时，遇火便发生爆炸。无水联氨的闪点为 52℃，85%的水合联氨溶液的闪点可达 90℃。水合联氨的浓度低于 24%时，则不会燃烧。

联氨水溶液呈弱碱性，因为它在水中会电离出 OH^-：$N_2H_4+H_2O=N_2H_5^++OH^-$，25℃时的电离常数为 $8.5×10^{-7}$，它的碱性比氨的水溶液弱（25℃时，氨的电离常数为 $1.8×10^{-5}$）。

联氨会热分解，其分解产物可能是 NH_3、N_2 和 H_2，分解反应为：$5N_2H_4=3N_2+4NH_3+4H_2$，在没有催化剂的情况下，联氨的分解速度取决于温度和 pH 值。温度越高，分解速度就越高；pH 值增高时，分解速度会降低。

联氨是还原剂，不但可以和水中溶解氧直接反应，将氧还原，即 $N_2H_4+O_2=N_2+2H_2O$，还能将金属高价氧化物还原为低价氧化物，如将 Fe_2O_3 还原为 Fe_3O_4、CuO 还原为 Cu_2O 等。

2. 联氨处理条件

联氨除氧反应是个复杂的反应，并且水的 pH 值、水温等对反应速度有影响。

联氨在碱性水中才显强还原性，它和氧的反应速度与水的 pH 值关系密切。如图 2-16 所示，水的 pH 值在 9～11 之间时，反应速度最大。

温度越高，联氨和氧的反应就越快。如图 2-17 所示，水温在 100℃ 以下时，此反应很慢；水温高于 150℃ 时，反应很快。但是若溶解氧量在 10μg/L 以下时，实际上联氨和氧之间不再反应，即使提高温度也无明显效果。

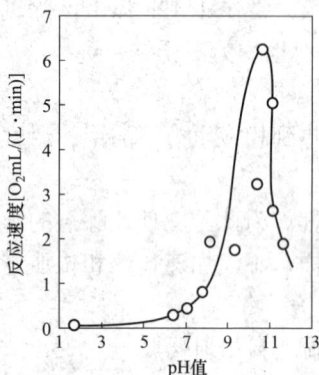

图 2-16　水的 pH 值对联氨和氧反应速度的影响　　　图 2-17　水温对联氨和氧反应速度的影响

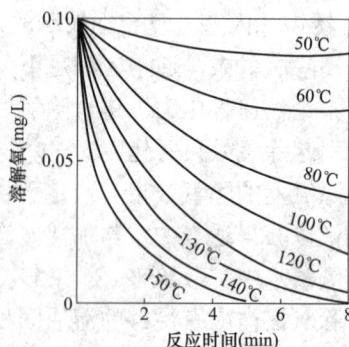

因此，为了取得良好的除氧效果，给水联氨处理的合适条件应是：水温 150℃ 以上，水的 pH 值 9 以上，有适当的联氨过剩量。

（四）加氧处理

在除氧的条件下（水中含有微量氧），碳钢腐蚀产生的 Fe^{2+} 和水中的氧反应，能形成 Fe_3O_4 氧化膜，其反应式可写为

$$3Fe^{2+}+0.5O_2+3H_2O \rightarrow Fe_3O_4+6H^+ \tag{2-1}$$

但是，这样产生的氧化膜中 Fe_3O_4 晶粒间的间隙较大，如图 2-18 所示。这样，水可以通过这些晶粒间隙渗入钢材表面而引起腐蚀，所以这样的 Fe_3O_4 膜的保护效果较差，不能抑制 Fe^{2+} 从钢材基体中溶出。

如果向高纯水中加入足量的氧化剂，如气态氧，不仅可加快反应式（2-1）的速度，而且可通过下列反应在 Fe_3O_4 膜的孔隙和表面生成更加稳定的 $\alpha-Fe_2O_3$

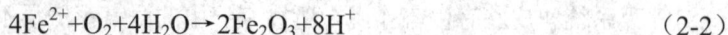

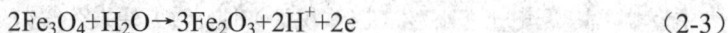

$$4Fe^{2+}+O_2+4H_2O \rightarrow 2Fe_2O_3+8H^+ \tag{2-2}$$

$$2Fe_3O_4+H_2O \rightarrow 3Fe_2O_3+2H^++2e \tag{2-3}$$

这样，在加氧水工况下形成的碳钢表面膜具有双层结构，一层是紧贴在钢表面的磁性氧化铁层（Fe_3O_4，内伸层），其外面是含尖晶石型的氧化物层（Fe_2O_3）。氧的存在不仅加快了 Fe_3O_4 内伸层的形成速度，而且在 Fe_3O_4 层和水相界面处又生成一层 Fe_2O_3 层，使 Fe_3O_4 表面孔隙和沟槽被封闭，而且 Fe_2O_3 的溶解度远比 Fe_3O_4 低，所以形成的保护膜更致密、稳定，如图 2-19 所示。另外，如果由于某些原因使保护膜损坏，水中的氧化剂能迅速地通过上述反应修复保护膜。

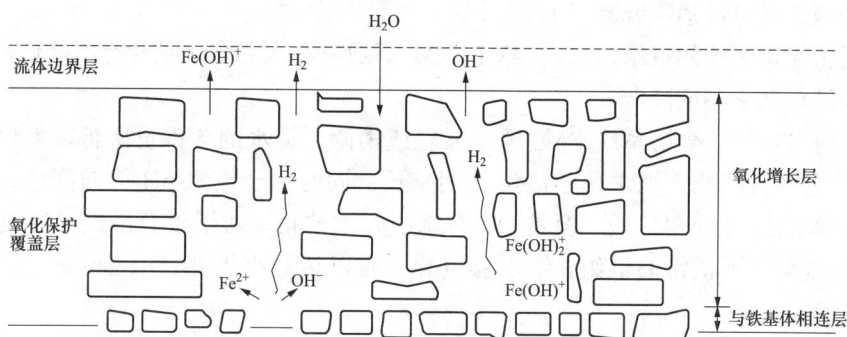

图 2-18 采用 AVT（R）的氧化膜结构示意

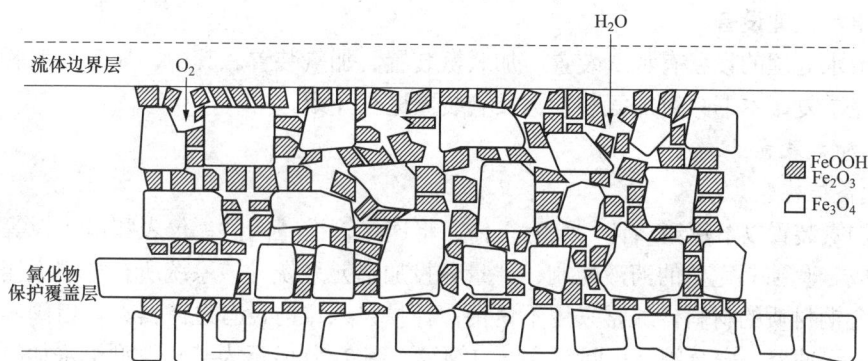

图 2-19 采用 OT 的氧化膜结构示意

因此，与除氧工况相比较，加氧工况可使钢表面上形成更稳定、致密的 Fe_3O_4-Fe_2O_3 双层保护膜。其表层呈红色，厚度一般小于 $10\mu m$，多数晶粒的尺寸小于 $1\mu m$。

二、给水处理方式

1. 给水处理方式

给水处理常用方式有以下三种：

（1）还原性全挥发处理［AVT（R）］。AVT（R）是指在对给水进行热力除氧的同时，向给水中加入氨和还原剂（又称除氧剂，如联氨）的处理方式。该方式维持一个除氧碱性水工况，以使钢表面上形成较稳定的 Fe_3O_4 保护膜，在一定程度上能减缓钢进一步腐蚀。

（2）氧化性全挥发处理［AVT（O）］。AVT（O）是指对给水进行热力除氧的同时，只向给水中加氨，不加除氧剂进行化学辅助除氧的处理方式。该方式给水具有一定的氧化性，使钢表面上形成 Fe_2O_3 和 Fe_3O_4 的混合保护膜，其防腐效果介于 OT 和 AVT（R）之间。

（3）加氧处理（OT）。OT 是指向给水中加入一定量的氧或过氧化氢的处理方式。该方式是利用给水中溶解氧对金属的钝化作用，使金属表面形成致密的 Fe_3O_4-Fe_2O_3 双层钝化保护膜，从而达到减少金属腐蚀的目的。

2. 给水处理方式的比较

（1）AVT（R）是在物理除氧后，再加氨和除氧剂使给水呈弱碱性的还原处理。对于有铜系统的机组，兼顾了抑制铜、铁腐蚀的作用。对于无铜系统的机组，通过提高给水的 pH 值抑制铁腐蚀。采用 AVT（R）时，个别机组在给水和湿蒸汽系统容易发生 FAC。更换材料或改变给水处理方式可以消除或减轻 FAC。

（2）对于无铜系统的机组，采用 AVT（O）后通常给水的含铁量会有所降低，省煤器和水冷壁管的结垢速率相应降低。

（3）采用 OT 可使给水系统 FAC 现象减轻或消除，给水的含铁量降低，省煤器和水冷壁管的结垢速率也降低，锅炉化学清洗周期延长；同时由于给水 pH 值的降低，可使凝结水精处理混床的运行周期延长。但是 OT 对水质要求严格，对于没有凝结水精处理设备或凝结水精处理运行不正常的机组，给水氢电导率难以达到小于 $0.15\mu S/cm$ 的要求，不宜采用 OT。

（4）采用 AVT（R）方式，给水的含铜量和汽轮机的铜垢沉积量通常小于 AVT（O）和 OT 方式。

三、给水处理设备

进行给水处理的设备有加氨装置、加联氨装置、加氧装置。其中，加氨与加联氨装置相似，为避免重复，本书只对加氨装置、加氧装置进行介绍。

（一）加氨装置

1. 设备结构

给水加氨装置以溶液箱、计量泵为主体，将连接管道、阀门、仪表和电控柜等组装在底座上，形成一套独立完整的药液配制、计量和投加单元系统。该系统所有与溶液接触的部件禁止使用含铜材质的材料，通常采用不锈钢；计量泵入口前设有过滤器、入口阀等，出口设有压力表、缓冲器、安全阀、止回阀、出口阀等。图 2-20 所示为某一典型给水加氨装置的流程示意。

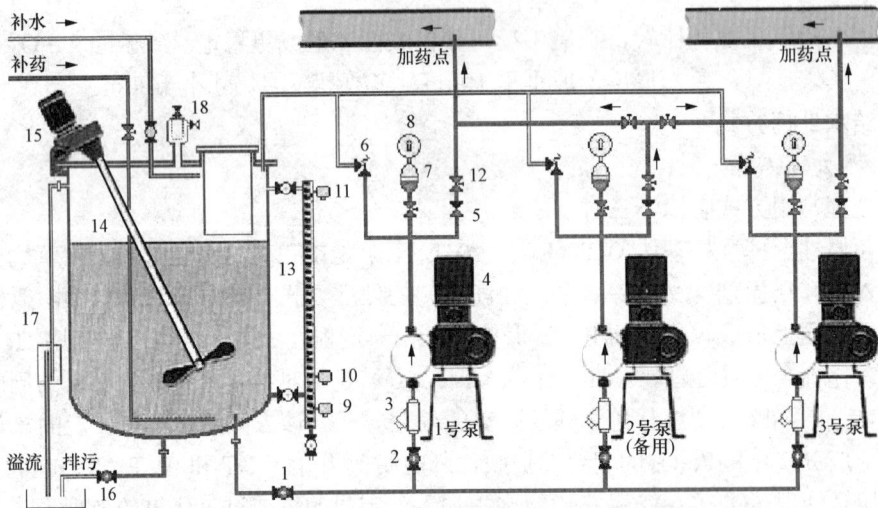

图 2-20　给水加氨装置流程示意

1—溶液箱出口球阀；2—泵进口球阀；3—Y 形过滤器；4—计量泵；5—止回阀；6—安全阀；

7—压力缓冲器；8—压力表；9—低低液位开关；10—低液位开关；11—高液位开关；12—泵出口阀；

13—液位计；14—溶液箱；15—搅拌器；16—排污球阀；17—溢流管；18—呼吸器

重点部分的结构及特点简述如下。

（1）溶液箱。溶液箱用于配制并存放一定量的氨水稀溶液。其顶部设有电动搅拌器，以使配制的溶液浓度均匀，顶部还设有单向呼吸器，以防止配药过程中有害气体外溢；溶液箱底部设排污阀，以清除箱内淤积。为实现自动配氨，溶液箱入口带有补水、补氨电磁阀，液位计配有高、低液位报警，有的电厂设有箱体侧装式导电测量装置。

氨水药剂可用液态氨或浓氨水。液态氨用钢瓶储存，设有专用的不锈钢减压阀，液氨经减压后再用软管连接到充氨管道上。使用液氨时，液氨瓶必须按照安全规范放置。液氨应符合 GB 536—1988《液体无水氨》优等品的质量要求：NH_3 含量≥99.9%、残留物含量≤0.1%、水分≤0.1%、油含量≤5mg/kg（重量法）、铁含量≤1mg/kg。

储存浓氨水的容器称浓氨箱（桶），一般用低扬程、小流量耐腐蚀离心泵或小型手持泵输送到溶液箱。简易储存桶规格为 20、25L，也可采用较大（500L 以上）的不锈钢或碳钢容器。工业成品浓氨水一般含氨量质量分数为 25%～30%。

（2）Y 形过滤器。溶液箱出口带有 Y 形过滤器，其作用是防止杂质进入计量泵卡住进出口单向阀或划伤计量泵隔膜，保护计量泵。Y 形过滤器可以通过定期排污，去除滤网上截留的杂物。过滤器本体和内部滤网一般采用不锈钢材质。

（3）计量泵。计量泵的作用是提供动力使一定量的氨水稀溶液加入给水系统。通常选用液压隔膜计量泵，泵头及泵体材质选用 316SS 不锈钢，隔膜材质为聚四氟乙烯，止回装置中球体材料为 316SS 不锈钢，密封材料为聚四氟乙烯。计量泵受控于变频器，变频器受控于远程控制系统或就地加药控制器，自动调节计量泵的输出流量，同时计量泵还具有手动行程调节功能。

（4）安全阀。安全阀在系统中起到保护计量泵及管路系统的作用。当系统压力超过设定值时，安全阀就会起跳排泄压力，从而保证系统不因压力过高而发生事故。安全阀排液一般返回溶液箱或加药母管。安全阀泄放口设置监流器，安装于容易观察安全阀动作的位置。

（5）缓冲器。缓冲器在系统中的作用是减缓计量泵出口压力的波动，以保护计量泵泵头、管路及压力表不受冲击，从而保证系统长期稳定的运行。缓冲器入口安装截止阀，能够方便检修更换，截止阀的压力等级应与系统压力等级相匹配。

（6）自动控制单元（PLC）。PLC 根据给水 pH 值、电导率等分析结果调节氨计量泵电机的转速来控制其输出流量，实现氨对给水 pH 值的连续稳定调节。参与控制的设备包括 pH 分析仪、电导率仪、信号处理系统。

自动控制原理如图 2-21 所示，给水 pH 值（或电导率）、给水流量信号先传输给 PLC，PLC将传送的信号与设定值比较，通过 PID 计算出所需的加氨量，并将此加氨量转换为 4～20mA

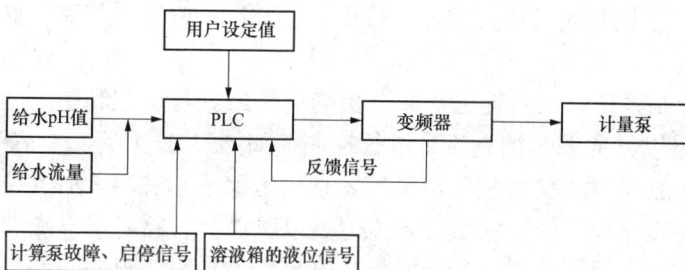

图 2-21　自动控制原理示意

信号控制变频器的输出频率和输出电压，变频器带动计量泵电机，实现电机转速改变。PLC能接受变频器的反馈信号、计量泵的故障、启停信号。一般情况下计量泵无启、停定值设定，设定的是一个运行区间。

2. 工作过程

以采用变频调节自动加药方式为例，给水加氨工作过程包括自动配氨和自动加氨两个方面。

（1）自动配氨工作。先打开液氨钢瓶出口阀和减压阀，再将溶液箱补水阀、补药阀、搅拌器控制开关打向自动状态，此时，它们均受控制盘上的 PLC 自动调节和控制。当溶液箱液位低至设定值时，自动打开补水电磁阀，待溶液箱液位至高液位时关闭；由溶液箱安装的电导率表的测量值控制补氨电磁阀的开启，当溶液箱氨液浓度达到一个预定值时自动关闭，搅拌器自动停止，完成整个配氨工作。

（2）自动加氨工作。除氧器出口自动加氨根据给水流量、省煤器入口给水电导率（或 pH 值）采样信号，经 PID 运算，输出信号给变频器，调节计量泵电机的转速来实现；凝结水精处理出口自动加氨则根据凝结水泵出口流量、除氧器入口凝结水的电导率（或 pH 值）采样信号，经 PID 运算，输出信号给变频器，调节计量泵电机的转速来实现。

（二）加氧装置

1. 设备结构

给水加氧系统主要由汇流排、减压阀、缓冲罐（器）、自动加氧控制系统、加氧管线，以及测量仪表（如溶解氧表、流量表和电导率表）等组成。某电厂给水加氧系统的流程如图 2-22 所示。

（1）汇流排。由多个高压氧气瓶并联，使这些氧气瓶输出的氧气汇集在一起，经过减压处理后集中提供给系统。该汇流排分 A、B 两侧，分别向凝结水和给水系统加氧。每侧可并联 5 个氧气瓶，每瓶氧气可用 3 天左右，5 瓶氧气可用约 15 天。由于给水加氧点设在给水泵入口侧，系统内部压力较低，给水加氧瓶中的氧气可得到比较充分的利用。但是，凝结水加氧点设在凝结水泵出口侧，系统内部压力较高，当 A 侧氧气瓶组的压力下降至约 4.0MPa 时，就不能继续向凝结水系统加氧了。此时，为了避免氧气浪费，可将汇流排的 A 侧与 B 侧相互切换。

（2）减压阀。减压阀设在汇流排出口母管上，使后续输氧管线具有低中压的耐压性，可防止氧气在高压状态下长距离输送而产生泄漏等事故。如某 600MW 机组，通过减压阀将凝结水加氧压力调至 3.8MPa 左右，给水加氧压力调至 1.8MPa 左右。

（3）缓冲器。氧气经过减压阀减压后进入缓冲罐，其主要作用是：稳定系统压力，确保进入自动调节执行机构氧气压力平稳，防止产生脉冲；增加系统氧气储存量，调节系统流量。

（4）加氧量控制系统。该系统包括一个控制柜和加氧自动控制单元。控制柜布置在主厂房加药间内，可以方便地对加氧流量进行控制，如图 2-23 所示。加氧量控制有自动和旁路手动两种，一般在自动加氧装置故障时才使用旁路手动加氧。加氧控制柜主要部件有手动调节阀、电磁调节阀、转子流量计、压力表以及连接管路等。电磁调节阀是自动调节执行机构重要的部件，通过输入 PLC 控制器的参数控制调节阀的开度，从而调节加入系统的氧量。

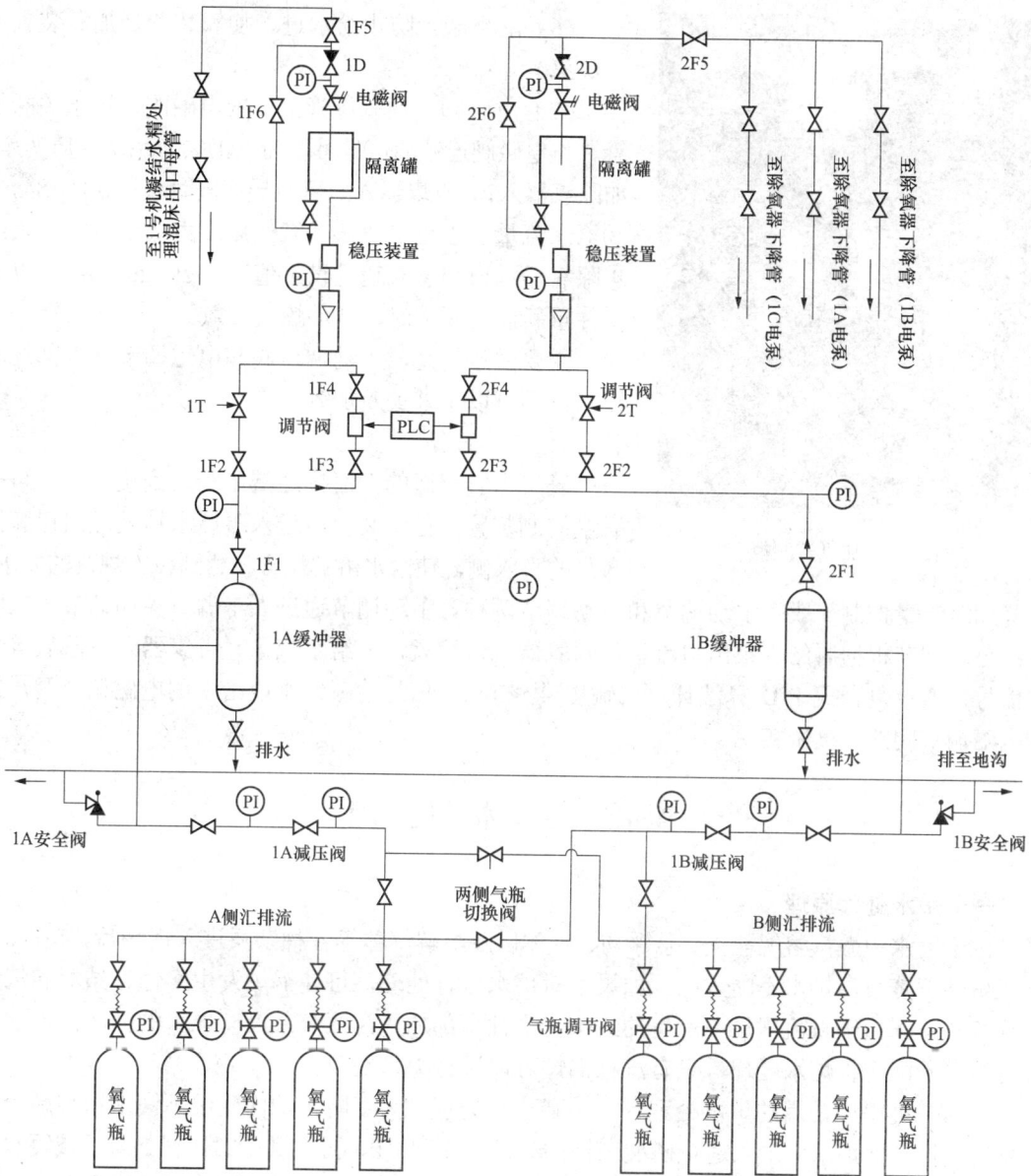

图 2-22 给水加氧装置的流程示意

加氧自动控制单元（PLC 控制器）主要由接收给水流量、省煤器入口溶氧、凝结水泵出口流量、溶氧、给水氢电导、炉水下降管溶解氧等参数的电子设备和现场触摸屏人机界面组成。PLC 控制器设计思路为：实时采集给水流量，考虑给水流量变化，进行加氧量的超前调节；同时采集给水溶解氧含量，并与期望值比较，进行比例积分调节，综合控制加氧量。现场触摸屏人机界面是控制器重要的组成部分，其功能有系统/调节参数设置，加氧自动调节，自动调节阀校正，主要参数显示及曲线、报警、设备参数等。

（5）稳压装置。在调节阀的出口加氧管路上安装稳压器。通过稳压器降低热力系统背压变化对调节阀端差的影响，稳定调节阀出入口压差，实现可靠的加氧流量控制；同时减少调节阀动作频率以延长其使用寿命。

图 2-23　加氧控制柜

（6）隔离罐。防止给水进入加氧装置（加氧装置返水现象）。

（7）电磁阀。加氧母管上设置电磁阀，用于关断加氧。与电磁阀连锁的信号可以为：①热力系统水质变差，如除氧器入口、省煤器入口氢电导率同时超过 $0.15\mu S/cm$；②给水流量小于设定值；③氧气瓶压力低于报警下限；④除氧器入口溶解氧超过设定值（如 $200\mu g/L$）。当以上条件重新满足要求时，自动恢复加氧。

需要注意的是，手动调节阀和电磁调节阀内部阀芯很细，不可以用来关断加氧。

2. 工作过程

氧气由氧气瓶的汇流排经减压阀后到缓冲罐，再经氧量控制装置、稳压装置后送入凝结水精处理出口和给水泵的吸入侧，使给水溶解氧含量达到技术规范的要求。

加氧流量控制一般有手动调节和自动调节两种。手动调节通过人工调节手动调节阀来实现；自动调节根据凝结水泵出口流量、除氧器入口溶氧，或给水流量、省煤器入口溶氧等采样信号，通过复合式 PID 算法计算，输出 $4\sim20mA$ 信号给凝结水或给水侧电磁调节阀，控制电磁调节阀的开度来实现。

第四节　炉　水　处　理

一、炉水处理原理

由于给水中微量溶解盐类、悬浮物、胶体以及溶解气体等各种杂质进入锅炉后，在高温、高压条件下蒸发，炉水不断浓缩。如果不对炉水进行处理，可使锅炉发生腐蚀、结垢和汽水共腾等故障。由于直流锅炉中所有的给水一次性全部加热为蒸汽，没有炉水的循环，无法进行排污，不能进行炉水处理，只有汽包锅炉可以进行炉水处理。

目前，火电厂常用的炉水处理有：①磷酸盐处理。为了防止炉内生成钙镁水垢和减少水冷壁管腐蚀，向炉水中加入适量磷酸三钠的处理，简称 PT。②氢氧化钠处理。为了减缓水冷壁管腐蚀，向炉水中加入适量氢氧化钠的处理，简称 CT。③全挥发处理。锅炉给水加氨和联氨或只加氨，炉水不再加任何药剂的处理，简称 AVT。由于全挥发处理不在炉水中加任何药剂，因此炉水处理加药设备仅涉及磷酸盐处理和氢氧化钠处理。目前我国汽包锅炉大部分采用磷酸盐处理。

（一）磷酸盐处理

1. 磷酸盐处理的作用

（1）防止在水冷壁管生成钙镁水垢及减缓其结垢的速率。在锅炉水呈沸腾状态和 pH 值较高（pH=9～10）的条件下，加入一定数量的磷酸盐后，炉水中的钙离子与磷酸根离子发生以下反应：

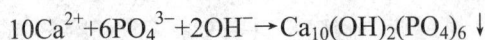

$$10Ca^{2+}+6PO_4^{3-}+2OH^-\rightarrow Ca_{10}(OH)_2(PO_4)_6\downarrow$$

反应生成的碱式磷酸钙溶度积很小，呈松散的水渣状态，可借锅炉排污排出炉外。所以，当锅炉水中保持有一定量的过剩 PO_4^{3-} 时,可使炉水中的钙离子浓度很低,从而达到防止钙垢（$CaSO_4$、$CaSiO_3$ 等）的目的。

另外,随给水进入锅内的 Mg^{2+} 量通常是较少的,锅炉水中 PO_4^{3-} 含量适当时,在沸腾着的碱性炉水中,它会与给水带入的 SiO_3^{2-} 发生以下反应:

$$3Mg^{2+}+2SiO_3^{2-}+2OH^-+H_2O \rightarrow 3MgO \cdot 2SiO_2 \cdot 2H_2O \downarrow （蛇纹石水渣）$$

此反应生成的蛇纹石呈水渣形态,易随锅炉水的排污排出。

（2）增加炉水的缓冲性,防止水冷壁管发生酸性或碱性腐蚀。

（3）降低蒸汽对 SiO_2 的溶解携带,改善汽轮机沉积物的化学性质。

2. 磷酸盐处理的方式

炉水磷酸盐处理已有几十年的应用历史,目前有多种处理方式,下面分别进行介绍。

（1）磷酸盐处理。为了防止炉内生成钙镁水垢和减少水冷壁管腐蚀,向炉水中加入适量磷酸三钠的处理。

（2）协调 pH-磷酸盐处理（简称 CPT）。为了防止炉水产生游离氢氧化钠,同时向锅炉水中加入 Na_2HPO_4 和 Na_3PO_4,维持 Na^+ 与 PO_4^{3-} 的摩尔比为 2.6~3.0,pH 值为 9~10 的磷酸盐处理（为了防止发生酸性磷酸盐腐蚀,将 Na^+ 与 PO_4^{3-} 的摩尔比由原来的 2.3~2.8 提高到 2.6~3.0）。协调 pH-磷酸盐处理包含国外所称等成分磷酸盐处理,在我国统称协调 pH-磷酸盐处理。

（3）低磷酸盐处理（简称 LPT）。为了防止炉内生成钙镁水垢和减少水冷壁管腐蚀,向炉水中加入少量磷酸三钠的处理。

（4）平衡磷酸盐处理（简称 EPT）。维持炉水中磷酸三钠含量低于发生磷酸盐隐藏现象的临界值,同时允许炉水中含有不超过 1mg/L 的游离氢氧化钠,以防止水冷壁管发生酸性磷酸盐腐蚀以及防止炉内生成钙镁水垢的处理。

3. 磷酸盐处理可能出现的问题

随着机组参数和给水水质的提高,磷酸盐处理不断出现一些新的问题,主要有:①采用 PT、CPT 和 LPT 均可能发生磷酸盐隐藏现象。②磷酸盐隐藏现象可使有些锅炉发生酸性磷酸盐腐蚀。③使极少数锅炉的过热器和汽轮机发生积盐现象。

（1）易溶盐的隐藏现象。当汽包锅炉负荷升高时,炉水中的某些易溶盐（Na_3PO_4、Na_2SiO_3 和 Na_2SO_4 等）的浓度明显降低,当负荷降低或停炉时,这些盐类的浓度重新增高,这种现象称为盐类的隐藏现象,也称为盐类的"暂时消失"现象。采用磷酸盐处理时,易发生磷酸盐隐藏现象。

1）发生原因。这种现象说明,当锅炉在高负荷下运行时,水冷壁管热负荷升高,管内沸腾过程加剧,使靠近管壁层的水中,某些易溶的磷酸钠盐等达到或超过其饱和浓度,因而能在金属表面上以固相析出,形成沉积物（磷酸钠盐不仅会形成沉积物,而且和炉内的腐蚀产物及管壁保护膜发生反应）,从而使炉水中这些易溶钠盐的浓度下降,造成"暂时消失"现象。所以这种现象与锅炉参数和热负荷有关,锅炉参数越高、炉膛热负荷越大、锅炉汽化过程越剧烈,也就越容易发生这种"暂时消失"现象。

另外,这种现象还与易溶盐在高温炉水中的溶解特性有关。在高温水中,某些钠化合物在水中的溶解度随温度升高而下降,如图 2-24 所示。从图中可看出,Na_2SiO_3 和 Na_3PO_4 在水中溶解度,先随水温升高而增大;当温度达到一定值后继续上升,其溶解度就下降。尤其

Na_3PO_4 最为明显，水温超过 120℃时，随水温升高溶解度急剧下降。高参数锅炉的炉水温度一般超过 300℃以上，这时 Na_3PO_4 的溶解度是很小的。所以，在高热负荷的炉管内很容易达到过饱和。

2）防止方法。改变炉水 Na^+ 与 PO_4^{3-} 的摩尔比和改善锅炉的运行工况，能减少磷酸盐隐藏现象的发生。改善锅炉的运行工况可从以下方面入手：①改善燃烧工况，使炉膛内各部分的炉管受热均匀；防止炉膛结渣，避免局部热负荷过高。②改善锅炉水的流动工况，以保证水循环正常进行。例如，设计时应尽量避免水平蒸发管，防止水流不畅，发生汽塞。

（2）酸性磷酸盐腐蚀。酸性磷酸盐腐蚀（简称APC）是近几年才确认为与磷酸盐隐藏和再溶出相关的一种腐蚀形式。当炉水中 Na^+ 与 PO_4^{3-} 的摩尔比低于 2.5，炉水温度大于 177℃且沉积在管壁上的磷酸盐浓度超过一个临界值（这个临界值随温度的升高而降低）时就会发生这种腐蚀。腐蚀发生时磷酸钠盐和炉管表面 Fe_3O_4 保护膜反应生成

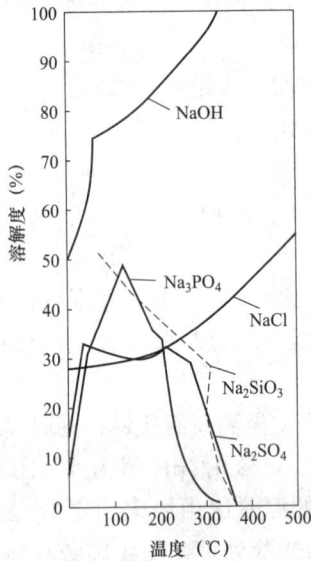

图 2-24　钠化合物在水中溶解度与温度的关系

$NaFePO_4$，反应导致炉水 pH 值升高，PO_4^{3-} 浓度降低；而当温度和压力降低时，反应产物 $NaFePO_4$ 溶解于水，产生低 Na^+ 与 PO_4^{3-} 摩尔比的酸性溶液，pH 值降低严重时，炉水 pH 值会低于 9。这种酸性溶液不仅会引发炉管全面腐蚀，而且当隐藏现象发生频繁、炉水 pH 值波动频繁而难以控制时，还会导致水冷壁管氢脆的发生。

（二）氢氧化钠处理

1. 氢氧化钠处理原理

氢氧化钠处理的原理：在炉水中，NaOH 与氧化铁反应生成了二价和三价铁的羟基络合物，使金属表面形成致密的保护膜，从而减缓水冷壁管的腐蚀。

研究表明，锅炉水冷壁氧化膜的完整性与炉水中氯离子浓度、氧浓度和氢氧根浓度有关，在汽包炉水冷壁产生蒸汽处，随着热负荷的升高，氯离子会浓缩而降低金属的电位，同时，金属表面大量的气泡对氧化膜的冲击作用以及氧化膜本身产生的内应力都是破坏氧化膜的潜在因素。特别是像氯离子这样的一些强酸阴离子，还会形成酸性环境破坏氧化膜。这时氨作为碱化剂不能中和管壁局部的酸性介质，只有氢氧根具有使金属的电位随热负荷的升高而明显升高的特点，可以使水冷壁高热负荷区的金属表面保持钝化状态。一般认为，锅炉炉水中 NaOH 含量大于或等于炉水中氯离子浓度的 2.5 倍时，就能有效抑制氯离子对氧化膜的破坏。因此，炉水氢氧化钠处理的目的是在溶液中保持适量的 OH^-，抑制因炉水中氯离子、机械力和热应力对氧化膜的破坏作用。

2. 氢氧化钠处理使用条件

（1）锅炉热负荷分布均匀，水循环良好。

（2）在采用氢氧化钠处理前宜对锅炉进行化学清洗。如果水冷壁的结垢量小于 $200g/m^2$，也可直接转化为氢氧化钠处理；结垢量大于 $200g/m^2$ 时，需经化学清洗后方可转化为氢氧化

钠处理。

（3）给水氢电导率（25℃）应小于 0.20μS/cm。

（4）水冷壁有孔状腐蚀的锅炉应谨慎使用。

3. 氢氧化钠处理优缺点

（1）采用 CT 的优点如下：

1）降低了水冷壁酸性腐蚀的风险。由于 NaOH 在高温状态下的碱性比磷酸盐和氨强，所以降低了水冷壁酸性腐蚀的风险。

2）有利于实施给水加氧处理。由分析可知，尽量降低炉水氯离子和 O_2 的浓度，适当维持氢氧根的浓度，是汽包炉给水加氧处理的原则。其中，提高氢氧根的浓度和维持尽量低的氯离子浓度是关键，即主要靠适量的氢氧根来抑制氯离子的破坏作用，维护氧化膜的完整性。试验结果证明，NaOH 可以使氯离子在有氧的条件下触发腐蚀的临界浓度提高到毫克/升级水平。

3）NaOH 能提高炉水 pH 值，增强 Fe_3O_4 氧化膜的稳定性和保护性，降低铁垢的形成速度。

4）与磷酸盐处理相比，CT 可以避免因负荷波动引起的磷酸盐"隐藏"现象所产生的问题，且炉水水质比较容易控制。此外，该种处理方式不会出现磷酸盐垢。

5）CT 可以减缓硅酸盐垢形成速度，降低垢中硅酸盐的含量。

（2）采用 CT 的缺点如下：

1）不能防止钙镁水垢的生成。当凝汽器发生泄漏时，即使加强锅炉排污，也可能导致水冷壁结垢、腐蚀，必须及时添加 Na_3PO_4。

2）可能发生碱性腐蚀。如果水冷壁有孔状腐蚀，即使 NaOH 浓度不超标也可能发生碱性腐蚀。在水冷壁高热负荷区，游离的 NaOH 会在沉积物下使锅炉水高度浓缩，当锅炉水中游离的 NaOH 浓度仅为 1～5mg/L 时，沉积物下 NaOH 的质量分数可达到 5%～10%；当沉积物下 NaOH 的质量分数大于 5%时，即可发生碱性腐蚀。但只要不存在诸如胀、铆接不严密处的锅炉水深度浓缩区和保证沉积物下 NaOH 的质量分数小于 5%，就不会发生碱性腐蚀。

3）对给水水质要求严格。采用 CT 时，给水氢电导率（25℃）应小于 0.20μS/cm，要比磷酸盐处理严格。

二、炉水处理设备

汽包锅炉进行炉水处理的设备有加磷酸盐装置、加氢氧化钠装置。加磷酸盐与加氢氧化钠装置相似，为避免重复，本书只对加磷酸盐装置进行介绍。

1. 设备结构

炉水加磷酸盐装置为一套完整的药液配制、计量和投加单元系统，可根据用户要求实现手动加药或自动调节加药。图 2-25 所示为某一典型炉水加磷酸盐装置的流程示意。

加磷酸盐系统与给水加氨装置相似，不同部分的结构及特点简述如下。

（1）溶液箱。配制并存放一定量的磷酸钠稀溶液。在开口处设有固体盛放和初步溶解槽，槽的底部均匀地开着许多孔眼（孔径为 60μm）或缝隙，以便溶解均匀。溶液箱顶部设有电动搅拌器，促使小颗粒固体溶解，浓度均匀。溶液箱底部设排水，目的在于清除槽内淤积。

（2）计量泵。向锅炉汽包中加药通常也称高压加药。这时计量泵的压力至少比汽包运行的最高压力高 1MPa 以上。为了获得较高的压力，通常使用柱塞泵或隔膜泵。

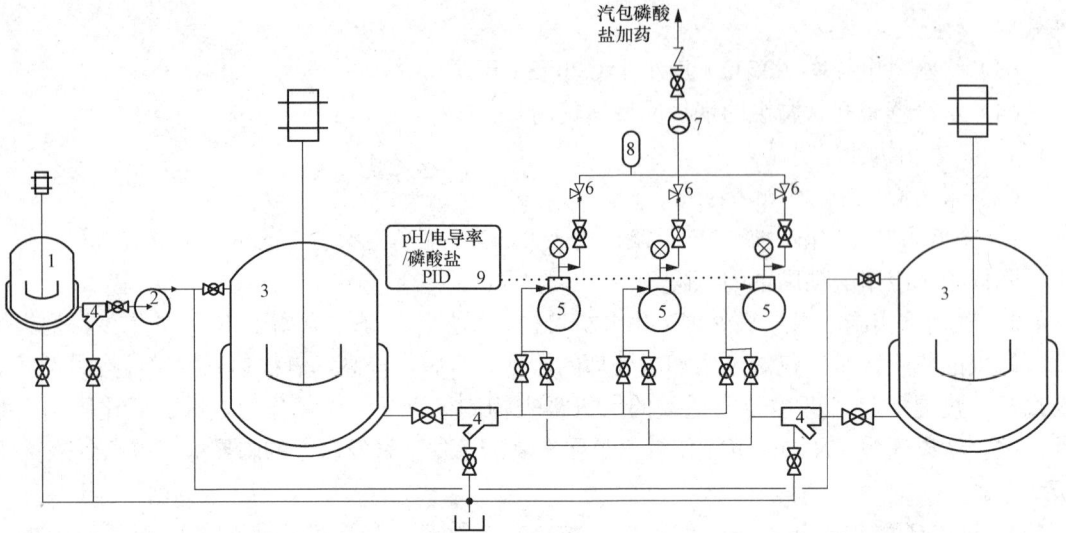

图 2-25 磷酸盐加药设备示意

1—磷酸盐溶液箱；2—磷酸盐输送泵；3—磷酸盐（氢氧化钠）计量箱；4—Y 形过滤器；

5—磷酸盐计量泵；6—安全阀；7—流量计；8—系统压力缓冲罐；9—综合控制单元 PID

（3）自动控制单元（PLC）。PLC 根据炉水 pH 值、磷酸盐含量采样信号，调节计量泵电机的转速来实现磷酸盐加药量自动控制。参与控制的设备包括 pH 分析仪、电导率仪、磷酸盐分析仪、信号处理系统。

2. 工作过程

炉水加磷酸盐工作过程与给水加氨相似。将磷酸盐在溶液箱内配制成稀溶液，从溶液箱中流出的磷酸盐经过滤器除去杂质，由计量泵升压后加入汽包内。

磷酸盐加药量控制一般有手动调节和自动调节两种。手动调节通过人工调整计量泵的冲程或电机的转速、溶液箱药剂浓度来实现；自动调节根据炉水 pH 值（电导率）、磷酸盐含量采样信号，通过 PID 算法计算，输出 4～20mA 信号给变频器，调节计量泵电机的转速来实现。

第三章 其他水处理

第一节 循环冷却水处理

一、概述

（一）冷却水系统

用水作为冷却介质的系统称为冷却水系统，火电厂的冷却水系统根据流程可分为三种形式。

1. 直流冷却

直流式冷却水系统是指冷却水通过凝汽器或其他冷却器后直接排出。该系统不需要冷却塔等冷却水处理构筑物，因此投资少、操作简单，但是需要大量水资源，不符合我国节约使用水资源的要求，且会对其水源（江、河、湖、泊）造成热污染。在火电厂中，除海滨电厂使用海水直流冷却外，早期建设的一些使用直流冷却水系统的机组大多已得到了改造，直流冷却方式将逐渐被淘汰。

直流冷却方式除了定期杀菌外，一般不需要对冷却水进行任何处理。

2. 开式循环冷却

冷却水流经冷却器后，再通过冷却塔（或喷水池）降温，又重新返回冷却器循环使用的冷却方式。火电厂的凝汽器、工业冷却水系统很多采用冷却塔循环冷却。凝汽器的循环冷却水系统如图 3-1 所示。

开式循环冷却水系统冷却水用量大，电厂一般采用源水作补充水。由于冷却水在循环使用中水质不断浓缩，需要对冷却水进行一定程度的处理。

图 3-1　开式循环冷却水系统

1—凝汽器；2—冷却塔；3—循环水泵

3. 闭式循环冷却

该系统的冷却水为全封闭循环，不与外界直接接触，冷却水的再冷却是通过另一台换热设备来完成的，如图 3-2 所示。该系统对冷却水水质要求高，一般采用除盐水或凝结水作补充水，故用水量越大，水处理费用就越高。因此，闭式循环系统一般只适用于小水量或缺水地区。在常规火电厂中，它一般用于发电机的定子冷却、转子冷却和水汽取样冷却等。在间接空冷机组中，表面式凝汽器的冷却也是闭式循环冷却，冷却水使用除盐水，冷却水通过凝汽器受热后，由空冷散热器冷却，然后用循环泵返回系统重复使用。

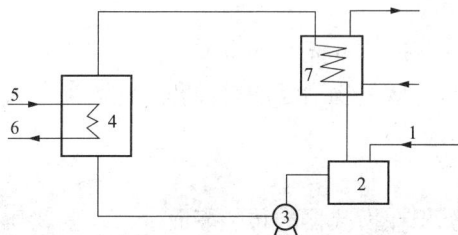

闭式循环系统冷却水量损失很少，水质一般不

图 3-2　闭式循环冷却水系统

1—补充水；2—密闭储槽；3—循环水泵；
4—换热器；5—待冷却的工艺物料；
6—冷却后的工艺物料；7—冷却热水的换热器

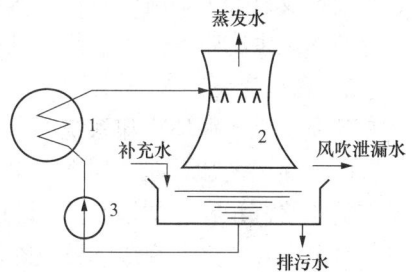

发生变化，故水处理较单纯。该系统存在严重的腐蚀问题，为了防止换热设备的腐蚀，一是多采用黄铜管、紫铜管和不锈钢等耐腐蚀性材料，二是投加 0.5～1.0mg/L 的铜缓蚀剂。

本节主要介绍电厂普遍应用的开式循环冷却水系统的水处理。

（二）循环冷却水水质

1. 杂质来源

循环水中含有悬浮物、胶体、高浓度的无机盐、有机物和微生物等。这些杂质的来源主要有三个。

（1）来自补充水。循环冷却水的补充水采用天然水、再生水或其他回收水，补充水中含有无机盐、悬浮物、胶体、有机物等杂质。

（2）在冷却塔内由空气带入的。在循环水与空气的逆流传热过程中，同时发生水对空气的洗涤作用，空气中的灰尘随之进入冷却水体。空气向水体传质的量很大，以 135MW 机组为例，循环冷却水量约为 11900m³/h，冷却塔进出水温差为 10℃，将 1kg 循环水的温度每降低 1℃需要 0.2m³ 的空气，国家环境空气质量二级标准的总悬浮颗粒物（TSP）值为 0.3mg/m³，由此估算每天进入水体的悬浮物的量达到 171kg。与此同时，进入水体的还有砂粒、树叶、微生物以及二氧化硫、硫化氢、氨等可溶解气体。

（3）循环水在循环过程中自生的，主要是细菌、藻类和生物黏泥等杂质。空气中带入的微生物源进入水中后，随着水的循环进入到冷却水系统的各个部分。在沉积物积聚区域，由于高温以及氮、磷、硫、有机物等高营养源，使得微生物在这些区域的繁殖异常迅速。即使没有新的微生物带入，在这些区域微生物仍可生长和扩大，不断产生微生物黏泥。

2. 水质变化特点

补充水进入循环冷却系统后，水质将发生如下变化：

（1）浊度增加。在冷却塔中水与空气反复接触，空气中的尘埃进入冷却水中，其中80%左右的尘埃沉积在冷却塔底部，通过底部排污带出系统，另外 20% 左右的尘埃仍悬浮于水中。

（2）CO_2 散失。冷却塔类似除碳器，在这里水中的 CO_2 会逸出。由于失去了 CO_2，促进平衡 $Ca(HCO_3)_2 \rightleftharpoons CaCO_3 + CO_2 + H_2O$ 向右移动，导致 $CaCO_3$ 垢的产生。

（3）含盐量增加。这也是由水的蒸发浓缩引起的，冷却水含盐量约为补充水含盐量的 k 倍。

（4）pH 值升高。由于 CO_2 的损失和碱度的增加，冷却水的 pH 值总是高于补充水的 pH 值。开式循环冷却水的 pH 值一般为 8～9。

（5）溶解氧增加。由于水在冷却塔内喷射曝气，水中溶解氧大量增加，达到氧的饱和浓度，因而循环水对设备有较强的腐蚀性。

由上述冷却水水质变化的分析可知，循环冷却水的水质比补充水的水质差，表现为腐蚀和结垢倾向增强。由于循环水水温特别适宜微生物繁殖，微生物引起的腐蚀和黏泥现象尤为突出。因此，循环冷却水处理的任务是阻垢、防腐和杀生。

（三）循环冷却水系统中的沉积物及其控制

循环冷却水系统在运行的过程中，会有多种物质沉积在换热器的传热表面上，这些物质统称为沉积物。沉积物主要由水垢、淤泥、腐蚀产物和生物沉积物构成。通常，人们把淤泥、腐蚀产物和生物沉积物三者统称为污垢。

1. 沉积物的形成

（1）水垢。天然水中溶解有多种盐类，如重碳酸盐、硫酸盐、氯化物、硅酸盐等，当其阴、阳离子浓度的乘积超过其本身溶度积时，会生成沉淀沉积在传热面上，通常换热器传热表面上形成的水垢以 $CaCO_3$ 为主。这是因为碳酸钙是微溶性盐，它的溶解度比其他盐类小得多。

$CaCO_3$ 水垢的形成主要有以下几个原因：

1）循环水存在盐类浓缩作用，使某些离子的含量超过其难溶盐类的溶度积而析出。

2）循环冷却水的脱碳作用。根据水质概念，循环水中钙、镁的重碳酸盐和游离 CO_2 存在以下平衡：

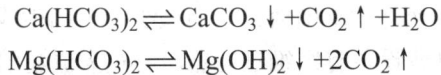

$$Ca(HCO_3)_2 \rightleftharpoons CaCO_3 \downarrow +CO_2 \uparrow +H_2O$$

$$Mg(HCO_3)_2 \rightleftharpoons Mg(OH)_2 \downarrow +2CO_2 \uparrow$$

冷却水经过冷却塔向下喷淋时，溶解在水中的游离 CO_2 要逸出，这就促使上述反应向右进行。

3）循环冷却水的温度上升。循环冷却水的温度在凝汽器内上升后，一方面碳酸钙的溶解度随着温度的升高而降低；另一方面使碳酸盐平衡关系向右转移，提高了平衡 CO_2 的需要量，从而使产生水垢的趋势增加。相反，循环水在冷却塔内降温后，平衡 CO_2 的需要量也降低，当需要量低于水中实际的 CO_2 含量时，水就具有侵蚀性和腐蚀性。所以，在一些进出口温差比较大的循环冷却水系统中，有时出现冷水进口端（低温区）产生腐蚀，热水出口端（高温区）产生结垢的现象。

（2）污垢。淤泥主要是由水中携带的泥沙、黏土等悬浮物形成的沉积物，一般发生在流速较低的区域或死角。

生物沉积物又称黏泥，是由于水中溶解的营养盐引起细菌、霉菌、藻类等微生物群的繁殖，与泥砂、无机物和尘土等相混，形成附着的或堆积的软泥性沉积物。黏泥的灼烧减量达到 25%～60%。黏泥的形成过程是很复杂的，在形成的初期，一般是一些容易沉积的菌类沉积在金属不光滑的表面并固定，然后以此为据点逐渐生长成厚厚一层黏泥。微生物的新陈代谢使微生物黏泥有一层黏液外壳，这层黏液外壳可能起到类似水过滤器的作用，本来悬浮在水中的泥渣、灰尘、有机物和腐蚀产物都可能被黏附在黏泥表面而被过滤下来，从而加快了污垢的沉积；有时水中的 SiO_2 含量并不很高，但由于微生物的粘结作用，使 SiO_2 粘附于管壁而产生硅垢；很多微生物在高温条件下会死亡，但是它们的残骸仍然会黏附在受热表面而形成污垢沉积。

腐蚀产物是由于设备腐蚀而产生的金属氧化物，主要为氧化铁、氧化铜等。

综上所述，污垢形成的主要原因是：补充水浊度高，带入冷却水中的细砂杂物较多；水质控制不当，杀菌灭藻不及时，腐蚀、漏油或其他工艺产物渗漏等。

2. 沉积物的控制

（1）水垢的控制。防垢处理的方法可分为两类：①处理系统的补充水。如石灰软化、离子交换软化、反渗透等。②对循环水进行处理。如加酸、加水质稳定剂等。循环冷却水防垢处理往往不是采用一种方法，而是上述两种或多种方法进行联合处理。如石灰与阻垢剂的联合处理、加酸与阻垢剂的联合处理、离子交换与阻垢剂的联合处理等。

（2）污垢的控制。预防污垢主要有以下的方法：

1）降低补充水浊度。作为循环水系统的补充水，其浊度越低，带入系统中可形成污垢的杂质就越少。对于不能满足要求的补充水，必须进行预处理，降低其浊度。

2）做好冷却水的水务管理。将冷却水的浓缩倍数 K 控制在规定的范围内运行，及时连续排污；做好冷却水的水质稳定处理，尽量减少结垢量，抑制腐蚀速度并防止菌藻大量滋生。

3）投加分散剂。在进行阻垢、防腐和杀菌灭藻水质处理时，投加一定量的分散剂，也是控制污垢的好方法。分散剂能将黏合在一起的泥团杂质等分散成微小颗粒使之悬浮在水中，随着水流流动而不沉积在传热表面上，从而减少污垢或黏泥对传热的影响，同时部分悬浮物还可随排污水排出循环水系统。

4）增加旁流过滤设备。为了除去在循环过程中因浓缩、污染等原因形成的高浓度的悬浮杂质，保证冷却水的浊度在允许的范围内，从而减少污垢的生成，可以在系统中增加旁流过滤设备。通常采用的旁流过滤设备有纤维过滤器、各种大流量的砂滤池等。

此外，很多电厂采用胶球清洗技术，在运行过程中清洁铜管表面，减少污垢的形成。

（四）循环冷却水系统中的腐蚀及其控制

凝汽器是火电厂的主要换热设备，其换热面管材为耐蚀性较强的铜合金、钛或不锈钢等。因为这些材质不仅具有优良的导热性、良好的可塑性和必要的机械强度，而且便于机械加工。但是，有文献报道，在大型机组的腐蚀损坏事故中，由于凝汽器管腐蚀损坏的事故大约占30%以上。因此，对凝汽器管的腐蚀进行控制，是保证机组安全运行的重要措施之一。

1. 凝汽器管的腐蚀

（1）凝汽器铜管的腐蚀。在凝汽器铜管水侧常发生选择性腐蚀、点蚀、冲刷腐蚀、电偶腐蚀、应力腐蚀和腐蚀疲劳等。

（2）凝汽器不锈钢管的腐蚀。自20世纪80年代末90年代初，我国7大江河水系都发生了不同程度的污染，加之节水原因，电厂循环冷却水浓缩倍率大大提高，许多电厂冷却水质变得越来越差，对凝汽器等热交换器管的耐蚀性能也提出了更高的要求。不锈钢管与铜合金管相比较，一方面具有较高的机械强度和弹性模量，而且具有更好的抗污染水体腐蚀能力；另一方面，就单位长度价格而言，目前的薄壁焊接不锈钢管与黄铜管相近，但比白铜管低得多。因此，薄壁焊接不锈钢管具有明显的竞争优势，在我国凝汽器上的应用前景十分广阔。

不锈钢管主要会发生点蚀和缝隙腐蚀、应力腐蚀破裂、腐蚀疲劳等。

（3）凝汽器钛管的腐蚀。由于海水含盐量高，含砂量也高，凝汽器铜合金管水侧经常发生冲刷腐蚀和点蚀，为此研制了钛管。美国、英国等已使用了三十多年，我国也已使用了二十多年。

钛在海水等自然水中几乎不会发生任何形式的腐蚀。因此，钛在所有天然水中是最理想的耐蚀材料。例如：钛在被污染的海水中长期使用（10～20年）未发生任何腐蚀；即使海水中有硫化物和钛表面有沉积物或海生生物也不发生缝隙腐蚀和点蚀；钛还能在含有砂粒的海水中有抗高速（36.6m/s）海水冲刷腐蚀的能力；钛在海水中使用一般不发生应力腐蚀开裂，抗疲劳性能也不会明显降低。

由于钛对于海洋生物没有毒性，海洋生物在钛表面附着比较普遍。虽然不会引起钛腐蚀，表面仍保持抗腐蚀氧化膜的完整性，但降低凝汽器真空度，降低机组效率。为了减轻钛管表面的海洋生物附着，可以采取以下措施：①采用胶球清洗，保持钛管水侧的清洁；②投加杀生剂，防止生物附着、繁殖；③尽量提高冷却水的流速，减少附着物。有资料介绍，在夏季、冷却水流速为1m/s时，海洋生物在钛管上的附着物量是冷却水流速为2m/s时的10～20倍，所以设计流速一般应在2.3m/s左右。

2. 腐蚀的控制

控制循环冷却水系统中金属腐蚀的方法较多，可根据具体情况灵活应用。常用以下几种：①选用耐蚀材料的换热器，如凝汽器采取白铜管、不锈钢管或钛管；②添加缓蚀剂；③控制冷却水的 pH 值，如将冷却水的 pH 值控制在 8.0～9.0；④减少微生物黏附，如杀菌、胶球清洗；⑤成膜，如硫酸亚铁成膜；⑥电化学保护，如牺牲阳极、外加电流的阴极保护法；⑦涂覆防腐涂料，如凝汽器端板涂膜。其中以选择管材最为重要。

（五）循环冷却水系统中的微生物及其控制

1. 微生物的滋生

循环冷却水系统为生物的生长提供了良好的环境，其中生长了非常多的生物种类，包括微生物（如藻类、细菌和真菌）、软体动物（如蜗牛、贝类）、原生动物（如纤毛虫、鞭毛虫）等。除了使用海水冷却的电厂经常发生海蛎子等软体动物、原生动物附着而堵塞水通道之外，多数电厂循环水系统普遍存在、危害最大的是微生物藻类、细菌和真菌。

影响微生物滋生的因素主要有：①温度。对于多数微生物来说，最适宜的生长温度为20～30℃，高于 35℃时，大部分微生物就要死亡，因此冷却水系统微生物的污染以春秋季最为严重。②光照强度。光照有利于藻类的生长。光照条件越好，藻类的生长和繁殖就越迅速。③冷却水的水质条件。浓缩后循环水的 pH 值、溶解氧、硫化物、PO_4^{3-}、NH_4^+、HCO_3^-、有机物等的含量对微生物的滋生有很大的影响。④凝汽器管的清洁程度。实践证明，在清洁的铜管内，微生物不易生长；在相同条件下，不洁净的旧铜管内附着的有机物量约为清洁新铜管的 4 倍，这是因为新铜管壁上有一层铜的氧化物，它可以杀死微生物，而在旧铜管内它被附着物覆盖，影响了它的杀菌能力。

2. 微生物的控制

循环水中的微生物会产生黏泥和腐蚀，增加系统水阻力和污垢热阻，降低传热效率。因此，控制微生物滋长是循环冷却水处理的主要任务之一。

控制冷却水系统中微生物生长最有效和最常用的方法之一是向冷却水系统中添加杀生剂。杀生剂的品种较多，主要有：①氧化型杀生剂。如液氯、氯胺、二氧化氯、次氯酸钠、次氯酸钙和臭氧等。②非氧化型杀生剂。如氯酚类、季胺盐类、有机硫化合物、二硫氰基甲烷、丙烯醛等。

控制冷却水系统中微生物生长的其他方法主要有选用耐蚀材料、控制水质、采用杀生涂料、阴极保护、清洗、防止阳光照射、补充水预处理和循环水旁流处理等。

（六）循环冷却系统水质要求

根据 DL 5068—2014《发电厂化学设计规范》，淡水或苦咸水循环冷却系统水质可参照表 3-1 的规定控制。

表 3-1　　　　　　　　　　淡水或苦咸水循环冷却系统水质控制标准

项　目	指　标
pH 值（25℃）	7.5～8.8
悬浮物（mg/L）	100
$\rho(CO_3^{2-}+HCO_3^-)$	400～500
$\rho(SiO_2)$	150～200

项　　目	指　　标
$\rho(Mg^{2+}) \cdot \rho(SiO_2)$	60000
$\rho(Ca^{2+}) \cdot \rho(SO_4^{2-})°$	2.5×10^6
$\rho(Ca^{2+} + Mg^{2+}) \cdot \rho(CO_3^{2-})$	$2 \times 10^6 \sim 4 \times 10^6$
$\rho(Cl^-)$	根据管材决定
COD_{Cr}（mg/L）	$\leqslant 100$
NH_4-N（mg/L）	10，采用铜管凝汽器时为 5

注　质量浓度 ρ 的单位是 mg/L，其中 Ca^{2+}、Mg^{2+}、HCO_3^-、CO_3^{2-} 以 $CaCO_3$ 计。

二、循环冷却水处理

循环冷却水量大，不可能像净化锅炉补给水那样深度处理；另外，循环冷却水的压力、温度远低于锅炉炉水，也没有必要彻底除去冷却水中的杂质。循环冷却水处理通常不要求除去水中杂质，而是向水中投加某些药剂使水质趋于稳定，故循环冷却水处理又称为水质稳定处理。冷却水处理系统的选择应根据冷却方式、全厂水量平衡、水源水量及水质等因素经技术经济比较确定。应全面考虑防垢、防腐和防菌藻及水生物的滋生因素，选用节约用水、保护环境的处理系统。

循环冷却水处理常用的方法有防垢处理、杀菌处理、防腐蚀处理等。

（一）防垢处理

1. 防垢处理原理

防垢处理主要包括加酸处理、石灰处理、弱酸树脂的离子交换、阻垢剂处理。

（1）加酸处理。向循环水中投入酸，将水中碳酸盐硬度转变为非碳酸盐硬度，减少水中参与结垢的 CO_3^{2-} 浓度，从而达到防垢目的，即为加酸处理。常用于循环水处理的酸是硫酸，很少用 HCl，因为硫酸比较便宜，加之 HCl 中的 Cl^- 对系统有腐蚀性。

硫酸与碳酸氢钙的反应式为

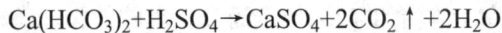

$$Ca(HCO_3)_2 + H_2SO_4 \rightarrow CaSO_4 + 2CO_2 \uparrow + 2H_2O$$

生成的 $CaSO_4$ 溶解度较大，在循环水中一般达不到过饱和状态，故不会析出。

加酸系统分为高位酸箱、喷射器和计量泵三种，现多采用计量泵加酸系统。

（2）石灰处理。石灰处理就是向循环水的补充水（或循环水旁流水）中投加消石灰 $[Ca(OH)_2]$，使其与水中的 $Ca(HCO_3)_2$ 进行化学反应，生产难溶的 $CaCO_3$ 沉淀，并从水中分离出来，降低水中钙的碳酸盐硬度 $Ca(HCO_3)_2$，达到防止结垢的目的。

石灰处理进行的化学反应为

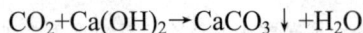

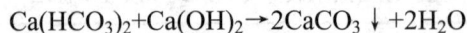

$$CO_2 + Ca(OH)_2 \rightarrow CaCO_3 \downarrow + H_2O$$
$$Ca(HCO_3)_2 + Ca(OH)_2 \rightarrow 2CaCO_3 \downarrow + 2H_2O$$

经石灰处理后的水，碳酸盐硬度和碱度大大降低，可以减轻它在循环水中的结垢倾向。需要注意的是，经石灰处理后的水碳酸钙过饱和度大，水质安定性差。在循环水系统的受热、蒸发过程中，仍有可能析出 $CaCO_3$ 沉淀，所以运行中浓缩倍数不能过高。为了消除这种不稳定性，可以用添加少量酸的办法，以保证水中 Ca^{2+} 和 CO_3^{2-} 呈未饱和状态。某电厂补充水石灰处理工艺流程如图 3-3 所示。

```
┌─────┐ ┌─────┐ ┌─────┐   ┌─────┐ ┌─────┐
│混凝剂│ │石灰乳│ │助凝剂│   │加酸 │ │ClO₂ │
└──┬──┘ └──┬──┘ └──┬──┘   └──┬──┘ └──┬──┘
   │       │       │         │       │
   ▼       ▼       ▼         ▼       ▼
补充水→┌─────┐→┌──────────┐→┌─────┐→┌───┐→┌────┐→循环水系统
      │静态混│ │机械搅拌澄清池│ │静态混│ │滤池│ │软水池│
      │合器 │ └──────────┘ │合器 │ └───┘ └────┘
      └─────┘             └─────┘
```

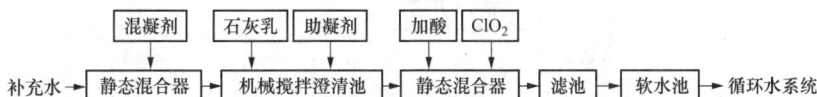

图 3-3　补充水石灰处理工艺流程示意

（3）弱酸性树脂的离子交换处理。弱酸性阳树脂的—COOH 基团对水中碳酸盐硬度有较强的交换能力，其交换反应为

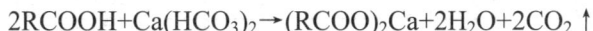

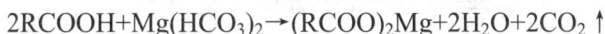

$$2RCOOH+Ca(HCO_3)_2 \rightarrow (RCOO)_2Ca+2H_2O+2CO_2\uparrow$$

$$2RCOOH+Mg(HCO_3)_2 \rightarrow (RCOO)_2Mg+2H_2O+2CO_2\uparrow$$

反应的结果，不仅除去了水中的碳酸盐硬度，也同时除去了水中的碱度，降低了水中的含盐量。交换过程中形成的 CO_2 可在冷却塔内除去。弱酸性氢型树脂主要用于除去水中的碳酸盐硬度，所以可以用出水碱度或硬度的变化作为运行终点的控制指标。

在循环冷却水处理中，采用弱酸性阳树脂而不宜用强酸性阳树脂的原因是：前者的交换容量大（用于软化处理时，工作交换容量一般大于 $2500mol/m^3$）且容易再生，尽管它只能交换水中的碳酸盐硬度，但这正是循环冷却水处理所需要的。

（4）阻垢剂处理。向循环水中添加少量化学药剂，就可以起到阻止生成水垢的作用，这称为阻垢剂处理或稳定处理。所用的药剂称为阻垢剂或水质稳定剂。

阻垢剂一般除了具有阻垢的作用外，还有防腐蚀、杀菌的作用。主要有阻垢缓蚀剂和阻垢分散剂两种，当前使用较广泛的有聚磷酸盐、有机膦酸、聚丙烯酸及复合型阻垢剂。

2. 防垢处理设备

防垢处理所用的设备在前面章节已介绍，本节只介绍石灰乳液的配制装置。

石灰乳液配制装置是一种将熟（消）石灰粉储存、配制及投加的设备。石灰计量方式一般有干法计量系统（即变量输送干粉）和湿法计量系统（即变量输送浆液）两种，当消石灰粉来源稳定、纯度满足要求时，宜采用干法计量系统；当消石灰粉杂质含量高时，可采用湿法计量系统。本书以干法计量系统的石灰乳液配制装置为例进行介绍。如图 3-4 所示，该装置由筒仓、机械振打装置、给料机、石灰乳搅拌箱、石灰乳平衡水箱（辅助箱）、除尘设备、筒仓真空破坏装置、管阀系统、仪表系统和电控系统组成。

石灰乳液的配制过程为：外购消石灰粉由石灰运输车的气力卸料系统输送至筒仓内，存储的石灰粉经振动料斗疏松，均匀下料至星形给料机，再均匀地喂送至螺旋输粉机；根据澄清器第二反应室 pH 值信号调节螺旋输粉机螺杆转速，将消石灰粉定量送入石灰乳搅拌箱；进入搅拌箱内的石灰粉与水快速混合，搅拌形成浓度为 2%～5% 的石灰乳液，由输送泵升压后输至澄清池。

（二）杀菌处理

杀菌处理就是向冷却水系统中添加杀生剂。滨海电厂常用次氯酸钠杀菌剂，本节以次氯酸钠发生装置为例进行介绍。

1. 制氯原理

次氯酸钠发生装置（简称制氯装置）是通过电解海水（或盐水）产生一定浓度的次氯酸钠溶液。当含有氯离子的海水流经电解槽时，给电解槽通以直流电，在电解槽内的反应为

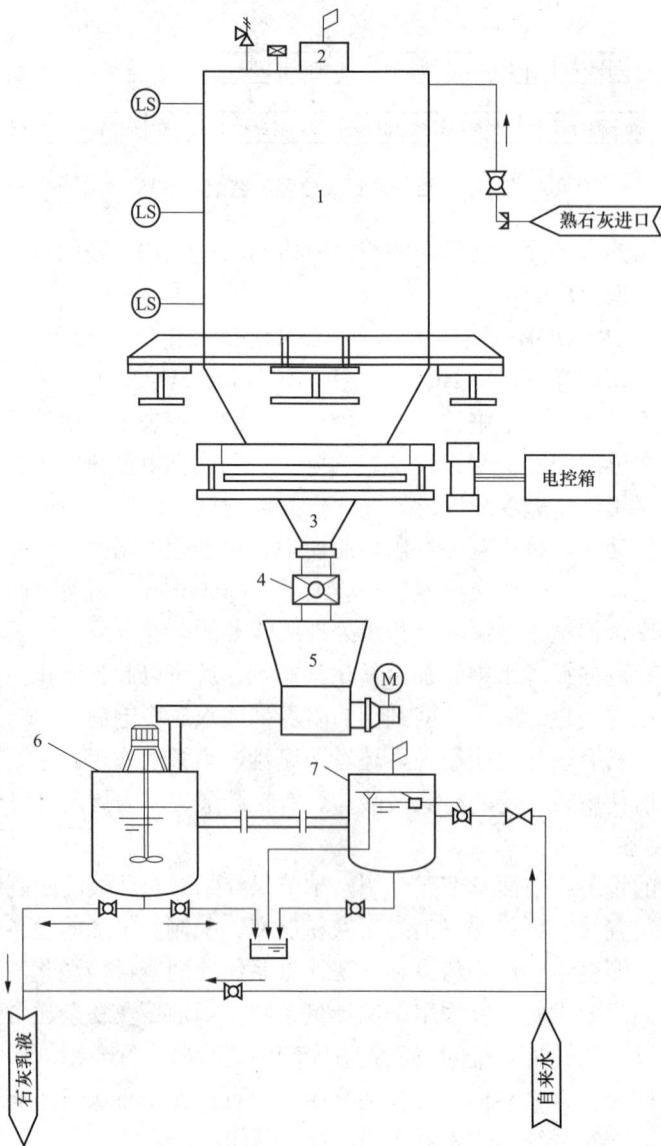

图 3-4　石灰乳液自动配制成套装置

1—筒仓；2—除尘设备；3—机械振打装置；4—星形给料机；5—螺杆给料装置；6—石灰乳搅拌箱；7—石灰乳平衡水箱

阳极反应　　　　　　　　　　　　　$2Cl^- \rightarrow Cl_2 \uparrow +2e$

阴极反应　　　　　　　　　　　　$2H_2O+2e \rightarrow 2OH^- +H_2 \uparrow$

极间的化学反应　　　　　　　$Cl_2+2OH^- \rightleftharpoons ClO^- +Cl^- +H_2O$　　　　　　（3-1）

$$ClO^- +H_2O \rightleftharpoons HClO+OH^- \qquad (3-2)$$

$$HClO \rightleftharpoons H^+ +ClO^- \qquad (3-3)$$

总反应　　　　　　　　　　　$NaCl+H_2O \rightarrow NaClO+H_2 \uparrow$

平衡反应式（3-1）～式（3-3）的反应方向主要取决于 pH 值和环境温度。

除上述反应外，由于海水中存在钙、镁离子，电解时这些离子会在阴极上形成钙和镁的沉淀物，增加电能的消耗。因此，必须通过酸洗的方法定期消除这些沉淀物。

2. 制氯设备

如图 3-5 所示，次氯酸钠发生装置由海水过滤器、升压泵、电解槽、次氯酸钠储罐、加药泵、酸洗设备、整流变压器、整流器及 PLC 控制柜等组成。

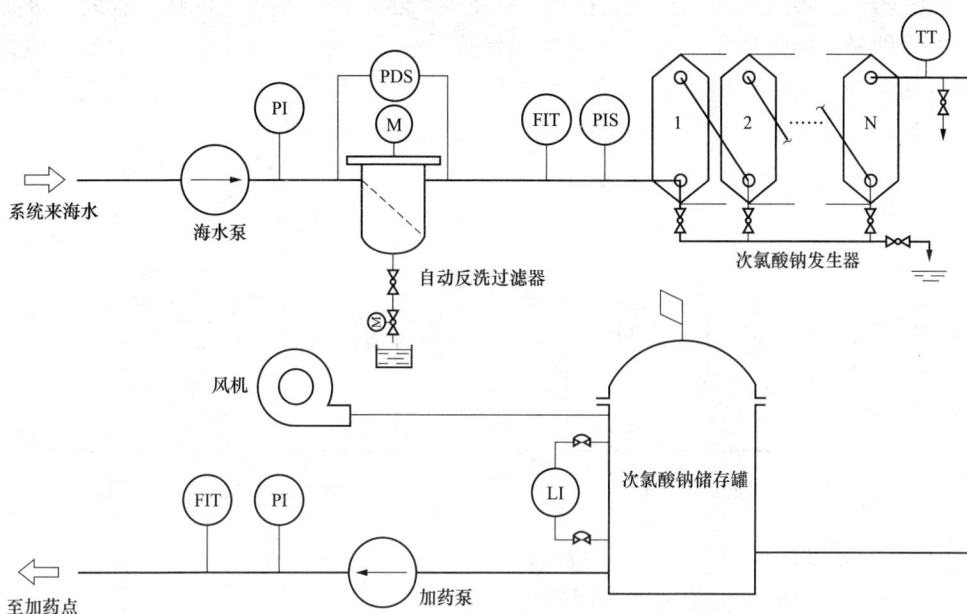

图 3-5 次氯酸钠发生装置工艺流程

PI—压力表；PDS—压差开关；PIS—压力开关；FIT—流量显示变送器；TT—温度变送器；LI—液位计

次氯酸钠发生装置工作过程主要包括：①制氯。海水经升压泵后，通过自动反冲洗过滤器进入电解槽。整流装置将交流电转化为直流电供给电解槽组，将流经电解槽的海水电解，通常电解槽组由若干个电解槽小室（电解单元）串联在一起组成，海水经过一个电解单元进行电解之后，流入下一个电解单元继续电解，海水中的氯化物含量逐渐降低，而次氯酸钠含量逐渐增加。因此，每一电解槽组的产量为单槽产量与串联槽数的乘积。产生的次氯酸钠溶液及副产物氢气进入储罐，储罐中的次氯酸钠溶液，经过排氢和排污后用泵送至加药点。②酸洗。首先向酸洗罐中注入一定量的清水和浓盐酸，配制质量分数为 10% 的盐酸溶液，然后启动酸洗泵，使稀盐酸在酸洗罐和电解槽组之间进行循环清洗。酸洗结束，利用酸洗泵将积存在电解槽组内的废酸抽空，最后启动海水泵冲洗净残留在电解槽内的稀盐酸溶液，备用。

（三）防腐蚀处理

1. 防腐蚀处理原理

对于滨海电厂，通常采用涂层和阴极保护联合防腐的方法对循环冷却水系统中的钢质结构物进行联合保护。阴极保护是在金属构件（被保护结构物）表面施加一个外加电流，被保护物成为阴极，从而使金属腐蚀发生的电子迁移得到抑制，避免或减弱了腐蚀的发生。阴极保护分为牺牲阳极（SACP）和外加电流（ICCP）两种方法。

对凝汽器实施牺牲阳极保护（见图 3-6）时，只需在凝汽器水室内壁和水侧管板表面上安装一定数量的牺牲阳极（通常是具有一定形状的锌合金、镁合金或铝合金材料），并保证牺牲阳极与被保护金属可靠接触即可。因此，牺牲阳极保护系统的安装比较简单，不需要外电源，也不需在凝汽器外壁上开孔。但是，它不仅输出电流有限、不能调节，而且输出电压低，故只能用于电阻率比较低的水中（如海水），一般只在小型凝汽器上使用。对凝汽器实施外加电流阴极保护（见图3-7）时，需要某种具有控制电位功能的外部直流电源。直流电源的正极与安装在凝汽器内的辅助阳极相连，负极与被保护凝汽器的外壳相连（注意：辅助阳极必须严格地与被保护凝汽器的外壳绝缘）。这种阴极保护系统输出电流大、可调节，对被保护金属的电位可自动控制，所以常用于大型凝汽器的保护，但是，该系统比较复杂，设计和维护要求较高。

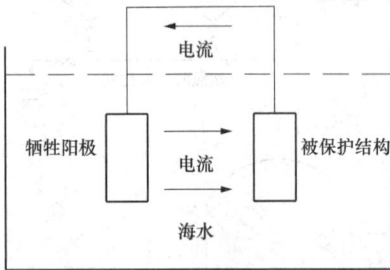

图 3-6　牺牲阳极保护法　　　　　图 3-7　外加电流保护法

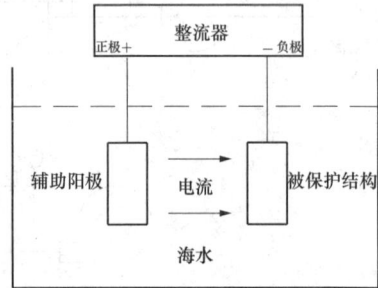

2. 防腐蚀处理设备

下面以外加电流阴极保护装置为例进行介绍。

外加电流阴极保护系统主要由直流电源、辅助阳极、参比电极、电缆、接线箱等组成，当对鼓形滤网及水泵施加外加电流阴极保护时，还应安装轴接地装置。凝汽器外加电流阴极保护装置如图3-8所示。

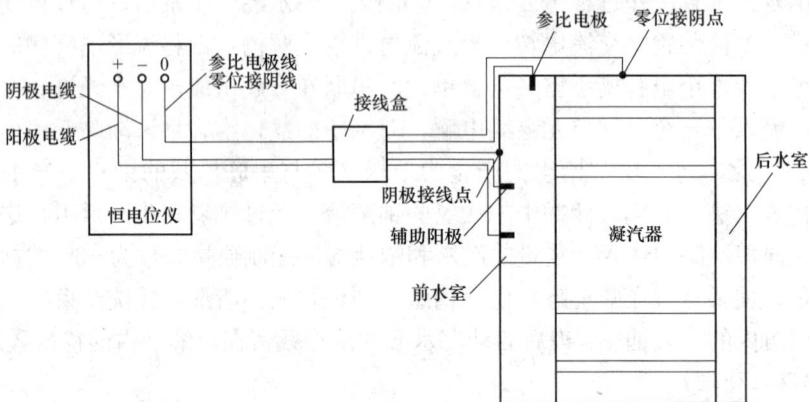

图 3-8　凝汽器外加电流阴极保护装置示意

外加电流阴极保护系统工作过程包括电流输出回路和电位测量回路两个方面。电流输出回路是通过恒电位仪的正极将直流电从辅助阳极输出，经循环水到达被保护金属表面，最后通过阴极接地点返回到恒电位仪的负极，该过程使凝汽器等被保护结构物得到保护；电位测量回路是把参比电极与被保护结构物之间的电位差（保护电位）反馈到恒电位仪的控制模块，恒电位仪则根据保护电位与设定电位（最佳保护电位）的差值进行对比，并自动调节输出电流的大小，来实现自动控制的功能，从而使被保护结构物得到更可靠、有效的保护。

第二节 发电机内冷水处理

一、概述

（一）发电机内冷水系统

发电机的内部是高电压、强磁场和高温的密闭环境，在运行过程中因部分电能转化为热能而使导线、铁芯的温度升高。为了避免线圈和铁芯因过热而损毁，需要通入冷却介质将发电机内部产生的热量及时地引导出来。同时，因冷却使导线温度降低，可以提高线圈的线负荷，增加发电机输出功率，提高发电机的效率。

发电机的冷却介质有以下特殊要求：①具有良好的导热性；②具有良好的绝缘性能；③对发电机内部材料无腐蚀性。早期的发电机曾采用过空气冷却，以后随着发电机功率不断增大，空气因导热性能较差无法满足要求，循环流动的氢气、水等冷却介质逐渐在大型发电机组得到广泛的应用。

发电机的冷却方式通常是按定子绕组、转子绕组和铁芯的冷却介质区分的。一般有如下三种冷却方式：①定子绕组水内冷，转子绕组氢内冷，铁芯氢冷的水-氢-氢型。②定子绕组水内冷，转子绕组水内冷，铁芯氢冷的水-水-氢型。③定子绕组水内冷，转子绕组水内冷，铁芯空冷的水-水-空型。目前，国内外的大型发电机组基本采用水-氢-氢型冷却方式。定子或转子绕组水内冷是指将发电机定子或转子线圈的铜导线做成空芯作为冷却水通道，通过水的不断循环流动带走导线产生的热量，使线圈的温度保持在允许的范围内。铁芯冷却则是利用开孔或开沟槽，将冷却气体用风扇压入各个冷却部位，以提高冷却效果。

发电机内冷水系统如图 3-9 所示，内冷水箱内的水由水泵升压后送入冷却器、过滤器，然后再进入定子或转子线圈的汇流管，进入空芯铜导线，将定子或转子线圈的热量带出来再回到内冷水箱。

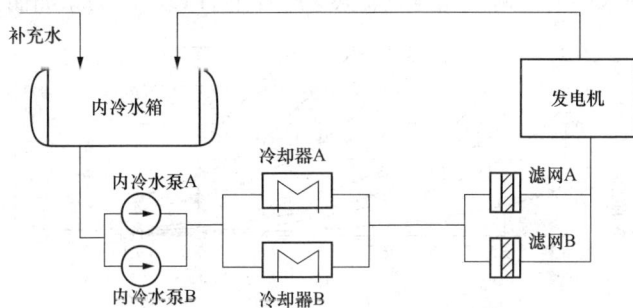

图 3-9　发电机内冷水系统示意

（二）内冷水中杂质来源

发电机内冷水水源采用除盐或凝结水，pH 值较低，金属铜、铁在水中遭受的腐蚀是随着水溶液 pH 值的降低而增大的。此外，补充水带入、运行过程中冷却器的泄漏以及冷却器投运前未经冲洗或冲洗不彻底等，都会使内冷水中存在铁、铜以及 Cl^-、SO_4^{2-} 等杂质，而且浓度越来越高，这对发电机的安全运行是一种威胁。

因此，大型发电机组内冷水系统都带有内冷水处理装置，对冷却水进行连续净化处理，以保证冷却水的水质符合发电机组的要求。

（三）空芯铜导线的腐蚀与堵塞

1. 空芯铜导线的腐蚀

发电机空芯铜导线的材质为紫铜（工业纯铜），紫铜在不含氧水中的腐蚀速率很低，数量级仅为 10^{-4}g/（$m^2 \cdot h$）。当水中同时含有游离 CO_2 和溶解氧时，铜的腐蚀速率大大增加。

大多数火力发电厂以除盐水作为内冷水的补充水，铜导线发生的反应为

阳极反应（铜被氧化溶解）：$Cu \rightarrow Cu^+ + e$，$Cu \rightarrow Cu^{2+} + 2e$

阴极反应（溶解氧被还原）：$O_2 + 2H_2O + 4e \rightarrow 4OH^-$

进一步反应：

$$2Cu^+ + H_2O + 2e \rightarrow Cu_2O + H_2$$
$$Cu^+ + H_2O + e \rightarrow CuO + H_2$$
$$4Cu^+ + O_2 + 4e \rightarrow 2Cu_2O$$
$$2Cu^+ + O_2 + 2e \rightarrow 2CuO$$

反应结果是铜表面形成一层覆盖层。

由于覆盖在铜表面上的氧化物的保护，铜的溶解受到阻滞，因而铜的腐蚀不单取决于铜生成的固体氧化物的热力学稳定性，还与氧化物能否在铜表面上生成黏附性好、无孔隙且连续的膜有关。若能生成这样的膜，则保护作用好，可防止铜基体与腐蚀性介质直接接触；若生成的膜是多孔或不完整的，则保护作用不好。同时，保护膜的稳定性还与介质的性质有关，如果介质具有侵蚀性，可使生成的保护膜溶解，则此保护膜也不具有阻止金属腐蚀的作用。除盐水的纯度很高，但缓冲性很小，易受空气中 CO_2 和氧的干扰，如它的 pH 值会因少量 CO_2 的溶入而明显下降。pH 值的下降会引起 Cu_2O 和 CuO 的溶解度增加，从而破坏空芯铜导线表面的初始保护膜，加剧空芯铜导线腐蚀。

2. 空芯铜导线的堵塞

铜的腐蚀产物在水中的溶解度与水的温度和 pH 值有关，其关系如图 3-10 所示。

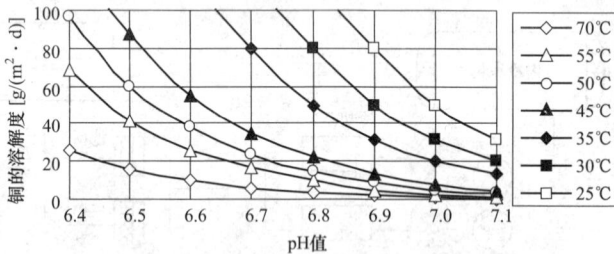

图 3-10　不同温度和 pH 值条件下铜的溶解度曲线

从图 3-10 所示的曲线可知，水的温度越高，pH 值越高，铜的溶解度就越低。假如内冷却水的 pH 值为 6.9，水进入导线的温度为 35℃，经过铜导线后，水的温度增加了 10℃，即 45℃。这时，铜的溶解度就从 30g/（$m^2 \cdot d$）下降到 16g/（$m^2 \cdot d$）。由于溶解度的降低，水中的铜就可能达到过饱和状态而析出，产生沉积物。从图 3-10 还可以看出，水的 pH 值越低，铜的溶解度随温度的变化就越大。也就是说，水中的铜经过空芯导线加热后，析出的程度就会严重。因此，保持弱碱性条件，溶解度变化较小，水中的铜较稳定。

沉积在水中的铜腐蚀产物，在定子线棒中被发电机磁场阻挡，可能导致空芯导线逐渐被

铜氧化物堵塞或通流截面减小，引起发电机线圈温度上升，甚至烧毁。因此，必须采取措施防止发电机空心铜导线的腐蚀。

（四）内冷水水质要求

发电机内冷水应采用除盐水或凝结水，当发现汽轮机凝汽器有循环水漏入时，内冷却水的补充水必须用除盐水。

为防止内冷水系统腐蚀和堵塞，内冷水水质应符合 DL/T 801—2010《大型发电机内冷却水质及系统技术要求》的规定。该标准根据过流材质（铜和不锈钢）、冷却形式的不同，详细规定了不同情况下的水质控制标准（见表 3-2～表 3-4）。

表 3-2　　　　　　　　　发电机定子空心铜导线冷却水水质控制标准

pH（25℃）	电导率（25℃）μS/cm	含铜量 μg/L	溶解氧[①] μg/L
8～9	0.4～2.0	≤20	—
7～9			≤30

注　1. 将 pH 值由 7 升至 8 时，铜的腐蚀率可下降为 1/6；由 8 升至 8.5 时，腐蚀率下降为 1/15。

　　2. 提高 pH 值可采用 Na 型混床、补凝结水、精处理出水加氨、加 NaOH 等方式。

　　3. 因泄漏和耐压试验需要，可临时将电导率降至 0.4μS/cm 以下。

①　仅对 pH＜8 时控制。

表 3-3　　　　　　　　　双水内冷发电机内冷却水水质控制标准

pH（25℃）		电导率（25℃，μS/cm）	含铜量（μg/L）	
标准值	期望值		标准值	期望值
7.0～9.0	8.0～9.0	＜5.0	≤40	≤20

表 3-4　　　　　　　　　发电机定子不锈钢空心导线内冷却水水质控制标准

pH（25℃）	电导率（25℃，μS/cm）
6.5～7.5	0.5～1.2

有关内冷水水质控制指标的说明如下：

（1）pH 值。控制 pH 值是为了防止内冷水对铜导线等金属材料产生腐蚀。因为腐蚀产物会在水流通道内积累成垢，降低传热效率，阻碍冷却水流动，同时有可能产生更为严重的腐蚀。

（2）溶解氧。通过控制内冷水 pH 值和溶解氧含量，可以有效控制铜导线的腐蚀。

（3）含铜量。指导内冷水水质的调整方法，判断处理效果，以控制铜导线的腐蚀。

（4）电导率。保证冷却水的纯度满足要求。如果冷却水的纯度不高，一方面会引起杂质在系统内的沉积，另一方面还会因水的电阻率降低而影响发电机线圈的绝缘。

需要说明的是，新标准没有规定硬度和氨的控制值。但是，发电机内冷水采用凝结水时，为保证内冷水系统不会发生结垢问题，在日常监督中必须严格控制硬度，确保硬度不大于 2μmol/L；至于氨浓度，目前大中型火电厂凝结水的氨含量都远低于要求值，可以不作为日常监测指标。

二、发电机内冷水处理

（一）内冷水处理原理

内冷水处理常用的方法有：单床离子交换微碱化法、离子交换加碱碱化法、氢型混床-钠型混床处理法、凝结水与除盐水协调调节法、离子交换-充氮密封法、溢流换水法、缓蚀剂法、催化除氧法等。

1. 单床离子交换微碱化法

该方法用除盐水或凝结水作为内冷水水源，在内冷水系统原设计配备的离子交换器内，装载由 RH、RNa 和 ROH 型树脂按一定比例配制的微碱化离子交换树脂。利用此旁路离子交换器，对占循环流量 1%～5% 的内冷水进行处理，离子交换器缓慢释放出的微量碱性物质 NaOH 进入内冷水，实现对内冷水的微碱化处理，将内冷水的 pH 值调节到 7.0～9.0 范围内，同时保持电导率不超过 2μS/cm。

2. 离子交换加碱碱化法

该方法以除盐水或凝结水为补充水源，发电机内冷水旁路处理系统中设置一台混合离子交换器，在离子交换器出口处设置碱化剂加药点。碱化剂采用优级纯氢氧化钠，用除盐水配制成 0.1%～0.5% 的溶液备用。在机组运行过程中，根据系统内冷水的 pH 值和电导率调节计量泵的加药速度和加药量，维持系统内冷水电导率不超过 2μS/cm，pH 值在 7.5～9.0 范围内。

3. 氢型混床-钠型混床处理法

该方法以除盐水或凝结水为补充水源，发电机内冷水旁路处理系统中设置两台离子交换器，分别为氢型混床（RH/ROH）和钠型混床（RNa/ROH），两台离子交换器并联连接。适时调节氢型混床和钠型混床的处理水量，维持循环系统内冷水的 pH 值为 7.5～9.0，电导率小于 2.0μS/cm。三通调节阀开度的调整以电导率为主、pH 值为辅进行控制。当进水电导率和 pH 值均不满足标准要求时，首先应考虑控制电导率达到要求，保证发电机安全运行，此时才有条件提高内冷水的 pH 值；当进水电导率大于 5μS/cm 时，氢型混床进口开度全开，同时增大系统的排污量，快速有效地降低内冷水的电导率；当进水电导率满足标准要求、pH 值小于 7 时，钠型混床进口开度全开；当进水电导率满足标准要求、pH 值大于 7 时，控制三通调节阀的开度，维持内冷水电导率满足标准要求、pH 值在微碱性范围内。

4. 凝结水与除盐水协调调节法

该方法以除盐水（如除盐水箱来水、凝结水精处理出水）和含氨凝结水为补充水源，当内冷水 pH 值偏低时，通过水箱排污和向内冷水箱补充凝结水的方式提高 pH 值；当内冷水电导率偏高时，通过水箱排污和向内冷水箱补充除盐水的方式降低电导率。在机组运行过程中，注意观测水质变化，适时排污和补水，调节水箱水质，维持循环系统内冷水的 pH 值为 7.0～9.0，电导率小于 2.0μS/cm。

5. 离子交换-充氮密封法

为减少除盐水带入溶解氧，该方法补水宜采用凝结水，发电机内冷水旁路处理系统设置 RH/ROH 混合离子交换器，内冷水箱充氮密封，水箱上部空间保持微正压，保持氮气压力不超过 100kPa，使水箱内的水与空气隔绝。在机组运行过程中，适时观测水质变化，检查氮气压力，调节交换器处理流量，维持循环系统内冷水的溶解氧不超过 30μg/L，电导率不超过 2.0μS/cm。

6. 其他方法

（1）溢流换水法。发电机内冷水箱采取连续补入除盐水、凝结水或加氨的除盐水，并保持溢流排水的运行方式，控制内冷水电导率在 2.0μS/cm 以下。该方法适用于以下情况：新机组启动试运行和初期运行；机组大修后的初期运行；其他内冷水处理方法不能达到预期效果和未查明原因时的临时运行。

（2）缓蚀剂法。向内冷水中投加一定量的铜缓蚀剂，如 MBT、BTA、TTA 等，在铜表面形成保护膜，以减缓铜基体的腐蚀。采用本方法时，应密切监视其运行情况，防止络合物沉积。

（3）催化除氧法。利用内冷水含有的溶解氢，将一定量的内冷水进行旁路处理，以催化树脂（钯树脂）作为接触媒介，使溶解氧还原为 H_2O 而被去除。该方法可将内冷水的溶解氧含量控制在 30μg/L 以下，有效地抑制空心铜导线的腐蚀。

（二）内冷水处理设备

组成发电机内冷水系统的主要设备包括内冷水箱、内冷水泵、冷却器、滤网、内冷水处理装置等；配套的监控仪表包括电导率仪、pH 计、压力表、温度计、液位计等。图 3-11 所示为内冷水的循环流程示意。

内冷水处理装置的作用是对内冷水进行调质或净化处理，保证内冷水的水质满足发电机的要求。装置的类型有 H/OH 型单混床、H/OH–Na/OH 型并联小混床以及加碱装置等。

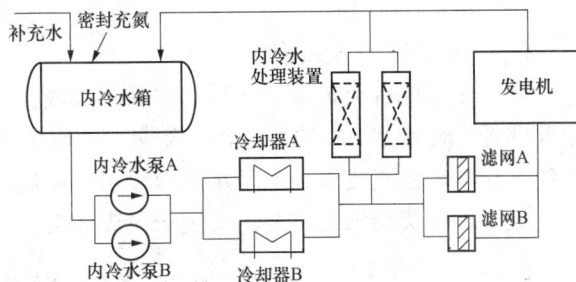

图 3-11　内冷水的循环流程示意

1. H/OH 型单混床

H/OH 型单混床内冷水处理装置包括 1 台 H/OH 型混床（采用 H 型强酸型阳树脂和 OH 型强碱阴树脂），1 台树脂捕捉器以及配套的流量计、电导率仪和 pH 计。

混床为筒状容器。筒体上、下部采用法兰连接；筒壁设有窥视镜，用以观察内部的树脂状况。因为不采用体内再生，所以该混床的结构比大型设备简单得多。混床内部取消了中排、进酸管、进碱管等体内再生必设的装置，外部的管路只保留了进水、出水和排气管路。有些混床带有压缩空气进口，用于阴阳树脂的混合。

还有一种混床采用简单的内套筒结构，将离子交换树脂封装在金属网内筒中，运行时水透过网眼进入树脂层进行交换反应。失效后将整个内筒连同树脂一起取出，换混合好的新树脂再装入即可。这种形式的交换器在国内核电站有应用实例。

树脂捕捉器是与混床配套的设备，安装在混床的出口管路，其作用是截留混床内漏出的碎树脂，防止碎树脂进入内冷水循环系统。树脂捕捉器的内部采用不锈钢 T 形绕丝结构，绕丝缝隙约为 0.15mm；外壳装有窥视镜，用于观察内部碎树脂的截留情况。

H 型单混床的优点是可以有效降低水的电导率，系统简单；缺点是出水的 pH 值较低，无法满足铜导线的要求（铜材质要求 pH 值在 7～9 的范围内）。为了解决该问题，需通过定期加碱提高水的 pH 值，但是加碱又造成混床的运行周期缩短。因此，现在使用 H 型单混床的机组越来越少。

2. H/OH—Na/OH 型并联混床

目前，很多电厂采用 H/OH–Na/OH 并联双混床系统，即在系统中并联接入 2 台混床。其中 1 台装填 Na 型阳树脂，另 1 台装填 H 型阳树脂；阴树脂均采用 OH 型。混床的结构与 H

型单混床完全相同,在此不再重复。在运行中,2 台混床联合处理,利用 Na/OH 型混床的微碱性出水提高水的 pH 值,在净化水质的同时,解决了出水 pH 值偏低的问题。

3. 加碱装置

加碱装置由碱液箱、2 台微量泵和控制系统组成。为了防止空气中的 CO_2 气体溶入碱液中,碱液箱的上部设有 CO_2 吸收装置。

此外,系统中设置过滤器对内冷水进行过滤处理。过滤器滤芯用不锈钢网布制成,筒体底部设有排污口,两端跨接差压开关。2 台过滤器一运一备,当压差增大至设定高值时,停运清理滤芯,同时备用过滤器投入运行。

第三节　废　水　处　理

一、概述

(一)废水中的污染物

电厂废水的种类很多,水质、水量差异较大。根据废水的排放频率,废水分为经常性废水和非经常性废水。按照废水的来源划分,废水主要包括循环冷却水排污水、冲灰(渣)水、机组杂排水、脱硫废水、化学水处理废水、煤泥废水、生活污水、化学清洗废水等。

火电厂各类废水的主要污染因子见表 3-5。

表 3-5　　　　　　　　　　　火电厂各类废水的主要污染因子

种类	废 水 名 称	污 染 因 子
经常性废水	生活污水	COD、悬浮物、氨氮
	工业水预处理装置排水	悬浮物(SS)
	反渗透浓排水	总溶解固体(TDS)
	锅炉补给水处理再生废水	pH、SS、TDS
	循环冷却水排污水	SS、TDS
	凝结水精处理再生废水	pH、SS、TDS、Fe、Cu 等
	锅炉排污水	pH、PO_4^{3-}
	取样装置排水	pH、TDS
	实验室排水	pH、重金属(与所用试剂有关)
	主厂房地面及设备冲洗水	SS
	输煤系统冲洗煤场排水	SS
非经常性废水	烟气脱硫系统废水	pH、SS、COD、重金属、F
	锅炉化学清洗废水	pH、油、COD、SS、重金属、Fe
	锅炉烟侧清洗废水	pH、SS
	空气预热器冲洗废水	pH、COD、SS、Fe
	除尘器冲洗水	pH、COD、SS
	油区含油污水	SS、油、酚
	停炉保护废水	NH_3、N_2H_4

（二）废水排放标准

火电厂工业废水集中处理排放标准应符合 GB8978—1996《污水综合排放标准》。该标准按照污水排放去向，分年限规定了 69 种污染物的最高允许排放浓度和部分行业的最高允许排水量。

在 GB8978—1996 中，将排放的污染物按其性质及控制方式分为两类。

（1）第一类污染物。此类污染物指能在环境或动植物体内积蓄，对人体健康产生长远不良影响的污染物。此类废水，不分行业和排放方式，也不分受纳水体的功能类别，一律在车间或车间处理设施排出口采样，其最高允许排放浓度必须符合表 3-6 的规定。

表 3-6　　　　　　　　　　第一类污染物最高允许排放浓度　　　　　　　　　　（mg/L）

序号	污染物	最高允许排放限值	备　注
1	总汞	0.05	主要存在于脱硫废水之中
2	烷基汞	不得检出	不常见
3	总镉	0.1	主要存在于脱硫废水之中；灰渣废水有时也能检测到较高的重金属离子浓度，但比脱硫废水要低得多。重金属离子的浓度主要与煤质有关
4	总铬	1.5	
5	六价铬	0.5	
6	总砷	0.5	
7	总铅	1.0	
8	总镍	1.0	
9	苯并（a）芘	0.00003	不常见
10	总铍	0.005	不常见
11	总银	0.5	不常见
12	总α放射性	1	不常见
13	总β放射性	10	不常见

（2）第二类污染物。此类污染物指其长远影响小于第一类的污染物质，在排污单位排出口采样。按照废水排入水域的类别（包括海水水域）将污染物最高允许排放浓度分为三级，即通常所讲的"一级标准""二级标准""三级标准"。火电厂外排废水中常见的第二类污染物的种类和控制标准见表 3-7。

表 3-7　　　　　　　火电厂外排废水常见的第二类污染物及控制标准　　　　　　（mg/L）

序号	项目	控制标准		说　明
		第一时段（1997.12.31 前）	第二时段（1998.1.1 后）	
1	pH 值	6～9	6～9	pH 值超过标准的废水主要是锅炉补给水处理除盐系统和凝结水精处理系统的再生废水、锅炉酸洗废水、停炉保护废水等
2	悬浮物	一级：<70	一级：<70	悬浮物是最常见的污染物。悬浮物较高的废水主要是预处理系统的工艺废水、煤泥废水、灰渣废水、锅炉空气预热器等冲洗废水、锅炉酸洗废水、生活污水等
		二级：<200	二级：<150	
		三级：<400	三级：<400	

续表

序号	项目	控制标准		说　明
		第一时段 （1997.12.31 前）	第二时段 （1998.1.1 后）	
3	COD	一级：<100 二级：<150 三级：<500	一级：<100 二级：<150 三级：<500	COD 是排放控制的重要指标之一。COD 较高的废水主要有脱硫废水、生活污水、锅炉空气预热器等冲洗废水、锅炉酸洗废水、停炉保护废水等
4	BOD	一级：<30 二级：<60 三级：<300	一级：<20 二级：<30 三级：<300	电厂只有生活污水的 BOD 有可能超标
5	硫化物	一级：<1.0 二级：<1.0 三级：<2.0	<1.0	硫化物主要存在于脱硫废水之中
6	石油类	一级：<10 二级：<10 三级：<30	一级：<5 二级：<10 三级：<20	存在于油系统冲洗废水、地面冲洗水、煤泥废水中
7	动植物油	一级：<20 二级：<20 三级：<100	一级：<10 二级：<15 三级：<100	主要存在于生活污水之中
8	氨氮	一级：<15 二级：<25	一级：<15 二级：<25	主要存在于生活污水之中
9	氟化物	一级：<10 二级：<10 三级：<20	一级：<10 二级：<10 三级：<20	主要存在于灰水、脱硫废水之中
10	磷酸盐	一级：<0.5 二级：<1.0	一级：<0.5 二级：<1.0	主要存在于循环水排污水、生活污水、锅炉排污水之中
11	TOC	无规定	一级：<20 二级：<30	TOC 与 COD 指标的意义是相同的，发展趋势是 TOC 将逐渐代替 COD

注　pH 值无单位，其他项目单位为 mg/L。

（三）废水处理方式

火电厂废水处理是为控制废水进行综合利用或达标排放的水质，借助物理手段、化学或生化反应去除废水中污染物的过程。

废水处理的方式通常有两种：一种是集中处理，另一种是分类处理。集中处理是指将各种来源的废水集中收集，然后进行处理。这种方式的特点是处理工艺和处理后的水质相同；分类处理是指将水质类型相似的废水收集在一起进行处理。不同类型的废水采用不同的工艺处理，处理后的水质可以按照不同的标准控制。

火电厂废水处理正在由过去以排放为主向综合利用为主转化。火电厂是用水量最大的工厂之一，在北方工业基地和城市电厂新、扩、改建工程中，水资源短缺成为主要的制约因素，已出现以水定厂的现象。火电厂也是排水大户，随着环保法规越来越完善，对火电厂废水排放控制也越来越严格。目前我国已实施征收水资源费、用水收费、排水收费、排水污染超标收费等制度，同时在调整各类用水排水定额收费制度，逐步实现对用户发放用水、排水许可证，实现定额管理。因此控制火电厂排水量、排水污染，加强废水治理、废水资源化，是当前电力行业面临的紧迫任务。

二、火电厂废水处理

下面介绍火电厂常用的机组杂排废水集中处理和含油废水处理,脱硫废水处理将在第八章第二节介绍。

(一)杂排废水集中处理

杂排废水集中处理装置是火电厂重要的废水处理设施之一,主要用来处理电厂主厂房废水、补给水处理系统废水以及锅炉化学清洗废液等非经常性废水,使处理后的水质达到排放标准。

杂排废水集中处理装置集合了化学中和、混凝澄清以及化学氧化等水处理工艺,包含 pH 值调整、混凝反应、澄清单元等。根据废水的水质特点和排放要求的不同,可以采用不同单元的组合形式。从设施形式来说,有结构紧凑的组合式处理装置,也有占地面积较大,以大容量的废液池、氧化池、中和池组成的废水处理站。但是,无论何种形式,其处理原理和流程相类似。

图 3-12 所示为杂排废水集中处理装置的示意。杂排废水集中处理装置分别由 pH 值调整槽、混凝反应槽、絮凝反应槽以及斜板澄清器等组成。各设备的结构相对独立,通过管道连接成一个组合体。为了保证水能自流通过,各设备的进水管以及设计高程相互匹配。

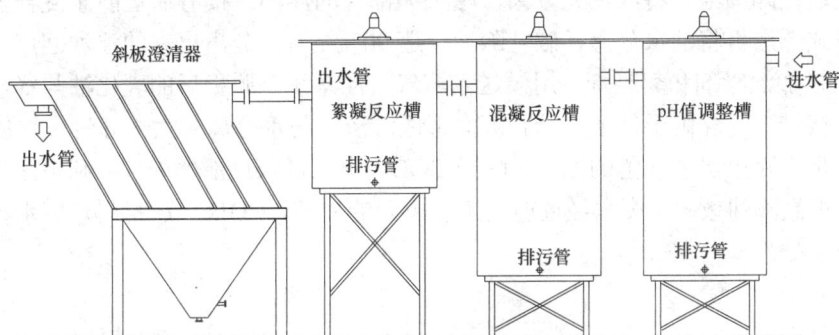

图 3-12 杂排废水集中处理装置

废水自流依次经过 pH 值调整槽、混凝反应槽、絮凝反应槽和斜板澄清器。其工作过程是:①pH 值调整槽。在此通过加酸或加碱,将 pH 值调整至 7~9;②混凝反应槽。在此加入混凝剂并快速搅拌,混凝剂与水得到快速混合,水中的胶体杂质脱稳生成微絮粒;③絮凝反应槽。在慢速搅拌形成缓慢的旋转水流中,微絮粒碰撞、吸附、长大;④斜板澄清器。水进入分离区后,水流变为上向流,水流速减慢,水中的大密度絮粒下沉至泥渣浓缩区;密度较小的颗粒则随水流向上穿过悬浮泥渣层进入斜板组。稳定的悬浮泥渣层可以捕捉大部分小颗粒,穿过泥渣层的颗粒则在斜板组内沉淀,使水进一步澄清。

澄清器中下沉的泥渣集中在泥渣浓缩区,通过重力进行浓缩(泥渣浓度可以达到 3%~6%)。浓缩区上部的部分活性泥渣回流至混凝反应槽,底部沉淀的大多为剩余泥渣,定期排出设备。

(二)含油废水处理

火电厂含油废水主要来自油罐脱水、冲洗含油废水、含油雨水等。按照原理划分,含油废水的处理工艺有重力分离法、气浮法、吸附法、粗粒化法、膜过滤法、电磁吸附法和生物氧化法。在火电厂多采用重力分离、气浮、吸附等除油方法,通常由几种方法联合处理,以除去不同状态的油,达到较好的水质。对于分散(悬浮状态)油和浮化油,一般采用隔油池、气浮就可以除去大部分;而对于乳化油,首先要破乳化,再用机械方法去除。

隔油池、气浮除油在电厂应用得较为广泛,其典型的系统为:含油废水→隔油池→气浮分离→机械过滤或活性炭吸附→排放。采用该工艺处理后,含油量一般小于 10mg/L,可以达到排放标准。含油废水处理工艺流程如图 3-13 所示。

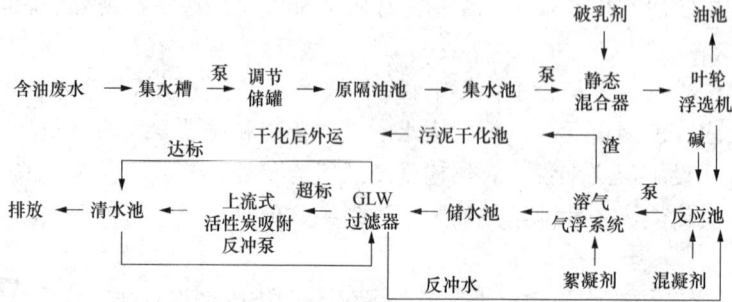

图 3-13　含油废水处理工艺流程

废水先通过隔油池,将浮油先分离,除去大部分的浮油。接着通过静态混合器投加破乳剂,用叶轮式浮选机将油水分离,破乳除油率达 90%左右,分离出来的浮油回用。出水经调节 pH 值,投加混凝剂和絮凝剂,用泵送入溶气气浮系统,脱稳后的乳化油与释放器放出的微小气泡相接触,并黏附于气泡上升到液面形成浮渣,与水分离,大部分污染物质被除去。

为进一步去除废水中残留的油分,降低 COD,出水进入过滤器处理,利用滤料的拦截和凝集作用,提高除油效率。废水经过前面工艺单元的处理,COD 仍超标时,废水再经上流式活性炭吸附器处理。

第四章 水汽化学监督

第一节 概   述

火力发电厂的水汽化学监督是保证发电设备安全、经济运行的重要措施之一。为了防止水汽质量劣化引起设备发生事故，应贯彻"安全第一、预防为主"的方针，认真做好水汽化学监督全过程的质量管理。新建火力发电厂应从水源选择、水处理系统设计、设备和材料的选型、安装和调试，直至设备运行、检修和停用的各个阶段都坚持质量标准，以保证各项水汽质量符合本标准的规定，防止热力设备发生腐蚀、结垢和积盐。

一、水汽化学监督工作的特点

1. 监督内容及参与专业不断扩大

目前，化学监督范围由以前仅针对主系统的监督扩展为包括附属系统（如疏水系统、减温水系统）在内的全部热力系统的监督；对于新建机组，由原来只针对机组启动到商业运行这一阶段扩展为全过程的监督，即从水源选择、水处理系统设计、设备和材料的选型、安装和调试，直至设备运行、检修和停用的各个阶段的监督。

随着大参数机组的建设和人们对化学监督的理解加深，参与化学监督工作的专业也越来越多，人们也越来越深刻地认识到化学监督工作与其他专业（尤其是机、炉专业）的密切关系，已经得到了各方的重视与理解。因此，在实施改善水汽品质的机组工况调节工作中，各专业的密切配合，对于提高化学监督工作质量也起到不可或缺的作用。

2. 水处理技术不断发展

随着机组参数的提高，对水汽品质的要求不断提高，这就要求水处理技术不断发展。锅炉补给水处理方面，在传统的混凝、澄清、过滤、一级复床除盐、混床除盐技术的基础上不断推出新的水处理技术，典型的如超滤（UF）、反渗透（RO）、电除盐；凝结水精处理方面，在高参数、直流机组上凝结水精处理应用较广，首选中压、前置过滤器+高速混床系统；给水处理方面，挥发性处理技术较成熟，高参数机组在设计时全面考虑 OT 处理对机组的要求，正常运行时，待水质稳定后可转为 OT 处理。

3. 监督手段持续改进

由于水处理技术的发展以及运行要求的提高，相应的监督手段也持续改进。高参数机组用水水质极纯，缓冲性差，凝汽器泄漏的影响大，因此高参数机组应强化凝结水系统的监督和处理；高参数机组均配备水汽集中取样装置，主要化学参数实现了在线分析与监督，设置超限报警等功能，使用微机对测量数据进行管理，对重要热力设备及系统的化学状态的趋势跟踪，在水质劣化时缩短了响应时间，弥补了手动分析的滞后效应。另外，在线仪表技术的发展，确保了测量的稳定性和可靠性，同时，测量逐步向痕量检测发展，精确度和灵敏度得到提高。

4. 管理制度不断完善

通过努力，火电行业基本建立了机组建设、正常运行、停备用等阶段全过程的、完整的化学监督管理体系，发布了化学监督制度和导则，并在导则中明确提出了水汽劣化时的三级处理机制，有效地避免了化学相关问题的发生。

除此之外，对口的技术监督部门也加强了对各电厂化学工作的管理和技术支持力度，根据实际情况，因地制宜，建立定期交流机制和技术支持机制，发现和解决了一些电厂化学相关问题。各电厂也逐步加大了化学监督方面的投入，购置了相关的大型实验设备和仪器，有计划地加大人员的培训力度，建立健全了设备及系统的化学监督档案，实现了化学监督的有效开展。

二、水汽集中取样装置

（一）水汽样品的采集

进行水汽质量监督时，必须从锅炉和热力系统的各部位取得具有代表性的汽、水样品（即能反映设备和系统中汽、水质量真实情况的样品）。这是正确进行汽、水质量监督的前提。否则，即使测试方法很精确，测得的数据也不能真实反映汽、水质量是否达到标准，也不能用来评价锅炉腐蚀、结垢和积盐等情况。为取得具有代表性的汽、水样品，必须做到以下几个方面：①合理选择取样点；②正确设计、安装、使用取样装置；③妥善保存样品，防止汽、水样品被污染。

1. 取样点

（1）凝结水。凝结水的取样点一般设在凝结水泵出口端的凝结水管道上，最好在凝结水垂直管道上装取样点。

（2）给水。根据具体监测项目在除氧器入口、出口以及省煤器入口处取样，最好在给水管垂直的管道上装取样点。

（3）炉水。汽包锅炉取样点设在汽包连续排污管上，直流锅炉取样点设在水冷壁出口。给水采用加氧处理的汽包锅炉，还应在炉水下降管增设取样点。

（4）饱和蒸汽。为了取得具有代表性的饱和蒸汽样品，饱和蒸汽中的水分在管内应均匀分布，同时取样器进口的蒸汽流速与管道内的流速应相同，且取样应装在垂直下行的管道上。

（5）过热蒸汽。过热蒸汽是单介质，没有水分，取样点设在过热蒸汽管道上，一般采用乳头式取样器或缝隙式取样器。

2. 取样方法

取样系统会有附着物沉积，应定期冲洗，尤其是新装置或大修后投入运行的装置更应长时间冲洗。锅炉和热力系统中的汽、水温度较高，取样前 1h，应先将汽、水样品引入冷却器内进行冷却，待样品冷却至 25～30℃（南方地区夏天不超过 40℃）、流量为 500～700mL/min 时，才可进行取样。取样时先用冷却的水样冲洗取样容器三次，然后将水样出口管放入采样容器底部，当流出水的体积为采样容器体积的 5 倍以上时，容器内的水即为水样。

3. 取样瓶

取样瓶使用耐腐蚀磨口玻璃瓶或聚乙烯瓶。测硅试样要使用聚乙烯瓶。新购置的玻璃瓶，应先用 5%盐酸，再用 1%氢氧化钠处理 3～4h，放入水中浸泡 24h 洗净后使用。

（二）水汽集中取样分析装置

从热力设备生产过程中采集的水汽样品多为高温、高压介质，必须采用降温减压及冷却装置将其温度、压力降至仪表规定的允许范围内，才能输入仪表发送器。

图 4-1 所示为典型水汽取样管线示意。

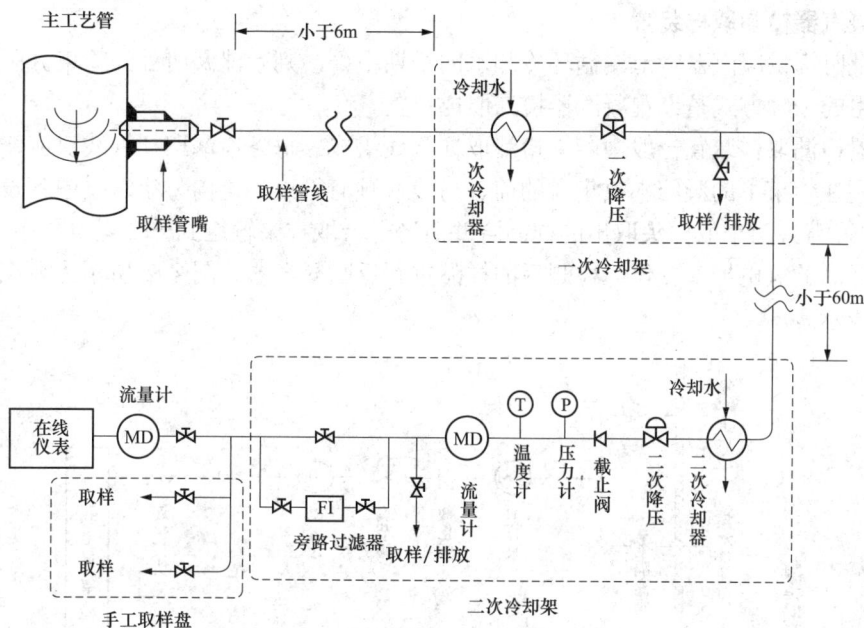

图 4-1　典型水汽取样管线示意

　　根据现场实际，将若干相邻的水汽取样管线的一次冷却及降压装置集中布置在一起，就构成了一次冷却架；将各水汽取样管线的二次冷却及降压装置集中布置在一起，则构成了二次冷却架。

　　水、汽取样管线的工作过程为：锅炉及其他热力系统各特定部位的水、汽样品由取样管嘴导出，经取样导管进入一次冷却架，在一次冷却器中冷却降温至（40±5）℃，再经高压减压阀降至低压（一般在 1MPa 以下），流向二次冷却架。在二次冷却架，样品水进一步被冷却并恒温在（25±1）℃，压力调节在满足各种在线化学监督仪表和手工取样流量要求的范围内，分配给所连接的各在线化学监督仪表和手工取样点。

三、在线化学仪表

　　火力发电厂水汽化学监督导则明确规定，电导率、氢电导率、溶解氧、pH 值、钠、二氧化硅等水汽指标应采用在线化学仪表监测，在线化学仪表的配备不应低于表 4-1 的要求。

表 4-1　　　　　　　　不同参数机组应配备的在线化学仪表

机组参数（MPa）	仪表配置						
	补给水	凝结水	精处理出水	给水	炉水	主蒸汽	发电机内冷水
>13.7	电导率仪	电导率仪 溶氧表 钠表	电导率仪 钠表	pH 计 溶氧表 电导率仪	pH 计 电导率仪	钠表 硅表 电导率仪	电导率仪 pH 计
9.8~13.7	电导率仪	电导率仪 溶氧表	电导率仪	pH 计 溶氧表 电导率仪	pH 计 电导率仪	电导率仪	
<9.8	电导率仪	电导率仪 溶氧表	—	溶氧表	自定	电导率仪	

　　在线化学仪表按照其在化学监督中的作用可分为两类：①关键仪表。包括电导率仪、pH

计、溶解氧表和钠表。②其他仪表。如硅表、磷表、联氨表等。

四、凝汽器检漏取样装置

为了及时提供凝汽器管泄漏循环冷却水的早期报警，判断泄漏所处的管束分区，当今较为普遍采用的一种方式是设置凝汽器检漏取样装置。

凝汽器检漏取样装置一般由若干检漏取样管线组成。每条检漏取样管线对应一组凝汽器管束，分别在管束下的凝结水收集盘的前、后段（顺着管束的走向）集水槽中各设置一个取样头(取样管嘴)，两个取样头取出的样品合并后经一台取样泵输送到一个氢电导率检测装置，连续监测样品的氢电导率变化，检测后的样品重新返回凝汽器。图 4-2 所示为典型凝汽器检漏取样管线示意。

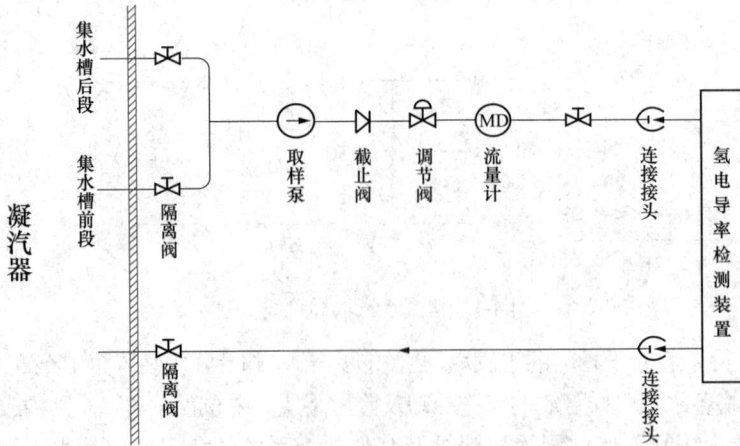

图 4-2　典型凝汽器检漏取样管线示意

凝汽器检漏取样装置的工作过程为：①取样。一组凝汽器管束下的凝结水收集盘集水槽的水样分别从前段和后段由取样管嘴导出，合并后经一台取样泵输送到氢电导率检测装置的阳离子交换柱，经 H 型阳树脂交换后的样品用电导率仪进行连续监测。检测后的样品重新返回凝汽器。②检漏。当某条取样管线取得样品的氢电导率升高，则意味着该管线对应的管束可能发生了冷却水泄漏，且氢电导率升高的幅度与冷却水的泄漏量成正比；关闭管线的其中一个取样头的阀门，还可初步判断泄漏的位置是在管子的前段还是后段。

第二节　新建机组启动前的化学监督

国内大容量机组的建设经验表明，设备组装到机组启动前的化学监督效果对启动期间的水汽品质影响很大。因此，在条件允许的情况下，化学人员应尽早介入，开展监督工作。

一、设备安装前的化学监督

在设备出厂前，电厂应有专人负责检查设备状态，并敦促厂家采取相应的冲洗、密封和防锈蚀等措施，确保出厂时满足相关要求；在设备运输过程中，同样需要采取严密的防锈蚀措施，避免在运输过程中设备受到严重的腐蚀。尤其关注的是在海上的长途运输期间，对于采用奥氏体钢作为再热器或过热器材料的管束外表面，必须涂刷防护漆，管端应密封或充氮，维持微正压，防止海洋性气候对设备造成的应力腐蚀破裂。

设备运抵现场后，首先应检查重要设备内部和外部的腐蚀情况，设备防腐保养措施是否到位，如有无防潮措施，充氮保养的压力是否满足要求，密封措施是否到位等。再按照设备保管规程要求，将设备分类入库。

在设备储存过程中，化学监督人员定期做腐蚀检查，包括：①设备仓储期间是否发生腐蚀；②设备防腐保养措施是否损坏或变化；③对于充氮保养的设备，保护气体是否有泄漏，压力是否符合设定要求，如果已经低于设定要求，应及时补充氮气，使压力恢复到设定范围；④对于露天堆放的设备，应检查包装是否完好，是否有雨水进入包装内部，如果包装有破损，应及时通知仓储部门恢复原有包装；⑤对于需要恒温恒湿保养的设备，应定期检查并记录仓库内的温度和湿度。如果温度和湿度偏离设定范围较大，应尽快恢复，并检查设备的腐蚀情况。

在检查中应做好记录，对发现的问题组织相关人员处理，及时跟踪问题的处理进展。设备出厂的检查和要求、现场保管和监督要求分别参见表 4-2、表 4-3。

表 4-2　　　　　　　　　　　　　热力设备出厂的检查和要求

设备	出厂前的检查和要求
热力设备和部件	（1）所有出厂的管束、管道和设备均应经过严格的吹扫。管道和管束内部不允许有积水、泥沙、污物和明显的腐蚀产物。对经过吹扫和清洗的省煤器、水冷壁、过热器、再热器管束及其联箱，管道以及可封闭的设备，其所有的开口处均应有可靠的密封措施，防止在运输过程中进入雨水、泥沙和灰尘。 （2）省煤器、水冷壁及蒸汽管道等部件的内表面，应无明显的氧化铁皮及腐蚀产物。 （3）海上和陆地长途运输、存放时间较长的设备和采用奥氏体钢作为再热器或过热器的管束外表面，应涂刷防护漆，管端应密封。 （4）除氧器、凝汽器等大型容器，出厂时应采取防锈蚀措施，设备资料上应有说明。 （5）采用碳钢管材的高、低压加热器，在出厂时均应清洗干净后密封充入氮气，并保持氮气微正压0.03～0.05MPa，或采用有机胺等气相保护法进行保护。采用的保护方法应在产品资料上说明。 （6）汽包内部的汽水分离装置出厂时应妥善包装，防止雨水、泥沙的污染或运输碰撞变形。当对汽包内壁和汽水分离装置表面采用涂覆的方式进行防锈蚀时，不宜采用涂漆方式，应当考虑该涂覆材料在机组整套启动试运行前容易被去除干净。 （7）汽轮机的油套管和油管、抗燃油管应采取除锈和防锈蚀措施，应有合格的防护包装。
凝汽器管	（1）应符合 DL/T 712—2010《发电厂凝汽器及辅机冷却器管选材导则》的选材要求，应有合格的防护包装，包装箱应牢固，以保证在吊装和运输时不变形。 （2）应按批量抽样进行材质成分分析，并出具检验报告。 （3）应逐根进行外观检查，表面应无裂纹、砂眼、凹陷、毛刺及夹杂物等缺陷。管内应无油垢污物，管子不应弯曲。铜管内表面不应有残碳膜。 （4）出厂时应有物理性能、热处理合格证及以上检查的记录
锅炉和汽轮机防锈蚀保护设备的配置	（1）应提供锅炉主蒸汽管、高温过热器、再热器、顶棚集汽联箱及汽包顶部的充氮连接管座、阀门等配套装置。 （2）对汽轮机应提供热空气干燥系统，高压加热器、低压加热器、轴封加热器等热力设备和系统应配置充氮保护接口和装置。 （3）回转空气预热器应配防锈蚀冲洗设备

表 4-3　　　　　　　　　　　　　热力设备现场保管和监督要求

阶段	要　　求
热力设备现场保管	（1）热力设备到达现场后，应按 DL/T 855—2004《电力基本建设火电设备维护保管规程》的规定进行保管，以保持设备良好的原始状况。设专人负责防锈蚀监督，做好检查记录，发现问题应向有关部门提出要求，及时解决。 （2）热力设备和部件防锈蚀涂层损伤脱落时要及时补涂。 （3）过热器、再热器、水冷壁、高压加热器在组装前 2h 内方可打开密封罩，其他设备在施工当天方可打开密封罩。在搬运和存放过程中密封罩脱落应及时盖上或包裹。 （4）汽轮机的油套管和油管、抗燃油管在组装前 2h 内方可打开密封罩

阶段	要　　求
凝汽器管检查监督	（1）拆箱搬运凝汽器管时应轻拿轻放，安装时不得用力锤击，避免增加凝汽器管内应力。 （2）凝汽器铜管应进行100%涡流探伤，或抽取总数的5%进行水压试验，水压试验时压力为0.3～0.5MPa，并轻敲铜管外壁应无渗漏。对于钛管或不锈钢应抽取总数的5%进行涡流探伤，如发现不合格管子的数目达到抽样总数的1%时，则每根凝汽器管均应进行试验。凡经涡流探伤和水压试验不合格的管子不应使用。 （3）抽取凝汽器铜管总数的0.1%，按DL/T 561—1995（2013）中3.6条要求对黄铜管进行24h氨熏试验，检验残余内应力。第一次抽查不合格时应进行2倍数量的第二次抽查，如果仍有不合格铜管时，该批号的铜管应全部做整批消除内应力的退火处理，退火蒸汽温度应为300～350℃，退火时间一般为4～6h。氨熏试验前，先检查铜管内表面，应光滑、无划痕，不应有残碳膜。有残碳膜的铜管视为不合格铜管。 （4）应抽取凝汽器管总数的0.05%～0.1%进行胀管工艺性能试验（包括压扁试验、扩张试验）。当试验不合格时，可在管子的管口部位进行400～550℃的退火处理后，重新做胀管工艺性能试验。 （5）凝汽器管在正式胀接前，应进行试胀工作。胀口应无欠胀或过胀，胀口处铜管壁厚减薄4%～6%；胀口处应平滑光洁、无裂纹和显著切痕；胀口胀接深度一般为管板厚度的75%～90%。试胀工作合格后方可正式进行胀管。 （6）检查所有接至凝汽器的水汽管道，不应使水、汽直接冲击到凝汽器管上。进水管上的喷水孔应能使进水充分雾化。 （7）在穿管前应检查管板孔光滑无毛刺，并彻底清扫凝汽器壳体内部，除去壳体内壁的锈蚀物和油脂。 （8）安装钛管和钛管板的凝汽器，除符合凝汽器有关要求外，还应符合下列要求：①钛管板和钛管端部在穿管前应使用白布以脱脂溶剂（如乙醇、三氯乙烯等）擦拭除去油污。管子胀好后，在管板外伸部分也应用乙醇清洁后再焊接。②对管孔、穿管用导向器及管端施工用具，每次使用前都应用乙醇清洗，穿管时不得使用铅锤。 （9）凝汽器组装应按照DL 5190.3—2012《电力建设施工技术规范　第3部分：汽轮发电机组》工艺质量要求进行，组装完毕后，对凝汽器汽侧应进行灌水试验，灌水高度应高出顶部凝汽器管100mm，维持24h应无渗漏

二、设备安装和水压试验阶段的化学监督

设备安装和水压试验监督要求见表4-4。

表4-4　　　　　　　　　　　　　　设备安装和水压试验监督要求

阶段	监　督　要　求	监督项目
管系组装前的检查和吹扫	设备及管系在组装前，应对其内部进行检查和清扫，去除内部铁锈、泥沙、尘土、焊渣、保温材料等污物，应用无油压缩空气吹扫，大口径管必要时可做人工除锈处理。为提高清扫效果，小口径管也可用无油压缩空气，将相当于管径2.5倍的海绵球通过管内	
炉前水系统的预冲洗	（1）炉前水系统的试运行和水压试验，可与预冲洗的工序结合进行。对管道和设备进行冲洗和水压试验时可用澄清水，并应符合下列要求：①炉前水系统的冲洗可用凝结水泵进行，最低流速不低于1m/s或冲洗流量大于机组额定工况流量的50%。②在冲洗过程中应变动流量，扰动系统死角处聚积的杂质使其被冲出系统。大型容器冲洗后，应打开人孔，清扫水箱内的滞留物。③对于有滤网的系统，冲洗后应拆开滤网进行清理。 （2）预冲洗的排水应达到如下要求：①进出口浊度的差值应小于10FTU。②出口水的浊度应小于20FTU。③出口水应无泥沙和锈蚀等杂质颗粒，清澈透明	系统进出口水的浊度
锅炉水压试验	（1）水压试验前应具备条件：①锅炉补给水系统具备供水条件；②给水系统、凝结水系统加药装置的安装试运行，应在热力系统通水试运行前完成，具备加药和调节能力。③水压试验用化学药品应为化学纯及以上等级药剂，并经现场检验合格。 （2）汽包炉水冷壁和省煤器的单体或组件可以使用澄清水冲洗，并能分组单独进行水压试验。	水压用水的pH值、联氨或丙酮肟含量

续表

阶段	监督要求	监督项目
锅炉水压试验	（3）锅炉整体水压试验应采用除盐水。 （4）锅炉做整体水压试验时，除盐水中应加有一定剂量的联氨或丙酮肟，用液氨或氨水调节 pH 值，加药量应根据水压试验后锅炉的停放时间选择，锅炉整体水压试验加药量应符合要求。对于有奥氏体钢的过热器、再热器，除盐水中的氯离子含量应小于 0.2mg/L	水压用水的 pH 值、联氨或丙酮肟含量
水压试验后的防锈蚀保护	水压试验合格的锅炉，放置 2 周以上不能进行试运行时，应进行防锈蚀保护。保护方法为：①当采用湿法保护时，保护用水水质与水压试验水质要求一致；②采用充氮方式保护时，用氮气置换放水，氮气纯度应大于99.5%，充氮保护期间维持氮气压力在 0.02～0.05MPa；③当采用其他方式保护时，应符合相关标准的要求	pH 值、联氨或丙酮肟含量；氮气纯度。

锅炉整体水压试验应采用除盐水，加药量应符合表 4-5 要求。在水压试验前应对试验水进行取样，分析其 pH 值、联氨含量、氯离子含量等，如水质不符合要求，则应进行调整，直到满足要求。有些新厂在水压试验时，除盐水系统尚未投用，无法满足要求，为了赶进度而采用清水，这种做法为设备的安全运行埋下隐患。

表 4-5 锅炉整体水压试验加药量

保护时间	联 氨		丙 酮 肟	
	mg/L	pH 值（用液氨或氨水调节）	mg/L	pH 值（用液氨或氨水调节）
两周内	200	10.0～10.5	200	10.5～10.8
0.5～1 个月	200～250	10.0～10.5	200～500	10.5～10.8
1～6 个月	250～300	10.0～10.5	500～800	10.5～10.8

注 屏式过热器第一次进水，应采用加有 250～300mg/L 联氨、调节 pH 值为 10.0～10.5 的除盐水。

锅炉化学清洗阶段的化学监督详见本章第五节。

第三节 机组启动阶段的化学监督

一、新建机组整套启动阶段的化学监督

（一）机组整套启动前的水冲洗

机组运输、安装期间，难免会产生一些金属腐蚀产物及灰尘等杂质，如果在锅炉启动时不排除这些杂质，就会在锅炉和汽轮机内沉积，为此规定启动前要进行水冲洗。水冲洗包括冷态水冲洗和热态水冲洗。冷态水冲洗就是在点火前，用化学除盐水（或凝结水）对有关热力设备及系统进行冲洗。因黏附在管壁上的残留杂质在冷态时很难被冲洗下来，而热态冲洗时水逐渐升温、升压，会把残留在管壁上的铁腐蚀物和硅化合物冲洗下来。因此，冷态水冲洗后还要进行热态水冲洗。

DL/T 889—2004《电力基本建设热力设备化学监督导则》水冲洗的要求如下：①凝结水和低压给水系统的冷态水冲洗。当凝结水及除氧器出口水含铁量大于 1000μg/L 时，应采取排放冲洗方式；当冲洗至凝结水及除氧器出口水含铁量小于 1000μg/L 时，可采取循环冲洗方式，投入凝结水处理装置运行，使水在凝汽器与除氧器间循环。当除氧器出口水含铁量降至小于200μg/L 后，凝结水系统、低压给水系统冲洗结束。无凝结水处理装置时，应采用换水方式，

冲洗至出水含铁量小于 100μg/L。②直流炉的高压给水系统至启动分离器间的冷态水冲洗。当启动分离器出口水含铁量大于 1000μg/L 时，应采取排放冲洗；小于 1000μg/L 时，将水返回凝汽器循环冲洗，投入凝结水处理装置除去水中铁。当启动分离器出口水含铁量降至小于 200μg/L 时，冷态水冲洗结束。③汽包炉的冷态水冲洗采取排放冲洗，由低压给水系统经高压给水系统至锅炉。当锅炉水含铁量小于 200μg/L 时，冷态水冲洗结束。④直流炉热态水冲洗。当启动分离器出口含铁量大于 1000μg/L 时，应由启动分离器将水排掉；当含铁量小于 1000μg/L 时，将水回收至凝汽器，并通过凝结水精处理装置进行净化处理，直至启动分离器出口水含铁量小于 100μg/L 时，热态水冲洗结束。⑤汽包炉热态水冲洗。汽包炉热态水冲洗依靠锅炉排污换水，一般冲洗至锅炉含铁量小于 200μg/L 时，热态水冲洗结束。⑥在冷态及热态水冲洗过程中，当凝汽器与除氧器间建立循环后，应投入凝结水泵出口加氨处理设备，控制冲洗水 pH 值为 9.0～9.5，以形成钝化体系，减少冲洗腐蚀。当凝汽器与启动分离器建立循环后，应投入给水泵入口加氨处理设备。调节冲洗水的 pH 值为 9.0～9.3。⑦在冷态及热态水冲洗的整个过程中，应监督给水、炉水、凝结水中的铁、二氧化硅及其 pH 值。⑧锅炉有过热器反冲洗设备时，在第一次点火前，应进行过热器反冲洗。未经化学清洗的过热器在机组启动前也应进行反冲洗。冲洗的除盐水应加氨调整 pH 值为 10.0～10.5，冲洗至出水无色透明。

下面以某 1000MW 超超临界机组启动前水冲洗为例进行介绍。

1. 冷态水冲洗

(1) 凝结水和低压给水系统的冷态水冲洗。2006 年 11 月 4 日开始对凝汽器进行水冲洗，从热井排放，并对热井进行清理；而后启动凝结水泵对凝结水系统按边排放、边冲洗的方式进行冲洗，排放点设在 5 号低压加热器出口，水冲洗流程为：补给水泵→凝汽器→凝结水泵→凝结水精处理旁路→轴封加热器→低压加热器→5 号低压加热器排放口；向除氧器上水，冲洗除氧器及除氧水箱，除氧器上水前进行严格清扫，然后进行排放式冲洗，通过除氧器溢放水管道到机组排水槽或疏水扩容器的排水管道排放。

当冲洗至凝结水及除氧器出口水含铁量小于 1000μg/L 时，采取循环冲洗方式。使水在凝汽器与除氧器间循环，并加入氨水调整冲洗水 pH 值 9.5 左右。11 月 5 日 9：40，冲洗至凝结水和除氧器出水含铁量分别为 399μg/L 和 86μg/L 时，开始向锅炉上水，进行下一冲洗步骤。

(2) 高压给水系统、锅炉本体的冷态水冲洗。启动电动给水泵，冲洗以边上水、边排放的方式进行。依次冲洗高压加热器、省煤器、水冷壁。利用系统设置的高压加热器出口，省煤器出口排放管道，将高压加热器、省煤器系统中的脏物冲出。然后向水冷壁上水，依次从水冷壁下联箱、分离器储水箱排放管道排放冲洗水。11 月 5 日水冲洗流量偏小，6 日凌晨整炉放水并再次上水，进行约 400t/h 的大流量冲洗。至 8：00 储水箱排水铁离子为 153.2μg/L 时，锅炉开始点火，进行热态冲洗。

水冲洗流程为：除氧水箱→给水泵→高压加热器→省煤器→水冷壁→启动分离器→疏水扩容器→机组排水槽。

2. 热态水冲洗

热态水冲洗采用排放式冲洗，即冲洗水从锅炉启动分离系统经疏水扩容器排放到机组排水槽。点火升温过程中，维持水冷壁最小循环流量为 25%～30% 锅炉最大连续蒸发量。11 月 6 日 17：00，炉水温度达到 150℃，调节冲洗排放水量为 100～300t/h，将水冷壁出口温度控制在 170℃ 左右，对锅炉进行热态冲洗。到 11 月 7 日 3：00，储水箱排水含铁量为 52.5μg/L

时，热态冲洗结束。冲洗过程中投用了除氧器加热辅助蒸汽，以除去冲洗水中的溶解氧并提高给水系统的冲洗水温度。

该机组冲洗时间短，冲洗耗水量是通常用水量的 1/3（冷、热态水冲洗共用水约 8500m³）。

（二）蒸汽吹管

锅炉过热器、再热器及其蒸汽管道系统的吹扫是新建机组投运前的重要工序，其目的是清除在制造、运输、保管、安装过程中留在过、再热器系统及蒸汽管道中的各种杂物（例如：砂粒、石块、旋屑、氧化铁皮等），防止机组运行中过、再热器爆管和汽轮机通流部分损伤，提高机组的安全性和经济性，并改善运行期间的蒸汽品质。蒸汽吹管所清洗的设备及管路系统比较复杂，化学清洗液不易排除干净，容易引起后患，利用蒸汽吹管比化学清洗要安全得多。

热态冲洗结束后，锅炉开始升温升压，锅炉压力达到 0.5MPa 时，应通知化学人员开通并冲洗炉水取样管线，如果取样管线堵塞，应采取措施及早疏通。锅炉达到吹管压力后，锅炉吹管工作开始。这一阶段应对锅炉给水、炉水、蒸汽质量进行监督。

1. 给水处理与监督

给水采用加氨调节 pH 值，利用联氨除氧。蒸汽吹管阶段应监督给水的含铁量、pH 值、硬度、二氧化硅等项目，其控制范围可参照表 4-6 执行。

表 4-6　　　　　　　　　　　　机组整套启动试运行给水质量标准

炉型	锅炉过热蒸汽压力（MPa）	铁（μg/L）	SiO_2（μg/L）	溶解氧（μg/L）	硬度（μmol/L）	pH 值（25℃）	联氨（μg/L）
直流炉	12.7～18.3	≤50	≤50	≤20	≈0	8.8～9.3（有铜系统）9.0～9.5（无铜系统）	10～50
	18.3～22.5	≤30	≤30	≤10			
	＞22.5	≤20	≤20	≤10			
汽包炉	≥12.7	≤80	≤60	≤30	≈0		

2. 炉水处理与监督

（1）汽包炉应采用磷酸盐处理，炉水 pH 值控制为 9～10，磷酸根含量应维持为 2～10mg/L。每次吹管前应检查炉水外观或含铁量。当炉水含铁量大于 1000μg/L 时，应加强排污；当炉水含铁量大于 3000μg/L 或炉水发红、浑浊时，应在吹管间歇以整炉换水方式降低其含量。

（2）直流炉吹管停歇时，直流炉中的水应采取凝汽器→除氧器→锅炉→启动分离器间的循环，进行凝结水处理，以保持水质正常。

（3）吹管结束后，以带压热炉放水方式排放锅炉水。应清理凝结水泵、给水泵滤网。排空凝汽器热水井和除氧器水箱内的水，清除容器内滞留的铁锈渣和杂物。

3. 蒸汽的监督

在吹管后期，应测定蒸汽中铁、SiO_2 的含量，并观察水样应清亮透明。

吹管结束，锅炉系统恢复正常后，锅炉应按要求进行防锈蚀保护。

（三）机组整套启动试运阶段的化学监督

1. 一般要求

（1）机组水汽取样分析装置具备投运条件。水样温度和流量应符合设计要求，能满足人工和在线化学仪表同时分析的要求。机组 168h 满负荷试运行时，在线化学仪表应投入运行。

（2）凝结水、给水和炉水自动加药装置应能投入运行，满足水质调节要求。

（3）除氧器投入运行，应使除氧器水达到运行参数的饱和温度，有足够的排汽，降低给水溶解氧量。

（4）汽轮机油在线滤油机应保持连续运行，去除汽轮机油系统和调速系统中的杂质颗粒和水分。

（5）没有凝结水处理设备的机组应储备有足够的锅炉补给水。

（6）设计为锅炉给水加氧处理的直流炉或汽包炉，在机组试运行期间给水应采用加氨和联氨处理。汽包炉炉水加磷酸盐处理。

（7）循环水加药系统应能投入运行，按设计或调整试验后的技术条件对循环水进行阻垢、缓蚀以及杀生灭藻处理。凝汽器胶球清洗系统应能投入运行。

（8）全厂闭式循环冷却水系统投入运行前应进行水冲洗，冲洗流量应大于运行流量，冲洗至排水清澈无杂质颗粒。闭式循环冷却水应是化学除盐水或凝结水。闭式循环冷却水系统防腐蚀处理可在冷却水中加入磷酸盐，磷酸根为 $100 \sim 150 mg/L$。

2. 给水质量要求

在机组整套启动试运行过程中，给水质量的控制应符合表 4-6 的规定。

3. 炉水质量要求

在机组整套启动试运行过程中，汽包炉应采取磷酸盐处理或全挥发处理，使炉水 pH 值维持靠上限运行，以降低蒸汽中 SiO_2 的含量。机组整套启动试运行时汽包炉炉水质量应符合表 4-7 的规定。

表 4-7　　　　　机组整套启动试运行汽包炉炉水质量标准

锅炉过热蒸汽压力（MPa）	处理方式	电导率（25℃）（μS/cm）	SiO_2（mg/L）	铁（μg/L）	磷酸根（mg/L）	pH 值（25℃）
12.7～15.6	磷酸盐处理	＜60	≤0.45	≤400	2～8	9～10
15.7～18.3	磷酸盐处理	＜50	≤0.25	≤300	0.5～3	9～10
	挥发性处理	＜20	≤0.2	≤300	—	9.0～9.5
＞18.3	挥发性处理	＜20	≤0.2	≤300	—	9.0～9.5

4. 蒸汽质量要求

机组整套启动试运行和 168h 满负荷试运行时的蒸汽质量应符合表 4-8 的规定。

表 4-8　　　机组整套启动试运行、168h 满负荷试运行时的蒸汽质量标准

炉型	锅炉过热蒸汽压力（MPa）	阶段	钠（μg/kg）	SiO_2（μg/kg）	铁（μg/kg）	铜（μg/kg）	氢电导率（25℃）（μS/cm）
汽包炉	12.7～18.3	带负荷试运行	≤20	≤60	—	—	≤1.0
		168h 满负荷运行	≤10	≤20	≤20	≤5	≤0.3
直流炉	12.7～18.3	带负荷试运行	≤20	≤30	—	—	—
		168h 满负荷运行	≤10	≤20	≤10	≤5	≤0.3
	18.4～25.0	168h 满负荷运行	≤5	≤15	≤10	≤5	≤0.3

当汽轮机蒸汽冲转时，蒸汽质量可允许暂时放宽至 SiO_2 含量≤100μg/kg，钠含量≤20μg/kg，但应采取措施，争取在短时间内使蒸汽质量达标。主要措施包括：①通过机组旁路运行方式，

投运凝结水精处理装置，进行水质净化。②锅炉加大排污，改善炉水品质。③疏水系统通常不参加锅炉清洗，也未经过冲洗，该系统很可能是一个污染源，因此，启动时不回收疏水，直到水质监督合格后方可回收。④配合相关部门，制订处理措施。化学人员应及时监督水质变化情况，若发现水质急剧恶化，经过 8h 处理，仍不见好转，应采取停炉处理。

机组并网带负荷运行后，当水汽品质满足正常运行阶段标准时，机组逐步升负荷。若升负荷过程中，水质不合格，则应停止升负荷，查明原因并采取相应措施，直至水质合格后，再逐步增加负荷，直至满负荷，完成各项试验且满足设计要求后，投入商业运行。

5. 汽包炉带负荷洗硅

蒸汽中硅化合物一方面来源于水滴携带，另一方面来源于溶解携带，且溶解携带量随蒸汽压力提高而急剧增加。当蒸汽压力为 10.78、15.19、18.62MPa 时，蒸汽中硅酸含量分别为炉水总含硅量的 1%、5%、10%，比单纯机械携带量大 100~1000 倍。因此，为了保证机组投运各阶段蒸汽 SiO_2 含量符合相关规范要求，在机组整套启动期间应进行"洗硅"运行。"洗硅"运行是大型新建机组启动过程中水汽品质调整的重要措施。

"洗硅"运行是在设备安装后，已经过设备内部清扫、冷热态冲洗、化学清洗、蒸汽吹管以及启动试运初期的换排水工作之后进行的程序。所谓"洗硅"运行，是从锅炉压力大于 5.88MPa 开始，由低到高逐步提高蒸汽压力，运行中通过采取一系列措施，使炉水含硅量符合相应压力下的允许值，保证相应压力下蒸汽的含硅量符合要求。

传统的"洗硅"运行，是在保证蒸汽含硅量满足要求的前提下，根据锅炉汽包压力与炉水允许含硅量的关系曲线（见图 4-3）进行。其工艺要点是：锅炉压力升至一个压力等级时，尽可能带该压力等级的最大负荷，由锅炉排污来调节炉水含硅量，使炉水含硅量在允许值内，保证蒸汽品质合格（$SiO_2 \leqslant 60\mu g/kg$）。如不能保持炉水含硅量在允许值内，则降压运行，增大锅炉排污，使炉水含硅量下降至高一个压力等级的炉水 SiO_2 允许值内再行升压。这种运行工况有许多局限性，"升压→升负荷（炉水浓缩）→降压→排污降低炉水含硅量"如此循环，耗时长，并消耗大量除盐水，影响工期，蒸汽含硅量仍很难达标。

为缩短"洗硅"运行时间，通过借鉴美

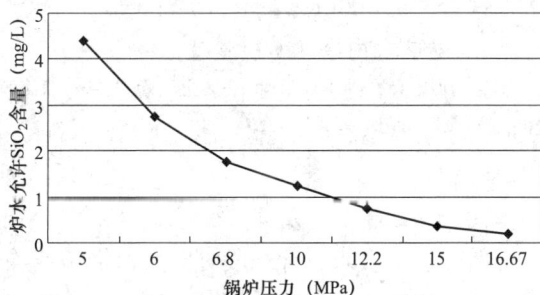

图 4-3 汽包压力与炉水允许含硅量的关系曲线

国和前苏联的经验，国内出现了碱化"洗硅"运行工艺，其工艺要点是：通过向炉水中加入 NaOH，提高炉水 pH 值，降低分子态硅酸在硅化物中的份额，从而降低蒸汽对硅化物的溶解携带量，而以硅酸盐形态存在的硅化物通过锅炉排污除去。

实践证明，碱化"洗硅"运行效果良好，可使蒸汽品质大大改善。此外，由于炉水 pH 值（10~10.5，最大不超过 10.8）控制适当，还可促进锅内金属表面保护膜的尽快形成，起到防腐作用。

6. 凝结水质量要求

设置有凝结水处理装置的机组，在机组整套启动试运行前，凝结水处理装置应具备投运条件，应保证凝结水处理设备可靠运行。在整套启动试运行阶段，为减少结垢物质、有害离子和金属腐蚀产物进入热力系统，减少热损失和纯水损失，应尽早投入凝结水处理装置。当机组带50%及以上负荷运行时应投入凝结水处理装置。

机组整套启动时，凝结水回收应以不影响给水质量为前提。回收的凝结水质量应符合表4-9的规定，但应采取措施使其在短时间内达到启动时给水质量的要求。

表 4-9 凝结水回收质量标准

外状	硬度 （μmol/L）	铁 （μg/L）	SiO₂ （μg/L）	铜 （μg/L）
无色透明	≤5.0	≤80	≤80	≤30

注 对于海滨电厂还应控制含钠量不大于80μg/L。

7. 锅炉补给水质量要求

机组整套启动试运行，锅炉补给水的质量以不影响给水质量为标准。补给水质量应符合表4-10的规定。

表 4-10 补 给 水 质 量 标 准

硬度 （μmol/L）	SiO₂ （μg/L）	电导率 （25℃，μS/cm）
≈0	≤20	≤0.2

8. 疏水监督

在机组整套启动试运行时，应严格注意疏水的监督和管理，特别是高、低压加热器及汽动给水泵等设备首次投入运行时，应注意对凝结水和疏水水质的影响。当高、低压加热器疏水含铁量大于400μg/L时，不应回收。

9. 发电机内冷却水质量要求

发电机内冷却水系统投入运行前应使用除盐水作运行流向的水冲洗。冲洗水的流量、流速应大于正常运行时的流量、流速（或执行厂家的规定），冲洗至排水清澈、无可见杂质，进、排水的pH值基本一致，电导率小于2μS/cm时为冲洗完成，终止冲洗。

10. 热化学试验及调整试验

新建机组投入运行一段时间后，锅炉或除氧器等应进行热化学试验或调整试验，以求取设备最优运行条件和水质控制标准。如除氧器效率低，给水溶解氧长期不合格，应考虑对除氧器结构及运行方式进行改进；如锅炉汽水分离装置效率低，则应考虑改变锅炉的运行方式，或者改装锅炉等。

11. 水汽质量劣化时的处理

机组带负荷试运行时，当水汽质量发生劣化，综合分析系统中水汽质量的变化，确认判断无误后，按照表4-11的处理要求，使水汽质量在允许的时间内恢复到标准值。

表 4-11 水汽质量发生劣化时的处理要求

水系统	项 目		标准值	处 理 值		
				一级	二级	三级
凝结水	氢电导率 （25℃，μS/cm）	有混床	≤0.2	0.20~0.35	0.35~0.60	>0.60
		无混床	≤0.3	0.30~0.40	0.40~0.65	>0.65

续表

水系统	项　　目		标准值	处　理　值		
				一级	二级	三级
凝结水	硬度 （μmol/L）	有混床	≈0	>2.0	—	—
		无混床	≤2.0	>2.0	>5.0	>20.0
给水	pH 值 （25℃）	有铜系统	9.0～9.5	<9.0 或>9.5	—	—
		无铜系统	8.8～9.3	<8.8 或>9.3	—	—
	氢电导率（25℃，μS/cm）		≤0.30	0.30～0.40	0.40～0.65	>0.65
	溶解氧（μg/L）		≤7	>7	>20	
炉水	pH 值 （25℃）	磷酸盐处理	9.0～10.0	9.0～8.5	8.5～8.0	<8.0
		挥发性处理	9.0～9.5	9.0～8.0	8.0～7.5	<7.5

注　1. 三级处理值的含义为：

　　一级处理值——有因杂质造成腐蚀、结垢、积盐的可能性，应在 72h 内恢复至标准值。

　　二级处理值——肯定有因杂质造成腐蚀、结垢、积盐的可能性，应在 24h 内恢复至标准值。

　　三级处理值——正在进行快速结垢、积盐、腐蚀，如水质不好转，应在 4h 内停炉。

　　在异常处理的每一级中，如果在规定的时间内不能恢复正常，则应采用更高一级的处理方法。对于汽包锅炉，恢复标准值的办法之一是降压运行。

　　2. 用海水冷却的电厂，当凝结水中的含钠量大于 400μg/L 时，应紧急停机。

　　当发现水汽质量劣化时，应执行水汽质量异常通知单制度。其工作流程为：①当水汽质量出现异常时，化学人员应立即对在线仪表数据进行核实，同时取样进行人工分析验证。②一旦确认水汽质量异常，化学人员（化学分场主任或专工等）应对照三级处理标准，填写水汽质量异常通知单，向值长汇报并提出处理意见。通知单应要求填写发生的时间、达到的程度、初步原因分析、应采取的措施、发现人等。③通知单由上述部门及个人签字，处理完毕由签发人签字验收，同时由技术监督工程师向上一级监督中心反映情况，以便作出进一步决策，防止设备损坏、事故扩大。

　　机组启动过程的水汽质量以及合格率等统计数据应会同监督报表一起上报给上一级化学监督部门（启动时间从机组并网 8h 计算，8h 以外计入运行数据）。基建阶段的化学监督原始记录应准确、完整。在设备移交试运行的同时，工程主管单位应向运行单位移交化学监督技术档案及相关的全部资料。

二、运行机组启动阶段的化学监督

　　机组投入商业运行后，应制订日常化学监督计划，并按照计划开展相关监督工作。通常包括：①水汽样品的定期分析计划；②实验室试剂的配制计划；③实验室仪表的维护与标定计划；④在线仪表的维护与标定计划等。

　　运行机组启动过程与新建机组基本相似，化学监督标准略有区别。

　　1. 水冲洗

　　机组启动前，同样需要进行冷态水冲洗和热态水冲洗，待含铁量合格后锅炉点火。

　　2. 机组整套启动时的水汽质量监督

　　锅炉升温升压后，及时对蒸汽进行取样分析，并严格执行机组启动时的水汽质量标准，蒸汽质量不合格不准并汽；凝结水、疏水质量不合格不准回收。

（1）蒸汽质量。机组并汽或汽轮机冲转前的蒸汽质量，可参照表 4-12 控制，并在机组并网后 8h 内达到正常运行时的标准值。

表 4-12　　　　　　　　　　　　　机组启动期间蒸汽质量标准

炉型	锅炉过热蒸汽压力（MPa）	氢电导率（25℃，（μS/cm）	二氧化硅（μg/kg）	铁（μg/kg）	铜（μg/kg）	钠（μg/kg）
汽包炉[①]	12.7～18.3	≤1	≤80	≤50	≤15	≤20
直流炉		—	≤30	≤50	≤15	≤20

① 锅炉过热蒸汽压力小于 12.7MPa 的汽包炉，各项指标可适当放宽，但最多不得超过 1.5 倍。

（2）给水质量。锅炉启动时，给水质量应符合表 4-13 规定，并在 8h 内达到正常运行时的标准。

表 4-13　　　　　　　　　　　　　机组启动时给水质量标准

炉型	锅炉压力（MPa）	硬度（μmol/L）	铁（μg/L）	溶解氧（μg/L）	二氧化硅（μg/L）
汽包炉[①]	12.7～18.3	≤5	≤75	≤30	≤80
直流炉		≈0	≤50	≤30	≤30

① 锅炉过热蒸汽压力小于 12.7MPa 的汽包炉，各项指标可适当放宽，但最多不得超过 1.5 倍。

（3）凝结水质量。机组启动时，按表 4-14 规定的标准开始回收凝结水。

表 4-14　　　　　　　　　　　　　机组启动时凝结水回收质量标准

外观	硬度（μmol/L）	铁（μg/L）	铜（μg/L）	二氧化硅（μg/L）
无色透明	≤10	≤80	≤30	≤80

（4）疏水质量。机组启动时，应严格监督疏水质量。当高、低压加热器的疏水含铁量小于 400μg/L 时，可回收。

汽轮机冲转后，及时分析凝结水水质，及时对整个水汽质量进行全面分析，尤其是对除氧器出口溶氧和省煤器入口溶氧的监督，通过调整除氧器运行工况以及调整加联氨量，使其尽快合格，避免出现除氧器至省煤器（含省煤器）之间热力设备的腐蚀问题。

机组并网前要对发电机氢气和内冷水进行化验，只有监控指标合格后，才允许机组并网。并网后应对炉水含硅量进行测量。如果炉水含硅量仍然高于监控指标，对于汽包炉来说应通过反复降压、加强排污等方式来进行"洗硅"。同时保证凝结水精处理装置的投入，不可忽视阴树脂的除硅作用。

机组并网带负荷运行后，当水汽品质满足正常运行阶段的相关标准时，机组方可逐步升负荷。若升负荷过程中，水质不合格，则应停止升负荷，查明原因并采取相应措施，直至水质合格后，再逐步增加负荷。

在机组每次启动过程中，化学人员应填写"机组启动水质分析报告单"。

第四节　机组停运阶段的化学监督

一、新建机组停运阶段的化学监督

新建机组停运阶段，应结合现场条件开展机组的停备用保养工作，并实施相应的监督与管理。新建机组在试运行阶段对热力设备的停用防腐蚀工作，应按 DL/T 956—2005《火力发电厂停（备）用热力设备防锈蚀导则》中的有关条款进行。

新建机组防锈蚀保护主要有以下方法。

（1）机组停运不超过 14 天时，可采用"热炉放水常压余热烘干法"保护。放水时应控制锅炉汽包上下壁温差不超过制造厂规定的允许值。在此条件下，应充分利用炉膛余热烘干受热面上的残留水分。放水后打开各部位的空气门和放水门，通过自然通风带走锅内的湿蒸汽。可能时，应辅以负压抽干或鼓入邻炉热风烘干。

（2）机组停运 14 天以上时，可选用下列方法对热力设备进行保护：①在除盐水中加入 200～300mg/L 联氨溶液，用氨水调整 pH 值为 10.0～10.5，充满热力设备进行湿法保护。宜辅助充入纯度大于 99.5%的氮气，维持氮气压力为 0.02～0.05MPa，密闭。应隔离铜管热交换器。②采用整炉充氮保护时，当气压降至 0.5MPa 时，在保持 0.3～0.5MPa 氮气压力的条件下，微开放水门，向热力设备内充入纯度大于 99.5%的氮气，利用氮气压力排尽锅炉水。维持氮气压力为 0.02～0.05MPa，密闭。③锅炉热炉放水后，向锅炉内充入气化后的气相缓蚀剂，待气相缓蚀剂分布均匀，检测排出气体中缓蚀剂浓度达到预定值后，密闭锅炉。④锅炉热炉放水后，向锅炉内充入干风进行保护，出口相对湿度应小于 50%。

（3）在机组停运过程中，也可加入适量成膜胺，采用成膜胺法对整个热力系统进行停用防锈蚀保护。

（4）冬季热力设备停用保护应采用充氮、气相缓蚀剂或成膜胺等干法保护。

（5）汽轮机停用期间应采用热风干燥等方法进行保护。

（6）凝汽器保护方法如下：①当循环水泵停止运行 3 天以上时应放尽凝汽器内的循环水。②当循环水泵停止运行时间较长时，应放尽凝汽器内的循环水，开凝汽器人孔门，用清水冲洗凝汽器管水侧，并用无油压缩空气将管内吹干。

二、运行机组停运阶段的化学监督

机组停运检修阶段的化学工作主要包括：①根据检修级别（大修、小修）制定检修期间化学工作计划，确定与水汽品质有关的化学检修项目和要求。②根据前次小修时水冷壁割管检查的垢量分析结果确定是否需要在本次大修时进行化学清洗。如锅炉需要化学清洗，应与清洗单位共同制订清洗方案与措施，报上级技术主管部门审批或备案，并监督清洗过程；清洗结束后，进行检查验收和评定。③对热力设备的腐蚀、结垢、积盐及沉积物情况进行全面检查与分析，做好详细记录与采样，并针对存在的问题提出整改措施与改进意见，组织编写机组检修化学监督检查报告。④热力设备的停备用保养及其监督。

（一）检修阶段

机组检修阶段，化学专业主要工作如下：①提出大修期间的化学检查大纲。②编制化学清洗方案。③采集垢样，进行化验，将记录留档。④参加热力设备、化学水处理设备及各类加药设备等的大修检查和验收。⑤及时分析有关管样和垢样。⑥编写大修化学检查报告。

⑦建立化学检查的技术档案。

1. 大修前的准备工作

（1）收集有关技术资料，准备检测仪器、工具、记录报表和设备图等。

（2）列出本次大修与化学有关的项目，如停用设备防锈蚀、化学清洗、锅炉受热面割管、凝汽器抽管、修改取样点位置等。对大修期间需更换的炉管，应事先进行化学清洗或其他处理。

（3）做好两次大修期间机组运行数据的分析，主要内容应包括：汽轮机监视段压力；凝汽器端差及真空；发电机水内冷系统阻力、流量的变化；机炉设备启停次数；设备停用防锈蚀率和防锈蚀合格率；主要水汽质量合格率；水汽损失率及锅炉排污率等。

（4）机组检修、设备解体之前，化学专业人员会同有关单位共同检查热力设备内部结垢、积盐情况，做好详细记录，采集必要样品进行分析，针对存在的问题提出改进意见，在化学人员检查前不得清除设备内部沉积物，也不得在此部位检修。

（5）对于经常发生漏泄的机组，除进行割管、抽管检查外，还应进行探伤检查。

2. 热力设备的化学检查

热力设备化学检查的目的是掌握发电设备的腐蚀、结垢或积盐等状况，建立有关档案；评价机组在运行期间所采用的给水、炉水处理方法是否合理，监控是否有效；评价机组在基建和停（备）用期间所采取的各种保护方法是否合适。对检查发现的问题或预计可能要出现的问题进行分析，提出改进方案和建议。

热力设备各部位的重点检查内容见表 4-15。

表 4-15　　　　　　　　　　　　　热力设备各部位的重点检查内容

部　　位		内　　容
锅炉设备	汽包	汽包内壁及内部装置腐蚀、结垢情况及主要特征；汽水分离装置完整情况；排污管、加药管是否污堵
	水冷壁	监视管段（不得少于 0.5m）内壁积垢、腐蚀情况；测量向、背火侧垢量及计算结垢速率，对垢样做成分分析；水冷壁进口下联箱内壁腐蚀及结垢情况
	省煤器	进口段及水平管下部氧腐蚀程度、结垢量、有无油污
	过热器及再热器	立式弯头处有无积水；腐蚀、积盐程度；腐蚀产物沉积情况，测其 pH 值
汽轮机及其辅机	汽轮机本体	目视各级叶片积盐情况，定性检测有无铜；调速级、中压缸第一级叶片有无机械损伤或麻点；中压缸一、二级围带氧化铁积集程度；检查每级叶片及隔板表面 pH 值（有无酸性腐蚀），计算单位面积盐量，对垢样做成分分析
	凝汽器管	凝汽器管外壁有无腐蚀或磨损减薄；内壁结垢、黏泥及腐蚀程度；有无泄漏点，胀口有无伤痕
	除氧器	内部有无腐蚀损坏，喷头有无脱落，填料有无布置不匀；给水箱底部有无沉积物，箱体有无腐蚀，防腐层是否完好
	高、低压加热器	吊芯有无腐蚀、泄漏，必要时抽管采垢样分析

化学检查中应做好记录，化学检查记录表参照 DL/T 1115—2009《火力发电厂机组大修化学检查导则》，对于检查过程中发现的异常情况应做详细的说明，并且尽量拍照，以便于问题的分析和处理。

3. 热力设备化学检查评价标准

热力设备腐蚀评价标准见表 4-16，结垢、积盐评价标准见表 4-17。

表 4-16　　　　　　　　　　　　　热力设备腐蚀评价标准

部　位		类　别		
		一类	二类	三类
省煤器、水冷壁、过热器、再热器		基本没腐蚀或点蚀深度<0.3mm	轻微均匀腐蚀[①]或点蚀深度 0.3～1mm	有局部溃疡性腐蚀或点蚀深度>1mm
汽轮机转子叶片、隔板		基本没腐蚀或点蚀深度<0.1mm	轻微均匀腐蚀或点蚀深度 0.1～0.5mm	有局部溃疡性腐蚀或点蚀深度>0.5mm
凝汽器管	铜管	无局部腐蚀，均匀腐蚀速率[①]<0.005mm/a	均匀腐蚀速率 0.005～0.02mm/a 或点蚀深度≤0.3mm	均匀腐蚀速率>0.02mm/a 或点蚀、沟槽深度>0.3mm 或已有部分管子穿孔
	不锈钢管[②]	无局部腐蚀，均匀腐蚀速率<0.005mm/a	均匀腐蚀速率 0.005～0.02mm/a 或点蚀深度≤0.2mm	均匀腐蚀速率>0.02mm/a 或点蚀、沟槽深度>0.2mm 或已有部分管子穿孔
	钛管[③]	无局部腐蚀，无均匀腐蚀	均匀腐蚀速率 0.0005～0.002mm/a 或点蚀深度≤0.01mm	均匀腐蚀速率>0.002mm/a 或点蚀深度>0.1mm

① 均匀腐蚀速率可用游标卡尺测量管壁厚度的减少量除以时间得出。

② 凝汽器管为不锈钢时，如果凝汽器未发生泄漏，一般不进行抽管检查。

③ 凝汽器管为钛管时，一般不进行抽管检查。

表 4-17　　　　　　　　　　　　热力设备结垢、积盐评价标准[①]

部位		类　别		
		一类	二类	三类
省煤器[①][②]		结垢速率[③]<40g/（m²·a）	结垢速率 40～80g/（m²·a）	结垢速率>80g/（m²·a）
水冷壁[①][②]		结垢速率<40g/（m²·a）	结垢速率 40～80g/（m²·a）	结垢速率>80g/（m²·a）
汽轮机转子叶片、隔板[③]		结垢、积盐速率[④]<1mg/（cm²·a）或沉积物总量<5mg/cm²	结垢、积盐速率 1～10mg/（cm²·a）或沉积物总量 5～25mg/cm²	结垢、积盐速率>10mg/（cm²·a）或沉积物总量>25mg/cm²
凝汽器管[③]		垢层厚度<0.1mm 或沉积量<8mg/cm²	垢层厚度 0.1～0.5mm 或沉积量 8～40 mg/cm²	垢层厚度>0.5mm 或沉积量>40mg/cm²

① 锅炉化学清洗后一年内省煤器和水冷壁割管检查评价标准：一类：结垢速率<80g/（m²·a），二类：结垢速率 80～120g/（m²·a），三类：结垢速率>120g/（m²·a）。

② 对于省煤器、水冷壁和凝汽器的垢量均指多根样管中垢量最大的一侧（通常为向火侧、向烟侧、汽轮机背汽侧、凝汽器管迎汽侧），一般用化学清洗法测量计算；对于汽轮机的垢量是指某级叶片局部最大的结垢量。

③ 取结垢、积盐速率或沉积物总量高者进行评价。

④ 计算结垢、积盐速率所用的时间为运行时间与停用时间之和。

4. 热力设备化学检查报告

大修期间化学检查报告，应按规定报送电厂管理部门和各省电科院的主管监督部门。报告内容应包括：两次大修期间机组运行的有关情况；曾发生的水汽异常情况；热力设备检查结果（包括各部位结垢速率、垢样成分分析等）以及综合评价、存在的主要问题、改进措施和建议。

（二）停（备）用阶段

热力设备在停（备）用期间，如果不采用有效的防锈蚀措施，往往会在短期内造成严重的腐蚀，缩短机组使用寿命，影响机组的安全运行。热力设备防锈蚀监督和工作制度为：停（备）用热力设备的防锈蚀保护措施应由当值值长组织实施，并实行操作票制度；化学专业应负责制订保护方案，检验防锈蚀药剂，进行加药和保护期间化学监督，并对保护效果进行检查、评价和总结；热机专业应负责防锈蚀设备和系统的安装、操作和维护，并建立操作台账。

1. 防锈蚀方法的选择原则

防锈蚀方法主要选择原则是：机组的参数和类型，机组给水、炉水处理方式，停（备）用时间的长短和性质，现场条件，可操作性和经济性。另外还应考虑下列因素：①停（备）用所采用的化学条件和运行期间的化学水工况之间的兼容性。②防锈蚀保护方法不会破坏运行中所形成的保护膜。③防锈蚀保护方法不应影响机组按电网要求随时启动运行。④有废液处理设施，废液排放应符合 GB 8978—1996 的规定。⑤冻结的可能性。⑥当地大气条件（例如海滨电厂的盐雾环境）。⑦所采用的保护方法不影响检修人员的安全和检修工作。

2. 防锈蚀方法分类

根据防锈蚀原理不同，防锈蚀方法可分为以下五类：①阻止空气进入热力设备水汽系统；②降低热力设备水汽系统的相对湿度；③加缓蚀剂；④除去水中的溶解氧；⑤使金属表面形成保护膜。

根据热力设备在停（备）用期间的防锈蚀所处状态不同，防锈蚀方法分为干法和湿法两大类。

3. 停（备）用期间化学监督

停（备）用期间化学监督内容包括：①防锈蚀保护用化学药品、气体等，在使用前，应对其纯度进行检测，防止有害杂质进入热力系统。②在防锈蚀保护过程中，应根据各防锈蚀方法的要求进行监督。监督项目和控制标准见表4-18。

表 4-18　　　　　　　　　　各种防锈蚀方法的监督项目和控制标准

防锈蚀方法	监督项目	控制标准	取样部位	其　　他
热炉放水余热烘干法	相对湿度	<70%或不大于环境相对湿度	空气门、疏水门、放水门	烘干过程每小时测定1次，停（备）用期间每周1次
负压余热烘干法	相对湿度			
邻炉热风烘干法	相对湿度			
干风干燥法	相对湿度	<50%	排气门	干燥过程每小时测定1次，停（备）用期间每48h测定1次
热风吹干法	相对湿度	不大于环境相对湿度	排气门	干燥过程每小时测定1次，停（备）用期间每周1次
气相缓蚀剂法	缓蚀剂浓度	>30g/m³	空气门、疏水门、放水门、取样门	充气过程每小时测定1次，停（备）用期间每周1次
氨、联氨钝化烘干法	pH值、联氨		水、汽取样	停炉期间每小时测定1次
氨水碱化烘干法	pH值		水、汽取样	停炉期间每小时测定1次
充氮覆盖法	压力、氮气纯度	0.03～0.05MPa；>98%	空气门、疏水门、放水门、取样门	充氮过程每小时记录1次氮压，充氮结束测定排气氮气纯度，停（备）用期间每班记录1次
充氮密封法	压力、氮气纯度	0.01～0.03MPa，>98%		

续表

防锈蚀方法	监督项目	控制标准	取样部位	其 他
氨水法	氨含量	500～700mg/L	水、汽取样	充氨液时每 2h 测定 1 次，保护期间每天分析 1 次
氨-联氨法	pH 值、联氨含量	pH 值 10.0～10.5；联氨≥200mg/L	水、汽取样	充氨-联氨溶液时每 2h 测定 1 次，保护期间每天分析 1 次
成膜胺法	pH 值、成膜胺含量	pH 值 9.0～9.6；成膜胺使用量由供应商提供	水、汽取样	停机过程测定
蒸汽压力法	压力	>0.5MPa	锅炉出口	每班记录 1 次
给水压力法	压力、pH 值、溶解氧、氢电导率	压力值 0.5～1.0MPa；满足运行 pH、溶解氧、氢电导率要求	水、汽取样	每班记录 1 次压力，分析 1 次 pH 值、溶解氧、氢电导率

4. 停（备）用防锈效果的评价

根据机组启动时水汽质量和热力设备腐蚀检查结果评价停用保护效果。保护效果良好的机组在启动过程中，冲洗时间短，水汽质量在很短时间内即符合 GB/T 12145—2016《火力发电机组及蒸汽动力设备水汽质量》的要求；机组检修期间，应对重要热力设备进行腐蚀检查，如对锅炉受热面进行割管检查，对汽包、除氧器、凝汽器、高压加热器、低压加热器、汽轮机低压缸进行目视检查，这些部位应无明显停用腐蚀现象。应将检查结果与上次检查结果和其他机组检查结果相比较，完善停用保护措施。

第五节 锅炉化学清洗阶段的化学监督

锅炉化学清洗就是用某些化学药品的水溶液，通过一定的清洗工艺，清除锅炉水汽系统中的腐蚀产物、沉积物和污染物，保持锅炉受热面的内表面清洁、并在金属表面形成良好的保护性钝化膜。锅炉的化学清洗现已成为保证锅炉安全运行的重要措施之一。

锅炉化学清洗期间，业主的化学监督职责主要包括：①审核化学清洗实施单位、化学清洗技术负责人和化验员是否符合规定。②负责组织相关单位和部门对清洗方案进行审核，批准清洗方案。③负责对清洗用化学药品的数量进行检查和记录，对药品的检测质量报告进行监督审核。④负责对清洗前后腐蚀指示片称重进行监督，记录腐蚀指示片的编号和称量结果，计算腐蚀指示片的腐蚀量和腐蚀速率。⑤提供清洗用监视管的管样，参与酸洗前后监视管的表面检查和记录。⑥化学清洗前，负责组织清洗单位和有关部门进行系统隔离情况检查。⑦负责对清洗期间的清洗剂浓度、pH 值、Fe^{3+}、Fe^{2+}等参数的化验进行监督。⑧清洗结束后，参加割管检查过程，监督残余垢量的测量过程，并保留部分割取的管样。⑨负责对化学清洗排放水进行化验和监督。⑩负责组织相关单位和部门对清洗效果进行检查和评定。

一、化学清洗范围

1. 新建锅炉的清洗范围

（1）直流炉和过热蒸汽出口压力为 9.8MPa 及以上的汽包炉，在投产前必须进行化学清洗；压力在 9.8MPa 以下的汽包炉，当垢量小于 $150g/m^2$ 时，可不进行酸洗，但必须进行碱洗或碱煮。

（2）再热器一般不进行化学清洗。出口压力为 17.4MPa 及以上机组的锅炉再热器可根据情况进行化学清洗，但必须有消除立式管内的气塞和防止腐蚀产物在管内沉积的措施，应保持管内清洗流速在 0.2m/s 以上。

（3）过热器垢量大于 100g/m² 时，可选用化学清洗，但应有防止立式管产生气塞和腐蚀产物在管内沉积的措施，并应进行应力腐蚀试验，清洗液不应产生应力腐蚀。

（4）机组容量为 200MW 及以上新建机组的凝结水及高压给水系统，垢量小于 150g/m² 时，可采用流速大于 0.5m/s 的水冲洗；垢量大于 150g/m² 时，应进行化学清洗。机组容量为 600MW 及以上机组的凝结水及给水管道系统至少应进行碱洗，凝汽器、低压加热器和高压加热器的汽侧及其疏水系统也应进行碱洗或水冲洗。

2. 运行锅炉的清洗范围

运行锅炉是否需要进行化学清洗，主要根据机组运行年限和水冷壁向火侧结垢量确定。

（1）在大修时或大修前的最后一次检修时，应割取水冷壁管，测定垢量。当水冷壁管内的垢量达到表 4-19 规定的范围时，应安排化学清洗。当运行水质和锅炉运行出现异常情况时，经过技术分析可安排清洗。

表 4-19　　　　　　　　　　　　　运行锅炉化学清洗的条件

锅炉类型	汽 包 炉				直流炉
主蒸汽压力（MPa）	<5.9	5.9~12.6	12.7~15.6	>15.6	—
垢量（g/m²）	>600	>400	>300	>250	>200
清洗间隔年限（a）	10~15	7~12	5~10	5~10	5~10

注　表中的垢量是指在水冷壁管垢量最大处、向火侧 180°部位割管取样测量的垢量。

（2）以重油和天然气为燃料的锅炉和液态排渣炉，应按表 4-19 中规定提高一级参数锅炉的垢量确定化学清洗，一般只需清洗锅炉本体。蒸汽通流部分的化学清洗，应按实际情况决定。一旦发生因结垢而导致水冷壁管爆管或蠕胀时，应立即进行清洗。

（3）当锅炉清洗间隔年限达到表 4-19 规定的条件时，可酌情安排化学清洗。

（4）当过热器、再热器垢量超过 400g/m²，或者发生氧化皮脱落造成爆管事故时，可进行酸洗。但应有防止晶间腐蚀、应力腐蚀和沉积物堵管的技术措施。

二、化学清洗条件及要求

（1）在制订化学清洗施工方案及现场清洗措施时，除应符合相关的标准外，还应符合与设备相关的技术条件或规范，以及业主和施工方共同签订的或合同规定的其他技术要求。

（2）清洗介质及参数的选择，应根据垢的成分，锅炉设备的构造、材质等，通过试验确定。选择的清洗介质在保证清洗及缓蚀效果的前提下，应综合考虑其经济性及环保要求等因素。

（3）为减少清洗介质对被清洗设备的腐蚀，清洗液的最大浓度应由试验确定，并应选择合适的酸洗缓蚀剂。

（4）清洗流速。①清洗介质的流速应控制在该缓蚀剂所允许的范围内。②循环清洗宜维持炉管中清洗介质的流速为 0.20~0.50m/s，最高不应大于 1m/s。③开式清洗宜维持炉管中清洗介质的流速为 0.15~0.50m/s，最高不应大于 1m/s。④浸泡清洗时，为提高清洗效果，宜在锅炉底部通入氮气鼓泡，增加扰动。

（5）清洗液温度。①无机酸的清洗温度应控制在 45～95℃。其中，盐酸、氨基磺酸的清洗温度宜控制在 50～60℃；硫酸的清洗温度宜控制在 45～55℃；磷酸的清洗温度宜控制在 80～95℃。②柠檬酸、羟基乙酸的清洗温度应控制在 85～95℃。③采用 EDTA 清洗时，运行锅炉清洗温度宜控制在 120～140℃；基建锅炉清洗温度可控制在 85～95℃。

（6）必要时，可向清洗液中添加还原剂，如异抗坏血酸钠、联氨等，控制清洗液中 Fe^{3+} 浓度小于 300mg/L。

（7）当垢中含铜量大于 5% 时，应有防止金属表面镀铜的措施。

（8）清洗奥氏体不锈钢时，选用的清洗介质、缓蚀剂和其他清洗助剂，其 Cl^-、F^- 等杂质含量应小于 0.005%；同时还应进行应力腐蚀和晶间腐蚀试验，清洗液不应产生应力腐蚀和晶间腐蚀。

（9）严禁用废酸液清洗锅炉。

常用清洗工艺、介质、控制条件及监督要求见表 4-20。

表 4-20　　　　　　　　　　　　常用化学清洗条件及监督要求

工艺名称	步骤	酸洗	水冲洗	漂洗	钝化
盐酸清洗	介质	盐酸（4%～7%）+缓蚀剂（0.3%～0.4%）	除盐水循环排空冲洗方式，酸洗液及冲洗水排放均用氮气顶排	0.1%～0.3% 柠檬酸+0.1%缓蚀剂，加氨水调节 pH 值	300～500mg/L 联氨或过氧化氢，加氨水调节 pH 值
盐酸清洗	控制条件	温度为 50～60℃；流速为 0.2～1.0m/s；时间为 4～6h	冲洗终点 pH>4.0，全铁≤50mg/L；氮气纯度>99.5%，N_2 顶排压力：0.049MPa	pH 值为 3.5～4.0；温度宜维持在 50～80℃。循环 2h 左右	联氨钝化：用氨水调 pH 值至 9.5～10；温度 90～95℃；时间>24h 过氧化氢钝化：pH 值为 9.5～10；温度为 45～55℃；时间为 4～6h
盐酸清洗	测试项目	酸度、含铁量	pH 值、含铁量、电导率	柠檬酸、pH 值、含铁量、温度	浓度、pH 值、温度
柠檬酸清洗	介质	柠檬酸（2%～8%）+缓蚀剂（0.3%～0.4%）（用氨水调节 pH 值）	冲洗方式：采用热水顶出系统中的酸洗废液，然后采用排放和循环交替的方法进行冲洗	0.1%～0.3% 柠檬酸+0.1%缓蚀剂，加氨水调节 pH 值	300～500mg/L 联氨，加氨水调节 pH 值
柠檬酸清洗	控制条件	温度为 85～95℃；时间≤24h；流速为 0.3～1.0m/s；pH 值为 3.5～4	冲洗终点 pH>4.5，全铁≤50mg/L	pH 值 3.5～4.0；时间 2～4h；温度 80～90℃	用氨水调 pH 值至 9.5～10；温度 90～95℃；时间>24h
柠檬酸清洗	测试项目	酸度、含铁量	pH 值、含铁量、电导率	柠檬酸、pH 值、含铁量、温度	浓度、pH 值、温度
高温 EDTA 铵盐清洗	介质	EDTA（4%～10%）+缓蚀剂（0.3%～0.5%）			
高温 EDTA 铵盐清洗	控制条件	pH 值为 8.5～9.5，末期 pH 值为 9.5；残余 EDTA 为 0.5%～1%；温度为 120～140℃，时间≤24h；流速≥0.3m/s；维持 6～10t/h 排汽量			
高温 EDTA 铵盐清洗	测试项目	EDTA 浓度、pH 值、含铁量			
碱处理热态成膜洗硅及氧化成膜	控制条件	在炉水电导率为 20μS/cm 以下，SiO_2 为 2mg/L 的炉水中加入 100～200g NaOH，将炉水 pH 值调整为 10.3～10.8，进行热态造膜除硅；对于直流炉则以 NH_4OH 代替 NaOH，并适当提高 N_2H_4 用量，使 pH 值为 9.5 左右成膜			

三、化学清洗效果的评价

评价锅炉化学清洗效果的质量指标如下：

（1）清洗后的金属表面应清洁，基本上无残留氧化物和焊渣，不应出现二次锈蚀和点蚀，不应有镀铜现象。

（2）用腐蚀指示片测量的金属平均腐蚀速度应小于 $8g/(m^2 \cdot h)$，腐蚀总量应小于 $80g/m^2$。

（3）运行炉的除垢率不小于 90% 为合格，除垢率不小于 95% 为优良。

（4）基建炉的残余垢量小于 $30g/m^2$ 为合格，残余垢量小于 $15g/m^2$ 为优良。

（5）清洗后的设备内表面应形成良好的钝化保护膜。

（6）固定设备上的阀门、仪表等不应受到腐蚀损伤。

第五章　电厂燃煤化学监督

第一节　电厂燃煤基础知识

一、煤的形成

我国火电厂的电力生产主要依靠燃料燃烧取得热能后转化为电能。燃料费用约占火电厂生产成本的 70%，所以煤在火电厂中占有特殊重要的地位。

煤是主要的一次能源，它是由古代植物形成的。植物分低等植物和高等植物两大类。在地球上储量最多的煤由高等植物形成，统称为腐殖煤，即现代被广泛使用的褐煤、烟煤和无烟煤等。高等植物的有机化学组成主要为纤维素和木质素，此外还有少量蛋白质和脂类化合物等；无机化学组成主要为矿物质。古代丰茂的植物随地壳变动而被埋入地下，经过长期的细菌生物化学作用以及地热高温和岩层高压的成岩、变质作用，使植物中的纤维素、木质素发生脱水、脱一氧化碳、脱甲烷等反应，而后逐渐成为含碳丰富的可燃性岩石，这就是煤。该过程称为煤化作用，它是一个增碳的碳化过程。根据煤化程度的深浅、地质年代长短以及含碳量多少可将煤划分为泥炭、褐煤、烟煤和无烟煤四大类。

二、煤的组成及分析项目

（一）煤的组成

在工业上常将煤的组成划分为工业分析组成和元素分析组成两种，了解这两种组成就可以为煤的燃烧提供基本数据。工业分析组成是用工业分析法测出的煤的不可燃成分和可燃成分。工业分析法简单易行，它采用了常规重量分析法，以重量百分比计量各组成，得到可靠的煤质百分组成。这有利于统一煤质计量、煤种划分、煤质评估、用途选择、商品计价等。元素分析组成是用元素分析法测出煤中的化学元素组成，该组成可表示出煤中某些有机元素的含量。元素分析结果对煤质研究、工业利用燃烧炉设计、环境质量评价都是极为有用的资料。

工业分析组成包括水分、灰分、挥发分和固定碳四种成分，这四种成分的质量百分含量之和为 100。元素分析组成包括碳、氢、氧、氮和硫五种元素，这五种元素加上水分和灰分，其质量百分含量之和也是 100。

必须指明：工业分析组成并不是煤中原有组成，而是在一定条件下，用加热的方法，将煤中原有的组成加以分解和转化而得到的成分，可用普通的化学分析方法去分析化验。例如，灰分的多少虽可以说明煤中矿物质的含量，但灰分与煤中原有的矿物质是有区别的，它是煤在（815±10）℃下燃烧后的残留物，是煤中矿物质的转化产物；挥发分是煤在（900±10）℃和隔绝空气的条件下分解出来的气态有机物质；固定碳是煤逸出挥发分后剩余的固态有机物质。以上所述物质与煤中原有的环状结构高分子有机物都是截然不同的，它们仅是煤中有机组成在一定条件下的转化产物，所以具有一定的规范性。

（二）煤的分析项目

1. 工业分析

工业分析的项目包括测定煤的水分（M）、灰分（A）、挥发分（V）和计算固定碳（FC）。

其中水分代表煤中水分的含量，灰分代表矿物质的含量。从水分、灰分的数据可初步判断煤中有机质含量（有机质=100–水分–灰分）；这项分析对煤燃烧过程的稳定性和经济性都有直接的参考价值。

2. 元素分析

元素分析就是测定组成煤中有机物的碳、氢、氧、氮、硫等元素的含量，以上五种元素的含量与水分、灰分合计为100。这五种元素的含量是用一定的化学方法将其组分的高分子化合物分解转化而得的。至于煤中可能存在的微量可分解燃烧元素可忽略不计。

三、发电用煤的特性指标

除了煤的工业分析和元素分析外，作为发电用煤，还需确定与煤的燃烧性质有关的部分特性指标。主要特性指标的定义及其符号如下。

1. 发热量

发热量是指单位质量的煤完全燃烧时释放出的热量，符号为 Q，计量单位为 J/g 或 MJ/kg。电力生产是将煤炭燃烧释放的热能转化为电能，转化的效率直接与煤炭自身具有的燃烧热相关，同时，发电用煤采用发热量计价，因此发热量这一指标是发电用煤质量评价与应用的最重要的指标。

煤的发热量影响锅炉运行安全与经济指标。煤的发热量与锅炉的理论空气量、理论干烟气量和湿烟气量，以及理论燃烧温度有关。煤的发热量降低，则同样的锅炉负荷所用的实际煤量增大，而对于直吹式制粉系统，输送煤粉所需的一次风量也相应增加，导致理论燃烧温度和炉内的温度水平下降，使煤粉气流的着火延迟，燃烧稳定性变差，影响煤粉的燃尽；煤的发热量降低同时会使锅炉排烟温度升高，增加排烟热损失；煤的发热量降低还可能导致锅炉熄火等严重事故的发生。

2. 可磨性

煤的可磨性是指在规定条件下，煤研磨成粉的难易程度。其表征煤在研磨机械内磨成粉状时，其表面积的改变与消耗机械能之间的关系的一种性质，常用哈德格罗夫可磨性指数表示，由哈德格罗夫提出的煤研磨成粉难易程度的量度，即在规定的条件下，一定粒度的煤用哈氏可磨性测定仪研磨后，与小于 0.071mm 粒度的试样量相对应的可磨性指数表示。又称哈氏可磨性指数，符号为 HGI，HGI 是设计和选用磨煤机的重要依据。

3. 细度

煤粉细度是指煤粉经过专用筛子筛分后，残留在筛子上的煤粉质量占筛分前煤粉总质量的百分值。煤粉细度符号为 R_x，下标为标准筛的孔径。在一定的燃烧条件下，它对磨煤能量耗损和燃烧过程中的热损失有较大的影响。

4. 灰熔融性

灰熔融性是指在规定的条件下，煤灰锥试样随加热温度升高而出现变形、软化、呈半球状和流动等特征的物理状态。根据其形态变化而规定四个特征温度，即变形温度、软化温度、半球温度和流动温度，符号分别为 DT、ST、HT 和 FT，单位为℃。煤灰是煤中可燃物质燃尽后的残留物，它由多种矿物质转化而成，没有确定的熔点。当煤灰受热时，它由固态逐渐向液态转化而呈塑性状态，其黏塑性随温度而异。灰熔融性就是表征煤灰在高温下转化为塑性状态时，其黏塑性变化的一种性质。煤灰在塑性状态时，易粘在金属受热面或炉墙上，阻碍热传导，破坏炉膛的正常燃烧工况。所以，煤灰熔融性是关系锅炉设计、安全经济运行等方面的重要性质。

5. 密度

煤的密度常用真相对密度、视相对密度和堆密度表示。煤的真相对密度是指在 20℃时煤（不包括煤的孔隙）的质量与同体积水的质量之比，符号为 TRD，无量纲；煤的视相对密度是指在 20℃时煤（包括煤的孔隙）的质量与同体积水的质量之比，符号为 ARD，无量纲。煤的堆密度是指在规定条件下，单位体积散状煤的质量，单位为 t/m^3。

在涉及煤的体积和质量关系的各种工作中，都需要知道密度这一参数。真相对密度用于煤质研究、煤的分类、选煤或制样等工作；视相对密度用于煤层储量的估算；而堆密度在火电厂中，主要用于计算进厂商品煤装车量以及煤场盘煤。

6. 着火温度

煤的着火温度是指煤释放出足够的挥发分与周围大气形成可燃混合物的最低燃烧温度，单位为℃，无法定符号。它的测定具有规范性，使用不同的试验方法，对同一煤样，着火温度会不同。着火温度与煤的风化、自燃、燃烧、爆炸等有关，所以它是一项涉及安全的指标。

四、煤的分析基准

煤质分析的各项成分，通常用规定的符号表示，见表 5-1。

表 5-1　　　　　　　　　　　　　煤质分析中各项成分符号表

名称	工　业　分　析				元　素　分　析					发热量
	水分	灰分	挥发分	固定碳	碳	氢	氧	氮	硫	
符号	M	A	V	FC	C	H	O	N	S	Q

由于煤质存在的形态不同，或试验时的条件和方法不同，仅用表 5-1 中简单的符号还不能说明其含义，如煤中的水分有内在水分和外在水分两种存在形态，只用 M 表示无法将它们区分开来，所以需要用脚注加以区分，见表 5-2。

表 5-2　　　　　　　　　　　　　煤质分析常用的角注符号

名称	水　分		硫					碳	发　热　量		
	外在水分	内在水分	硫化铁硫	有机硫	可燃硫	硫酸盐硫	全硫	固定碳	弹筒发热量	高位发热量	低位发热量
符号	M_f	M_{inh}	S_p	S_o	S_c	S_s	S_t	FC	Q_b	Q_{gr}	Q_{net}

由煤的组成成分的划分可见，煤中总是或多或少存在着不可燃的部分，而其中的水分受环境条件影响大，容易自然损失。一批煤炭出矿与到达用户时，水分含量会有所变化，而其他组分的绝对数量变化不大。因此比较不同状态下的煤炭，需要剔除某些随外界条件而改变的成分，形成新的成分组合。这种按照煤存在的状态或者根据需要而规定的成分组合称为基准。在任一给定的基准条件下，都将此时的考察对象视为一个整体，各约定组分的质量分数之和仍为 100%。因此，采用的基准不同，组分的质量分数值大小也不同。

基准的划分种类较多，电力用煤常用基准有四种。

（1）收到基。以收到状态的煤为基准，用符号 ar 表示。

（2）空气干燥基。与空气湿度达到平衡状态的煤为基准，用 ad 表示。

（3）干燥基。以假想无水状态的煤为基准，用 d 表示。

（4）干燥无灰基。以假想无水、无灰状态的煤为基准，用 daf 表示。

以煤的工业分析和元素分析组成为例，不同基准下各组成成分间的关系见表 5-3。

表 5-3　　　　　　　　　　　　　不同基准下各组成成分之间的关系

基　准	表　达　式	基　准	表　达　式
收到基	$M_{ar}+A_{ar}+V_{ar}+FC_{ar}=100$	干燥基	$A_d+V_d+FC_d=100$
	$C_{ar}+H_{ar}+N_{ar}+S_{ar}+O_{ar}+A_{ar}+M_{ar}=100$		$C_d+H_d+N_d+S_d+O_d+A_d=100$
空气干燥基	$M_{ad}+A_{ad}+V_{ad}+FC_{ad}=100$	干燥无灰基	$V_{daf}+FC_{daf}=100$
	$C_{ad}+H_{ad}+N_{ad}+S_{ad}+O_{ad}+A_{ad}+M_{ad}=100$		$C_{daf}+H_{daf}+N_{daf}+S_{daf}+O_{daf}=100$

从基准的定义可以看出，对于同一批煤，各成分指标的表达方式有许多，选取的基准不同时，各成分的数值也不相同。煤的各种成分及其基准之间的关系，可用图 5-1 表示。

煤的分析结果只有标明基准才有可比性，才能正确地反映煤质。例如，若要确定煤中矿物质的含量，计算煤的干燥基灰分（A_d）比计算其收到基灰分（A_{ar}）更合适，这样就可以避免因水分变化引起灰分值的误差。同样的道理，对于煤中的可燃成分，如挥发分，按干燥无灰基计算则更能反映煤质好坏，因为煤的水分和灰分的改变，

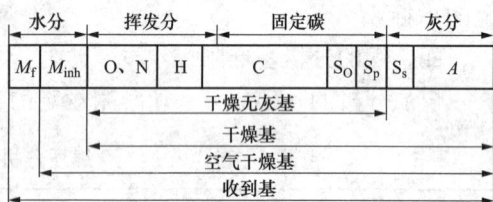

图 5-1　煤的成分与基准之间的关系

不会影响干燥无灰基挥发分值，所以在实际工作中凡涉及煤的可燃成分，多使用干燥无灰基。因此，在煤的分类中，多用 V_{daf} 这一指标为依据，在元素分析中对各元素含量的计算也采用干燥无灰基较合理，对热效率计算所涉及的项目以收到基为基准较符合实际。

要特别注意，在计算时不能将不同基准、同一组成的结果直接相加或相减。分析结果要从一种基准换算到另一种基准时，必须进行换算。

换算公式如下：

$$Y=KX_0$$

式中：X_0 为按原基准计算的某一组成含量的百分比；Y 为按新基准计算的同一组成含量的百分比；K 为基准换算比例系数。

基准换算比例系数 K 见表 5-4。

表 5-4　　　　　　　　　　　　　不同基准换算比例系数

X_0 ＼ Y	收到基	空气干燥基	干燥基	干燥无灰基
收到基	1	$\dfrac{100-M_{ad}}{100-M_{ar}}$	$\dfrac{100}{100-M_{ar}}$	$\dfrac{100}{100-M_{ar}-A_{ar}}$
空气干燥基	$\dfrac{100-M_{ar}}{100-M_{ad}}$	1	$\dfrac{100}{100-M_{ad}}$	$\dfrac{100}{100-M_{ad}-A_{ad}}$
干燥基	$\dfrac{100-M_{ar}}{100}$	$\dfrac{100-M_{ad}}{100}$	1	$\dfrac{100}{100-A_d}$

续表

X_0 \ Y	收到基	空气干燥基	干燥基	干燥无灰基
干燥无灰基	$\dfrac{100-M_{ar}-A_{ar}}{100}$	$\dfrac{100-M_{ad}-A_{ad}}{100}$	$\dfrac{100-A_d}{100}$	1

五、煤炭分类

（一）中国煤炭分类

煤的种类繁多，性质各异，不同种类的煤各有不同的用途。例如，炼焦用煤要求有良好的黏结性；气化用煤要求低灰低硫；动力用煤要求高挥发分、高发热量等。为了合理地开发煤炭资源，便于选择工业利用途径，有效地进行科学管理以及商品计价等，应将煤进行分类。煤的分类综合考虑了煤的形成、变质、各种特性以及用途等确定的，根据煤的分类表就可按照需要选用合适的煤种。煤的分类方案很多，不同的国家或不同的利用途径，有各自的分类要求。GB/T 5751—2009《中国煤炭分类》中包括全部褐煤、烟煤和无烟煤的工业技术分类标准。其各类煤的划分比较合理，分类指标简单明了，同一类煤的性质基本接近，便于各工业部门选择利用。我国煤炭分类见表5-5。

表 5-5 我国煤炭分类

类 别	代 号	编 码	分类指标					
			V_{daf}（%）	G	Y（mm）	b（%）	P_M（%）	$Q_{gr,maf}$
无烟煤	WY	01，02，03	≤10.0					
贫煤	PM	11	>10.0～20.0	≤5				
贫瘦煤	PS	12	>10.0～20.0	>5～20				
瘦煤	SM	13，14	>10.0～20.0	>20～65				
焦煤	JM	24 15，25	20.0～28.0 10.0～28.0	>50～65 >65	≤25.0	≤150		
肥煤	FM	16，26，36	10.0～37.0	>85	>25.0			
1/3 焦煤	1/3JM	35	>28.0～37.0	>65	≤25.0	≤220		
气肥煤	QF	46	>37.0	>85	>25.0	>220		
气煤	QM	34 43，44，45	>28.0～37.0 >37.0	>50～65 >35	≤25.0	≤220		
1/2 中黏煤	1/2ZN	23，33	>20.0～37.0	>30～50				
弱黏煤	RN	22，32	>20.0～37.0	>5～30				
不黏煤	BN	21，31	>20.0～37.0	≤5				
长焰煤	CY	41，42	>37.0	≤35			>50	
褐煤	HM	51 52	>37.0 >37.0				<30 >30～50	<24

注 V_{daf} 为干燥无灰基挥发分；$G_{R.I}$ 为黏结指数；Y 为胶质层最大厚度；b 为奥阿膨胀度；P_M 为透光率；$Q_{gr,maf}$ 为恒湿无灰基高位发热量。

（二）发电煤粉锅炉用煤技术条件

发电煤粉锅炉用煤技术条件按无烟煤锅炉、贫煤锅炉、烟煤锅炉、褐煤锅炉分别进行划分，其技术要求见表 5-6。

表 5-6　　　　　　　　　　　　　　煤粉锅炉用煤的技术要求

项目	符号	单位	技 术 要 求			
			无烟煤锅炉	贫煤锅炉	烟煤锅炉	褐煤锅炉
挥发分	V_{daf}	%	>6.50～10.00	>10.00～20.00	>20.00～28.00 >28.00～37.00 >37.00	>37.00
发热量	$Q_{net,ar}$	MJ/kg	>24.00 >21.00～24.00	>24.00 >21.00～24.00 >18.50～21.00	>24.00 >21.00～24.00 >18.00～21.00 >16.50～18.00	>18.00 >14.00～18.00 >12.00～14.00
灰分	A_d	%	≤20.00 >20.00～30.00	≤20.00 >20.00～30.00 >30.00～40.00	≤10.00 >10.00～20.00 >20.00～30.00 >30.00～40.00	≤10.00 >10.00～20.00 >20.00～30.00
全水分	M_t	%	≤8.0 >8.0～12.0	≤8.0 >8.0～12.0	≤8.0 >8.0～12.0 >12.0～20.0	≤30.0 >30.0～40.0 >40.0
全硫	$S_{t,d}$	%	≤1.00 >1.00～2.00 >2.00～3.00	≤1.00 >1.00～2.00 >2.00～3.00	≤1.00 >1.00～2.00 >2.00～3.00	≤0.50 >0.50～1.00 >1.00～1.50
煤灰熔融性软化温度	ST	℃	>1450 >1350～1450 >1250～1350	>1450 >1350～1450 >1250～1350	>1450 >1350～1450 >1250～1350 >1150～1250	>1350 >1250～1350 >1150～1250
哈氏可磨性指数	HGI	—	>60 >40～60	>80 >60～80	>80 >60～80 >40～60	—

发电煤粉锅炉用煤的技术要求可以用于新建锅炉设计与校核煤种的级别划分，对于电厂运行中煤炭质量的控制也有一定的指导意义。

六、电厂燃煤化学监督工作流程和内容

（一）燃煤化学监督工作流程

随着煤炭市场的进一步放开，火电厂燃煤供应出现煤量多、品种杂、杂质多、粒度范围大等特点，不仅增加了煤质监督的工作量和难度，而且还潜在危及锅炉安全经济运行的因素。因此，加强燃煤化学监督工作十分重要。

火电厂燃煤化学监督工作流程如图 5-2 所示。

（二）燃煤质量监督的内容

燃煤质量监督是指火电厂燃煤运到厂后，入炉前和制粉等过程中通过采样、制样和化验（简称采、制、化）对煤质进行监督和控制，配合锅炉安全经济燃烧、核实煤价、计算煤耗、核算污染物排放量及其综合利用的一项重要工作。

燃煤质量监督主要内容如下：

（1）按 GB 475 对入厂煤逐车（船）采样，按批、按煤种进行工业分析及全水分、发热量、全硫值的检验；对新进煤源还应进行元素分析、煤灰熔融性、可磨性指数、煤的磨损性

火车、汽车船舶 → 入厂煤 → 储存煤 → 入炉原煤 → 制粉系统，煤粉

计量　采样　盘点　采样　采样　计量　采样

制样　　　化验

入厂煤　入厂煤

分堆存放，计价 ← 燃料公司 ← 化验 → 生产技术部 → 计算煤耗，监控运行

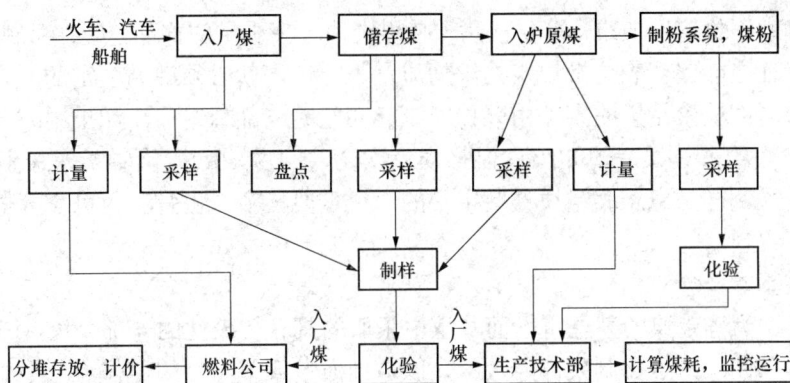

图 5-2　火电厂燃煤化学监督工作流程

指数、煤灰成分等进行化验，以确认该煤源是否适用于本厂锅炉的燃烧。

（2）入厂煤应每季进行一次元素分析。每半年要按煤源分别对各种入厂煤的混合样进行一次煤质全分析、灰成分分析。

（3）入炉煤采制样应使用机械化采制样设备。对大中型电厂应实现入厂煤机械化采制样。机械化采制样设备经权威机构检验合格后方可投入运行，并进行定期检验；应加强检修和维护，投入率不低于 90%。

（4）对入炉煤机械化采样的处理按 GB 474 的规定进行（包括制出全水分样品），并按要求进行混合分析。

（5）入炉煤质量监督以每班（值）的上煤量为一个采样单元，全水分测定以每班（值）的上煤量为一个分析检验单元，工业分析、发热量测定以一天（24h）的上煤量混合样作为一个分析检验单元；每班（值）取样后，立即进行全水分检验，待每天各班（值）的样品收齐后，按比例混合成为当日样品；若煤质变化频繁时，每班（值）的样品收后应立即测定全水分、工业分析、发热量、全硫值，按加权平均值计算当日煤质指标。

（6）每半年及年终要对入炉煤按月的混合样进行煤、灰全分析；各厂还应按日对工业分析、发热量等常规项目进行月度（重量）加权平均值的计算，以积累入炉煤质资料；每班（值）对飞灰可燃物进行测定；根据需要定期进行煤粉细度测定。

（7）燃料监督使用的热量计、天平、温度计、温控器、热电偶、氧弹等仪器应按规定进行定期计量检定。

（8）马弗炉、烘箱、热量计、测硫仪定期用动力煤标样（国家一级标准物质）或苯甲酸（二等或二等以上基准热物质）进行精密度和准确度的试验，（通常为一年一次），热量计按规定标定热容量。

第二节　燃煤的采样与制样

煤炭是一种大宗散状物料，可简单视为有机质和无机矿物质的二元混合物。因其生成、采掘和加工条件以及应用状态的不同，在煤性质上的不均匀程度也就各异。煤的不均匀度是表征煤炭在物理化学性质上分散性大小的物理量。不均匀性的存在是煤炭的一种属性，是不可避免的。

为了准确地评价煤炭质量，需要从几千吨煤炭中采集少量的样品，最终缩制成100g左右的分析样品，使之能够代表这批煤炭的平均质量与特性，就必须遵循一定的原则及采用科学的方法。所获得的检验结果的误差由采样、制样和化验三部分组成，如果用方差来表示，则采样误差最大，约占总误差的80%；制样误差次之，约占16%；化验误差最小，约占4%。可见，正确的采制样是电厂燃料质量鉴定中的一个重要环节，也是获得可靠分析结果的必要前提。

一、相关基本概念

（1）煤样。为确定煤的某些特性而从煤中采取的具有代表性的一部分煤。

（2）采样单元。为了控制采样的数量，以适当质量或单品种的煤作为一个相对独立的考察对象。一批煤可以是一个或多个采样单元。

（3）子样。采样器具在采样点操作一次或截取一次煤流全横截断面所采取的少量的一份煤样。

（4）分样。由均匀分布于整个采样单元的若干个子样组成的煤样。

（5）总样。从一个采样单元取出的全部子样合并成的煤样。

（6）总体。待抽样检测其质量和特性的一大批燃煤，称为总体。

（7）误差。观测值和可接受的参比值间的差值，称为误差。在所有的采样、制样和化验方法中，误差总是存在的，同时用这样的方法得到的任一指定参数的试验结果也将偏离该参数的真值。由于不能确切了解"真值"，常常用相对准确的方法所得测定值作为衡量标准，该值即为可接受的参比值。误差分为系统误差（偏倚）和随机误差。

（8）随机误差。统计上独立于先前误差的误差。这意味着一系列随机误差中任何两个都不相关，而且个体误差都不可能预知。一观测系列中随着观测次数的增加，其随机误差的平均值趋于0。

（9）偏倚。系统误差又称偏倚。它导致一系列结果的平均值总是高于或低于用一参比方法得到的值。

（10）方差与标准偏差。方差为分散度的量度，数值上为观测值与它们的平均值之差值的平方和除以自由度（观测次数减1）。方差的平方根为标准偏差。

（11）采样精密度。实验值与真实值接近的程度，即总样"质量"与总体"质量"符合的程度，称为采样准确度。采样精密度是指单次采样测定值与对同一煤（同一来源，相同性质）进行无数次采样的测定值的平均值的差值（在95%置信概率下）的极限值。

二、采样基本原则

煤炭采样和制样的目的，是为了获得一个其试验结果能代表整批被采煤的试验煤样；采样和制样的基本过程，是首先从分布于整批煤的许多点收集相当数量的一份煤，即初级子样，然后将各初级子样直接合并或缩分后合并成一个总样，最后将此总样经过一系列制样程序制成所要求数目和类型的试验煤样；采样的基本要求是被采样批煤的所有颗粒都可能进入采样设备，每一个颗粒都有相等的概率被采入试样中。

采样的基本原则包括正确划分采样单元、确定采样精密度、计算最少子样数目、最小子样质量、子样点的分布以及正确选用采样工具等。

1. 采样精密度

原煤、筛选煤、精煤和其他洗煤（包括中煤）的采样、制样和化验总精密度的规定见

表 5-7。

表 5-7	采样精密度（灰分，A_d）			
原煤、筛选煤		精煤	其他洗煤（包括中煤）
$A_d \leqslant 20\%$	$A_d > 20\%$		
$\pm 0.1A_d$ 计算，但不小于 $\pm 1\%$	$\pm 2\%$	$\pm 1\%$	$\pm 1.5\%$

2. 采样单元

采样单元的划分方法如下：

（1）商品煤分品种以 1000t 为一基本采样单元。

（2）当批煤量不足 1000t 或大于 1000t 时，可根据实际情况，以下煤量为一采样单元：①一列火车装载的煤；②一船装载的煤；③一车或一船舱装载的煤；④一段时间内发送或接收的煤。

（3）如需进行单批煤质量核对，应对同一采样单元煤进行采样、制样和化验。

3. 子样数目

（1）基本采样单元子样数。原煤、筛选煤、精煤及其他洗煤（包括中煤）的基本采样单元子样数列于表 5-8 中。

表 5-8		基本采样单元最少子样数				
品　　种	灰分范围 A_d	采 样 地 点				
		煤流	火车	汽车	煤堆	船舶
原煤、筛选煤	>20	60	60	60	60	60
	≤20	30	60	60	60	60
精煤	—	15	20	20	20	20
其他洗煤（包括中煤）	—	20	20	20	20	20

（2）采样单元煤量少于 1000t 时的子样数。采样单元煤量少于 1000t 时子样数根据表 5-8 规定子样数按比例递减，但最少不应少于表 5-9 的规定数。

表 5-9		采样单元煤量少于 1000t 时的最少子样数				
品种	灰分范围 A_d	采样地点				
		煤流	火车	汽车	煤堆	船舶
原煤、筛选煤	>20	18	18	18	30	30
	≤20	10	18	18	30	30
精煤	—	10	10	10	10	10
其他洗煤（包括中煤）	—	10	10	10	10	10

（3）采样单元煤量大于 1000t 时的子样数。采样单元煤量大于 1000t 时的子样数按下式计算：

$$N = n\sqrt{\frac{M}{1000}}$$

式中：N 为应采子样数；n 为表 5-8 规定子样数；M 为被采样煤批量，t；1000 为基本采样单元煤量，t。

4. 子样最小质量

子样最小质量是指在不产生系统误差的前提下，能够代表所采部位煤炭平均质量的最小值，保证大粒度煤不被剔除，并且子样中粒度分布与被采煤一致。煤炭的子样最小质量 m_a 由煤的标称最大粒度 d 确定，即 $m_a=0.06d$，但最少为 0.5 kg。煤标称最大粒度不能理解成煤中最大的一块煤的尺寸，它是指与筛上物累计质量百分率最接近（但不大于）5%的筛子相应的筛孔尺寸。

部分粒度的初级子样（在采样第 1 阶段、于任何破碎和缩分前采取的子样）或缩分后子样最小质量见表 5-10。

表 5-10　　　　　　　　　　　　　　部分粒度的初级子样最小质量

标称最大粒度（mm）	100	50	25	13	≤6
子样质量参考值（kg）	6.0	3.0	1.5	0.8	0.5

5. 采样工具

人工采样工具的基本要求为：①采样器具开口端横截面的最小宽度应不小于煤的标称最大粒度的 3 倍，且不小于 30mm；②器具的容量应至少能容纳 1 个子样的煤量，且不被试样充满，煤不会从器具中溢出或泄漏；③如果用于落流采样，采样器开口的长度大于截取煤流的全宽度（前后移动截取时）或全厚度（左右移动截取时）；④子样抽取过程中，不会将大块的煤或矸石等推到一旁；⑤粘附在器具上的湿煤应尽量少且易除去。

采取子样的器具常用采样斗、采样铲、探管、手工螺旋钻、人工切割斗、停带采样框等。

三、各种煤样的采取方法

因燃煤所处状态不同，煤样的采取有静止煤采样和流动煤采样两种方式。

静止煤一般煤量多、不均匀性大，裸露煤外表面很少，通常不易采集到代表性良好的煤样。常见的静止煤有火车厢内、船舶舱内和煤堆上的煤。与静止煤相反的是移动煤，它是指连续流动或间歇流动状态中的煤流，如输煤或装卸过程中的煤等。这种煤流采样的最大优点就是裸露煤外表面大，任何部分的煤都有机会被采出，因此采样的精密度比静止煤高，其煤样代表性也较好。因此，煤采样应首选在装/堆煤或卸煤过程中进行，如不具备在装煤或卸煤过程中采样的条件，也可对静止煤直接采样。

（一）移动煤流采样方法

移动煤流采样可在煤流落流中或皮带上的煤流中进行。为安全起见，不推荐在皮带上的煤流中进行。采样可按时间基（对整个采样单元按一时间间隔采取子样）或质量基（对整个采样单元按一质量间隔采取子样）以系统采样方式或分层随机采样方式进行。从操作方便和经济的角度出发，时间基采样较好。

下面以落流中系统采样为例进行介绍。

煤样在传送皮带转输点的下落煤流中采取。采样时，采样装置应尽可能地以恒定的小于 0.6m/s 的速度横向切过煤流。采样器的开口应当至少是煤标称最大粒度的 3 倍并不小于 30mm，采样器容量应足够大，子样不会充满采样器。采出的子样应没有不适当的物理损失。采样时，使采样斗沿煤流长度或厚度方向一次通过煤流截取一个子样。为安全和方便，可将采样斗置于一支架上，并可沿支架横杆从左至右（或相反）或从前至后（或相反）移动采样。

1. 子样分布

初级子样应均匀分布于整个采样单元中。子样按预先设定的时间间隔或质量间隔采取，第1个子样在第1个时间/质量间隔内随机采取，其余子样按相等的时间/质量间隔采取。在整个采样过程中，采样器横过煤流的速度应保持恒定。如果预先计算的子样数已采够，但该采样单元煤尚未流完，则应以相同的时间/质量间隔继续采样，直至煤流结束。

为保证实际采取的子样数不少于规定的最少子样数，实际子样时间/质量间隔应等于或小于计算的子样间隔。

2. 子样间隔

（1）时间基采样。采取子样的时间间隔Δt（min）按下式计算：

$$\Delta t \leqslant \frac{60 m_{a1}}{Gn}$$

式中：m_{a1}为采样单元煤量，t；G为煤最大流量，t/h；n为总样的初级子样数目。

（2）质量基采样。采取子样的质量间隔Δm（t）按下式计算：

$$\Delta m \leqslant \frac{m_{a1}}{n}$$

3. 子样质量

子样质量与煤的流量成正比，初级子样质量应大于计算值。

（二）静止煤采样方法

直接从静止煤中采样时，应采取全深度试样或不同深度（上、中、下或上、下）的试样；在能够保证运载工具中的煤的品质均匀且无不同品质的煤分层装载时，也可从运载工具顶部采样。无论用何种方式采样，都应通过偏倚试验，证明其无实质性偏倚。

在从火车、汽车和驳船顶部煤采样的情况下，在装车（船）后应立即采样；在经过运输后采样时，应挖坑至0.4～0.5m采样，取样前应将滚落在坑底的煤块和矸石清除干净。子样应尽可能均匀布置在采样面上，要注意在处理过程（如装卸）中离析导致的大块堆积（如在车角或车壁附近的堆积）。

用于人工采样的探管/钻取器或铲子的开口应当至少为煤标称最大粒度的3倍且不小于30mm，采样器的容量应足够大。采样时，采样器应不被试样充满或从中溢出，而且子样应一次采出，多不扔，少不补。采取子样时，探管/钻取器或铲子应从采样表面垂直（或成一定倾角）插入。采取子样时不应有意地将大块物料（煤或矸石）推到一旁。

采样单元数、子样数、子样最小质量及总样的最小质量应达到要求。

1. 火车采样

（1）车厢的选择。当要求的子样数等于或少于一采样单元的车厢数时，每一车厢应采取一个子样；当要求的子样数多于一采样单元的车厢数时，每一车厢应采的子样数等于总子样数除以车厢数，如除后有余数，则余数子样应分布于整个采样单元。

（2）子样位置选择。每个车厢的子样位置应不同，以保证车厢各部分的煤都有相同的机会被采出。常用的方法如下：①系统采样法。本法仅适用于每车采取的子样相等的情况。将车厢煤表面分成若干个边长为1～2m的小块并编上号（见图5-3），在每车子样数超过2个时，还要将相继的、数量与欲采子样数相等的号编成一组并编号。如每车采3个子样时，则将1、

2、3 号编为第一组，4、5、6 号编为第二组，依此类推。先用随机方法决定第一个车厢采样点位置或组位置，然后顺着与其相继的点或组的数字顺序、从后继的车厢中依次轮流采取子样；②随机采样方法。将车厢分成若干个边长为 1～2m 的小块并编上号（一般为 15 块或 18 块，图 1 为 18 块示例），然后以随机方法依次选择各车厢的采样点位置。

1	4	7	10	13	16
2	5	8	11	14	17
3	6	9	12	15	18

图 5-3　火车采样子样分布示意

2. 汽车和其他小型运载工具采样

（1）车厢的选择。载重 20t 以上的汽车，按火车采样方法选择车厢。载重 20t 以下的汽车，按下述方法选择车厢：当要求的子样数等于一采样单元的车厢数时，每一车厢采取一个子样；当要求的子样数多于一采样单元车厢数时，每一车厢的子样数等于总子样数除以车厢数，如除后有余数，则余数子样应分布于整个采样单元。分布余数子样的车厢可用系统方法或随机方法选择；当要求的子样数少于车厢数时，应将整个采样单元均匀分成若干段，然后用系统采样或随机采样方法，从每一段采取 1 个或几个子样。

（2）子样位置选择。子样位置选择与火车采样原则相同。

3. 驳船采样

驳船采样的子样分布原则上与火车采样相同，因此驳船采样可按火车采样所述进行。

4. 轮船采样

由于技术和安全的原因，不推荐直接从轮船的船舱采样。轮船采样应在装船卸船时，在其装（卸）的煤流中或小型运输工具如汽车上进行。

5. 煤堆采样

煤堆的采样应当在堆堆或卸堆过程中，或在迁移煤堆过程中，以下列方式采取子样：于皮带输送煤流上、小型运输工具如汽车上、堆/卸过程中的各层新工作表面上、斗式装载机卸下的煤上以及刚卸下并未与主堆合并的小煤堆上采取子样。不要直接在静止的、高度超过 2m 的大煤堆上采样。当必须从静止大煤堆表面采样时，也可以使用下面①所述的程序，但其结果极可能存在较大的偏倚，且精密度较差。从静止大煤堆上，不能采取仲裁煤样。

子样点布置按如下程序进行：①在堆/卸煤新工作面、刚卸下的小煤堆采样时，根据煤堆的形状和大小，将工作面或煤堆表面划分成若干区，再将区分成若干面积相等的小块（煤堆底部的小块应距地面 0.5m），然后用系统采样法或随机采样法决定采样区和每区采样点（小块）的位置，从每一小块采取 1 个全深度或深部或顶部煤样，在非新工作面情况下，采样时应先除去 0.2m 的表面层；②在斗式装载机卸下煤中采样时，将煤样卸在一个干净表面上，然后按①法采取子样。

（三）全水分煤样的采取

用于全水分测定的样品可以单独采取，也可以从共用试样中抽取。在从共用试样中分取水分试样的情况下，采取的初级子样数目应当是灰分或水分所需要的数目中较大的那个数目，如果在取出水分试样后，剩余试样不够其余测试所需要的质量，则应增加子样数目至总样质量满足要求。

在必要的情况下（如煤非常湿），可单独采取水分试样。在单独采取水分试样时，应考虑以下几点：①煤在储存中由于泄水而逐渐失去水分；②如果批煤中存在游离水，它将沉到底部，因此随着煤深度的增加，水分含量也逐渐增加；③如在长时间内从若干批中采取水分试样，则有必要限制试样放置的时间。因此，最好的方法是在限定的时间内从不同水分水平的各个采样单元中采取子样。

四、煤样的制备

制样是指使煤样达到分析或试验状态的过程，主要包括破碎、混合、缩分，有时还包括筛分和空气干燥，可以分成几个阶段进行。采样、制样与化验，是获得可靠煤质检测结果的三个相互关联又相对独立的环节，任何一个环节上的差错，都将会给最终分析结果带来不利影响。所以要想获得准确可靠的煤质分析结果，首先要采集到具有足够代表性的样品，其次就是要正确地进行煤样的制备。

（一）制样的基本操作

1. 破碎

破碎的目的是增加试样颗粒数，减小缩分误差。同样质量的试样，粒度越小，颗粒数就越多，缩分误差就越小。但破碎耗时间、耗体力、耗能量，而且会有试样特别是水分损失。因此，制样时不应将大量大粒度试样一次破碎到试验试样所要求的粒度，而应采用多阶段破碎缩分的方法来逐渐减小粒度和试样量。

破碎应该用机械设备，但允许用人工方法将大块试样破碎到第 1 破碎阶段的最大供料粒度。适用制样的破碎机有颚式破碎机、锤式破碎机、对辊破碎机、钢制棒（球）磨机等，应经常用筛分法来检查其出料标称最大粒度。破碎机要求破碎粒度准确，破碎时试样损失和残留少；用于制备全水分、发热量和粘结性等煤样的破碎机，更要求生热和空气流动程度尽可能小。制备有粒度范围要求的特殊试验样时应采用逐级破碎法。

2. 筛分

为确保全部煤样破碎到所需的粒度，必要时用规定的筛子过筛，过筛后凡未通过筛子的煤样都要重新破碎，直到全部煤样通过所用筛子为止，以保证在各制样阶段，各不均匀物质达到一定的分散程度。

3. 混合

混合的目的是使煤样尽可能均匀。从理论上讲，缩分前进行充分混合会减小制样误差，但实际并非完全如此。如在使用机械缩分器时，缩分前的混合对保证缩分精密度没有多大必要，而且混合还会导致水分损失。一种可行的混合方法，是使试样多次（3 次以上）通过二分器或多容器缩分器，每次通过后把试样收集起来，再供入缩分器。

在试样制备最后阶段，用机械方法对试样进行混合能提高分样精密度。

4. 缩分

缩分是制样的最关键的程序，目的在于减少试样量。试样缩分可以用机械方法，也可用人工方法进行。为减小人为误差，应尽量使用机械方法缩分，当机械缩分使试样完整性破坏，如水分损失、粒度离析等时，或煤的粒度过大使得无法使用机械缩分时，应该用人工方法缩分。当试样明显潮湿，不能顺利通过缩分器或沾黏缩分器表面时，应在缩分前进行空气干燥。缩分可在任意阶段进行，缩分后试样的最小质量应满足规定，当一次缩分后的质量大于要求量时，可将缩分后的试样用原缩分器或下一个缩分器进一步缩分。

（1）机械缩分。机械缩分可对未经破碎的单个子样、多个子样或总样进行，也可对破碎到一定粒度的试样进行。可采用定质量缩分或定比缩分方式缩分。缩分时，各次切割样质量应均匀，为此，供入缩分器的煤流应均匀，切割器开口应固定，供料方式应使煤流的粒度离析减到最小。

　　机械缩分器是以切割大量的小质量试样的方式从试样中取出一部分或若干部分,有旋转盘型、旋转锥型、旋转容器型、旋转斜管型等。旋转盘型缩分器如图 5-4 所示,煤样从混合容器供到缩分盘中央顶部,然后通过特殊的清扫臂分散到整个盘上,留样经过若干可调口进入溜槽;弃样经管道排出,缩分器整个内部由刮板清扫。旋转锥型缩分器如图 5-5 所示,煤流落在旋转锥上,然后通过带盖的可调开口进入接收器,锥每旋转一周,收集一部分试样。旋转容器型缩分器如图 5-6 所示,煤流经漏斗流下,然后被若干个扇形容器截割成若干相等的部分。旋转斜管型缩分器如图 5-7 所示,旋转漏斗下部带一个斜管,煤流进入漏斗并从斜管排出,在旋转斜管出口的运转轨迹道上有一个或多个固定的切割器,斜管出口每经过切割器一次,即截取一个"切割样"。

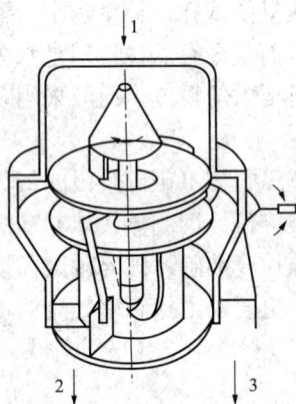

图 5-4　旋转盘型缩分器

1—供料;2—弃样;3—缩分后试样

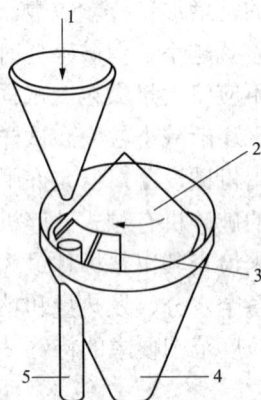

图 5-5　旋转锥型缩分器

1—供料;2—旋转锥;3—可调开口;4—弃样;5—缩分后试样

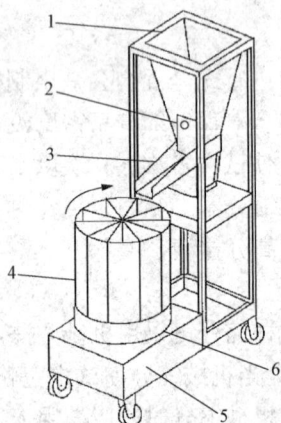

图 5-6　旋转容器型缩分器

1—供料;2—放料门;3—下料溜槽;

4—旋转接料器;5—电机;6—转盘

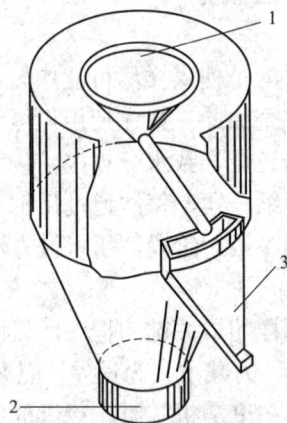

图 5-7　旋转斜管型缩分器

1—供料;2—弃样;3—缩分后试样

　　(2) 人工缩分。二分器是最常见的缩分工具(见图 5-8),它实际上具有混合与缩分的双重功能,使用二分器缩分煤样,缩分前不需要混合。缩分时,应使试样呈柱状沿二分器长度来回摆动供入格槽，供料要均匀并控制供料速度，勿使试样集中于某一端，勿发生格槽阻塞。二分器由一列平行而交替的宽度相等的格槽组成。通常包括大小不同规格的二分器，用于缩分小于 13mm、小于 6mm、小于 3mm 及小于 1mm 的煤样，故二分器应大小各规格配套使用。二分器格槽开口尺寸至少为试样标称最大粒度的 3 倍，但不能小于 5mm，格槽对水平面的倾斜度至少为 60°。为防止粉煤和水分损失，接收器与二分器主体应配合严密，最好是封闭式。

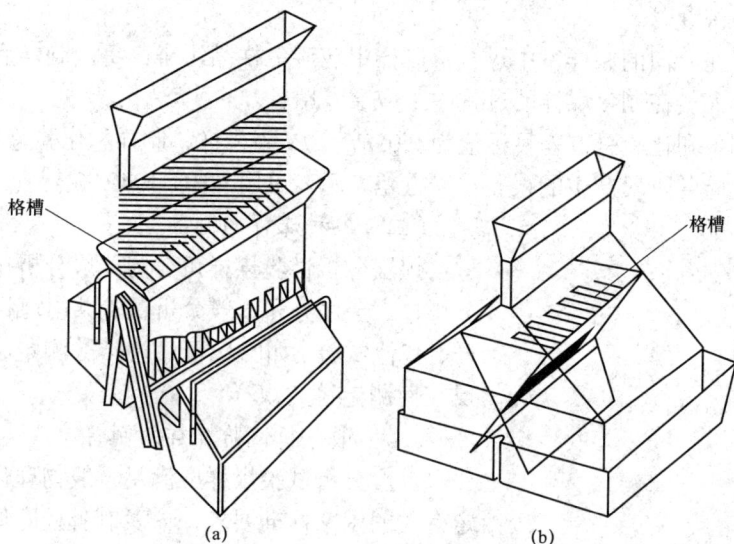

图 5-8 二分器示意
（a）敞开型；（b）封闭型

此外，人工缩分方法还有棋盘法、条带截取法、堆锥四分法、九点取样法等。

5. 空气干燥

空气干燥的目的，一是为了使煤样顺利通过破碎和缩分设备，二是为了避免分析试验过程中煤样水分发生变化。空气干燥可在任一制样阶段进行，最后制样阶段前的干燥不要求达到湿度平衡状态，如煤样能顺利通过破碎和缩分设备也可不进行干燥，但最后制样阶段的空气干燥应达到湿度平衡状态。空气干燥是将煤样铺成均匀的薄层，煤层厚度不能超过煤样标称最大粒度的 1.5 倍或表面负荷为 $1g/cm^2$（哪个厚用哪个）。在环境温度小于 40℃时，使煤样与大气达到平衡所需的时间见表 5-11。该表推荐时间一般已足够，如果需要的话，可以适当延长，但延长的时间应尽可能短，特别是对易氧化煤。煤样干燥可用温度不超过 50℃、带空气循环装置的干燥室或干燥箱进行，但干燥后、称样前应将干燥煤样置于环境温度下冷却并使之与大气湿度达到平衡。冷却时间视干燥温度而定，如在 40℃下进行干燥，则一般冷却 3h 即足够。但在下列情况下，不应在高于 40℃温度下干燥：①易氧化煤；②受煤的氧化影响较大的测定指标（如黏结性和膨胀性）用煤样；③空气干燥作为全水分测定的一部分。

表 5-11　　　　　　　　　　　　　不同环境温度下的干燥时间

环境温度（℃）	干燥时间（h）
20	不超过 24
30	不超过 6
40	不超过 4

（二）制样的基本原则

（1）试样制备的目的是通过破碎、混合、缩分和干燥等步骤将采集的煤样制备成能代表原来煤样特性的分析用煤样。

（2）在下列情况下应对制样程序和设备进行精密度核验和偏倚试验：①首次采用或改变制样程序时；②新的缩分机和制样系统投入使用时；③对制样精密度产生怀疑时；④其他认为须检验制样精密度时。

（3）制样应在专门的制样室中进行，制样中应避免样品污染，每次制样后应将制样设备清扫干净，制样人员在制备煤样的过程中，应穿专用鞋。

（4）煤样制备和化验总方差目标值为 $0.05P_L^2$，P_L 为采样、制样和化验总精密度（见 GB 475）；制样和化验各阶段产生的误差（以方差表示）可用 GB/T 19494.3 规定的方法检验。

（三）各种煤样的制备

煤炭分析试验煤样可分为一般分析试验煤样、全水分煤样、全水分和一般分析试验共用煤样、粒度分析煤样、其他试验（如哈氏可磨性指数测定、二氧化碳化学反应性测定等）煤样。

1. 一般分析试验煤样的制备

一般分析试验煤样应满足一般物理化学特性参数测定有关的国家标准要求，一般制备程序如图 5-9 所示。

一般分析试验煤样制备通常分两三个阶段进行，每阶段由干燥（需要时）、破碎、混合（需要时）和缩分构成。必要时可根据具体情况增加或减少缩分阶段。为了减少制样误差，在条件允许时，应尽量减少缩分阶段。每阶段的煤样粒度和缩分后煤样质量应符合要求。制备好的一般分析试验煤样应装入煤样瓶中，装入煤样的量应不超过煤样瓶容积的 3/4，以便使用时混合。

缩分应使用机械方法；如用人工方法，当粒度小于 13mm 时，最好使用二分器；如用棋盘法和条带法，至少取 20 个子样。

粒度小于 3mm 的煤样（质量符合规定），如使之全部通过 3mm 圆孔筛，可用二分器直接缩分出不少于 100g 用于制备一般分析试验煤样。

在粉碎成粒度小于 0.2mm 的煤样之前，应用磁铁将煤样中铁屑吸去，再粉碎到全部通过孔径为 0.2mm 的筛子，在煤样达到空气干燥状态后，装入煤样瓶中。

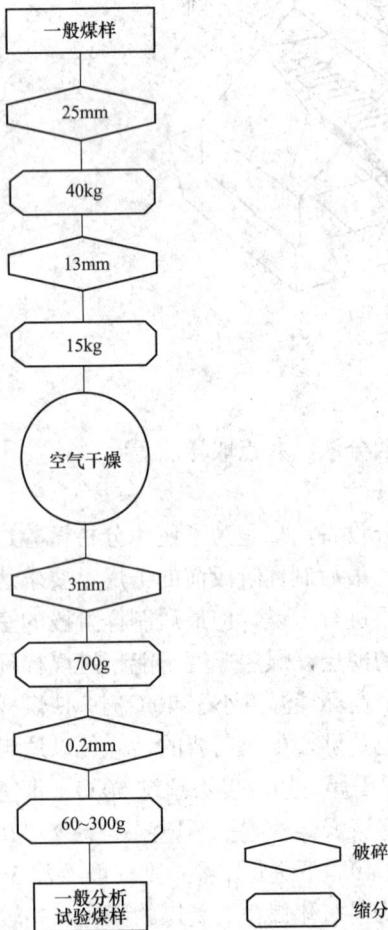

一般煤样

25mm

40kg

13mm

15kg

空气干燥

3mm

700g

0.2mm

60~300g

一般分析试验煤样

◇ 破碎
▱ 缩分

图 5-9 一般分析试验煤样制备程序示例

2. 全水分煤样的制备

测定全水分的煤样既可由水分专用煤样制备，也可在共用煤样制备过程中分取。全水分测定煤样应满足 GB/T 211 要求，水分专用煤样的一般制备程序如图 5-10 所示。

图 5-10 所示程序仅为示例，实际制样中可根据具体情况予以调整。当试样水分较低而且使用没有实质性偏倚的破碎缩分机械时，可一次破碎到 6mm，然后用二分器缩分到 1.25kg；

当试样量和粒度过大时，也可在破碎到 13mm 前，增加一个制样阶段。但各阶段的粒度和缩分后试样质量应符合要求。制备完毕的全水分煤样应储存在不吸水、不透气的密封容器中（装样量不得超过容器容积的 3/4）并准确称量。煤样制备后应尽快进行全水分测定。

3. 共用煤样的制备

在多数情况下，为方便起见，采样时都同时采取全水分测定和一般分析试验用的共用煤样。制备共用煤样时，应同时满足 GB/T 211 和一般分析试验项目国家标准的要求，其制备程序如图 5-11 所示。

全水分煤样最好用机械方法从共用煤样中分取；当水分过大而又不可能对整个煤样进行空气干燥时，可用人工方法分取。

（1）机械缩分法采取全水分煤样。理论上讲全水分煤样可以在任一制样阶段抽取，但为防止水分损失，水分煤样应尽可能早抽取，在抽样前煤样应按全水分煤样的制备所述进行处理。如在抽样前进行了空气干燥，则应测量水分损失并计入全水分。

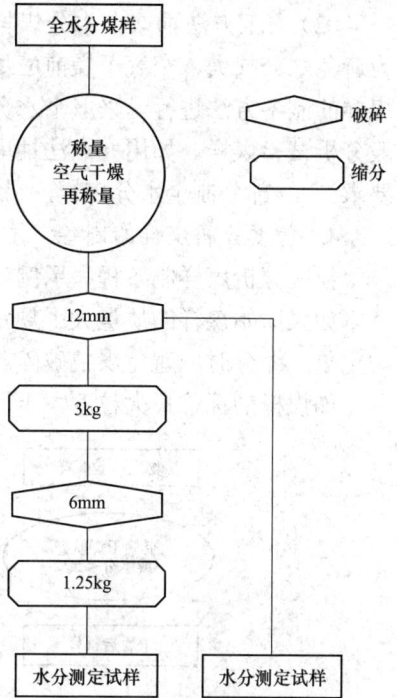

图 5-10　水分试样制备程序

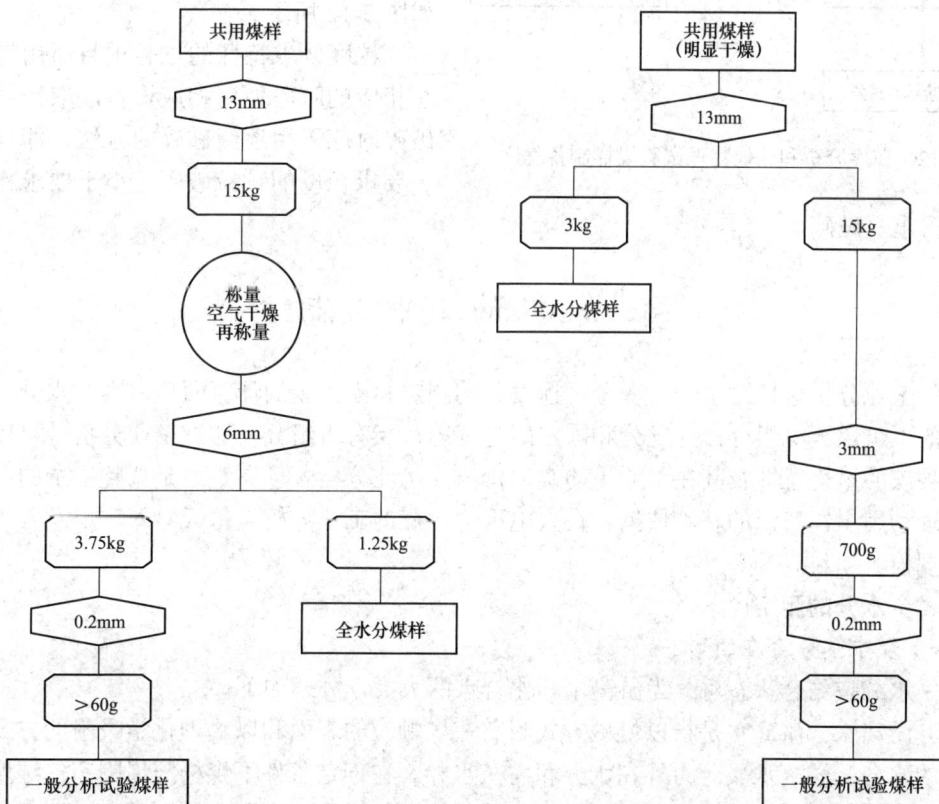

图 5-11　由共用煤样制备全水分和一般分析试验煤样程序

（2）人工方法抽取全水分煤样。水分煤样可用棋盘法、条带法、二分器法和九点法采取。为避免水分损失，空气干燥前应尽量少对煤样进行处理，空气干燥后煤样的处理应按全水分煤样的制备方法进行。采取全水分后余下的煤样，除九点法取样后的余样外，可用于制备一般分析试验煤样。如用九点法抽取全水分煤样，则应先将其分成两部分（每份煤样量应满足要求），一部分制全水分煤样，另一部分制一般分析试验煤样。

4. 粒度分析煤样的制备

粒度分析煤样制备程序示例如图 5-12 所示。

如果原始煤样的质量大于规定的相应标称最大粒度下的质量，则可按要求缩分到不少于规定量。缩分时应避免煤粒破碎。

如煤样的标称最大粒度大于切割器开口尺寸的 1/3，则应筛分出粒度大于切割器开口 1/3 的这部分单独进行粒度分析，然后将筛下物缩分到质量不少于规定量再进行粒度分析。取筛上和筛下物粒度分析的加权平均值为最后结果。

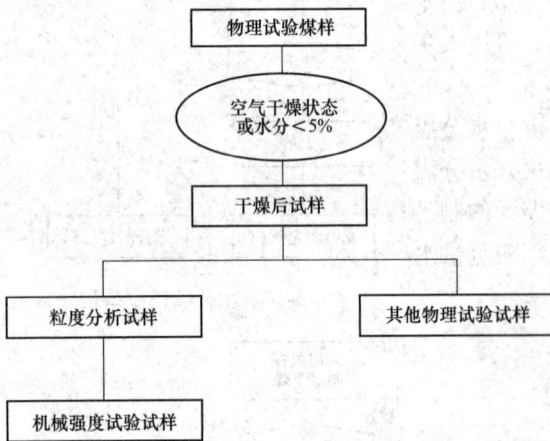

图 5-12　粒度分析和其他物理试验煤样制备程序

颗粒不再重复破碎。

5. 其他试验煤样的制备

其他试验用煤样按一般分析试验煤样和共用煤样所述进行制备，但其粒度和质量应符合有关试验方法的要求，制样程序如图 5-12 所示。

粒度要求特殊的试验项目所用煤样，在相应的阶段使用相应设备制取，同时在破碎时应采用逐级破碎的方法，即只使大于要求粒度的颗粒破碎，小于要求粒度的颗粒不再重复破碎。

第三节　煤 的 工 业 分 析

煤的工业分析包括对水分、灰分、挥发分的测定和固定碳的计算四项内容，水分、灰分为煤中的不可燃无机组分，挥发分和固定碳是煤的可燃有机组分。通过工业分析，可以基本掌握各种煤的燃烧特性及其在工业上的实用价值，工业分析各项参数还是调整锅炉的燃烧工况、合理利用煤炭资源的基本依据。在火电厂中，煤的工业分析是每天对入厂煤及入炉煤必测的常规检验项目。

一、全水分的测定

（一）煤中水分存在的形态

煤中水分按结合状态可分为游离水和化合水两大类，分述如下：

（1）游离水。游离水是指以机械方式附着在煤颗粒的表面和以物理化学吸附的方式存在于煤中的水分。游离水又分为外在水分和内在水分。在一定条件下煤样与周围空气湿度达到平衡时所失去的水分为外在水分；在一定条件下煤样与周围空气湿度达到平衡时所保持的水分为内在水分。

（2）化合水。与矿物质结合的、除去煤样中全水分后仍保留下来的水分称为化合水。化合水又称结晶水，它是矿物晶格的一部分，如硫酸钙（$CaSO_4 \cdot 2H_2O$）、高岭土（$Al_2O_3 \cdot 2SiO_2 \cdot 2H_2O$）中的结晶水，在煤中的含量很低。化合水的逸出温度通常在 200℃以上，此时部分有机物也会有少量分解，难以定量测定，因此化合水并不包含在煤的全水分中。

（二）水分对电力生产的影响

水分是煤中的不可燃组分，它一方面影响电力用煤的发热量计价、运输成本等经济指标，另一方面还影响锅炉燃烧、制粉、储存等生产环节。煤中水分因受热蒸发、汽化而消耗大量的热量，从而导致炉膛温度水平下降，煤粉着火困难，降低了热值，并使烟气量增加，由烟气带走的热量也越多，因此加大了排烟热损失及引风机的能耗。同时还增加了输煤系统堵塞的概率，影响正常供电。燃用高水分煤时，烟气中的水蒸气分压高，促进了烟气中三氧化硫形成硫酸蒸气，增加了锅炉尾部低温处硫酸的凝结沉积，可能造成空气预热器腐蚀、堵灰和烟筒内衬的脱落。煤中水分过高，在制粉系统的设计中，就要采取特殊的干燥措施，以保证制粉系统的正常运行。

（三）全水分的测定

煤的全水分是指煤中全部的游离水分，即煤的外在水分和内在水分的总和，用符号 M_t 表示。由于煤中外在水分及内在水分的样品所处的状态不同，并不处于同一基准，因此二者不能直接相加，必须换算到同一基准后才可相加。GB/T 211—2007 规定煤中全水分测定的方法有以下五种：①方法 A1——在氮气流中干燥。一定量的粒度小于 13mm 的煤样，在温度不高于 40℃的环境下干燥到质量恒定，再将煤样破碎到粒度小于 3mm，于 105～110℃下，在氮气流中干燥到质量恒定。根据煤样两步干燥后的质量损失计算出全水分。②方法 A2——在空气流中干燥。一定量的粒度小于 13mm 的煤样，在温度不高于 40℃的环境下干燥到质量恒定，再将煤样破碎到粒度小于 3mm，于 105～110℃下，在空气流中干燥到质量恒定。根据煤样两步干燥后的质量损失计算出全水分。③方法 B1——在氮气流中干燥。称取一定量的粒度小于 6mm 的煤样，于 105～110℃下，在氮气流中干燥到质量恒定。根据煤样干燥后的质量损失计算出全水分。④方法 B2——在空气流中干燥。称取一定量的粒度小于 13mm（或小于 mm）的煤样，于 105～110℃下，在空气流中干燥到质量恒定。根据煤样干燥后的质量损失计算出全水分。⑤微波干燥法。称取一定量的粒度小于 6mm 的煤样，置于微波炉内。煤中水分子在微波发生器的交变电场作用下，高速振动产生摩擦热，使水分迅速蒸发。根据煤样干燥后的质量损失计算出全水分。

其中，方法 A1 和方法 A2 属于两步法，方法 B1 和方法 B2 属于一步法。在氮气流中干燥的方式（方法 A1 和方法 B1）适用于所有煤种；在空气流中干燥的方式（方法 A2 和方法 B2）适用于烟煤和无烟煤；微波干燥法（方法 C）适用于烟煤和褐煤。以方法 A1 作为仲裁方法。

1. 全水分煤样的准备

由于煤中水分随环境条件的变化而变化，即便是同一煤样，在矿发原煤状态、入厂原煤状态以及入炉原煤状态，其全水分含量也是有差异的。因此在水分样品的采制和测定过程中，应尽量减少操作步骤，减少水分的损失，使全水分的测定结果正确反映实际状态。

全水分煤样分为粒度小于 6mm 和 13mm 的两种煤样。试验室在收到煤样后，应首先检查煤样容器的密封情况，然后将其表面擦拭干净，用工业天平称准到总质量的 0.1%，并与容器标签所注明的总质量进行核对。如果称出的总质量小于标签上所注明的总质量（不超过1%），并且能确定煤样在运送过程中没有损失时，应将减少的质量作为煤样在运送过程中的水分损失量，计算水分损失百分率，并按要求进行水分损失补正。称取煤样之前，应将密封容器中的煤样充分混合至少 1min。

2. 全水分测定方法要点

五种方法均采用间接测定方法，即将已知质量的煤样放在一定温度（105～110℃）的恒温鼓风干燥箱或专用微波炉内干燥规定的时间，根据煤样水分蒸发后的质量损失计算煤的水分。全水分测定的关键是使煤中的游离水尽可能地从煤中逸出，并且尽量避免煤样的氧化及煤的热分解，测定方法中加热温度、时间及环境等条件的选择也都基于此考虑。

3. 全水分测定方法的精密度

全水分测定的重复性限规定见表 5-12。

表 5-12　　　　　　　　　　　煤中全水分测定的重复性限规定　　　　　　　　　　　（%）

全水分 M_t	重复性限
<10	0.4
≥10	0.5

二、水分的测定

变质程度较浅的煤如褐煤，在热风干燥过程中易氧化，因而对于不同的煤种，采用不同的方法测定分析煤样中的空气干燥基水分。GB/T 212—2008 规定了煤的三种水分测定方法。其中通氮干燥法适用于所有煤种，空气干燥法仅适用于烟煤和无烟煤，微波干燥法适用于褐煤和烟煤水分的快速测定。在仲裁分析中遇到有用一般分析试验煤样水分进行校正以及基的换算时，应用通氮干燥法测定一般分析试验煤样的水分。

下面以空气干燥法为例进行介绍。

1. 方法提要

称取一定量的一般分析试验煤样，置于 105～110℃鼓风干燥箱内，于空气流中干燥到质量恒定，根据煤样的质量损失计算出水分的质量分数。

2. 测定步骤

在预先干燥并已称量过的称量瓶内称取粒度小于 0.2mm 的一般分析试验煤样（1±0.1）g，称准至 0.000 2g，平摊在称量瓶中。打开称量瓶盖，放入预先鼓风并已加热到 105～110℃的干燥箱中。在一直鼓风的条件下，烟煤干燥 1h，无烟煤干燥 1.5h，从干燥箱中取出称量瓶，立即盖上盖，放入干燥器中冷却至室温（约 20min）后称量。进行检查性干燥，每次 30min，直到连续两次干燥煤样的质量减少不超过 0.001 0g 或质量增加时为止。在后一种情况下，采用质量增加前一次的质量为计算依据。水分在 2.00%以下时，不必进行检查性干燥。

3. 结果的计算

一般分析试验煤样的水分按下式计算：

$$M_{ad} = \frac{m_1}{m} \times 100$$

式中：M_{ad} 为一般分析试验煤样水分的质量分数，%；m 为称取的一般分析试验煤样的质量，

g；m_1 为煤样干燥后失去的质量，g。

4. 水分测定的精密度

水分测定结果的重复性限见表 5-13。

表 5-13 水分测定结果的重复性限 (%)

水分质量分数（M_{ad}）	重复性限
<5.00	0.20
5.00～10.00	0.30
>10.00	0.40

三、灰分的测定

煤样在规定条件下完全燃烧后所得的残留物称为灰分。煤中灰分按来源可分为外来灰分和内在灰分两部分。由煤炭生产过程混入煤中的矿物质所形成的灰分称为外在灰分；由原始成煤植物中的和由成煤过程进入煤层的矿物质所形成的灰分称为内在灰分。

煤中矿物质根据其组成分类，主要有：①硫化物矿物，主要是黄铁矿 FeS_2 及少量 FeS；②碳酸盐矿物，主要是 $CaCO_3$、$MgCO_3$、$FeCO_3$ 等；③黏土类矿物，主要是高岭土、长石等；④氧化矿物质，主要是石英 SiO_2、赤铁矿 Fe_2O_3、磁铁矿 Fe_3O_4 等；⑤硫酸盐矿物，主要是石膏 $CaSO_4 \cdot 2H_2O$。矿物质在空气中高温灼烧时将发生一系列化学变化，如当温度高于 200℃时，黏土类、石膏等受热失去结晶水；碳酸盐在 500℃左右开始受热分解；硫化物等矿物质在 400～600℃时发生氧化反应；在 700℃以上时，碱金属化合物和氯化物开始部分挥发等。

（一）灰分对电力生产的影响

煤中灰分含量与发热量的高低是衡量煤质的两项最重要指标。灰分增加，可燃部分相对减少，单位质量煤的发热量就降低。

如果燃用高灰分的煤，会对电厂的生产主要带来如下影响：

（1）燃烧不正常，热效率下降。煤的灰分含量高，发热量降低，燃烧温度下降，燃烧的稳定性也就越差，不利于煤粉的着火与燃尽，甚至引起燃烧不良，直至熄火、打炮。并会导致机械不完全燃烧及排烟热损失的增加而使锅炉效率下降。

（2）事故率增高，热效率下降。灰分含量高，若烟气流速过大，则会大大加剧锅炉受热面的磨损；若烟气流速太小，则又易使灰粒沉积于受热面而影响传热，致使烟温升高，锅炉效率降低。

（3）成本提高，污染环境。灰分含量高，对除尘设备的要求也高，故基建投资大，运行费用也相应增高。同时大量灰渣从电厂排出，日积月累，若任意堆放，将侵占农田，堵塞河道，污染水源。所以，电厂排灰必须加以妥善处置利用，否则就有可能造成环境污染。

（4）造成锅炉结渣和腐蚀。煤灰中的碱金属氧化物和氯化物对锅炉结渣和腐蚀起关键的作用。在高温下碱金属氧化物与烟气中的 SO_3 结合，在冷的受热面上凝结，形成易熔的 K_2SO_4 和 Na_2SO_4 表层，此表层易黏附灰粒形成灰层，在高温下熔化形成渣层。当管壁温度不小于 600℃时，渣层和管壁的氧化保护膜发生反应，从而使管壁上的氧化铁保护层遭到破坏。

（二）灰分的测定

GB/T212—2008 将测定灰分的方法分为缓慢灰化法和快速灰化法，快速灰化法又包括方法 A 和方法 B。缓慢灰化法为仲裁法。

1. 方法提要

（1）缓慢灰化法。称取一定量的一般分析试验煤样，放入马弗炉中，以一定的速度加热到（815±10）℃，灰化并灼烧到质量恒定。以残留物的质量占煤样质量的质量分数作为煤样的灰分。

（2）快速灰化法方法 A。将装有煤样的灰皿放在预先加热至（815±10）℃的灰分快速测定仪的传送带上，煤样自动送入仪器内完全灰化，然后送出。以残留物的质量占煤样质量的质量分数作为煤样的灰分。

（3）快速灰化法方法 B。将装有煤样的灰皿由炉外逐渐送入预先加热至（815±10）℃的马弗炉中灰化并灼烧至质量恒定。以残留物的质量占煤样质量的质量分数作为煤样的灰分。

2. 分析步骤

下面以缓慢灰化法为例进行介绍。

在预先灼烧至质量恒定的灰皿中，称取粒度小于 0.2mm 的一般分析试验煤样（1±0.1）g，称准至 0.000 2g，均匀地摊平在灰皿中，使其每平方厘米的质量不超过 0.15g。将灰皿送入炉温不超过 100℃的马弗炉恒温区中，关上炉门并使炉门留有 15mm 左右的缝隙。在不少于 30min 的时间内将炉温缓慢升至 500℃，并在此温度下保持 30min。继续升温到（815±10）℃，并在此温度下灼烧 1h。从炉中取出灰皿，放在耐热瓷板或石棉板上，在空气中冷却 5min 左右，移入干燥器中冷却至室温（约 20min）后称量。最后进行检查性灼烧，温度为（815±10）℃，每次 20min，直到连续两次灼烧后的质量变化不超过 0.0010g 为止。以最后一次灼烧后的质量为计算依据。灰分小于 15.00% 时，不必进行检查性灼烧。

3. 结果的计算

煤样的空气干燥基灰分按下式计算：

$$A_{ad} = \frac{m_1}{m} \times 100$$

式中：A_{ad} 为空气干燥基灰分的质量分数，%；m 为称取的一般分析试验煤样的质量，g；m_1 为灼烧后残留物的质量，g。

4. 灰分测定的精密度

灰分测定的精密度规定见表 5-14。

表 5-14　　　　　　　　　　　　　　　灰分测定的精密度

灰分质量分数	重复性限 A_{ad}（%）	再现性临界差 A_d（%）
<15.00	0.20	0.30
15.00～30.00	0.30	0.50
>30.00	0.50	0.70

四、挥发分的测定

煤样在规定条件下隔绝空气加热，并进行水分校正后的损失质量称为挥发分。煤的挥发分测定是一项规范性很强的试验，其结果完全取决于试验条件。其中，试样质量、加热温度、加热时间、加热速度、坩埚的材质、形状和尺寸、试验设备的型号及坩锅架的大小、材料，在一定程度上均能影响挥发分的测定结果。

1. 挥发分的逸出过程

在隔绝空气条件下加热，煤中挥发性物质的逸出过程大体如下：

（1）20～200℃时，放出吸附于煤中的水分、二氧化碳和甲烷等气体。

（2）200～500℃时，含氧官能团分解产生二氧化碳和水，非芳香族物质呈气态或液态，脱离煤的基本结构单元，分解出大量的甲烷、烯烃和低温焦油类物质。

（3）500～700℃时，热分解更加激烈，主要是甲基以及较长的侧链分解产生甲烷、氢和一氧化碳等，基本结构单元的芳香族碳环聚合形成半焦。

（4）700～950℃半焦分解，产生大量的氢和一氧化碳、低温焦油和气态产物二次裂解，对热不稳定的一些原子团从煤的基本结构上失去并发生分解，基本结构单元缩聚、脱氢。

2. 挥发分对电力生产的影响

挥发分是固体燃料的重要成分，对燃料的着火和燃烧有很大影响。挥发分高的煤着火温度低，易于着火。另外，挥发分从煤粉颗粒内部析出后使煤粉颗粒具有孔隙性，与助燃空气接触面积变大，因而易于燃尽。挥发分降低时情况则相反，锅炉飞灰可燃物相对偏高；同时，火焰中心上移，对流受热面的吸热量增加，尾部排烟温度也随之上升，排烟热损失增大。此外，锅炉燃烧器形式和一、二次风的选择，炉膛形状及大小，燃烧带的敷设，制粉系统的选型和防爆措施的设计等都与挥发分密切相关。

3. 方法提要

称取一定量的一般分析试验煤样，放在带盖的瓷坩锅中，在（900±10）℃下，隔绝空气加热 7min。以减少的质量占煤样质量的质量分数，减去该煤样的水分含量作为煤样的挥发分。

4. 测定步骤

在预先于 900℃温度下灼烧至质量恒定的带盖坩锅中，称取粒度小于 0.2mm 的一般分析试验煤样（1±0.01）g，称准至 0.000 2g，然后轻轻振动坩锅，使煤样摊平，盖上盖，放在坩锅架上。褐煤和长焰煤应预先压饼，并切成 3mm 的小块。将马弗炉预先加热至 920℃左右。打开炉门，迅速将放有坩锅的坩锅架送入恒温区，立即关上炉门并计时，准确加热 7min。坩锅及坩锅架放入后，要求炉温在 3min 内恢复至（900±10）℃，此后保持在（900±10）℃，否则此次试验作废，加热时间应包括温度恢复时间。从炉中取出坩锅，放在空气中冷却 5min 左右，移入干燥器中冷却至室温（约 20min）后称量。

5. 焦渣特征分类

测定挥发分所得焦渣的特征，按下列规定加以区分：

（1）粉状（1型）。全部是粉末，没有相互黏着的颗粒。

（2）黏着（2型）。用手指轻碰即成粉末或基本上是粉末，其中较大的团块轻轻一碰即成粉末。

（3）弱黏结（3型）。用手指轻压即成小块。

（4）不熔融黏结（4型）。以手指用力压才裂成小块，焦渣上表面无光泽，下表面稍有银白色光泽。

（5）不膨胀熔融黏结（5型）。焦渣形成扁平的块，煤粒的界线不易分清，焦渣上表面有明显银白色金属光泽，下表面银白色光泽更明显。

（6）微膨胀熔融黏结（6型）。用手指压不碎，焦渣的上、下表面均有银白色金属光泽，但焦渣表面具有较小的膨胀泡（或小气泡）。

（7）膨胀熔融黏结（7型）。焦渣上、下表面有银白色金属光泽，明显膨胀，但高度不超过 15mm。

（8）强膨胀熔融黏结（8型）。焦渣上、下表面有银白色金属光泽，焦渣高度大于 15 mm。

6. 结果的计算

煤样的空气干燥基挥发分按下式计算：

$$V_{ad} = \frac{m_1}{m} \times 100 - M_{ad}$$

式中：V_{ad} 为空气干燥基挥发分的质量分数，%；m 为一般分析试验煤样的质量，g；m_1 为煤样加热后减少的质量，g；M_{ad} 为一般分析试验煤样水分的质量分数，%。

7. 挥发分测定的精密度

挥发分测定的精密度规定见表 5-15。

表 5-15　　　　　　　　　　　　　挥发分测定的精密度　　　　　　　　　　　　　（%）

挥发分质量分数	重复性限 V_{ad}	再现性临界差 V_d
<20.00	0.30	0.50
20.00～40.00	0.50	1.00
>40.00	0.80	1.50

五、固定碳的计算

固定碳是从煤中除去水分、灰分和挥发分后的残留物。固定碳与挥发分、灰分一样，都不是煤中的固有物质形态成分，而是煤热分解后的固相产物。它不仅含有碳，还包括氧、氮、硫等元素，与碳单质是两个完全不同的概念。煤的固定碳与挥发分一样，也是表征煤的变质程度的一个指标，随变质程度的增高而增高。煤中干燥无灰基固定碳的质量分数随煤化程度加深而增高，通常褐煤中固定碳的质量分数不超过 60%，烟煤为 50%～90%，无烟煤则大于 90%。

空气干燥基固定碳按下式计算：

$$FC_{ad} = 100 - (M_{ad} + A_{ad} + V_{ad})$$

式中：FC_{ad} 为空气干燥基固定碳的质量分数，%；M_{ad} 为一般分析试验煤样水分的质量分数，%；A_{ad} 为空气干燥基灰分的质量分数，%；V_{ad} 为空气干燥基挥发分的质量分数，%。

六、自动工业分析仪器法

煤的工业分析是电力用煤的重要检测项目，既用于入厂煤的计价，又用于指导锅炉燃烧。各指标值的国标检测方法准确可靠，但耗费时间较长，往往滞后于煤质控制的需要。近几年发展起来的自动工业分析仪因具有自动化程度高、检测速度快、检测精密度高等特点，受到电厂燃煤技术管理各级人员的青睐。

1. 方法提要

（1）水分测定。称取一定量的一般分析试验煤样，于加热炉内、在 105～110℃下于空气或氮气流中干燥到质量恒定，根据煤样的质量损失计算煤样的水分质量分数。

（2）灰分测定。称取一定量的一般分析试验煤样，于加热炉内、按规定的程序加热至

（815±10）℃，并在此过程中于空气或氧气流中灰化并灼烧至质量恒定，根据残留物的质量计算煤样的灰分质量分数。

（3）挥发分测定。称取一定量的一般分析试验煤样，于加热炉内、在（900±10）℃下隔绝空气加热 7min，以减少的质量占煤样质量的质量分数，减去该煤样的水分质量分数作为煤样的挥发分质量分数。

2. 仪器设备

自动工业分析仪应包括高温炉、内置天平、试样承接和传送装置、温度测控和显示系统、炉膛气氛控制系统、结果显示和打印装置等。自动工业分析仪应在每次试验中，以打印或其他方式记录并给出空坩埚质量、煤样质量、热态坩埚质量和浮力效应校正值等详细信息。

浮力效应是指一个在热作用下不发生化学变化的物体，加热时，由于受到气体密度、气体流量和温度等因素的影响，相对于常温实验室的称量条件而产生的质量增加或减少的现象。假定某物体在室温实验室条件下的质量为 m_s，加热到高温时的表观质量为 m_b，则浮力效应值 $\Delta m = m_b - m_s$。

目前，常用的自动工业分析仪有卧式盆状炉型、卧式环状炉型和立式管状炉型专用自动工业分析仪。

第四节　煤的元素分析

各类煤炭均由有机质和无机质两部分组成，碳、氢、氧、氮、硫五种元素是煤中有机质主要组成成分，煤的元素分析是指碳、氢、氮、硫的测定和氧的计算。

一、电力用煤元素分析的意义

煤中有机质的各元素组成中，碳、氢、氧三种元素约占 95%，氮和硫含量较少，能够燃烧产生热量的实际上为碳、氢、硫三种元素。根据煤的元素组成及燃烧反应式，可以计算理论氧气量、理论空气量和理论烟气量，从而推断实际空气量和消耗氧气量。除此以外，锅炉燃烧中的热平衡计算、物料平衡计算等都需要煤的元素分析数据。

煤中含硫量的高低也是评价煤质的重要指标之一。硫是煤中一个十分有害的元素。在锅炉中燃烧后，煤中的硫主要生成 SO_2，极少部分转化为 SO_3，煤中硫转化成 SO_2 的比率随硫在煤中的存在形态、燃烧设备及运行工况而异，而排到大气中的 SO_2 量与电厂的除尘、脱硫设备有关。煤中硫、氮的危害详见本书第八章第一节。

二、煤中碳、氢元素的测定

煤中碳、氢含量的测定方法有多种，GB/T 476—2008 规定有三节炉法、二节炉法及电量—重量法。

1. 方法原理

一定量的煤样或水煤浆干燥煤样在氧气流中燃烧，生成的水和二氧化碳分别用吸水剂和二氧化碳吸收剂吸收，由吸收剂的增量计算煤中碳和氢的质量分数。煤样中硫和氯对碳测定的干扰在三节炉中用铬酸铅和银丝卷消除，在二节炉中用高锰酸银热解产物消除。氮对碳测定的干扰用粒状二氧化锰消除。同时，为防止燃烧不完全而产生一氧化碳，要在燃烧管中加装针状氧化铜，使一氧化碳进一步氧化成二氧化碳。

测定碳、氢元素中的主要化学反应如下：

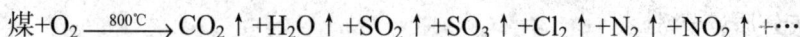

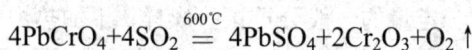

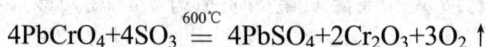

$$煤+O_2 \xrightarrow{800℃} CO_2\uparrow+H_2O\uparrow+SO_2\uparrow+SO_3\uparrow+Cl_2\uparrow+N_2\uparrow+NO_2\uparrow+\cdots$$

$$4PbCrO_4+4SO_2 \xlongequal{600℃} 4PbSO_4+2Cr_2O_3+O_2\uparrow$$

$$4PbCrO_4+4SO_3 \xlongequal{600℃} 4PbSO_4+2Cr_2O_3+3O_2\uparrow$$

$$2Ag+Cl_2 \xlongequal{180℃} 2AgCl$$

$$2NO_2+MnO_2 = Mn(NO_3)_2$$

$$CuO+CO \xlongequal{800℃} Cu+CO_2\uparrow$$

2. 碳氢测定仪

碳氢测定仪包括净化系统、燃烧装置和吸收系统三个主要部分，结构如图 5-13 所示。

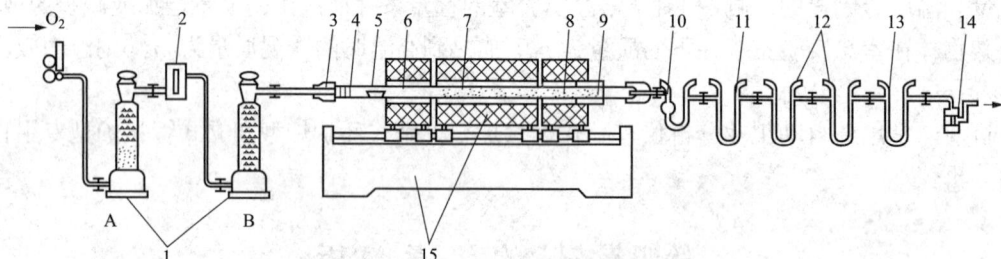

图 5-13　三节炉和二节炉碳氢测定仪示意

1—气体干燥塔；2—流量计；3—橡皮塞；4—铜丝卷；5—燃烧舟；6—燃烧管；7—氧化铜；8—铬酸铅；

9—银丝卷；10—吸水 U 形管；11—除氮氧化物 U 形管；12—吸收二氧化碳 U 形管；

13—空 U 形管；14—气泡计；15—三节电炉及控温装置

（1）净化系统。为保证测定结果准确可靠，必须清除氧气源中和管路中的二氧化碳和水分，设置气体干燥塔两个，一个上部（约 2/3）装氯化钙（或过氯酸镁），下部（约 1/3）装碱石棉（或碱石灰）；另一个装氯化钙（或过氯酸镁）。

氧气流量用微型浮子流量计调节，测量范围为 0～150mL/min。

（2）燃烧装置。燃烧装置由一个三节（或二节）管式炉及其控温系统构成。在三节电炉中，第一节长约 230mm，可加热到（850±10）℃，并可沿水平方向移动；第二节长 330～350mm，可加热到（800±10）℃；第三节长 130～150mm，可加热到（600±10）℃。在二节炉中，第一节长约 230mm，可加热到（850±10）℃，并可沿水平方向移动；第二节长 130～150mm，可加热到（500±10）℃。每节炉装有热电偶、测温和控温装置。

（3）吸收系统。吸收系统是用吸收剂定量地吸收反应产物二氧化碳和水分，包括部件有吸水 U 形管、吸收二氧化碳 U 形管、除氮 U 形管和气泡计。

吸水 U 形管入口端有一球形扩大部分，内装无水氯化钙或无水过氯酸镁。吸收二氧化碳 U 形管有 2 个，前 2/3 装碱石棉或碱石灰，后 1/3 装无水氯化钙或无水高氯酸镁。除氮 U 形管前 2/3 装粒状二氧化锰，后 1/3 装无水氯化钙或无水高氯酸镁。在吸收系统的末端装有浓硫酸气泡计，一方面可大致指示氧气流速，另一方面，可防止空气中水分进入系统。

3. 分析步骤

这里介绍三节炉法分析步骤。

（1）将第一节炉温控制在（850±10）℃，第二节炉温控制在（800±10）℃，第三节炉温控制在（600±10）℃，并使第一节炉紧靠第二节炉。

（2）在预先灼烧过的燃烧舟中称取粒度小于 0.2mm 的一般分析煤样或水煤浆干燥试样 0.2g，称准至 0.000 2g，并均匀铺平。在煤样上铺一层三氧化钨。可将装有试样的燃烧舟暂存入专用的磨口玻璃管或不加干燥剂的干燥器中。

（3）接上已恒定并称量的吸收系统，并以 120mL/min 的流量通入氧气。打开橡皮塞，取出铜丝卷，迅速将燃烧舟放入燃烧管中，使其前端刚好在第一节炉炉口。再放入铜丝卷，塞上橡皮塞，保持氧气流量为 120mL/min。1min 后向净化系统方向移动第一节炉，使燃烧舟的一半进入炉子；2min 后，移动炉体，使燃烧舟全部进入炉子；再 2min 后，使燃烧舟位于炉子中央。保温 18min 后，把第一节炉移回原位，2min 后，取下吸收系统，将磨口塞关闭，用绒布擦净，在天平旁放置 10min 后称量（除氮管不必称量）。第二个吸收二氧化碳 U 形管变化小于 0.000 5g，计算时忽略。

4. 结果计算

一般分析煤样的碳和氢质量分数分别按式（5-1）和式（5-2）计算，即

$$C_{ad}=\frac{0.272\,9m_1}{m}\times 100 \tag{5-1}$$

$$H_{ad}=\frac{0.111\,9(m_2-m_3)}{m}\times 100 - 0.111\,9M_{ad} \tag{5-2}$$

式中：C_{ad} 为一般分析煤样中碳的质量分数，%；H_{ad} 为一般分析煤样中氢的质量分数，%；m 为一般分析煤样质量，g；m_1 为吸收二氧化碳 U 形管的增量，g；m_2 为吸水 U 形管的增量，g；m_3 为空白值，g；0.272 9 为将二氧化碳折算成碳的因数；0.111 9 为将水折算成氢的因数。

当需要测定有机碳（$C_{o,ad}$）时，按下式计算有机碳的质量分数：

$$C_{o,ad}=\frac{0.272\,9m_1}{m}\times 100 - 0.272\,9(CO_2)_{ad}$$

式中：$(CO_2)_{ad}$ 为一般分析煤样中碳酸盐二氧化碳（按 GB/T 218 测定）的质量分数，%。

三、煤中氮的测定

煤中氮含量的测定，我国标准中采用半微量开氏法。

1. 测定原理

称取一定量的一般分析煤样或水煤浆干燥试样，加入混合催化剂和硫酸，加热分解，氮转化为硫酸氢铵。加入过量的氢氧化钠溶液，把氨蒸出并吸收在硼酸溶液中。用硫酸标准溶液滴定，根据硫酸的用量，计算样品中氮的含量。

根据上述原理，开氏法测定煤中氮含量，实际上包括试样的消化、消化液的蒸馏、氨的吸收、硫酸滴定四个反应阶段。

（1）消化过程反应式为

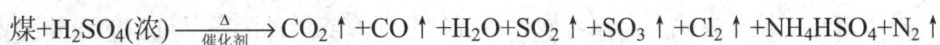

$$煤+H_2SO_4(浓)\xrightarrow[催化剂]{\Delta}CO_2\uparrow+CO\uparrow+H_2O+SO_2\uparrow+SO_3\uparrow+Cl_2\uparrow+NH_4HSO_4+N_2\uparrow$$

（2）蒸馏过程反应式为

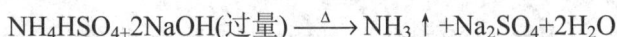

$$NH_4HSO_{4+}2NaOH(过量)\xrightarrow{\Delta}NH_3\uparrow+Na_2SO_4+2H_2O$$

（3）吸收过程反应式为

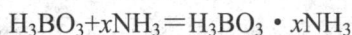

$$H_3BO_3+xNH_3=H_3BO_3\cdot xNH_3$$

（4）滴定过程反应式为

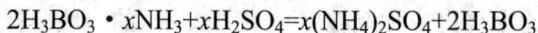

$$2H_3BO_3 \cdot xNH_3 + xH_2SO_4 = x(NH_4)_2SO_4 + 2H_3BO_3$$

2. 结果的计算

空气干燥煤样中氮的质量分数按下式计算：

$$N_{ad} = \frac{c(V_1 - V_2) \times 0.014}{m} \times 100$$

式中：c 为硫酸标准溶液的浓度，mol/L；m 为分析样品质量，g；V_1 为样品试验时硫酸标准溶液的用量，mL；V_2 为空白试验时硫酸标准溶液的用量，mL；0.014 为氮的毫摩尔质量，g/mmol。

四、煤中全硫测定

任何商品煤均含有硫，只是其含量有所不同，含量高低与成煤时期的沉积环境有密切关系。硫在煤中分布很不均匀，故它可用来表征煤的不均匀程度。煤中硫对电力生产有着重要影响，煤中全硫的测定是电厂燃料监督的必测项目，同时是入厂煤的计价指标。

（一）煤中硫的赋存形式

煤中硫按其存在形态通常可分为有机硫和无机硫，有时还有微量的元素硫。煤中无机硫又可分为硫化物硫和硫酸盐硫两种，硫化物硫中绝大部分是黄铁矿，但也有少量白铁矿。黄铁矿和白铁矿从组成上来说都是 FeS_2，不同的是在晶体结构上，所以它们是同质多晶体。此外也有少量其他硫化矿物如砷黄铁矿（FeAsS）、磁黄铁矿（$Fe_{1-x}S$）、黄铜矿（$CuFeS_2$）等，硫酸盐硫包括石膏（$CaSO_4 \cdot 2H_2O$）、绿矾（$FeSO_4 \cdot 7H_2O$）、重晶石（$BaSO_4$）等。

不同形态的硫对煤质及其燃烧的影响不相同，因此根据其燃烧特性划分，煤中硫又可分为可燃硫及不可燃硫两大类。其中有机硫化物、无机硫化物及元素硫均属可燃硫；煤燃烧后残留于灰中的硫均以硫酸盐形式存在，这其中大部分为有机及无机硫化物燃烧后被煤质吸收和固定下来的新生成的硫酸盐，只有少量是煤中的天然硫酸盐。

一般来说，当全硫含量低于 1% 时，往往以有机硫为主；当全硫含量高时，则大部分是硫化物硫，而硫酸盐硫一般含量极少，通常为 0.1%～0.2%。煤中各种形态硫的总和称为全硫，用 S_t 表示。硫酸盐硫、硫化物硫、有机硫分别用 S_s、S_p、S_o 表示，则有 $S_t = S_s + S_p + S_o$。

根据煤中全硫与灰中含硫量（通常用 SO_3 含量表示），可计算出煤中可燃硫含量，而不必对各种形态硫的含量分别测定。

（二）煤中全硫的测定

目前，煤中全硫测定方法很多，常用的除国标 GB/T 214—2007 规定的艾士卡法、库仑法及高温燃烧中和法外，还有红外吸收法。其中，艾士卡法是最准确的测硫方法，通常作为仲裁方法；库仑法测定速度较快，在电力系统中应用较为普遍；高温燃烧中和法应用很少；红外吸收法测定结果准确，测试周期短，自动化程度高，虽然国标中尚未列入此法，但在美国 ASTM 标准中规定了这一方法，全国各网、省局试验研究院所都配备了进口的红外测硫仪。下面就艾士卡法、库仑滴定法和红外吸收法加以阐述。

1. 艾士卡法

艾士卡法是一种经典的重量分析方法，测试结果准确可靠，且不需用专门的仪器设备，所有煤质试验室均可开展该项试验。但是艾士卡法测定煤中全硫操作比较繁琐，在测定过程中，两次使用高温炉，两次进行过滤，操作要求高，适用于批量测定。

（1）测定原理。将煤样与艾士卡试剂混合灼烧，煤中硫生成硫酸盐，然后使硫酸根离子生成硫酸钡沉淀，根据硫酸钡的质量计算煤中全硫的含量。

测定过程中主要化学反应式如下：

1）煤的氧化反应式为

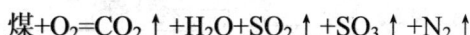

$$煤+O_2=CO_2\uparrow+H_2O+SO_2\uparrow+SO_3\uparrow+N_2\uparrow$$

2）硫氧化物的固定作用

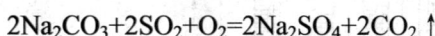

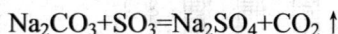

$$2Na_2CO_3+2SO_2+O_2=2Na_2SO_4+2CO_2\uparrow$$
$$Na_2CO_3+SO_3=Na_2SO_4+CO_2\uparrow$$
$$2MgO+2SO_2+O_2=2MgSO_4$$
$$MgO+SO_3=MgSO_4$$

3）原煤中硫酸盐的复分解反应

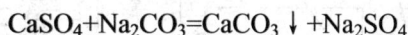

$$CaSO_4+Na_2CO_3=CaCO_3\downarrow+Na_2SO_4$$

4）硫酸盐的沉淀

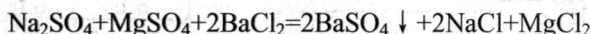

$$Na_2SO_4+MgSO_4+2BaCl_2=2BaSO_4\downarrow+2NaCl+MgCl_2$$

（2）结果计算。测定结果按下式计算：

$$S_{t,ad}=\frac{(m_1-m_2)\times0.137\,4}{m}\times100$$

式中：$S_{t,ad}$ 为一般分析煤样中全硫质量分数，%；m_1 为硫酸钡质量，g；m_2 为空白试验的硫酸钡质量，g；0.137 4 为由硫酸钡换算成硫的系数；m 为煤样质量，g。

2. 库仑滴定法

库仑滴定法是根据法拉第电解定律提出来的。需用专门的仪器——库仑定硫仪，设备成本较低，操作比较简单，测定速度快，但准确度不及艾士卡法。近年来，国产库仑定硫仪的质量已有显著提高，故用户日益增多，在日常入厂煤验收与入炉煤监督中被广泛应用。

（1）基本原理。煤样在催化剂作用下，于 1150℃ 的空气流中发生燃烧和分解反应，煤中各种形态的硫被氧化成 SO_2 和极少量的 SO_3，并被空气流带到电解池内，其中 SO_2 被碘化钾溶液吸收，以电解碘化钾溶液所产生的碘进行滴定，根据电解所消耗的电量计算煤中全硫的含量。

电解池内布置两对铂电极，即指示电极和电解电极。在 SO_2 进入电解池前，指示电极上存在着以下动态平衡：

$$2I^--2e=I_2$$
$$2Br^--2e=Br_2$$

SO_2 进入溶液后，将与其中的碘和溴发生如下反应：

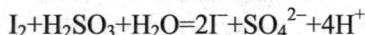

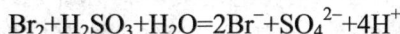

$$I_2+H_2SO_3+H_2O=2I^-+SO_4^{2-}+4H^+$$
$$Br_2+H_2SO_3+H_2O=2Br^-+SO_4^{2-}+4H^+$$

此时，指示电极上动态平衡被破坏，电位改变，从而引起电解电流增加，不断地电解出碘和溴，直至溶液内不再有 SO_2 进入，电极电位又恢复到滴定前的水平，电解碘和溴也就停止。此时，根据电解生成碘和溴时所消耗的电量（由库仑仪测得），按照法拉第电解定律（电极上产生 1mol 的任何物质需消耗 96 500C 电量），可计算出煤中全硫的含量。

（2）测定装置。库仑定硫仪由管式高温炉、电解池和电磁搅拌器、库仑积分器、送样程序控制器、空气供应及净化装置、温度控制器、电解池及电磁搅拌器等部件组成。从型式上，库仑定硫仪有分体式与一体式之分，控制装置又有微机与单片机之别。通常，库仑定硫仪的结构及流程如图 5-14 所示。

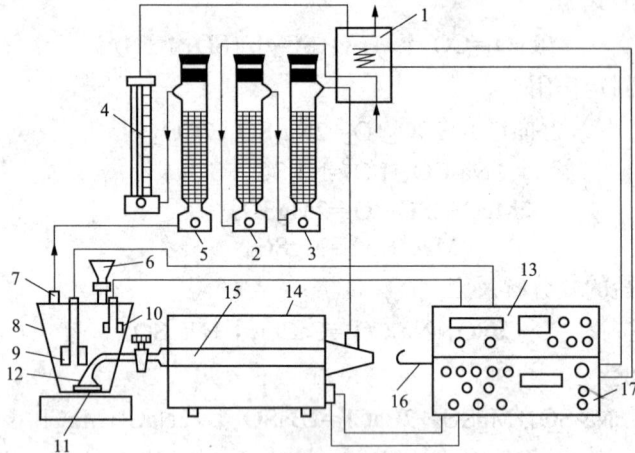

图 5-14　库仑定硫仪的结构及流程

1—电磁泵；2、5—硅胶过滤塔；3—氢氧化钠过滤塔；4—流量计；6—加液漏斗；7—排气口；8—电解池；

9—电解电极；10—指示电极；11—搅拌器；12—微孔熔板过滤器；13—库仑积分器；14—燃烧炉；

15—石英管；16—进样器；17—程序控温仪

（3）结果计算。当库仑积分器最终显示数为硫的毫克数时，全硫质量分数按下式计算：

$$S_{t,ad} = \frac{m_1}{m} \times 100$$

式中：m_1 为库仑积分器显示值，mg；m 为煤样质量，mg。

3. 红外吸收法

红外测硫仪因其具有测定结果准确、测试周期短、自动化程度高的特点，在科研院所及大型电厂煤质试验室得到大量应用。

（1）测定原理。某些气体分子如 CO、SO_2、CO_2 等对红外线具有吸收作用，而某些双原子分子如 O_2、N_2 等则对红外线没有吸收作用。气体对红外线的吸收遵循比尔定律，即气体吸收单色光的程度（吸光度）与该气体的浓度和光路长度成正比，在光路长度（也就是仪器的红外池检测气室）一定的情况下，吸光度只与该气体的浓度成正比，浓度越大，吸光度就越大，被测元素的含量也越高。

（2）红外测硫仪工作流程。测定煤中全硫含量时，将一定量的煤样置于高温炉中燃烧完全，在吹入氧气的条件下，煤中各种形态的硫均氧化成 SO_2 及少量 SO_3。将燃烧气体除水除尘，真空泵定量抽取气体并送入红外池，由红外检测器将气体浓度转换成电压信号，计算机通过累积读取红外池的输出电压，计算出 SO_2 的总含量，仪器自动结束测量，显示最终结果。

五、煤中氧含量的计算

氧是煤中重要的组成元素。它以有机和无机两种状态存在。有机氧主要存在于含氧官能团中，如羧基（–COOH）、羟基（–OH）和甲氧基（–CH_3）等；无机氧主要存在于煤中水分、硅酸盐、碳酸盐、硫酸盐和氧化物中。煤中有机氧随煤化度的加深而减少。

1. 不包括水分中的氧

氧的含量（不包括水分中的氧）按下式计算：

$$O_{ad}=100-C_{ad}-H_{ad}-N_{ad}-S_{t,ad}-A_{ad}-M_{ad}$$

2. 包括水分中的氧

包含水分中氢的空气干燥基氢（$H_{m,ad}$）含量根据下式计算：

$$H_{m,ad}=H_{ad}+aM_{ad}$$

式中：$H_{m,ad}$ 为空气干燥基氢含量（包含水分中氢），%；a 为将水折算成氢的换算因数，取 0.111 9。

氧的含量（包括水分中的氧）按下式计算：

$$O_{m,ad}=100-C_{ad}-H_{m,ad}-N_{ad}-S_{t,ad}-A_{ad}$$

或

$$O_{m,ad}=O_{ad}+bM_{ad}$$

式中：$O_{m,ad}$ 为包括水分中的氧的空气干燥基氧含量，%；b 为将水折算成氧的换算因数，取 0.8881。

六、煤中碳氢氮元素的快速测定

由于煤中碳氢氮的测定传统方法操作十分烦琐，且检测时间长，易受环境条件影响，正在逐渐被检测速度快、精密度高的仪器法所取代。下面以高温燃烧-红外、热导联合测定法为例进行介绍。

1. 方法原理

一定量的样品，在通入高纯氧气的高温下燃烧，燃烧产物中的硫氧化物及卤化物由炉试剂去除，而 H_2O（气态）、CO_2 和 NO_x 进入储气罐中混合均匀。定量抽取一份混匀后的气体送入红外检测池分别测定 CO_2 和 H_2O 含量，从而计算出碳、氢元素含量；定量抽取另一份混匀后的气体由高纯氦气作为载气携带经热铜将 NO_x 还原为 N_2，经碱石棉和高氯酸镁分别去除 CO_2、H_2O（气态），然后进入热导检测池测定出 N_2 含量，从而计算出氮元素含量。

2. 仪器设备

煤中碳、氢、氮元素分析仪主要由燃烧单元、气体过滤单元、混合储气及定量抽取单元、氮氧化物还原单元、检测单元、检测信号采集及处理单元组成，如图 5-15 所示。

碳、氢、氮元素分析仪各单元主要作用如下：

（1）燃烧单元。通过控制助燃气体流量、燃烧炉温度和燃烧时间保证样品完全燃烧，并去除干扰杂质。

（2）混合储气及定量抽取单元。用于存储、混合并定量输送净化后的燃烧气体产物。

（3）气体过滤单元。用于去除气体中的固体颗粒、二氧化碳和水分。

（4）氮氧化物还原单元。用于去除燃烧气体产物中的残余氧气，同时将氮氧化物还原为氮气。

（5）检测单元。包括 CO_2、H_2O 红外检测池和 N_2 热导检测池，用于 CO_2、H_2O 和 N_2 的定量检测。

（6）检测信号采集及处理单元。用于采集测定的红外及热导信号，根据标定试验结果建立的标准值与信号的回归曲线（线性或二次方曲线或三次方曲线），查取相应的元素浓度值，根据抽取气体的体积、样品的质量，计算出样品中碳、氢和氮元素的质量分数。

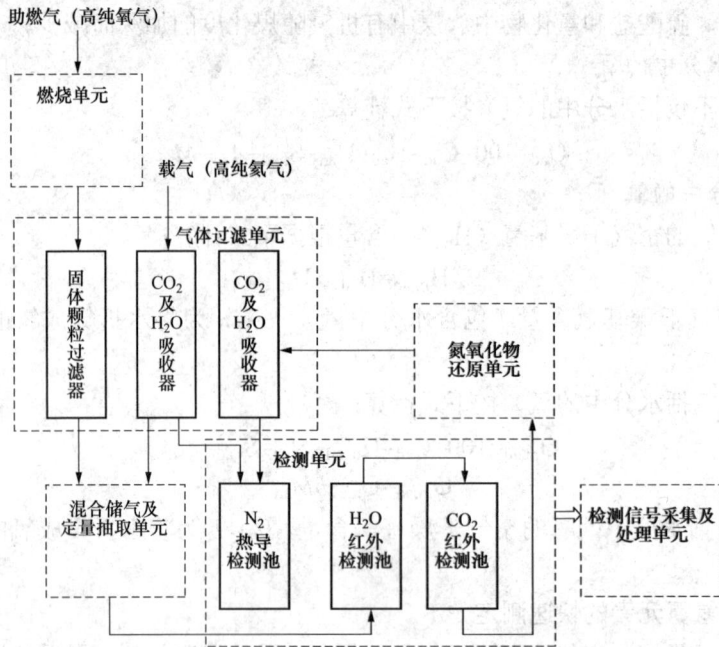

图 5-15　碳、氢、氮元素分析仪组成示意

第五节　煤的发热量测定

一、基本概念

发热量数值不仅取决于煤炭本身，还取决于煤炭燃烧条件和终态产物的状态。根据燃烧条件和终态产物的状态，发热量表达方式有弹筒发热量、高位发热量和低位发热量。

（1）弹筒发热量。单位质量的试样在充有过量氧气的氧弹内燃烧，其燃烧后的物质组成为氧气、氮气、二氧化碳、硝酸和硫酸、液态水以及固态灰时放出的热量称为弹筒发热量，用符号 Q_b 表示。它是燃料的最高热值，在实际应用时还需换算成另外两种热值。

（2）恒容高位发热量。单位质量的试样在充有过量氧气的氧弹内燃烧，其燃烧后的物质组成为氧气、氮气、二氧化碳、二氧化硫、液态水以及固态灰时放出的热量称为恒容高位发热量，用符号 Q_{gr} 表示。高位发热量可用作评价燃料燃烧质量的标准。

（3）恒容低位发热量。单位质量的试样在恒容条件下，在过量氧气中燃烧，其燃烧后的物质组成为氧气、氮气、二氧化碳、二氧化硫、气态水（假定压力为 0.1MPa）以及固态灰时放出的热量，用符号 Q_{net} 表示。低位发热量是燃料能够有效利用的热值。

（4）热量计的有效热容量。量热系统产生单位温升所需的热量简称热容量。通常以焦耳每开尔文（J/K）表示。

在煤的商务计价、锅炉热效率计算和发电煤耗计算时，采用最接近于实际燃烧工况的低位发热量，在煤炭分类和标准煤样的标定值等方面一般采用高位发热量。但是这两种发热量无法直接测得，只能通过在试验室特定条件下测定弹筒发热量，再通过计算得到。

二、测定原理

煤的发热量在氧弹热量计中进行测定。一定量的分析试样在氧弹热量计中，在充有过量氧气的氧弹内燃烧，热量计的热容量通过在相近条件下燃烧一定量的基准量热物苯甲酸来确定，根据试样燃烧前后量热系统产生的温升，并对点火热等附加热进行校正后即可求得试样的弹筒发热量。

从弹筒发热量中扣除硝酸形成热和硫酸校正热（氧弹反应中形成的水合硫酸与气态二氧化硫的形成热之差）即得高位发热量。由恒容高位发热量减去水（煤中原有的水和煤中氢燃烧生成的水）的气化热后得到恒容低位发热量。恒压低位发热量也可以通过分析试样的高位发热量计算，原则上计算恒压低位发热量还需知道煤样中氧和氮的含量。

三、试验室条件

进行发热量测定的试验室应满足以下条件：

（1）进行发热量测定的试验室，应为单独房间，不应在同一房间内同时进行其他试验项目。

（2）室温应保持相对稳定，每次测定室温变化不应超过 1℃，室温以 15～30℃为宜。

（3）室内应无强烈的空气对流，因此不应有强烈的热源、冷源和风扇等，试验过程中应避免开启门窗。

（4）试验室最好朝北（北半球），以避免阳光照射，否则热量计应放在不受阳光直射的地方。

四、仪器设备

通常热量计有两种，恒温式和绝热式，它们的量热系统被包围在充满水的双层夹套（外筒）中，它们的差别只在于外筒的控温方式不同，其余部分无明显区别。热量计是由燃烧氧弹、内筒、外筒、搅拌器、水、温度传感器、试样点火装置、温度测量和控制系统构成。附属设备有燃烧皿、压力表和氧气导管、点火装置和压饼机等。

恒温式热量计、氧弹的结构分别如图 5-16 和图 5-17 所示。

五、测定步骤

发热量的测定由两个独立的试验组成，即在规定的条件下基准量热物质的燃烧试验（热容量标定）和试样的燃烧试验。为了消除未受控制的热交换引起的系统误差，要求两种试验的条件尽量相近。

试验包括定量进行燃烧反应到定义的产物和测量整个燃烧过程引起的温度变化。试验过程分为初期、主期（燃烧反应期）和末期。对于绝热式热量计，初期和末期是为了确定开始点火的温度和终点温度；对于恒温式热量计，初期和末期的作用是确定热量计的热交换特性，以便在燃烧反应主期内对热量计内筒与外筒间的热交换进行正确的校正。初期和末期的时间应足够长。

（一）热容量标定

热容量是计算发热量最基本的参数，因此发热量测定的准确度关键在于标定热容量所能达到的准确度，以及热容量标定条件与发热量测定条件的相似性。国标公式计算冷却校正值所需的冷却常数 K 和综合常数 A 通过同一试验进行标定。

1. 标准量热物质

目前，国内外普遍使用的量热基准物是苯甲酸。苯甲酸又名安息香酸，具有化学性质稳定、易于提纯、不易吸潮和燃烧热与发热量相当等特点。

由于苯甲酸粉末燃烧性能较差，可能出现燃烧不完全的情况，因此在使用前必须压成片

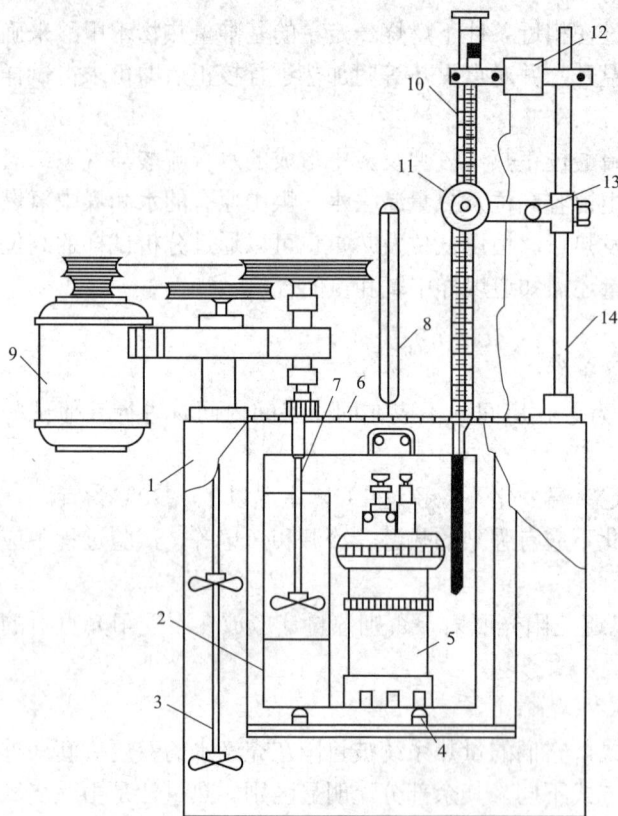

图 5-16　恒温式热量计的结构

1—外筒；2—内筒；3—外筒搅拌器；4—绝缘支柱；

5—氧弹；6—盖子；7—内筒搅拌器；8—普通温度计；

9—电动机；10—贝克曼温度计；11—放大镜；

12—电动振动器；13—计时指示灯；14—导杆

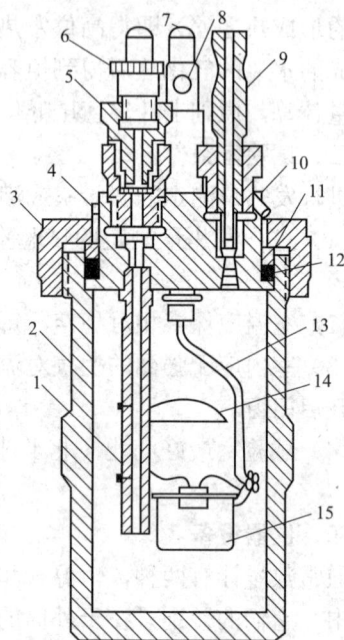

图 5-17　氧弹的结构

1—进气管；2—弹筒；3—连接环；4—弹簧圈；

5—进气阀；6、7—电极柱；8—圆孔；9—针形阀；

10—弹头；11—金属垫圈；12—橡胶垫圈；

13—燃烧皿架；14—防火罩；15—燃烧皿

剂。使用前，应先将苯甲酸粉末研细，置于盛有浓硫酸的干燥器中干燥 3d 或在 60~70℃烘箱中干燥 3~4h，冷却后压片。苯甲酸也可以在燃烧皿中熔融后使用。熔融可在 121~126℃的烘箱中放置 1h，或在酒精灯的小火焰上进行，放入干燥器冷却后使用。如熔体表面出现针状结晶，应用小刷刷掉，以防燃烧不完全。

2. **热容量标定的周期**

热容量标定的有效期为 3 个月，超过此期限应进行复查。如果遇到下列情况，应立即重测：

（1）更换量热温度计。

（2）更换热量计大部件如氧弹盖、连接环等，由厂家供给的或自配相同规格的小部件如氧弹密封圈、电极柱、螺母等不在此列。

（3）标定热容量与测定发热量时的内筒温度相差超过 5K。

（4）热量计经过较大搬动。

如果热量计的量热系统没有显著改变，重新标定的热容量值与前一次的热容量值相差不应大于 0.25%，否则，应检查试验程序，解决问题后再重新进行标定。对于缺乏确切的物理定义或偏离经典方法的高度自动化的热量计，应增加标定频率，必要时应每天进行标定。

3. 热容量标定方法要点

在充有氧气的弹筒中燃烧一定量已知热值的苯甲酸，准确测量量热系统的温升值，由点火后产生的总热量（包括苯甲酸的燃烧热、点火丝产生的热量和生成硝酸放出的热量）和内筒水温升高的度数（做必要校正），求出量热系统温度每升高 1K 所需要的热量即热容量 E。

4. 热容量标定结果的计算

（1）温度校正。

1）温度计校正。使用玻璃温度计时，应根据检定证书对点火温度和终点温度进行校正。①根据检定证书中所给的孔径修正值校正点火温度 t_0 和终点温度 t_n，再由校正后温度 (t_0+h_0) 和 (t_n+h_n) 求出温升，其中 h_0 和 h_n 分别代表 t_0 和 t_n 的孔径修正值；②若使用贝克曼温度计，需进行平均分度值的校正。

2）冷却校正（热交换校正）。实际测量出的内筒温升值，比内外筒之间无热量交换情况下内筒能够达到的温升值要小，这种对温升的影响通常称为冷却作用。为了消除内外筒热交换对温升的影响，就必须对内筒温升加上一校正值，称为冷却校正，通常用符号 C 来表示。绝热式热量计的热量损失可以忽略不计，因而无需冷却校正。

（2）点火热校正。在熔断式点火法中，应由点火丝的实际消耗量（原用量减掉残余量）和点火丝的燃烧热计算试验中点火丝放出的热量；在棉线点火法中，首先算出所用一根棉线的燃烧热（剪下一定数量适当长度的棉线，称出它们的质量，然后算出一根棉线的质量，再乘以棉线的单位热值），然后确定每次消耗的电能热，二者放出的总热量即为点火热。

（3）硝酸形成热校正。热容量标定中硝酸形成热可按下式求得：

$$q_n = Q \times m \times 0.001\,5$$

式中：q_n 为硝酸形成热，J；Q 为苯甲酸的标准热值，J/g；m 为苯甲酸的用量，g；0.001 5 为苯甲酸燃烧时的硝酸形成热校正系数。

（4）热容量的计算。热容量 E 按下式计算：

$$E = \frac{Q \times m + q_1 + q_2}{H\left[(t_n + h_n) - (t_0 + h_0) + C\right]}$$

式中：Q 为苯甲酸的标准热值，J/g；m 为苯甲酸的用量，g；q_1 为点火丝产生的热量，J；q_2 为添加物如包纸等产生的总热量，J；H 为贝克曼温度计的平均分度值；t_0 为点火时的内筒温度，℃；h_0 为对应于 t_0 时温度计的刻度校正，℃；t_n 为主期终点时的内筒温度，℃；h_n 为对应于 t_n 时温度计的刻度校正，℃。

（二）试样的燃烧试验

当采用不同类型的热量计测定发热量时，其测定步骤有所不同。现以恒温式热量计为例说明发热量测定的主要操作步骤。

（1）在燃烧皿中称取粒度小于 0.2 mm 的空气干燥煤样 0.9～1.1g，称准到 0.000 2g。

（2）取一段已知质量的点火丝，把两端分别接在氧弹的两个电极柱上，弯曲点火丝接近试样，注意与试样保持良好接触或保持微小的距离（对易飞溅和易燃的煤）；并注意勿使点火丝接触燃烧皿，以免形成短路而导致点火失败，甚至烧毁燃烧皿。同时还应注意防止两电极间以及燃烧皿与另一电极之间的短路。

（3）往氧弹中加入 10mL 蒸馏水。小心拧紧氧弹盖，注意避免燃烧皿和点火丝的位置因受振动而改变。往氧弹中缓缓充入氧气，直至压力到 2.8～3.0MPa，达到压力后的持续充氧时间不得少于 15s；如果不小心充氧压力超过 3.2MPa，停止试验，放掉氧气后，重新充氧至 3.2MPa 以下。当钢瓶中氧气压力降到 5.0MPa 以下时，充氧时间应酌情延长，压力降到 4.0MPa 以下时，应更换新的钢瓶氧气。

往氧弹中缓慢充入氧气直到压力为 2.8～3.0MPa 时止。

（4）往内筒中加入足够的蒸馏水，使氧弹盖的顶面淹没在水面下 10～20mm。内筒水量应在所有试验中保持相同，相差不超过 0.5g。

（5）把氧弹放入装好水的内筒中，如氧弹中无气泡漏出，则表明气密性良好，即可把内筒放在热量计中的绝缘架上；如有气泡出现，则表明漏气，应找出原因，加以纠正，重新充氧。然后接上点火电极插头，装上搅拌器和量热温度计，并盖上热量计的盖子。温度计的水银球（或温度传感器）对准氧弹主体的中部，温度计和搅拌器均不得接触氧弹和内筒。靠近量热温度计的露出水银柱的部位（使用玻璃水银温度计时），应另悬一支普通温度计，用于测定露出柱的温度。

（6）开动搅拌器，5min 后开始计时，读取内筒温度 t_0（借助放大镜读到 0.001K）后立即通电点火。随后记下外筒温度（至少读到 0.05K）和露出柱温度。读取温度时，视线、放大镜中线和水银柱顶端应位于同一水平上，以避免视差对读数的影响。每次读数前，应开动振荡器振动 3～5s。

（7）观察内筒温度。如在 30s 内温度急剧上升，则表明点火成功。接近终点时，开始按 1min 间隔读取内筒温度。只要有可能，温度读数应精确到 0.001K。

（8）以第一个下降温度作为终点温度，试验主期阶段至此结束。一般热量计由点火到终点的时间为 8～10min。

（9）停止搅拌，取出内筒和氧弹，开启放气阀，放出燃烧废气，打开氧弹，仔细观察弹筒和燃烧皿内部，如果有试样燃烧不完全的迹象或有炭黑存在，试验应作废。量出未烧完的点火丝长度，以便计算实际消耗量。

六、测定结果的计算

1. 弹筒发热量 $Q_{b,ad}$ 的计算

使用恒温式热量计时，弹筒发热量 $Q_{b,ad}$ 按下式计算：

$$Q_{b,ad} = \frac{EH\left[(t_n + h_n) - (t_0 + h_0) + C\right] - (q_1 + q_2)}{m}$$

式中：$Q_{b,ad}$ 为分析试样的弹筒发热量，J/g；m 为试样质量，g；其余符号意义同前。

2. 恒容高位发热量 $Q_{gr,ad}$

空气干燥煤样的恒容高位发热量 $Q_{gr,ad}$ 按下式计算：

$$Q_{gr,ad} = Q_{b,ad} - (94.1S_{b,ad} + aQ_{b,ad})$$

式中：$Q_{gr,ad}$ 为空气干燥煤样的恒容高位发热量，J/g；$S_{b,ad}$ 为由弹筒洗液测得的含硫量，以质量分数表示，%，当全硫低于 4.00%或发热量大于 14.60MJ/kg 时，可用全硫（按 GB/T 214 测定）代替 $S_{b,ad}$；94.1 为空气干燥煤样中每 1.00%硫的校正值，J/g；a 为硝酸形成热校正系数（当 $Q_b \leq 16.70$MJ/kg 时，a=0.0010；当 $16.70 < Q_b \leq 25.10$MJ/kg 时，a=0.0012；当 $Q_b > 25.10$MJ/kg 时，a=0.0016）。

3. 低位发热量的计算

（1）恒容低位发热量。煤的收到基恒容低位发热量按下式计算：

$$Q_{\mathrm{net},V,\mathrm{ar}} = (Q_{\mathrm{gr},V,\mathrm{ad}} - 206\mathrm{H}_{\mathrm{ad}}) \times \frac{100 - M_{\mathrm{t}}}{100 - M_{\mathrm{ad}}} - 23M_{\mathrm{t}}$$

式中：$Q_{\mathrm{net},V,\mathrm{ar}}$ 为煤的收到基恒容低位发热量，J/g；$Q_{\mathrm{gr},V,\mathrm{ad}}$ 为煤的空气干燥基恒容高位发热量，J/g；M_{t} 为煤的收到基全水分，%；M_{ad} 为煤的空气干燥基水分，%；H_{ad} 为煤的空气干燥基氢的质量分数，%；206 为对应于空气干燥煤样中每 1% 氢的气化热校正值（恒容），J/g；23 为对应于收到基煤中每 1% 水分的气化热校正值（恒容），J/g。

（2）恒压低位发热量。由弹筒发热量算出的高位发热量和低位发热量都属恒容状态，在实际工业燃烧中则是恒压状态，严格地讲，工业计算中应使用恒压低位发热量。

恒压低位发热量可按下式计算：

$$Q_{\mathrm{net},p,\mathrm{ar}} = \left[Q_{\mathrm{gr},V,\mathrm{ad}} - 212\mathrm{H}_{\mathrm{ad}} - 0.8(\mathrm{O}_{\mathrm{ad}} + \mathrm{N}_{\mathrm{ad}}) \right] \times \frac{100 - M_{\mathrm{t}}}{100 - M_{\mathrm{ad}}} - 24.4M_{\mathrm{t}}$$

式中：$Q_{\mathrm{net},P,\mathrm{ar}}$ 为煤的收到基恒压低位发热量，J/g；212 为对应于空气干燥煤样中每 1% 氢的气化热校正值（恒压）J/g，0.8 为对应于空气干燥煤样中每 1% 氧和氮的气化热校正值（恒压），J/g；O_{ad} 为空气干燥煤样中氧的质量分数，%；N_{ad} 为空气干燥煤样中氮的质量分数，%；O_{ad} 为空气干燥煤样中氧的质量分数，%；N_{ad} 为空气干燥煤样中氮的质量分数，%；24.4 为对应于收到基煤中每 1% 水分的气化热校正值（恒压），J/g；其余符号意义同前。

第六章 电力用油化学监督

第一节 概 述

电力用油（气）主要是指电力行业所使用的绝缘介质、润滑介质和液压传动介质等。具体地说，主要包括绝缘油、六氟化硫气体、汽轮机油和合成抗燃油等，而其他的一些油品，如球磨机油和齿轮油等统称为辅机用油，不是电力用油（气）研究的对象。

电力用油（气）品质的好坏，直接关系到电力设备的使用寿命和使用安全。为了更好地保证电力设备的安全经济运行，有必要了解有关电力用油的基本知识。

一、电力用油的组成和炼制

目前我国的电力用油主要是由天然石油加工炼制而成的。天然石油（石油或原油）主要组成元素是碳和氢，其次是氧、硫、氮三种元素，另外还含有微量的金属元素铁、铜、锌、钙、镁、钾，以及微量的非金属元素氯、硅、碘、磷等。石油中的这些元素并非以单质存在，而是相互结合组成了极为复杂的烃类和非烃类化合物，即饱和烃、芳烃、胶质和沥青质等。

石油是多组分的混合物，每一组分有各自不同的沸点。石油的分馏是按组分间沸点的差别，用蒸馏装置将各组分分开的工艺过程。为了得到理想的石油产品，同时为了加工方便，可把石油按一定的沸点范围分成若干个部分，每个部分称为一个"馏分"。一般常把小于200℃的石油馏分称为汽油馏分或低沸点馏分；175～300℃的馏分称为煤油馏分，200～350℃的称为柴油馏分，煤油和柴油属于中间馏分；350～500℃的称为润滑油馏分或高沸点馏分。汽轮机油、变压器油等皆由润滑油馏分精制而成。

由天然石油炼制电力用油的工艺过程大致可分为馏分油的制备和电力用油的精制、调合等。

1. 馏分油的制备

将天然石油加工成馏分油（润滑油馏分）的主要工艺过程包括原油的预处理、常压分馏、减压分馏等。

（1）原油的预处理。从油田开采出来的原油虽经过沉降、脱水等，但其中仍含有一定量的泥沙、水分、无机盐等杂质，因而在常压分馏前仍需进行脱盐、脱水，即原油的预处理。

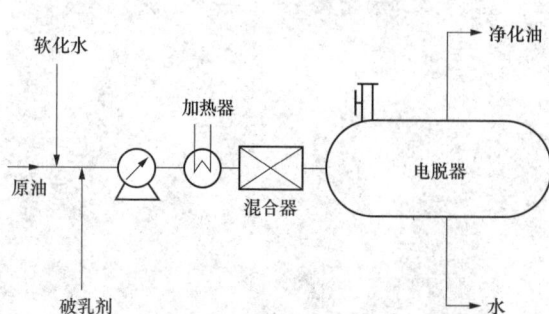

图 6-1 原油电脱盐、脱水工艺流程

原油的预处理方法较多，广泛采用电脱盐、脱水工艺，其流程如图6-1所示。

（2）常压蒸馏。经预处理后的原油送入常压分馏塔中，按不同的沸点范围截取馏分，一般在350℃以下可得到较透明的汽油、煤油馏分，塔底所余下的350℃以上的重油送减压分馏塔分馏。若在常压下将原油直接加热到400℃以上，则该馏分中的许多理想组分将被裂解生成低分子烃，影响炼制润滑油的质量。如会使凝点升高、黏度降低、颜色变坏、闪点降低等。因此，必须采取减压蒸馏。

（3）减压蒸馏。将常压塔内沸点较高的重油送入减压分馏塔后，利用抽真空的方法（塔内真空一般为 98.7kPa）降低重油的沸点，其中的高沸点馏分可在不太高的温度下从不同侧线一一分馏出来，即得润滑油馏分。

2. 电力用油的精制工艺

除去馏分油中非理想组分的工艺过程，称为"精制"。电力用油与一般润滑油的来源相同，皆是从润滑油馏分精制而成的，其精制方法也大体相同。

（1）硫酸精制。硫酸精制是用浓硫酸处理馏分油的工艺过程。硫酸可与馏分油中的含氧、含硫、含氮化合物以及部分芳香烃等发生缩合、叠合、磺化反应，还可与烯烃等发生加成反应。它们的反应产物，以及部分不发生反应的芳烃和非烃化合物能溶解于硫酸，形成"酸渣"，利用其密度差可将酸渣从油层中分离出去。油层再经碱洗、水洗等可得精制产品。该法主要适用于变压器油和轻质润滑油的精制。

（2）溶剂精制。溶剂精制是用有机溶剂处理馏分油的工艺过程，该法为常用的精制方法。某些极性有机溶剂，如糠醛、苯酚等，对馏分油中的多环芳烃、胶状沥青状物质等的溶解度较大，而对理想组分的溶解度小得多，由此可将非理想组分除去。

（3）加氢精制。加氢精制是采用加氢的方法，在一定条件下处理馏分油的工艺过程，这是一种较新的精制方法。该法是在一定温度、压力和催化剂的作用下，加入氢使部分芳环转变成环烷环或开环，不饱和烃转变成饱和烃；含氧、含氮和含硫化合物分别转变成 H_2O、NH_3 和 H_2S 等气体，从而与油分离。

（4）脱蜡。脱蜡是通过一定方法除去馏分油中熔点较高、易从油中析出晶粒的各种烃类（蜡）的工艺过程。常用的方法有冷榨脱蜡、溶剂脱蜡、尿素脱蜡和分子筛脱蜡等。冷榨脱蜡是将馏分油冷至低温，通过压榨机将凝固的蜡从油中分离，该法只适用于变压器油和轻质润滑油等的脱蜡；溶剂脱蜡是在黏度较大馏分油中加入适当的溶剂（丙酮和苯-甲苯等混合溶剂），使其黏度变小，然后再用冷冻、过滤等方法将蜡状物除去；尿素脱蜡是利用尿素与高分子正构烷烃、长侧链的环状烃等形成络合物，从而将其除去，该法一般只适用于变压器油；分子筛脱蜡是利用分子筛对蜡状物的选择吸附，来达到脱蜡的目的。

（5）白土补充精制。经上述精制的油品，一般皆残存有未除尽的溶剂、酸、碱、水分和机械杂质等，通常可利用活性白土的吸附作用将其除去，以达到再次净化的目的。天然白土是一种多微孔、具有吸附作用的矿物质，它的主要成分是硅酸铝、氧化铝和一些氧化铁、氧化银等。白土的形状是无定型或结晶状的白色粉末，表面具有很多微孔，其活性表面积为 $100\sim300m^2/g$，高度密集的孔隙和很大的比表面积，使白土微粒能将油中胶质、沥青质、溶剂等极性物质吸附在微孔表面，而白土对油的吸附作用很低。因此，利用白土所具有的这一选择吸附的特性，作为酸碱精制和溶剂精制的补充，用于进一步提高油品的安定性并改变油品的颜色。

3. 电力用油的调合工艺

调合工艺是制取电力用油的最后工序。这一工艺是根据牌号不同的油品，在黏度等方面的不同要求，将精制后所得的基础油按不同的比例进行调合，并根据要求加入抗氧化剂等添加剂，经充分混匀、检验合格后便可得商品性的电力用油。

二、电力用油（气）的分类

电力用油（气）主要是指电力行业所使用的绝缘介质、润滑介质和液压传动介质等。具体地说，主要包括绝缘油、汽轮机油、抗燃油和六氟化硫（SF_6）气体等。其中，绝缘油包括变压器油、开关油、电容器油和电缆油等。

电力用油中的变压器油和汽轮机油尤为重要，下面介绍变压器油和汽轮机油的分类。

变压器油的牌号是根据凝固点的不同划分的，变压器油的分类及名称列于 6-1。由表 6-1 不难看出，名称与代号有密切联系，其性质在于油品的不同。10 号、25 号和 45 号变压器油的凝固点分别为-10、-25℃和-45℃。不同牌号的变压器油适用于不同地区，高牌号变压器油适用于北方地区。

表 6-1　　　　　　　　　　　　　变压器油的分类及名称

类　别	名　称	代　号
变压器油	10 号变压器油	DB-10
	25 号变压器油	DB-25
	45 号变压器油	DB-45

汽轮机油俗称透平油，它是一种矿物润滑油。根据 GB/T 11120—2011《涡轮机油》，汽轮机油（L-TSA）质量等级划分为 A 级和 B 级；黏度等级按 40℃时的运动黏度划分，A 级有 32、46、68 三个牌号，B 级有 32、46、68、100 四个牌号。在电厂中通常使用 32 号和 46 号汽轮机油，其运动黏度分别为 28.8～35.2mm²/s 和 41.4～50.6mm²/s。

三、电力用油（气）质量监督内容

电力用油（气）质量监督主要内容有：

（1）按相关标准的规定进行电力用油的取样。

（2）按相关标准的规定进行变压器油、汽轮机油、抗燃油、电厂辅机用油等油品的验收、运行监督及维护管理。

（3）机组检修时，应对油系统进行清理并对油脂进行滤油处理，颗粒度不合格时，机组不应启动。

（4）按照相关规定进行变压器油中的溶解气体分析和内部故障判断。

（5）按照相关规定进行运行中用油设备的补油和换油。

（6）油品监督使用的水分测定仪、酸值测定仪、颗粒度仪、界面张力仪、空气释放值测定仪、运动黏度测定仪、体积电阻率测定仪等，应按规定进行定期计量检定或校准。

（7）对 SF_6 绝缘气体的验收、监督及维护。

四、油（气）质量监督工作的重要性

电力用油（气）质量监督直接关系到用油设备的使用寿命和电力生产的安全经济运行。特别是大容量发电设备，对油质监督工作提出了更高的要求。如果油品监督维护不当，就会使油品劣化，造成严重危害。主要危害有：①加速油品自身劣化，使油品及设备的寿命缩短。油品劣化虽然是一个较缓慢的过程，但危害是很大的。如果不能及时排除运行油中的劣化产物，不能在油品劣化过程中的"发展期"内有效阻止油品劣化，会加速油品自身劣化；产生酸性物质甚至油泥，使油品本身变质，从而可能酿成重大事故。②造成用油设备的损坏。油品经长期运行或维护不当时，会产生酸性物质，当酸性物质达到一定量时，尤其在有水分存在的情况下，就会对绝缘材料及油系统的其他材料产生腐蚀；油质不好时油品还可能乳化，造成润滑系统的润滑性能不良而导致汽轮机轴承磨损，调速系统卡涩；油质严重劣化时会产生很多油泥和沉淀物，堵塞油通道，造成散热不好，绝缘下降等；若运行维护不当，油品中会产生水分和固体颗粒等外来杂质，不仅会加速油品本身老化，还会使设备磨损或卡涩。

电力用油（气）涉及的设备有变压器、断路器、组合电器、汽轮机等多种发、供电设备，油（气）品质量的好坏直接关系到电力设备的安全经济运行，因此做好电力用油（气）的验收、运行监督和维护管理是十分必要的。

第二节 电力用油的理化性能

电力用油的理化性能，不仅取决于石油的化学组成和加工方法，而且也经常受储运、使用中外界条件的影响。

一、外观颜色和透明度

石油的颜色主要取决于油成分中胶质、沥青质的含量。胶质和沥青质含量越高，颜色就越深，油质也偏重。胶质和沥青质两组分中的有机物分子量一般很大，成分异常复杂，含有丰富的生色、助色基团，是决定油颜色的主控因素。

天然石油通常为淡黄色乃至暗黑色，而且是透明的黏稠液体。我国生产的有些绝缘油，由于切取馏分的温度较低，并采用过度精制加抗氧化剂的工艺，其外观颜色较浅，几乎是无色的。油品在使用中，受污染和氧化会产生树脂和沉淀物等，其颜色会逐渐变深；当设备内部存在故障时，也会使油的颜色发生改变。如油色发暗，表明变压器油绝缘老化；油色发黑，甚至有焦臭味，表明变压器内部有故障。因此，油在运行中颜色的迅速变化，是油质变坏或设备存在内部故障的表现。

透明度是对油品外状的直观鉴定，优良油的外观是清撤透明的。

二、密度

单位体积油品的质量称为油品的密度，其单位为 g/cm^3 或 kg/m^3，以 ρ 表示。密度受温度影响较大，因此，使用中应注明温度。我国统一规定：石油及其产品在 20℃ 时的密度称为标准密度，以 ρ_{20} 表示。为了避免在寒冷的气候条件下，由于变压器油含水量较多而可能出现的浮冰现象，变压器油的密度应不大于 $0.895g/cm^3$。通常情况下，变压器油的密度为 $0.8\sim0.9g/cm^3$。

三、黏度

液体在流动时，不同条件下分层流和紊流两种流态。液体的黏度是指在层流状态下，反映流体流动性能的指标。当液体受外力作用做层流运动时，液体分子间就存在内摩擦阻力，因此，流动的液体都表现出一定的黏滞性。黏滞性的大小由分子间内摩擦力的大小决定。例如，一桶柴油和一桶汽油在相同高度下，由同样粗细的管子流出，柴油流完的时间比汽油长，这一现象说明柴油的黏滞性比汽油大，或者说，柴油流动时分子间内摩擦力比汽油大。

根据测定方法，一般黏度大体分为三种：

（1）运动黏度。运动黏度是指在某一恒定的温度下，测定一定体积的油在重力下流过一个标定好的玻璃毛细管黏度计的时间。黏度计的毛细管常数与流动时间的乘积，即为该温度下测定液体的运动黏度，用符号 ν_t 表示。

运动黏度 v_t 的计算式为

$$v_t = c\tau$$

式中：c 为黏度计常数，mm^2/s^2；t 为试样的平均流动时间，s。

（2）动力黏度。动力黏度是指该温度下运动黏度和同温度下液体密度的乘积。在温度 t 时的动力黏度用符号 η_t 表示。

（3）恩氏黏度。恩氏黏度是指在某温度下，试样从恩氏黏度计流出 200mL 所需的时间与蒸馏水在 20℃流出相同体积所需时间（即黏度计的水值）之比。在试验过程中，试样流出应成连续线状。温度 t 时的恩氏黏度用符号 E_t 表示，它的单位为条件度，用符号 °E 表示。

黏度是油品流动阻力的度量标准。由于变压器油需要具有良好的冷却效果，因此要求新变压器油的黏度较低，一般不大于 $13mm^2/s$。

黏度是划分汽轮机油牌号的依据，选择适当黏度的汽轮机油，对保证机组的正常润滑是一个重要的因素。如选用的汽轮机油黏度过大时，会造成功率损失；黏度过小时，则会引起机组的磨损。因此，黏度是汽轮机油重要的物理性能指标之一。

四、凝点和倾点

凝点和倾点是评价油品低温流动性的条件指标。凝点是指油品在规定的条件下失去流动性时的最高温度。油品凝点的测定是在规定的试验条件下，将试管内的试验油冷却至一定温度后倾斜 45°角，1min 内油面不移动的最高油温即为油品的凝点。油品在凝点时不是所有组分都变成了固体，只是从整体上来看油品失去了流动性而已。我国常用此指标评价油品的流动性，油品的凝点越低，其低温流动性越好。

倾点又称"流动点"，是指在试验条件下，油品能从标准容器中流出的最低温度。油品的倾点通常比凝点高 2～3℃。某些国家用此指标来评定油品的流动性。

五、闪点和燃点

在规定的条件下加热油品，随着油温的升高，油蒸气在空气中（油面上的混合气体中）的含量达到一定浓度，当与火源接触时，会在油面上出现短暂的蓝色火焰，还往往伴随轻微的爆鸣声，此现象称为油品的"闪火现象"，此时的最低温度称为闪点。继续加热油品，使其蒸气接触火焰时，燃烧不少于 5s 时的最低温度，称为油品的燃点。

油品闪点的测定是在专用的仪器中进行的。用开口杯闪点仪测定的闪点称为开口闪点，适用于汽轮机油等；用闭口杯闪点仪测定的闪点称为闭口闪点，适用于绝缘油等。这两种油之所以采用不同的仪器测定其闪点，主要是使测定闪点的条件与油品运行中的实际状况大体相似。变压器油等绝缘油通常是在密闭的容器中使用，因高温、电场作用产生的分解产物，不易逸散到设备外部去，潜伏着着火、爆炸等危险，故变压器油采用闭口杯法测其闪点。若换用开口杯测定，这些易挥发的可燃气体容易散失到空气中去，不易达到闪火下限，使闪点升高，无法判断故障的存在，易形成隐患。汽轮机油刚好相反，是在非密闭的机件中或温度不太高的条件下循环使用，即使产生或混入了少量易挥发可燃组分，也容易逸散到空气中去，引起着火、爆炸的危险较小，故采用开口杯法测其闪点。同一油品的开口闪点必然高于闭口闪点，由它们的差值可大体判别油品是否有低沸点组分混入。

闪点是新油的质量指标之一。通常在不影响油的其他指标（黏度、密度）的情况下，闪点越高越好。在储运和使用中闪点是保证安全运行、防止火灾的重要监督指标。

六、界面张力

界面张力是指油品与不相容的另一相（水）的界面上产生的张力。物理学分子运动论认为，液体的表面存在着一层厚度均匀的表面层，而位于液体表面层上的分子和位于液体内部分子的受力状况是不同的。即界面层上油分子受到油内部分子的吸引力大于水分子对它的吸引力，而使油表面产生了一种力图缩小的自由表面能。测定界面张力，是通过一个水平的铂丝测量环从界面张力较高的液体表面拉脱铂丝圆环，也就是从水油界面将铂丝圆环向上拉开所需的力来确定。

测定运行绝缘油的界面张力，可判断油品的老化程度。运行绝缘油受温度、光线、水分、电场等因素的影响，逐渐老化生成各种有机酸、醇等可溶性极性杂质，使界面张力下降。在油品老化初期阶段，界面张力的变化是相当迅速的；到老化中期，其变化速度会降低，而油泥生成则明显增加。因此，通过测定界面张力的大小，可以反映出新油的纯净程度和运行油的老化程度。

七、水溶性酸或碱

油品中的水溶性酸或碱主要是指能溶于水的无机酸或碱、低分子有机酸或碱及碱性含氮化合物等。它们主要由外界混入和自身氧化生成。新油或再生油的该组分主要是在新油的炼制或在废油的再生中，因水洗、中和、吸附不净而残存于油中的酸、碱。运行绝缘油和汽轮机油，通常不存在水溶性碱，多存在水溶性酸。

油中的水溶性酸，能腐蚀金属部件、固体绝缘材料，加速油品自身的氧化，导致沉淀物的生成，降低绝缘油的电气性能和汽轮机油的抗乳化性能等，直接影响到油及设备的安全运行和使用寿命。

八、酸值

中和1g试验油中含有的酸性组分所需的氢氧化钾的毫克数，称为油品的酸值，其单位为mgKOH/g。

酸值是评定油质和判别油品氧化程度的指标之一。油品的酸值是有机酸和无机酸的总和。通常情况下，新油没有无机酸，所测的酸值主要为有机环烷酸。运行油由于运行条件的影响，使油质氧化产生低分子、高分子有机酸。

油中的酸性物质会使设备金属构件发生腐蚀，同时油品会进一步氧化生成油泥，对设备造成更严重的影响，缩短设备的使用寿命。此外，变压器油中的酸性物质会降低变压器油的绝缘性能，汽轮机油中的酸性物质则会影响其油水分离性能。因此，酸值超过规定值不能继续使用，需要进行更换或处理。

九、破乳化度

破乳化度又称破乳化时间，是评定汽轮机油抗乳化性能（油品本身抵抗油-水乳浊液形成的能力）的质量指标。在规定试验条件下，同体积的试验油与蒸馏水通过搅拌形成乳浊液，测定其达到分离（即油水分界面乳浊液层的体积等于或小于 3mL 时）所需要的时间，即为汽轮机油的破乳化时间。破乳化时间越短，说明油水乳浊液完全分离越快，油的抗乳化性能就越好。

汽轮机在运行中，往往由于设备缺陷或调节不当，汽、水会漏入油系统，为了抑制水对油引起的乳化作用，要求汽轮机油必须具有良好的抗乳化性能。如抗乳化性能不好，油水乳浊液分离很慢，使机组长期在油水乳浊液中运行，可能引起油膜破坏、金属部件腐蚀、油品老化加速、产生油泥沉淀物等，进而增大各部件间的摩擦，引起轴承过热，造成调速系统失灵甚至设备损坏。

十、液相锈蚀试验及坚膜试验

液相锈蚀试验及坚膜试验是鉴定汽轮机油与水混合时，防止金属部件锈蚀的能力，也是评定添加防锈剂效果的监督指标。

液相锈蚀试验是将圆柱形的试验钢棒全部浸入 300mL 汽轮机油样和 30mL 蒸馏水（或合成海水）的混合液中，在 60℃ 下以规定的速度不断搅拌试样，试验周期结束后观察钢棒锈蚀的痕迹和锈蚀的程度。建议试验周期为 24h，也可根据合同双方的要求，确定适当的试验周期。

坚膜试验是将经过液相锈蚀试验无锈的试棒，不作任何处理，立即插入盛有 300mL 蒸馏水的无嘴烧杯中，继续在规定的条件下进行试验，试验结束后，检查试棒有无锈斑，如无锈斑，即为坚膜试验合格。

新的汽轮机油应不具有腐蚀性；运行中的油品因自身氧化、外界污染和水、汽的侵入等皆可能产生一定的腐蚀作用。尤其是运行中由于水分的存在，而促使油质乳化，引起油系统产生锈蚀，锈蚀严重时，可造成调速系统卡涩，机组磨损、振动等不良后果。因此，要求汽轮机油有较好的破乳化度的同时，还应有良好的防锈性能。为了改善汽轮机油的防锈性能，普遍采用往油品中添加防锈剂的方法。运行中通过液相锈蚀试验，控制防锈剂的补加时间和补加量，监督防锈剂的效果。

十一、泡沫特性及空气释放值

泡沫特性（抗泡沫性质）是指油品形成泡沫的倾向及泡沫的稳定性，以泡沫体积毫升表示。空气释放值是指油品释放分散在其中的空气泡的能力，以时间分钟表示。

如果汽轮机油的泡沫特性不好，则在运行中受强迫油循环搅拌，油面和油中均产生气泡，这将影响油系统中油压的稳定，并破坏油膜，使汽轮机发生振动和磨损，同时也影响调节系统，对机组的安全运行不利，故汽轮机油必须具有良好的抗泡沫性质。

如果汽轮机油的空气释放值较差，运行油中溶解的空气就不易释放出来而滞留于油中，这将增加油的可缩性，影响调节系统的灵敏性，降低液压系统的准确性，导致控制系统失灵；在高压下被压缩，在低压下又会突然膨胀，引起机械的强烈振动和噪声加大；降低油品的密度，增大油品的黏度，造成液压系统驱动不良，在 0℃ 以下，使得液压装置的启动性能变差；加快油品氧化的速度，生成沉淀，加速机械系统部件的腐蚀和磨损，同时油品的使用寿命也将缩短。为了避免以上不良现象，对于液压油不仅要求具有良好的抗泡性，而且还要求具有良好的空气释放性。

十二、氧化安定性

油品抵抗空气（或氧气）的作用而保持其性质不发生永久性变化的能力称为氧化安定性。油在使用和储存过程中，不可避免地会与空气中的氧接触，在一定条件下，油与氧接触就会发生化学反应，产生一些新的氧化产物，这些产物在油中会促进油质变坏，该过程称为油品的氧化（或老化、劣化）。

油品在储存和使用过程中，和空气接触而氧化是不可避免的。接触的时间越长，温度越高，氧化的程度就越深，使油品的某些性质发生不可逆转的变化，如酸值增高、黏度增大、沉淀物增多、颜色变深等。这些氧化产物若不及时除去，将大大降低其使用性能，缩短油品的使用寿命，也会直接影响用油设备的安全、经济运行和使用年限。因此，在使用中防止和减缓油品的氧化是电力系统油务工作者的重要任务。

氧化安定性指标能评估油品的使用寿命。油品的氧化安定性越好，使用寿命越长，对用油设备的危害就越小。

十三、击穿电压

如果将施加于绝缘油的电压逐渐升高，则当电压达到一定数值时，油的电阻几乎突然下降至零，即电流瞬间突增，并伴随有火花或电弧的形式通过介质（油），此时通常称为油被"击穿"，油被击穿时的临界电压，称为击穿电压。

绝缘油的击穿电压是评定其适应电场电压强度的程度，是保证用油设备安全运行的重要因素。运行油的击穿可导致设备的损坏。因此，击穿电压是新油和运行油均需监督的重要指标。通常情况下，油的击穿电压取决于被污染的程度，油中水分和悬浮杂质对击穿电压影响较大。

十四、介质损耗因数

介质损耗是指绝缘材料在电场作用下，由于介质电导和介质极化的滞后效应，在其内部引起的能量损耗。绝缘油是一种能够耐受电应力的电介质，当对绝缘油施加交流电压时，由于漏电及极化过程，绝缘油中将有有功电流 I_R 流动，并产生能量损耗；与此同时，绝缘物质中还有电容性的无功电流 I_C 流过。这样，电介质内通过的电流与其两端的电压相位差并不是 $90°$，而是比 $90°$ 要小一个 δ 角，即总电流 I 与无功电流 I_C 间的夹角，此 δ 角称为油的介质损失角（见图 6-2）。油的介质损失角 δ 的正切值（即 $\tan\delta$），即有功电流 I_R 与无功电流 I_C 之比，称为介质损耗因数。

通过检测介质损耗因数可以鉴别新油的清洁程度和运行油的老化深度。

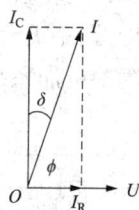

图 6-2　介质损失角示意

十五、油中的杂质

使用中的油品，因受外界污染或本身氧化会产生各种杂质。新油中杂质较少，一般在注入设备前经过净化处理。油中的杂质主要有水分、灰分、机械杂质和游离碳等。

1. 水分

油中的水分，一是外界渗入；二是空气或与油接触的材料中残存的潮气；三是油品氧化或设备中有机材料老化生成的微量水分。

油中的水分对油本身及用油设备的危害都极大。运行的变压器油含有微量的水分就会急剧降低油的击穿电压；使油的介质损耗因数增加；使绝缘纤维老化并使它的介质损耗升高。变压器油中的含水量是微量范畴的，一般用压力式滤油机处理很难达到国标规定的要求，目前电力系统基本采用真空滤油机进行处理，它可以使油中水分降至 10mg/L 以下。

运行中汽轮机油遇水后，特别是已开始老化的油，长期与水混合循环，会使油质发生浑浊和乳化；油混浊或乳化后，将破坏油膜，影响油的润滑性能，严重时会引起机组磨损；同时由于水分的存在提高了有机酸的腐蚀能力，系统的部件发生腐蚀，腐蚀产物又会加速油质劣化。

2. 机械杂质

机械杂质是指存在于油品中所有不溶于规定的溶剂（汽油、乙醇、苯）的沉淀状态或悬浮态的物质。这些杂质主要为砂粒、硅胶颗粒、金属屑及其氧化物、纤维、游离碳等。

新油中的机械杂质较少，主要是油品加工过程中、运输和储存中混入的。在注入设备之前就可以除去。运行油中的机械杂质主要来源是系统腐蚀、机组大小修时系统清扫不彻底等。

油中机械杂质对设备的危害很大，尤其是坚硬的固体颗粒，可引起调速系统卡涩，负荷不稳，使机组转动部件磨损；变压器油中的机械杂质，尤其是游离碳对油的电气性能影响较大，影响电气设备的安全经济运行。因此，机械杂质是运行绝缘油的控制指标之一，要求油系统应有一定的清洁度。

十六、苯胺点

在标准试验条件下试油与同体积的苯胺混合，加热至两者能互相溶解，成为单一液相的最低温度，称为油品的苯胺点。

苯胺点与油品烃类组成关系十分密切。各种烃类苯胺点的高低顺序是：烷烃＞环烷烃＞芳香烃，多环环烷烃的苯胺点比相应的单环环烷烃低。因此，可以根据油品的苯胺点判断油品中含哪种烃的多少。通常油品中芳香烃含量越低，苯胺点就越高 GB 2536—2011《电工流体 变压器和开关用的未使用过的矿物绝缘油》规定将苯胺点定为特殊变压器控制指标之一，目的是控制芳香烃含量，因为芳香烃含量过高，吸潮性大，电气性能变差。

第三节　汽轮机油的监督和维护

一、汽轮机的油系统

1. 汽轮机油系统简介

汽轮机油系统主要由调速系统和润滑系统（密封系统与润滑系统合二为一）组成。汽轮机油系统如图 6-3 所示。

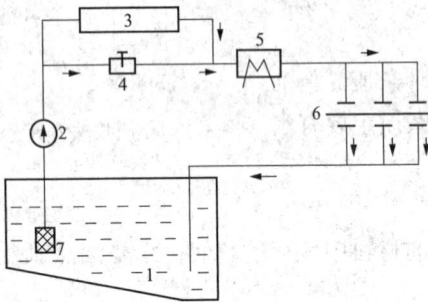

图 6-3　汽轮机油系统示意

1—油箱；2—油泵；3—调速系统；4—减压阀；

5—冷油器；6—机组轴承；7—滤油网

（1）调速系统。汽轮机油的调速系统主要由调速汽门、高压和中压油动机、离心调速器、滑阀、微分器等组成。通过主油泵带来的压力油来调整调速汽门的开度，在负荷变化时调节主蒸汽的进汽量，使汽轮机的负荷和转速稳定。

（2）润滑系统。润滑系统的作用是向汽轮发电机组各轴承和轴封提供连续不断的合格润滑油。正常运行时由主油泵对系统进行供油，在机组启、停过程中需要启动辅助油泵（高压油泵、直流、交流润滑油泵）来确保机组的安全。

（3）汽轮机油系统的主要部件。

1）油泵。油泵的作用是将油箱中的油输送到各轴承、轴封及调速控制装置，对油进行强迫循环使用的动力装置。油泵包括主油泵、辅助油泵和事故油泵。机组全速运行时，油系统由主油泵供油；辅助油泵用于机组启、停机过程中辅助供油，或正常运行时作为主油泵的备用泵；事故油泵则在主油泵、轴助油泵失灵的紧急停机条件下才启动。

2）主油箱。主油箱的作用有两个：一是储存油；二是分离油中的空气，并使油中水分和杂质沉降下来，便于及时排除。一般油在油箱内滞留时间至少为 8min，油箱容量至少应该是流向轴承和油封的正常流量的 5 倍。

3）冷油器。冷油器的主要作用是散发油在循环中获得的热量。通常情况下，两台冷油器并联，一台备用。冷油器的冷却水在管内流动，管子有可能被污染或堵塞，需要定期清理。冷油器安装在油泵的出口侧，使油冷却到合适的温度再分配到各轴承，一般有板式和管式两种。板式冷油器具有传热效率高、使用安全可靠，结构紧凑、占地小、易维护、阻力损失少、热损失小、冷却水量小、经济性高等优点。

2. 汽轮机油的作用

（1）润滑作用。汽轮机油系统的轴承为滑动轴承，主要起支撑和稳定作用。在大轴转动时，轴和轴承会发生干摩擦甚至损坏。通过向汽轮机的轴与轴承间加入汽轮机油，使金属表面形成润滑油层。在大轴转动时形成油膜，从而使固体摩擦被液体摩擦代替，从而起到良好的润滑作用。

（2）冷却散热作用。高速运转的机组，通过转子和汽缸的热传导及各种摩擦会产生大量的热，不断循环流动的汽轮机油将这些热量带出。油的热量一方面可以在油箱内散失；另一方面也可以通过高效率的冷油器排出。汽轮机油如此反复循环，对机组的轴承起到良好的冷却散热作用。

（3）调速作用。汽轮机油可作为压力传导介质，用于汽轮发电机组的调速系统。它可使压力传导于油动机（伺服阀）和蒸汽管上的油门装置以控制蒸汽门的开度，使汽轮机在负荷变动时，仍能保持额定转速。

（4）冲洗和减振作用。通过油的流动，将系统各部件中的杂质带走，通过净油设备除去。同时由于汽轮机油在摩擦面上形成油膜，因而对设备的振动起到一定的缓冲作用。

二、运行中汽轮机油的监督

1. 新油的验收

用油单位首次购买该厂家油品时需了解油的质量如何，必要时应送至权威部门分析鉴定并与运行设备内的同牌号油品进行混油试验，合格后方可购买。

在新油交货时，应对接收的油品进行监督，防止出现差错或交货时带入污染物；所有的油品应及时检查外观，对于国产新汽轮机油应按 GB 11120—2011 标准验收；也可按有关国际标准或按 ISO 8068 验收，或按双方合同约定的指标验收。验收试验应在设备注油前全部完成。

2. 运行汽轮机油质量标准

运行中汽轮机油的监督应严格按照 GB/T 7596—2008《电厂运行中汽轮机油质量》和 GB/T 14541—2005《电厂用运行矿物汽轮机油维护管理导则》执行，其质量指标及检验周期见表 6-2。

表 6-2 运行汽轮机油的质量指标及检验周期

项　　目	GB/T 7596—2008 质量指标	GB/T 14541—2005 建议指标及周期		试验方法
外观[①]	透明、无机械杂质	透明、无机械杂质	每周	目测
颜色	—	无异常变化	每周	目测
运动黏度[②]（40℃，mm²/s）	32 号：28.8～35.5	与新油原始值相差 ≤±10%	6 个月	GB/T 265
	46 号：41.1～50.6			

续表

项　　目	GB/T 7596—2008 质量指标	GB/T 14541—2005 建议指标及周期		试验方法
闪点（开口杯）③（℃）	≥180，且比前次测定值不低于 10℃	与新油原始值相比不低于 15℃	必要时	GB/T 267 GB/T 3536
机械杂质	200MW 及以下：无	—	—	GB/T 511
洁净度（NAS1638）②④（级）	200MW 及以上≤8	200MW 及以上≤8	3 个月	GB/T 313 GB/T 432
酸值（mgKOH/g）　未加防锈剂	≤0.2	≤0.2	3 个月	GB/T 264
加防锈剂	≤0.3	≤0.3		
锈蚀试验	无锈	同左	6 个月	GB/T 11143
破乳化度②（54℃，min）	≤30	≤30	6 个月	GB/T 7605
水分②	≤100 mg/L	氢冷却机组≤80mg/kg	3 个月	GB/T 7600
		非氢冷却机组≤150mg/kg		
起泡沫试验②（mL）　24℃	500/10	200MW 及以上≤500/10	每年或必要时	GB/T 12579
93.5℃	50/10			
后 24℃	500/10			
空气释放值②（50℃，min）	≤10	200MW 及以上≤10	必要时	SH/T 0308
旋转氧弹值（min）	报告	—	—	SH/T 0193

注　1. 机组在大修后和启动前，应进行全部项目的检测。

　　2. 辅助设备用油及水轮机用油按上述标准参照执行。

　　3. 密封油按 DL/T 705 执行。

① 如外观发现不透明，则应检测水分和破乳化度。

② 导则作为建议指标。

③ 如怀疑有污染时，则应测定闪点、破乳化度、起泡沫试验和空气释放值。

④ 汽轮机润滑系统与调速系统共用一个油箱时，油中洁净度指标应按厂商的要求执行。

三、运行中汽轮机油的防劣化措施

1. 添加抗氧化剂

目前电厂普遍采用的抗氧化剂是 T501，适合在新油（包括再生油）或轻度老化的运行油中添加使用。其有效剂量，对新油、再生油一般为 0.3%～0.5%；对运行油，应不低于 0.15%，当其含量低于规定值时，应进行补加。运行油添加（或补加）抗氧化剂应在设备停运或补充新油时进行。添加前，运行油须经净化，除去水分、油泥等杂质；添加时，一般用待补加抗氧剂的油将 T501 抗氧剂配成 5%～10%的母液通过滤油机加入油中；添加后，应对运行油进行循环过滤，使药剂与油混合均匀，并对运行油油质进行检测，以便及时发现异常情况。

2. 添加防锈剂

746 防锈剂是常用的一种金属防锈剂，对矿物汽轮机油的有效剂量一般为油量的 0.02%～0.03%。746 防锈剂还可与 T501 抗氧化剂复配使用，称为 1 号复合添加剂。

运行油系统在第一次添加防锈剂或使用防锈汽轮机油时，应将油系统各部分彻底清扫或冲洗干净，添加后应对运行油循环过滤，使药剂与油混合均匀。在对运行油定期检测中，应做液相锈蚀试验，如发现不合格，则说明防锈剂已消耗，应在机组检修时进行补加，补加量控制在 0.02%左右。含 T501 和 746 的复合添加剂，应按机组实际油量与生产厂出具的复合添加剂的浓度计算添加量，在运行中进行添加。

3. 安装连续再生装置

选择合适的油在线再生净化装置，能及时除去运行汽轮机油中的劣化产物及颗粒杂质。但在线再生有可能吸附油中的防锈成分或抗氧化成分，再生后应根据液相锈蚀试验及开口杯老化试验结果，确定油中是否需要补加 746 或 T501 抗氧剂。

第四节　抗燃油的监督和维护

随着大容量、高参数汽轮发电机组的发展，机组调节系统工作介质的额定压力随之升高，对其工作介质的要求也越来越高。通常所用的矿物汽轮机油自燃点通常为 350℃左右，若在高参数大容量机组中使用，便增加了油泄漏到主蒸汽管道导致火灾的危险性。为保证大机组的安全经济运行，我国大机组的液压调节控制系统主要采用数字电液调节（DEH）方式，并将抗燃油作为液压调节系统、给水泵、小汽轮机、高压旁路系统的工作介质。

一、抗燃油液压系统

抗燃油液压系统的作用是向汽轮机调节系统的液压控制机构提供高压动力油源，并由它来驱动伺服执行机构；向汽轮机保安系统提供安全油源。

如图 6-4 所示，液压系统由油箱、蓄能器、供油泵、冷却泵、再生泵、过滤器、控制件等组成。一般供油系统有两套，一套投用，另一套备用。抗燃油液压系统的工作流程为：交流电动机驱动高压叶片泵，油箱中的抗燃油通过滤网被吸入油泵。油泵输出的抗燃油经过控制单元的过滤器、卸荷阀、止回阀、过压保护阀，进入高压集管和蓄能器，建立起系统需要的油压。当油压达到额定压力高限时，卸荷阀打开，切断高压集管与蓄能器的联系，将油泵出口油直接送回油箱。此时，油泵在卸荷（无负荷）状态下运行，EH 油系统的油压由蓄能器维持。在运行中，系统中的伺服执行机构和其他部件的间隙会因泄漏而使油压逐步降低，当高压集管的油压降至额定压力下限时，卸荷阀关闭，将油泵出口油又重新供给 EH 油系统，以恢复高压集管的油压。抗燃油的回油管靠低压蓄能器维持一定的压力，回油经过滤器、冷油器回到油箱。

下面介绍抗燃油系统的主要部件。

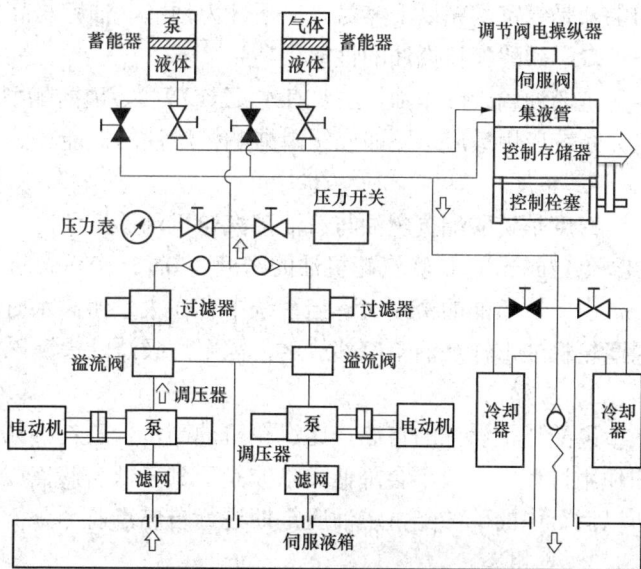

图 6-4　抗燃油液压系统

1. 油箱

由于抗燃油系统油压较高，系统的总容积较小，因而抗燃油的用量也较少，故 EH 抗燃油箱容积一般为 700～1000L。因抗燃油具有一定的腐蚀性，主要设备通常都用不锈钢材料制成，油箱也不例外。

油箱顶部装有浸入式加热器、油位指示及报警装置、温度指示及控制装置、监视仪表和维修人孔等，底部装有泄油阀和取样阀。

油箱油位的高低不仅表示储油的多少，而且关系到设备的运行安全。如油位下降到一定的位置时，浸入式加热器会露出液面，此时不能投用加热器，否则会因加热器干烧而损坏；若油位更低，油泵入口滤网露出液面时，油泵会因气蚀使系统压力不稳或失压，导致跳闸事故。

浸入式加热器将油品的温度一股控制为 20～50℃。通过控制油箱油品的温度，调整油品的黏度，以利于系统的正常稳定运行。

2. 高压油泵

抗燃油系统的动力油一般由交流电动机驱动的高压叶片泵或柱塞泵提供，出口油压力为10～15MPa。系统中通常装有两台相同的油泵，互为备用。泵入口安装 80～150 目的金属滤网。

3. 油压控制组件

油压控制组件安装在油箱顶部，由金属过滤器、卸荷阀、蓄能器、止回阀、截止阀等组成。

（1）金属过滤器。金属过滤器中安装 5～10μm 的金属滤芯。为了判别滤芯是否污堵，过滤器上装了进出口压差指示仪表，当进出口压差超过设定值时，压差开关会报警，需要更换或清洗滤芯。

（2）卸荷阀。通过调整卸荷阀上的锥形弹簧的预紧力，控制系统压力油的油压。

（3）蓄能器。为了维持系统的油压在卸荷阀动作期间的相对稳定，防止卸荷阀和过压保护阀反复动作，系统中设有活塞式蓄能器。活塞式蓄能器实际上是一个浮动活塞油缸。活塞的上部是气室，充以干燥氮气；下部是油室，油室与高压油集管相通。

二、磷酸酯抗燃油的性能

抗燃油属于液压油，主要有水-乙二醇型、磷酸酯型和其他合成型三种，磷酸酯抗燃油在电力系统应用最广，下面介绍磷酸酯抗燃油的性能。

1. 密度

密度是磷酸酯抗燃油与石油基汽轮机油的主要区别之一。三芳基磷酸酯抗燃油的密度为$1.1～1.17g/cm^3$，矿物汽轮机油的密度为 $0.85～0.90g/cm^3$。

由于抗燃油的密度大，当系统中存在大量游离水时，水会浮在抗燃油液面上，因而不能像汽轮机油那样从油箱底部放水，需用虹吸法除去漏入抗燃油系统中的水分。

2. 自燃点

磷酸酯抗燃油的自燃点比汽轮机油高，一般在 530℃以上，磷酸酯抗燃油的自燃点在油的使用过程中一般不会降低，除非是受到了低自燃点成分如汽轮机油等的污染或发生分解，所以运行中的磷酸酯抗燃油应定期进行自燃点监测分析。

3. 电阻率

磷酸酯抗燃油的介电性能远比矿物汽轮机油差，所以用矿物汽轮机油时，并没有这方面的指标规定。抗燃油的介电性能主要以电阻率来表示，电阻率随着温度、酸值、含氯量及含水量的升高而降低，其中温度的影响最大。

新油注入油系统时，应严格控制油的电阻率指标。抗燃油在运行过程中，随着使用时间的延长，油品的老化、水解以及可导电物质的污染等，都会导致电阻率降低，所以抗燃油在运行过程中，应投入旁路再生装置，将油的电阻率维持在较高水平。如果油的电阻率低于运行标准，通过旁路再生装置仍不能恢复到合格范围时，应采取换油措施，以免引起伺服阀及油系统的精密金属部件被腐蚀损坏而危及机组的安全运行。

4. 氧化安定性

磷酸酯抗燃油的氧化安定性取决于基础油的成分、合成工艺以及油中是否添加抗氧化剂。由于磷酸酯抗燃油在运行过程中，不可避免地要与空气接触发生氧化，而高温、水分、油中杂质以及油氧化后产生的酸性物质都会加速油质的劣化。所以选择氧化安定性好的油，在运行中严格控制油温、油中水分和杂质，保持油质纯净，对于延长运行油的使用寿命非常重要。

5. 水解安定性

磷酸酯抗燃油有较强的极性，在空气中容易吸潮，与水作用发生水解，可生成酸性磷酸二酯、酸性磷酸一酯和酚类物质等。水解产生的酸性物质对油的进一步水解产生催化作用，完全水解后生成磷酸和酚类物质。

运行中磷酸酯抗燃油水解后，导致油的酸值升高，会引起油系统金属部件的腐蚀，严重的水解会使油发生变质，直接危及电液调节系统的安全运行。所以，良好的水解安定性对于保持运行中磷酸酯抗燃油的油质稳定非常重要。

6. 腐蚀性

磷酸酯抗燃油对金属材料本身没有腐蚀性，但油中的水分、氯含量、电阻率和酸值等超标，会导致金属部件的腐蚀，造成不可修复的破坏。

汽轮机的液压调节系统都是用不锈钢材料制造的，如果抗燃油的含氯量高，会造成不锈钢部件的化学点蚀，影响系统的安全运行。磷酸酯抗燃油中的氯主要是因合成抗燃油工艺不当，是新油带来的。另外，抗燃油系统清洗工艺不当，如用盐酸等含氯溶剂清洗，也会造成运行油中的含氯量增加。

7. 溶剂效应

磷酸酯抗燃油的溶剂效应是指它对某些非金属材料的溶解或溶胀特性。磷酸酯抗燃油对非金属材料有较强的溶解或溶胀作用。因此，安装和检修抗燃油系统时，应慎重选择与其接触的非金属材料，如密封垫圈、油漆涂料、绝缘材料及过滤装置等。通常用于矿物油的材料都不适用于磷酸酯抗燃油，使用磷酸酯抗燃油的电液调节系统的橡胶密封材料一般选用氟橡胶。如果选用的材料不当，会造成材料的溶胀，抗燃油的泄漏、污染，加速抗燃油的老化劣化，甚至危及机组的安全。

磷酸酯抗燃油还能除去或溶解沉积于系统中的油泥等杂质，加速油质的劣化，因此应确保抗燃油系统的清洁。

8. 清洁度

由于电液调节系统的油压高，执行机构部件间隙小，机械杂质污染会引起伺服阀等部件的磨损、卡涩，严重时会造成伺服阀卡死而被迫停机，故运行中磷酸酯抗燃油应保持较高的清洁度。油中颗粒杂质污染一般来源于油系统部件的磨损、油质劣化产物或外界污染源，可通过油系统内过滤器或旁路过滤除去。

9. 空气释放特性和泡沫特性

由于磷酸酯抗燃油系统的运行压力较高（14MPa 以上），如果运行油中夹带较多的空气，会对油系统的安全运行造成以下危害：①改变油的压缩系数，会导致电液控制信号失准，危及汽轮机组的安全运行。②在高压下，油中气泡破裂，造成油系统压力波动，引起噪声和振动，损坏油系统设备产生。③高压下，气泡破裂时在破裂区域产生的高能及气体中的氧会使油发生氧化。④油中泡沫容易在油箱中造成假油位，严重时导致跑油事故。

磷酸酯抗燃油的空气释放特性和泡沫特性变差一般是由于油的老化、水解变质或油被污染而造成的。在运行中应避免在油中引入含有钙、镁离子的化合物，因为钙、镁离子与油劣化产生的酸性产物作用生成的皂化物会严重影响油的空气释放特性和抗泡沫特性。

三、磷酸酯抗燃油的质量标准

DL/T 571—2014《电厂用磷酸酯抗燃油运行维护导则》规定新磷酸酯抗燃油的质量标准和运行中磷酸酯抗燃油的质量标准，见表6-3。

表 6-3　　　　　　　　　　　　　　　磷酸酯抗燃油质量标准

序号	项　　　目		新油指标	运行油指标	试验方法
1	外观		透明，无杂质或悬浮物	透明，无杂质或悬浮物	DL/T 429.1
2	颜色		无色或淡黄	桔红	DL/T 429.2
3	密度（20℃，kg/cm³）		1130～1170	1130～1170	GB/T 1884
4	运动黏度（40℃，mm²/s）	ISO VG32	28.8～35.2	27.2～36.8	GB/T 265
		ISO VG46	41.4～50.6	39.1～52.9	
5	倾点（℃）		≤−18	≤−18	GB/T 3535
6	闪点（开口）（℃）		≥240	≥235	GB/T 3536
7	自燃点（℃）		≥530	≥530	DL/T 706
8	颗粒污染度，SAE AS4059F 级		≤6	≤6	DL/T 432
9	水分（mg/L）		≤600	≤1000	GB/T 7600
10	酸值（mgKOH/g）		≤0.05	≤0.15	GB/T 264
11	氯含量（mg/kg）		≤50	≤100	DL/T 433
12	泡沫特性（mL/mL）	24℃	≤50/0	≤200/0	GB/T 12579
		93.5℃	≤10/0	≤40/0	
		后 24℃	≤50/0	≤200/0	
13	电阻率（20℃，Ω·cm）		≥1×10¹⁰	≥6×10⁹	DL/T 421
14	空气释放值（50℃，min）		≤6	≤10	SH/T 0308
15	水解安定性（mgKOH/g）		≤0.5	—	EN 14833
16	氧化安定性	酸值（mgKOH/g）	≤1.5	—	EN 14832
		铁片质量变化（mg）	≤1.0	—	
		铜片质量变化（mg）	≤2.0	—	
17	矿物油含量（%，m/m）		—	≤4	DL/T 571

四、磷酸酯抗燃油的监督和维护

1. 试验室试验项目及周期

试验室试验项目及周期应符合表 6-4 的规定。如果油质异常，应缩短试验周期，必要时取样进行全分析。

表 6-4 　　　　　　　　　　　　　　**试验室试验项目及周期**

序号	试验项目	第一个月	第二个月后
1	外观、颜色、水分、酸值、电阻率	两周一次	每月一次
2	运动黏度、颗粒污染度	—	三个月一次
3	泡沫特性、空气释放值、矿物油含量	—	六个月一次
4	外观、颜色、密度、运动黏度、倾点、闪点、自燃点、颗粒污染度、水分、酸值、氯含量、泡沫特性、电阻率、空气释放值和矿物油含量		机组检修重新启动前、每年至少 1 次
5	颗粒污染度	—	机组启动 24h 后复查
6	运动黏度、密度、闪点、颗粒污染度		补油后
7	倾点、闪点、自燃点、氯含量、密度		必要时

2. 运行中磷酸酯抗燃油的防劣措施

（1）系统中精密过滤器的绝对过滤精度应在 3μm 以内，以除去油中的机械杂质，保证运行油的颗粒污染度不大于 SAE AS4059F 6 级的标准。

（2）应定期检查油系统过滤器，如过滤器压差异常，应查明原因、及时更换滤芯。

（3）应定期检查油箱呼吸器的干燥剂，如发现干燥剂失效，应及时更换，避免空气中水分进入油中。

（4）在机组运行的同时应投入抗燃油在线再生脱水装置，除去运行磷酸酯抗燃油老化产生的酸性物质、油泥、杂质颗粒以及油中水分等有害物质。

（5）在进行在线过滤和旁路再生处理时，应避免向油中引入含有 Ca、Mg 离子的污染物（如使用硅藻土再生系统等）。

（6）在旁路再生装置投运期间，应定期取样分析油的酸值、电阻率，如果油的酸值升高或电阻率降低，应及时更换再生滤芯或吸附剂。

第五节　变压器油的监督和维护

矿物绝缘油主要是指适用于变压器、电抗器、互感器、套管、油开关等充油电气设备中，起绝缘、冷却和灭弧作用的一类绝缘介质。按矿物绝缘油的使用场合主要分为变压器油、电容器油、断路器油、电缆油等。电力系统习惯上也将其称为变压器油。

一、概述

变压器是由两个或多个相互耦合的绕组所组成的没有运动功能部件的电气设备，它是发电、输电、变电、配电系统中的重要设备之一，它的性能、质量直接关系到电力系统运行的可靠性和运营效益。

1. 变压器的结构

变压器（以下皆指油浸式变压器）是输变电系统中的重要设备之一。主要由铁芯、线圈、油箱、油枕、绝缘套管、冷却装置和保护装置等组成。变压器结构如图 6-5 所示，油箱是变压器的外壳，铁芯和线圈均置于箱内，并注满变压器油。油箱用钢板焊成，具有一定机械强度，其体积大小主要取决于变压器的容量。为了适应油箱内油的体积因热胀冷缩发生的变化，通常在大、中型变压器上装有一只辅助油箱（称油枕或储油柜），油枕上装有呼吸器。

2. 绝缘油的作用

（1）绝缘作用。纯净的绝缘油具有十分优良的绝缘性能，变压器油介电常数（2.25）大于空气（1.0），绝缘强度是空气的 5 倍左右。绝缘油在电气设备中起着很重要的作用，充满油的空间将不同电势的带电部分分隔开来，能使各种高压电气设备具有可靠的绝缘性能。

（2）冷却散热作用。变压器带负荷运行时，由于线圈与铁芯中的涡流损失等都会转化为热量，若不及时散发掉，将会造成严重的后果，甚至发生事故。通过变压器内油的循环可以使热量散发出去，从而保证设备的安全运行。变压器油的冷却散热能力，不仅与油的性质有关，还与冷却散热方式密切相关。变压器的冷却方式主要有油浸自冷式、油浸风冷式、强迫油循环水冷式。

（3）灭弧作用。当油浸开关切断或切换电力负荷时，其定触头和动触头之间会产生高能电弧，由于电弧温度很高，如不将弧柱的热量

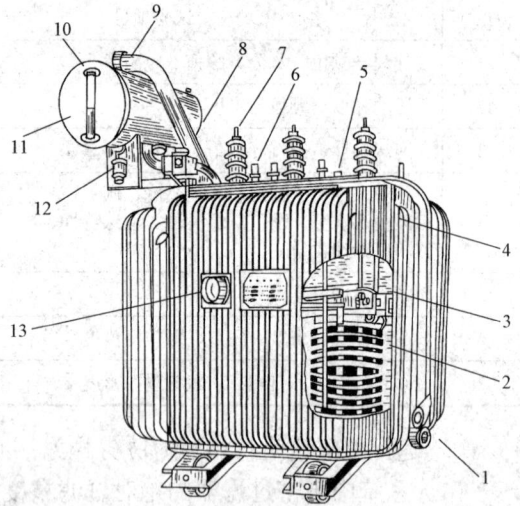

图 6-5　油浸式变压器的结构

1—放油阀门；2—绕组及绝缘；3—铁芯；
4—油箱；5—分接开关；6—低压套管；7—高压套管；
8—气体继电器；9—防爆筒；10—油位计；11—油枕；
12—呼吸器；13—信号式温度计

及时带走，使触头冷却，那么在后续电弧的作用下，很容易烧毁设备。而设备中的绝缘油在产生高能电弧时，一方面会通过自身气化和剧烈的热分解，吸收大量的热量，另一方面因分解产生的气体中，氢气约占 70%，而氢气在所有气体中的导热性能最高，它会迅速将热量传导至油中，并直接冷却开关触头，使之难以产生后续电弧，从而起到消弧、灭弧的作用。

另外，绝缘油还是传递充油电气设备健康状况信息的重要介质。现代绝缘油监督过程中，广泛开展的油中溶解气体、糠醛、金属含量分析，正是利用绝缘油传质的媒介作用，用于诊断充油电气设备的健康状况。

二、变压器油的监督和维护

1. 新油的验收

用油单位首次购买厂家油品时需了解油的质量如何，必要时应送至权威部门分析鉴定并与运行设备内的同牌号油品进行混油试验，合格后方可购买。

新油交货验收时，首先应向供油商索取该油品的检验报告，按 GB/T 7597—2007 的规定进行油样的采集，国产油按 GB 2536—2011 或 SH0040 标准进行质量验收；进口设备用油，应按合同规定验收。在油质分析中要严加注意微小的细节，以保证分析数据的真实性和可靠性。

2. 运行变压器油的质量标准

运行中变压器油的质量标准按 GB/T 7595—2008《运行中变压器油质量》（见表 6-5）中的规定执行，运行中断路器油质量标准，见表 6-6。

表 6-5　　　　　　　　　　　　　　运行中变压器油质量标准

序号	项　目	设备电压等级(kV)	质量指标		检验方法
			投入运行前的油	运行油	
1	外观		透明、无杂质或悬浮物		外观目视加标准号
2	水溶性酸（pH 值）		>5.4	≥4.2	GB/T 7598
3	酸值（mgKOH/g）		≤0.03	≤0.1	GB/T 264
4	闪点（闭口）（℃）		≥135		GB/T 261
5	水分[①]（mg/L）	330~1000 220 ≤110	≤10 ≤15 ≤20	≤15 ≤25 ≤35	GB/T 7600 或 GB/T 7601
6	界面张力（25℃，mN/m）		≥35	≥19	GB/T 6541
7	介质损耗因数（90℃）	500~1000 ≤330	≤0.005 ≤0.010	≤0.020 ≤0.040	GB/T 5654
8	击穿电压[②]（kV）	750~1000[②] 500 330 66~220 35 及以下	≥70 ≥60 ≥50 ≥40 ≥35	≥60 ≥50 ≥45 ≥35 ≥30	DL/T 429.9
9	体积电阻率 （90℃，Ω·m）	500~1000 ≤330	≥6×10^10	≥1×10^10 ≥5×10^9	GB/T 5654 或 DL/T 421
10	油中含气量 （%，体积分数）	750~1000 330~500 （电抗器）	≤1	≤2 ≤3 ≤5	DL/T 423 或 DL/T 450、 DL/T 703
11	油泥与沉淀物 （%，质量分数）		<0.02（以下可忽略不计）		GB/T 511
12	析气性	≥500	报告		IEC 60628（A） GB/T 11142
13	带电倾向		报告		DL/T 1095
14	腐蚀性硫		非腐蚀性		DIN 51353 或 SH/T 0804、 ASTM D1275B
15	油中颗粒度	≥500	报告		DL/T 432

① 取样油温为 40~60℃。

② 750~1000kV 设备运行经验不足，本标准参考西北电网 750kV 设备运行规程提出此值，供参考，以积累经验。

表 6-6　　　　　　　　　　　　　　运行中断路器油质量

序号	项　目	质量指标	检验方法
1	外观	透明、无游离水分、无杂质或悬浮物	外观目视
2	水溶性酸（pH 值）	≥4.2	GB/T 7598
3	击穿电压（kV）	110kV 以上，投运前或大修后≥40 运行中≥35 110kV 及以下，投运前或大修后≥35 运行中≥30	GB/T 507 或 DL/T 429.9

3. 检验周期和检验项目

运行中变压器油、断路器油常规检验周期和检验项目参见表 6-7。

表 6-7 运行中变压器油、断路器油检验周期和检验项目

设备名称	设备规范	检验周期	检验项目
变压器、电抗器，所、厂用变压器	330～1000kV	设备投运前或大修后 每年至少一次必要时	1～10 1、5、7、8、10 2、3、4、6、9、11～15
	66～220kV、8MVA及以上	设备投运前或大修后 每年至少一次必要时	1～9 1、5、7、8 3、6、7、11、13、14 或自行规定
	<35kV	设备投运前或大修后 三年至少一次	自行规定
互感器、套管		设备投运前或大修后 1 年～3 年必要时	自行规定
断路器	>110kV	设备投运前或大修后	1～3
	≤110kV 油量 60kg 以下	每年至少一次	4
		三年至少一次	4
		三年一次，或换油	4

注 1. 变压器、电抗器、厂用变压器、互感器、套管等油中的"检验项目"栏内的 1、2、3、…为表 6-5 的项目序号。

　　2. 断路器油"检验项目"栏内的 1、2、3、…为表 6-6 的项目序号。

　　3. 对不易取样或补充油的全密封式套管、互感器设备，根据具体情况自行规定。

在运行变压器油的监督中还应注意以下几点：

（1）当设备制造厂有较严格、明确的规定时，一般按制造厂的要求检验。

（2）有些设备所带负荷较高或高温潮湿季节运行的设备，可以适当地增加分析次数。

（3）运行油的颜色变深或某些指标接近控制极限时，应根据具体情况增加分析次数并分析原因。

（4）油断路器多次跳闸后，应取样分析油的闪点和击穿电压。

（5）发现油的闪点明显下降时，应及时分析油中溶解气体含量，并分析原因。

三、运行油防老化措施

1. 添加抗氧化剂

在油中添加抗氧化剂（如 T501 抗氧化剂），可以提高油的氧化安定性。在油中添加和补加 T501 抗氧化剂时，应注意以下事项：

（1）药剂的质量应按标准进行验收，并注意药剂的保管，防止变质。

（2）对不明牌号的新油（包括进口油）、再生油及老化污染情况不明的运行油应做油对抗氧化剂的感受性试验（即通过油的氧化或老化试验，其结果若有一项指标比不加 T501 抗氧化剂的油提高 20%～30%，而其余指标均无不良影响）。确定该油是否适合添加和添加时的有效剂量。对感受性差的油，可将油进行净化或再生处理后，再做感受性试验。

（3）对新油、再生油，油中 T501 抗氧剂的含量，应不超过 0.30%（质量分数）；对于运行中油应不低于 0.15%。

（4）运行中油添加抗氧化剂时应在设备停运或检修时进行。添加前，应先清除设备内和

油中的油泥、水分和杂质。添加时应采用热溶解法添加，即将 T501 抗氧化剂在 50℃下配制成含 5%～10%（质量分数）的油溶液，然后通过滤油机，将其加入循环状态的设备内的油中并混合均匀，以防药剂过浓导致未溶解的药剂颗粒沉积在设备内。添加后，油的电气性能应合格。

（5）对含抗氧化剂的油，如发现油质老化严重，应对油进行处理，当油质将合要求后再补加抗氧化剂。

2. 安装净油器

安装油连续再生装置即净油器，以清除油中存在的水分、游离碳和其他老化产物。净油器可分为吸附型净油器和精滤型净油器。

（1）吸附型净油器。吸附型净油器是利用吸附剂对油进行连续再生的一种装置，广泛应用于不同型式的电力变压器，其使用效果主要取决于所用吸附剂的性能与用量。对于超高压电气设备或对运行油的洁净度有严格要求的设备，由于吸附剂粉尘有可能进入油中，因此不宜采用此类净油器。

吸附型净油器分为温差环流净油器（俗称热虹吸器）和强制环流净油器两种。

1）温差环流净油器。该类净油器通常利用运行变压器油的自然对流作用进行净化。当热油在热虹吸器内循环流动时，与吸附剂充分接触，油中的水分、酸性组分、油泥等氧化产物和污染物被吸附、过滤掉，从而达到净油的目的。热虹吸器结构如图 6-6 所示。

对容量较大的变压器可选用图 6-7 中 Ⅰ 型或 Ⅱ 型的净油器；对较小容量的变压器（如配电变压器），可选用图 6-7 中的Ⅲ型净油器（联管上无阀门）或在油箱内装设吸附剂袋。吸附剂用量一般为设备内油量的 0.5%～1.5%（质量分数）。在一台设备上如装一台净油器不够时，可增加净油器的个数。

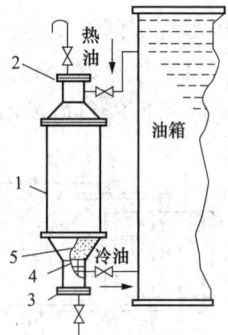

图 6-6　热虹吸器结构简图
1—容器；2—上盖；3—下盖；
4—滤网；5—吸附剂

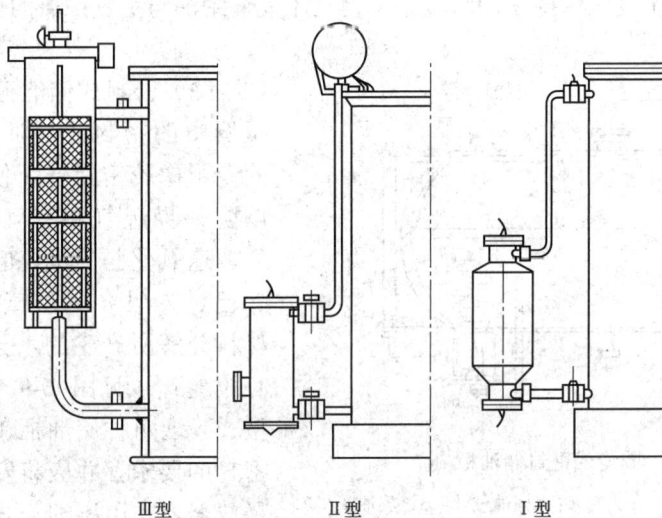

Ⅲ型　　　　Ⅱ型　　　　Ⅰ型

图 6-7　净油器安装方式

2）强制环流净油器。该类净油器主要应用在强迫油循环的电力变压器上，一般将其连接在压力管段上，成为油循环的支路。强油风冷变压器的净油器可吊装在风冷却器的下端，强油水冷变压器的净油器可附着于冷却器筒体的侧壁上。

吸附型净油器的吸附剂应选用吸附性能和机械强度均良好的粗孔硅胶、分子筛或活性氧化铝等，使用前应过筛选用粒度为 4~6mm 的并进行活化处理，装入净油器后应排除内部积存的空气，使用失效时应及时更换。净油器在安装和使用中，应仔细检查其油流出口滤网是否坚固完好，如发现支撑变形或网孔破损，应立即检修或更换，防止吸附剂颗粒漏入油系统造成不良后果。

（2）精滤型净油器。精滤型净油器利用精密过滤层对设备内油进行精密过滤。它主要应用于小油量设备及自动调压开关装置中，以吸附油中的碳和油泥等物质。

3. 安装油保护装置

安装油保护装置，以防止水分、氧气和其他杂质的侵入。油保护装置包括呼吸器、除湿器和密封式储油柜等。

（1）呼吸器。充油电气设备一般应安装呼吸器。呼吸器通常与储油柜配合使用，其内部装有吸水性能良好的吸附剂（如硅胶、分子筛等），底部设有油封。吸附剂在使用前应按规定条件进行烘干处理，使用失效时应立即更换。

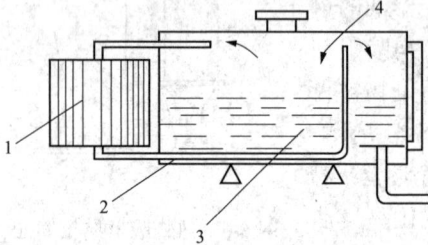

图 6-8 冷冻除湿器工作原理

1—冷冻干燥器；2—储油柜；3—油；4—空气

（2）除湿器。由于一般呼吸器作用有限，特别是对湿度较大地区、油温经常变化的设备，除潮效果不好。因此，有条件地区可对 110kV 及以上电压等级的电力变压器安装冷冻除湿器（热电式干燥器），其工作原理如图 6-8 所示。这种除湿器既能防止外界水分的侵入，又可清除设备内部的水分。它通常与普通型储油柜配合使用，其热电制冷组件应具有足够的功率，且能实现自动除霜操作。装有冷冻除湿器的变压器储油柜内空间的相对湿度应保持在 10% 以下。但它不能隔绝油与空气中氧的接触，油中总含气量易饱和。

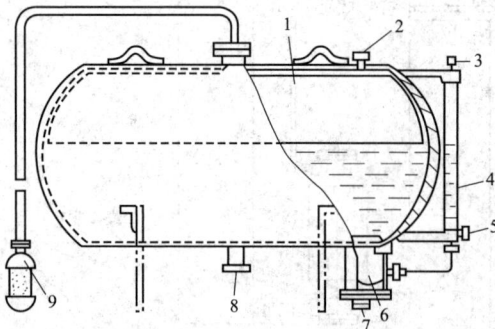

图 6-9 胶囊式密封储油柜

1—胶囊；2—注油塞；3—放气塞；4—油位计；5—放油塞；
6—油压袋；7—放气塞；8—气体继电器联管；9—呼吸器

（3）密封式储油柜。大容量电力变压器中的密封式储油柜内部装有耐油的专用橡胶密封件，使油与空气隔离，以防外界湿气和空气的进入而导致油质加速氧化与受潮，但这种装置不能清除已进入设备的湿气和设备内部绝缘材料分解所产生的水分。密封式储油柜有胶囊式（见图 6-9）和隔膜式等结构型式。这两种储油柜在结构上应符合全密封的要求，并应将安全气道改为压力释放器，采用压油袋式油位计或铁磁式油位计。

储油柜密封件的安装应按设备制造厂说明书的要求进行。安装时，应防止密封件发生扭曲或皱皮而导致的损伤。注油时，应设法排尽变压器内死角处积存的空气，注入的油应经过高效真空脱气处理，并经检测油中总含气量应小于1%（体积分数）。

密封式储油柜在运行中，应经常检查柜内气室呼吸是否畅通，油位变化是否正常，如发现呼吸器堵塞或密封件油侧积存空气，应及时排除，以防发生假油位或溢油现象。

装有密封油柜的变压器，应定期检查油质情况。特别是油中含气量和含水量的变化。如有异常，应查明原因，消除缺陷，并对设备内的油进行真空脱气、脱水处理。

为充分发挥防劣措施的效果，应对几种防劣措施进行配合使用并切实做好监督和维护工作。对大容量或重要的电力变压器，必要时可采用两种或两种以上的防劣措施配合使用。在运行中，应避免足以引起油质劣化的超负荷、超温运行方式，并应采取措施定期清除油中气体、水分、油泥和杂质等。做好设备检修时的加油、补油和设备内部清理工作。

四、混油和补油

关于变压器的补油和混油问题，GB/T 14542—2005《运行变压器油维护管理导则》有明确的规定，主要有以下几个方面：

（1）不同牌号的油品，原则上不宜混合使用。必须混合时，应通过有关试验来确定是否可以混合。

（2）补油时最好采用同一油基、同一牌号及同一添加剂类型的油品，避免混合时使油发生化学变化。同时补充油的各项指标不应低于设备内的运行油。

（3）当新油补入量较少时，例如小于5%时，通常不会出现任何问题；但如果新油的补入量较多，在补油前应先做油泥析出试验，确认无油泥析出，酸值、介质损耗因数值不大于设备内油时，方可进行补油。

（4）进口油或来源不明的油与不同牌号的运行油相混合时，应进行各种油样及混合油样的老化试验，并测定老化后混合油的质量不低于最差的一种油时方可使用。

（5）在进行混油试验时，油样的混合比应与实际使用的比例相同；如果混油比无法确定时，则采用1:1质量比例混合进行试验。

五、变压器油泥的冲洗

经过研究，热的变压器油加热到其苯胺点时，该油是其裂解产物的溶剂。

将变压器油加热到80℃时，就可以溶解掉设备内沉积的油泥。热油冲洗变压器内的油泥是将再生、清洗和油的溶解能力结合起来。加热、吸附和真空过滤处理（脱气、脱水）的具体实施是将再生设备和变压器组成闭路循环系统。被处理的油从变压器中流出，经过加热器使油加热到80℃，再通过过滤装置，除去油中的粗大杂质和水分，最后经过吸附过滤器去掉油中溶解的油泥，再经过真空过滤和精密过滤后，纯净的油重新返回变压器中。通过变压器的循环次数（通常为10~20次）取决于油泥的量。

采用这种除油泥的方式，可在带电和停电的情况下作业，但一般不推荐带电作业方式。

六、气相色谱法分析变压器油中溶解气体简介

色谱法是一类重要的分离分析方法。在色谱分析中，起分离作用的柱称为色谱柱，柱内填充的物质称为固定相，沿柱流动的液体或气体称为流动相。色谱法是利用不同物质在固定相与流动相之间的分配能力不同，实现多组分混合物分离的。

当样品被载气带入色谱柱中后，样品中的组分就在流动相与固定相间反复进行分配，由于固定相对各组分的吸附或溶解能力不同（即分配系数不同），因而各组分在色谱柱中的运动

速度就不同，分配系数小的组分较快地流出色谱柱，分配系数大的组分流出色谱柱的速度较慢，流出的组分顺序进入检测器（见图6-10），产生的电子信号被记录仪按时间顺序连续记录下来，就得到了反应组分性质和含量的色谱图，也称为色谱流出曲线。根据色谱峰的情况（时间、峰面积、峰高等）即可进行定性和定量分析。

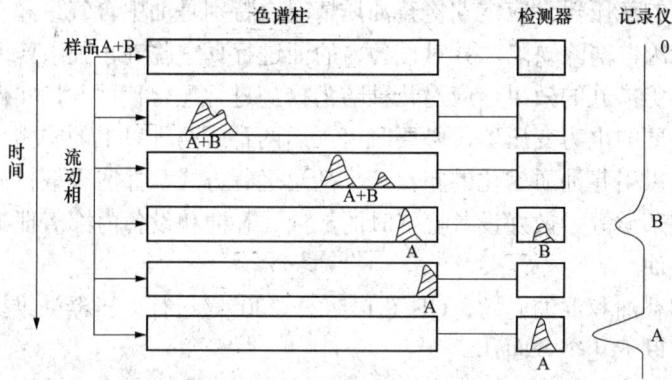

图6-10　色谱基本过程示意

　　色谱仪是进行气相色谱分析的工具。一台气相色谱仪一般包括三部分，即分离系统、检测系统和数据处理系统。图6-11所示为气相色谱仪流程方框图。分离系统的作用主要是提供必要的控制手段和方法，实现混合样品的分离，该系统包括气路部分、进样器部分、层析室、色谱柱。检测系统的作用主要是把分离出的组分定量转化为电子信号，该系统主要由检测器及信号放大电路组成。数据处理系统的作用主要是采集、记录检测器输出的样品信号，并进行定性、定量计算，该系统主要由计算机

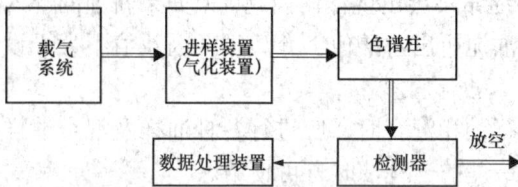

图6-11　气相色谱仪流程方框图

或积分仪、数据采集板、数据处理软件等组成。由于混合样品分离的好坏主要取决于色谱柱，而分离出的组分能否定量转化为电子信号则主要取决于检测器。因此色谱柱和检测器是色谱仪的核心。

　　一般气相色谱仪的基本流程如图6-12所示。载气由高压钢瓶供给，经减压阀、压力表、净化干燥管（净化干燥载气）、针形阀（调节载气的流量）和流量计，进入检测器的参考臂，然后进入气化室，被测样品从进样口注入，液体样品在气化室气化后随载气进入色谱柱进行分离，被分离的各组分随载气依次流出色谱柱进入检测器的测量臂，产生相应的响应信号，此信号送到记录仪上便得到了色谱曲线，载气流出检测器后排出。

　　油中溶解气体分析包括从变压器中取出油样，再从油中脱出溶解气体，用气相色谱法分析该气体的成分和含量，判定设备有无内部故障，诊断其故障类型，并推定故障点的温度、故障能量等。这一方法也称为油中溶解气体分析诊断技术。

　　油中溶解气体分析之所以能够用于诊断充油电气设备内部的潜伏性故障，一是因为设备有故障时，故障的异常能量会引起设备绝缘材料的裂解，产生特定种类及含量的低分子气体；二是因为产生的低分子气体会全部或部分溶解、分布在绝缘油中；三是因为低分子气体的种类、含量大小，反映了故障的类型和严重程度。

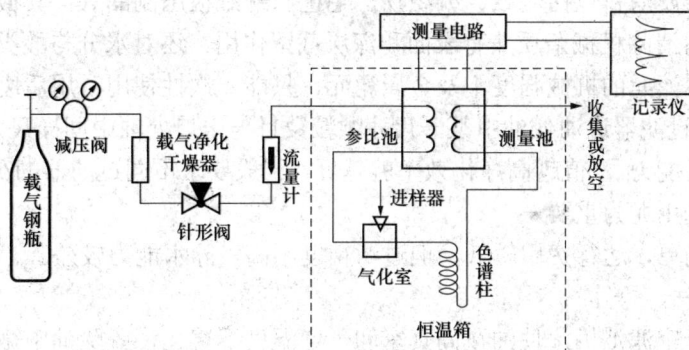

图 6-12　气相色谱仪流程

变压器油中溶解气体组分含量分析是运行充油电气设备监督工作中的一项重要内容。多年的实践证明，它是诊断充油电气设备潜伏性故障与保证设备安全运行的一项行之有效的重要手段。

第六节　油品的净化

在长期的使用过程中，油品中的氧化产物、水分、灰尘及其他杂质会逐步积聚，导致油品的某些质量指标难以满足安全、性能指标的要求，必须予以净化或更换。通常将除去油中水分、气体及固体颗粒，使油品的理化指标达到要求的工艺过程就称为油的净化处理。

一、油的净化方法

1. 沉降法

沉降法是从油中除去水分和机械杂质的常用方法。它是利用水分和机械杂质与油的密度差进行分离的。一般来说，混杂物的密度通常都比油品大，当油品长时间处于静止状态时，利用重力作用的原理，可使大部分密度大的混杂物从油中自然沉降而分离。液体中悬浮颗粒的沉降速度与颗粒的大小和密度，以及液体的密度和黏度有关。当悬浮颗粒的密度和直径越大，液体的密度和黏度越小时，沉降速度就越快。另外，沉降还与油的温度有关，绝缘油适宜的沉降温度为 $25\sim35℃$，汽轮机油为 $40\sim50℃$，如果废油的黏度很大，沉降温度可高些，但也不要过高，过高时，一方面能促使油品进一步劣化；另一方面因热对流加剧，不利于沉降。

沉降法净化油比较简单，但不彻底，只能除去油中大量水分和能自然沉降下来的混杂物。一般先将油品沉降后，再选择其他净化方法。这样可节省药剂，缩短净化时间，同时保证净化质量，降低成本。

2. 压力过滤法

压力过滤法是利用油泵压力将污染的油品通过具有截留作用的滤料，除去油中混杂物，达到油净化的目的。

压力过滤器（又称机械过滤器、滤油器）包括滤网式、缝隙式、滤芯式和铁磁式等类型，其截污能力决定于过滤介质的材质及其过滤孔径。金属质滤材包括筛网、缝隙板、金属颗粒或细丝烧结板（筒）等，其截留颗粒的最小直径为 $20\sim1500\mu m$，其过滤作用是对机械杂质的表面截留。非金属滤料包括滤纸、编织物、毛毡、纤维板压制品等，其截留颗粒的最小直径为 $1\sim50\mu m$，对清除机械杂质兼有表面和深层截留作用，还对水分与酸类有一定吸收或吸附作用。但非金属滤元的机械强度不及金属滤元，只能一次性使用，用后废弃换新。国际上常用 $\beta_{\mu m}$ 值（表示过滤器进油处油中某一尺寸颗粒数目与出口处油中同样尺寸颗粒数目之比）评价过滤器的截污能力。β 值越高净化效率就越好，一般要求不同过滤器的 β 值应大于 75，它对于精密滤元的选用尤为重要。

过滤法操作简单，运行费用较低，但过滤精度不高，除水能力较差。

3. 真空过滤法

此法借助于真空滤油机，使油在高真空和一定温度下雾化，脱除油中微量水分和气体。由于真空滤油机也带有滤网，也可滤去油中杂质等污染物，因此该方法称为真空过滤法。该种油品净化方法应用十分广泛，尤其适用于含水量和含气量（包括可燃气体）有很高要求的高压电器设备用油的净化处理方面，即该方法更适合于对油品的深度脱水脱气的处理。如果油中含水及机械杂质较多，最好先用离心机或压力式滤油机去除大量水分和机械杂质，然后再用真空过滤法处理。

对超高压设备的用油进行深度脱水和脱气时，采用二级真空滤油机。在真空过滤过程中，应定期测定滤油机进、出口油的含气量、水分含量或击穿电压，以监督滤油机的净化效率。油温应控制在 70℃ 以下，以防油质氧化或引起油中 T501 和油中某些轻组分的损失。

真空净油适用于油的脱气脱水的精密过滤，净化效率不高，真空室内使用雾化器使油液雾化，雾化油易被真空泵吸至泵外，对大气造成二次污染。

4. 离心分离法

当油中含有较多水分，特别是有乳化水时，利用压力式过滤或吸附过滤效率不高。因为水分过多，将会很快使滤纸和吸附剂中的水分达到饱和，从而降低其净化能力，此种劣化油用离心分离滤油较好。

离心分离滤油是根据油、水及杂质三者密度的不同，在离心力的作用下，其运动的速度和距离各不相同，油质最轻，仅聚集在离心机旋转鼓的中心，水的密度稍大被甩在油质的外层，杂质的密度最大被甩在最外层，这样，三种不同密度的物质就可在离心机的不同层中被抽出，从而达到分离净化之目的。

这种方法主要用于汽轮机油的净化。其特点是方法简单，操作方便；可以装在油系统管路上，供机组在运行中连续使用；由于离心分离旋转速度快，能甩掉油中大量水分和固体污染物（包括油的氧化产物油泥），因而也能减缓油品的氧化。

5. 聚结分离法

聚结分离法是利用油、水两种液体对某一多孔介质湿润性（或亲水特性）的差异实现脱水的。将油水混合液通入特制聚结纤维滤芯，可将油中分散的细水滴凝聚成大水滴，油则通过一特制的憎水性隔膜将水滴阻挡在外，使水滴落到净油器底部排出。

聚结分离法可分为预过滤、聚结、分离、沉降排水四个步骤。

（1）预过滤。由于聚结介质的孔径较小，将预过滤器安装在聚结器的进口处，以便除去油中存在的颗粒物质。这样既可以大大延长聚结器的寿命，也可以减少滤后油中颗粒的含量。

（2）聚结。含水油液由内向外流经聚结滤芯，当油液通过亲水物质的聚结纤维层时，分散相中的微小水滴汇聚在一起，在其表面形成大水滴并在重力的作用下下沉。

（3）分离。分离滤芯由特殊材料制成，其表面具有良好的憎水性能，油液从滤芯由外向内流动时，可防止水的进入，它只允许无水的油液通过。尺寸较小的水滴随油流向分离滤芯，小水滴在分离滤芯外表面结合成大水滴下沉。水和油通过不同的排液口排出。

（4）沉降排水。沉降的水进入排水系统，将沉积的水排掉同时又保证油不会排出。

这种方法的优点是可除水、去杂质、脱气，处理过程中油液不会变质。其缺点是流速慢，不宜大流量处理；吸附滤芯使用一段时间后会失效；不能长期在线运行，且运行费用较高。

6. 吸附剂法

其原理是利用吸附剂有较大的活性表面，与油充分接触，使油中的酸性组分、油泥、胶状物质、不饱和烃、水分等被吸附，从而达到油品净化的目的。吸附剂法可分为接触法和渗滤法两种。接触法只适合处理从设备上换下来的油；而渗滤法既适合处理换下来的油，也适合处理运行中的油。在处理过程中由于温度过高或加入了吸附剂会使油中原有的某些添加剂发生损失。常用的吸附剂有硅胶、活性氧化铝、活性白土和 801 吸附剂。

二、油净化配置方式

1. 汽轮机油

不同型式的汽轮机油净化装置都有各自的局限性。因此，大容量机组油净化系统常选用具有综合功能的净油装置，且要求所用的油净化装置与油系统及其运行油应有良好的相容性。油净化系统的配置方式常用的有全流量净化、旁路净化和油槽净化三种。①全流量净化。该方法是获得与维持油洁净度最有效的方式，但常会受到过滤工序的制约。②旁路净化。虽其效率不如全流量净化，但易于安装，可连续使用，不受运行限制。旁路净化效率与旁路分流流量比率有关，分流比越高，对污染物清除效率就越高。旁路分流比率一般为 10%～75%。③油槽净化。该方式不适用于运行系统。但当运行油在主油箱与储油系统之间进行转移时，常需要油槽净化方式。

2. 变压器油

变压器油净化可分为直接循环净化和间接循环净化两种方式，通常采用间接循环法。

（1）直接循环净化。直接循环净化是将滤油机与变压器设备连成循环回路，通过净油机，油从电气设备底部抽取，而由电气设备的顶部回入。返回的油应该做到平稳地，在靠近顶部油面的水平位置回入，尽量避免已处理的油同还没有经过净油机处理的油相混合。为了提高直接循环净化油的效果，在实施时应注意以下事项：①循环过滤次数，应使被处理的设备内的总油量通过净油机至少不低于 3 次，最终的循环次数应视被处理的油在设备内稳定数小时后，从设备底部取样，经检测水分、击穿电压或总含气量合格后，才能决定循环净化过程的结束。②净油机的进、出口油管与设备的连接应分别接在对角线上，并在处理过程中，改变回油进入设备的位置，以避免设备内有循环不到的死角。③将未参加循环的油，如变压器设备中的冷却器、有载调压开关油箱、储油柜等内部的油，放出过滤后再分别返回原设备内。④循环净化不能带电作业。应在电气设备的电源拉断后，循环净化才能开始。

（2）间接循环净化。间接循环净化是将滤油机串接在设备与油处理用罐之间，先将设备中油过滤后送入油罐，待对设备内部工件脱除水分、气体后，再用滤油机将处理好的油罐油抽回设备。当间接循环法不能实施时（如变压器壳体不能承受真空时）应采用直接循环法。

第七节　六氟化硫绝缘气体

电气设备传统的绝缘介质和灭弧介质是绝缘油。绝缘油的最大缺点是可燃性，而电气设备一旦发生损坏短路，有可能出现电弧，电弧高温可使绝缘油燃烧而形成大火，一旦发生火灾，后果不堪设想。因此急需寻找不燃烧的绝缘介质和灭弧介质。

六氟化硫（SF_6）气体具有不燃的特性，并具有良好的绝缘性能和灭弧性能，它首先被用于断路器中，接着扩大应用于变压器、电缆等各种电气设备。

用于高压 SF_6 断路器的优点特别明显。体积小、质量小、容量大，能成套速装，投运后可不维修或少维修等，大大优于油断路器。故目前国内外，特别是高压或超高压断路器大都采用 SF_6 断路器。

一、六氟化硫的基本性质

SF_6 是一种无色、无味、无毒、不燃的气体，分子量较大，是氮气的 5.2 倍，其密度约为空气密度的 5.1 倍，空气中的 SF_6 易于自然下沉，下部空间的 SF_6 绝缘气体浓度升高，且不易扩散稀释，因此具有强烈的窒息性。SF_6 在水中的溶解度较小，并随温度的升高而减少。SF_6 绝缘气体在较低的游离温度下具有高导热性，不但气流能带走热量，而且在电弧中心区有较高的导热系数，为优良的冷却介质。

SF_6 的临界压力和临界温度都比较高，分别为 45.64℃、3.85MPa。临界温度是表示气体可以液化的最高温度，临界压力是在这个温度下发生液化所需要的气体压力。一般气体临界温度越低越好，表示它不易被液化。SF_6 绝缘气体在普通的环境条件下就有可能液化，只有在温度高于 45℃时才能保持气态。因此，SF_6 绝缘气体不能在过低温度和过高压力下使用。

SF_6 气体的化学性质稳定，在空气中不燃烧、不助燃，与水、强碱、氨、盐酸、硫酸等不反应；与电器设备中常用的金属及其他有机材料不发生化学作用；具有良好的绝缘特性和灭弧特性，所以在通常条件下，是一种理想的绝缘介质。然而，在大功率电弧、火花放电和电晕放电作用下，SF_6 分解出多种有毒或剧毒产物，且与电极、绝缘材料接触时还发生复杂的化学反应，生成有毒低氟化物。这些产物虽然对电气性能影响不大，但对设备的腐蚀及工作人员健康的影响却是不容忽视的。

二、六氟化硫气体中水分的来源及危害

1. 水分的来源

SF_6 气体中水分的来源主要有以下四个方面。

（1）SF_6 新气中含有水分。这是由于 SF_6 气体生产要经过热解、水洗、碱洗、干燥吸附等工艺，生产的环节多，难免遗留少量水汽。在向设备内充气时，这些水分将直接进入设备。

（2）SF_6 电气设备在制造、运输、安装、检修过程中都可能接触水汽，使水汽浸入设备的各个元件里去。

（3）大气中的水汽通过电气设备密封薄弱环节渗透到设备内部。因为 SF_6 电气设备内部气体湿度控制值很低，因而设备内部水蒸气分压很低，大气中水蒸气分压相对很高，在高温高湿条件下，水汽容易通过电气设备密封薄弱环节渗透到设备内部，这是 SF_6 电气设备内部水分的主要来源。

（4）固体绝缘材料释放出水分。SF$_6$电气设备中的固体绝缘材料（如环氧树脂等）本身含有一定量的水分，在运行中，慢慢地向外释放。

2. 水分的危害

（1）参与产生有毒物质。在高温电弧作用下，加之微量氧气的存在，水分会破坏SF$_6$的稳定性，甚至在较低的温度下就可发生水解反应，生成有毒的氟氧化物和金属氟化物。

（2）引起设备腐蚀。因为SF$_6$与水的反应产物中有HF、SO_2、H_2SO_3等生成，这些化合物都是腐蚀性很强的物质。当水分较多甚至结露时，HF、SO_2会生成腐蚀性更强的氢氟酸和亚硫酸。

（3）降低SF$_6$的纯度和绝缘性能。通常SF$_6$气体中水分是以水蒸气的形式存在的，如果SF$_6$气体中水分过高，当温度下降时，水分就可能凝结并附着在瓷套、电极等零件表面上，从而造成绝缘件表面产生沿面放电，引起事故。

三、六氟化硫电气设备的检漏方法

SF$_6$电气设备的检漏分定性检漏和定量检漏。①定性检漏。定性检漏是对设备进行直接检测，查出设备是否存在漏气、泄漏点的具体部位及大致泄漏量。②定量检漏。通过检测值计算泄漏量，从而确定气室的年泄漏率，判断SF$_6$气体质量是否合格。

1. 定量检漏

定性检漏常用抽真空检漏法和检漏仪法。

（1）抽真空检漏法。该方法要点为：①对设备抽真空达到133Pa开始计算时间，维持真空泵运转至少在30min以上；②停泵并与泵隔离，静观30min后读取真空度A；③再静观5h以上，读取真空度B，当$B-A\leqslant 67Pa$（极限允许值133Pa）时抽真空合格，否则应先检测泄漏点。此方法常用于现场设备安装、检修完毕后。

（2）检漏仪法。采用校验过的SF$_6$气体检漏仪，沿被测面以大约25mm/s的速度移动，无泄漏点发现，则认为密封良好。此方法适用于日常的SF$_6$设备维护。

2. 定量检漏

定量检漏主要有压力降法、扣罩法、挂瓶法、局部包扎法。

（1）压力降法。通过对设备/隔室在一定时间间隔内测定的压力降，计算年泄漏率的方法。

（2）扣罩法。将试品置于封闭的塑料罩或金属罩内，经过一定时间后，测定罩内SF$_6$气体的浓度，并通过计算确定年泄漏率的方法。

（3）挂瓶法。用软胶管连接试品检漏孔和挂瓶，经过一定时间后，测定瓶内SF$_6$气体的浓度，并通过计算确定漏气率的方法。

（4）局部包扎法。试品的局部用塑料薄膜包扎，经过一定时间后，测定包扎腔内SF$_6$气体的浓度并通过计算确定年泄漏率的方法。

四、运行中变压器用六氟化硫质量监督

SF$_6$气体的质量直接关系到它的绝缘和灭弧性能，同时，做好SF$_6$气体的质量监督与管理工作对保证设备的可靠运行和人身安全都是十分重要的。

SF$_6$新气验收按照GB/T 8905—2012和GB/T 12022—2014的规定进行，SF$_6$变压器交接时、大修后的气体质量标准应符合表6-8的要求，运行中变压器用SF$_6$质量标准和检测周期应符合表6-9的要求。

表 6-8　　　　　　　　　　SF$_6$变压器交接时、大修后的气体质量标准

序号	项　目	单位	指　标
1	泄漏（年泄漏率）	%	≤1（可按照每个检测点泄漏值不大于30μL/L 执行）
2	湿度（H$_2$O）（20℃，101 325Pa）	露点温度℃	箱体和开关应≤-40 电缆箱等其余部位≤-35
3	空气（N$_2$+O$_2$）	质量分数%	≤0.1
4	四氟化碳（CF$_4$）	质量分数%	≤0.05
5	纯度（SF$_6$）	质量分数%	≥97
6	有关杂质组分（CO$_2$、CO、HF、SO$_2$、SF$_4$、SOF$_2$、SO$_2$F$_2$）	μg/g	有条件时报告（记录原始数值）

表 6-9　　　　　　　　　运行变压器 SF$_6$质量标准和检测周期

序号	项　目	单位	指　标	周期
1	泄漏（年泄漏率）	%	≤1（可按照每个检测点泄漏值不大于30μL/L 执行）	日常监督，必要时
2	湿度（H$_2$O）（20℃，101 325Pa）	露点温度℃	箱体和开关应≤-35 电缆箱等其余部位≤-30	1 次/a
3	空气（N$_2$+O$_2$）	质量分数%	≤0.2	1 次/a
4	四氟化碳（CF$_4$）	质量分数%	比原始测定值大 0.01%时应引起注意	1 次/a
5	纯度（SF$_6$）	质量分数%	≥97	1 次/a
6	矿物油	μg/g	≤10	必要时
7	可水解氟化物（以 HF 计）	μg/g	≤1.0	必要时
8	有关杂质组分（CO$_2$、CO、HF、SO$_2$、SF$_4$、SOF$_2$、SO$_2$F$_2$）	μg/g	报告（监督其增长情况）	必要时（建议有条件 1 次/a）

五、运行中变压器用六氟化硫质量管理

运行电气设备中 SF$_6$ 气体的质量管理，主要是 SF$_6$ 气体纯度、电弧分解气体和水分含量的管理，即确保 SF$_6$ 气体纯度达到 97%以上；确保 SF$_6$ 气体的湿度合格，满足设备绝缘要求；降低和去除 SF$_6$ 气体中的电弧分解产物，防止设备腐蚀。

1. 确保 SF$_6$ 气体纯度和湿度合格的措施

SF$_6$ 气体绝缘设备属免维护设备，正常情况下，影响设备安全性能的主要气体指标——纯度、湿度一般不会出现超标问题。客观地说，SF$_6$ 气体纯度、湿度指标主要依赖设备的制造质量和安装、检修质量。

确保 SF$_6$ 气体纯度和湿度合格主要有以下方面的措施：

（1）电气设备质量好。设备密封件质量合格；绝缘材料化学稳定性、热稳定性符合要求；设备部件制造、处理工艺严格，吸附水分及其他杂质含量低，挥发成分少；电气性能指标符合相关规定的要求。

（2）安装、检修质量高。设备现场安装工艺控制严格，密封检验合格；干燥处理工艺得当，湿度符合要求；新气质量合格，充装工艺、方法正确。

（3）回收净化。当在日常监督检测中发现 SF$_6$ 气体的纯度或湿度超标时，首先应检查设

备是否存在泄漏，找出漏点进行检修。在对设备进行解体检修以前，应利用专用 SF_6 气体回收净化装置对运行气体进行回收。

2. 降低 SF_6 气体中的电弧分解产物

运行 SF_6 设备气体中的杂质有几十种之多，其中主要有 CO_2、CO、HF、SO_2、SF_4、SOF_2、SO_2F_2。依新气的来源、使用时间及设备不同，这些杂质的含量和比例也有较大的差异，但含量都在微克/克级水平上，基本上不影响运行气体的纯度。

这些杂质气体尽管含量很低，但对电气设备却构成了腐蚀性危害，进而影响设备的电气性能，危及设备的安全运行。因此必须降低或除去运行气体中的这些杂质气体。为此，目前的普遍做法是在 SF_6 设备内装填固体吸附剂，用吸附剂对 SF_6 气体进行净化处理。

第七章　制氢与发电机的氢冷却

第一节　概　　述

目前，国内外的大型发电机组基本采用定子绕组水内冷，转子绕组氢内冷，铁芯氢冷的水-氢-氢型冷却方式（详见第三章第二节）。氢气冷却的原理是利用通入发电机内部的氢气吸收转子和铁芯的热量，使转子及铁芯得到冷却。发电机排出的热氢气经过冷却后再通入发电机循环使用。在循环冷却过程中，氢气会通过溶解（溶于密封油中）、泄漏等产生损耗，因此需要通过氢源补充氢气。

工业应用的制氢工艺有两类：①电解水制氢。该工艺已有二百多年历史，以水为原料，基本不消耗其他原料，生产过程中无污染性废物产生。工艺简单、运行稳定可靠，氢气产品的纯度达到 99.7%左右，可满足大型发电机的要求，在火电厂中得到广泛的应用。②质子交换膜水电解技术（PEM）。使用非常薄的质子交换膜作为电解质，用纯水电解，不需提纯就可得到纯度达 99.999%的高纯氢气。该工艺的优点是安全性高，缺点是产氢量小（2～6m³/h，标态下），成本很高。国外在多年前已将该技术用于核潜艇、航天领域，近年来开始向发电厂、高纯晶体和光纤生产等工业领域推广。本章只介绍火电厂广泛使用的中压电解水制氢。

一、发电机氢冷却特点

1. 发电机氢冷却优点

（1）通风损耗低，机械（指发电机转子上的风扇）效率高。这是因为在标准状态下，氢气的密度是 0.089 87kg/m³，空气的密度是 1.293kg/m³，二氧化碳的密度是 1.977kg/m³，氮气的密度是 1.25kg/m³。由于空气的密度是氢气的 14.3 倍，二氧化碳是氢气的 21.8 倍，氮气是氢气的 13.8 倍，所以，使用氢气作为冷却介质时，可使发电机的通风损耗减到最小程度。

（2）散热快、冷却效率高。因为氢气的导热系数是空气的 1.51 倍，且氢气扩散性好，能将热量迅速导出，通风散热效果稳定，能将发电机的温升降低 10～15℃。

（3）清洁。经过严格处理的冷却用的氢气可以保证发电机内部清洁，不会由于脏污引起事故。

（4）氢气冷却的发电机噪声较小，而且绝缘材料不易受氧化和电晕的损坏。

2. 发电机氢冷却缺点

（1）氢气的渗透性很强，易于扩散泄漏，所以发电机的外壳必须很好地密封。

（2）氢气与空气混合物能形成爆炸性气体，一旦泄漏，遇火即能引起爆炸。因此，在用氢冷却的发电机四周严禁明火。

（3）采用氢气冷却必须设置一套制氢的电解设备和控制系统，这就增加了基建投资及维修费用。

氢气冷却虽有以上一些缺点，但只要严格执行有关的安全规章制度和采取有效的措施还是非常可靠的，而其高效率冷却则是其他冷却介质无可比拟的，所以大多数发电机还是采用氢冷方式。

二、电解水制氢原理

电解是指电解质溶液在直流电流的作用下所发生的一种化学反应过程。电解质溶于水后，电离过程自发进行，各种离子的运动是无序的。但通以直流电流后，离子的运动则按一定的方向进行，即阳离子向阴极方向移动，阴离子向阳极方向移动。将直流电通入 KOH 或 NaOH 水溶液的电解槽中，使水电解成为氢气和氧气。

（1）阴极反应。电解液中的 H^+ 受阴极的吸引而移向阴极，接受电子而析出氢气，其放电反应式为

$$4H^+ + 4e \rightarrow 2H_2 \uparrow$$

（2）阳极反应。电解液中的 OH^- 受阳极的吸引而移向阳极，放出电子生成水和氧气，其放电反应式为

$$4OH^- - 4e = 2H_2O + O_2 \uparrow$$

总反应式为

$$2H_2O \rightarrow 2H_2 \uparrow + O_2 \uparrow$$

由于纯水电导率很低，电解制氢过程电能消耗较大，效率低。因此，生产中一般用 KOH 或 NaOH 配制成一定浓度的溶液，来完成水的电解制氢，这种溶液称为电解液。在电解过程中，碱本身不参加电解反应，加碱的目的是增大水的电导率，降低电解电压，但是由于系统泄漏及排污、气体携带等原因，碱会有一定量的损耗。因此，在制氢装置运行中需要定期补充碱。

第二节　制氢系统及设备

一、制氢系统

典型电解水制氢系统如图 7-1 所示。制氢系统的核心设备包括一台电解槽、两台气液分离器（氢、氧各一台）、两台气体冷却器（氢、氧各一台）等。辅助设备包括整流柜、变压器、控制系统、补水泵、原料水箱、碱液箱和分析仪表（氢中氧分析仪、氧中氢分析仪、湿度计

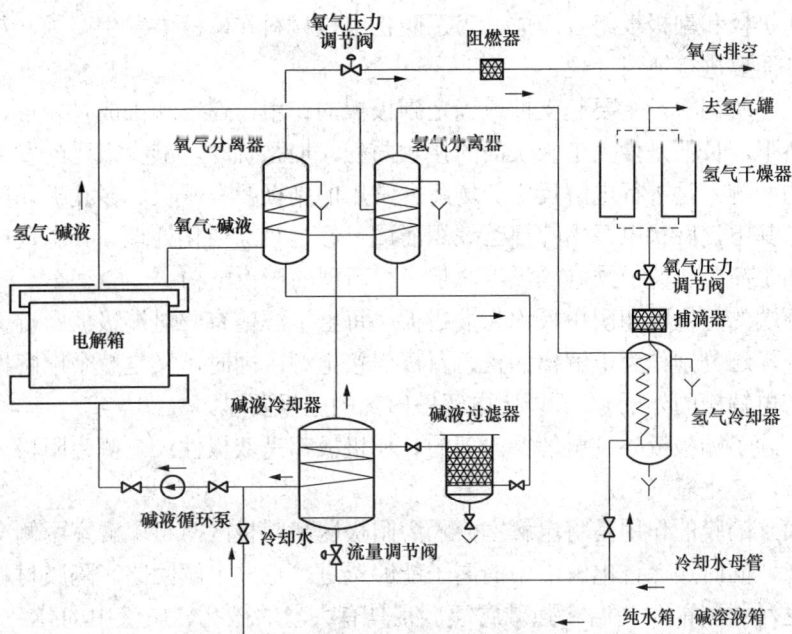

图 7-1　电解水制氢系统示意

等）。在以前的制氢系统中，设有独立的氢气洗涤器，现在大多氢气洗涤器与分离器合并；以前的制氢系统压力调节是通过压力调节器、平衡箱等复杂的系统来实现的，现在已经被氢气压力调节阀和氧气压力调节阀所取代，制氢系统大为简化。由于这些老式设备目前仍有应用，本书也做简单的介绍。

二、工作过程

火电厂电解水制氢过程分为两个阶段：①电解。通过向电解槽施加直流电压使水发生电解反应，在阴极上产生氢气，阳极上产生氧气。各阴极室产生的氢气与碱液一起汇集到氢气总管，阳极室产生的氧气与碱液一起汇集到氧气总管。②气体净化。氢气要送入发电机，对其纯度和温度有很高的要求。因为从电解槽排出的氢气和氧气中混有大量的电解液雾滴，而且温度很高（80～90℃），所以需要对气体进行净化处理和冷却处理。氢气净化的过程比较复杂，要依次经过氢气分离器、氢气冷却器、捕滴器除去夹带的碱液，同时将氢气冷却至常温，之后再经干燥器进一步脱水处理后送入储氢罐备用。对于氧气，火电厂一般不回收，其处理程序比较简单，经过氧气分离器进行气液分离后，通过阻燃器直接排空。

上述过程中分离出的碱液汇总在一起，经冷却器、过滤器后，返回电解槽循环使用。由电厂除盐水站送来的除盐水直接补入碱液系统。

三、主要设备

1. 电解槽

电解槽是制氢系统的核心设备，发电厂广泛使用的是压滤式电解槽。其结构特点是在电解槽中垂直布置多块平行的电极板，将电解槽分隔成若干个串联的小室。每个小室都由极板、隔膜和垫片组成，并且用隔膜分隔成氢侧（阴极）和氧侧（阳极）两部分。

（1）极板。极板包括阳极板和阴极板，是进行电化学反应的场所。阳极上进行氧化反应，产生氧气；阴极上进行还原反应，产生氢气。

极板由主极板和副极板组合而成。为了防止电极材料在碱液中发生腐蚀，与电解液接触的钢质材料表面要进行镀镍处理。

主极板是整块钢板，主要起支撑或固定副极板的作用，通常加工成月牙形、乳头形、双向凸起或网格形，目的是增大电极表面的接触面积，增强扰动，减少极化的发生。副极板固定在主极板的两侧，是进行电解反应的场所。常用的副极板有平板、多孔板和网状电极等多种结构形式。其中，网状电极用纯镍丝编织而成，经过喷涂活化处理，具有反应面积大、极间距离小、加工简单和便于维修等优点，是一种新型的极板结构。

电解槽两端的阳极板和阴极板称为端极板，每台电解槽有一对端极板。端极板除了担负极板的功能外，还分别作为电解槽的正、负极引接电源；同时，又是整个电解槽最外层的紧固件（相当于电解槽的外框），所以比电解槽内部的电极要厚。

实际上，除了端极板外，电解槽内部的其他极板都是双极性：一侧为阳极，产生氢气；另一侧是阴极，产生氧气。

（2）隔膜。隔膜的作用是将电解室分隔为阳极区和阴极区，将电解室两侧产生的氧气和氢气进行隔离，同时还允许电解液中的离子能够透过，形成电解回路。隔膜材料用石棉布或者石棉纸，这种材料能耐高温和强碱腐蚀，且具有大量的微孔，碱液中的 K^+（或 Na^+）和 OH^- 可以顺利通过。隔膜的安装形式有多种，有的和绝缘密封垫片模压成一体，有的铆接在极框上，有的固定在中空的钢板框架上。

隔膜有三个大孔，分别作为电解液、氢气和氧气的通道。通过电解液通道，碱液电解槽的一端依次穿过槽内各电解室，提供原料水。各电解室产生的氢气通过氢气通道汇集并流出电解槽，进入氢气分离器；氧气通过氧气通道汇集并流出电解槽，进入氧气分离器。

为了增加电解液分配的均匀性，减少各电解室碱液的温差，电解槽上的电解液总进口、氢气和氧气的总出口均布置在电解槽的中段。

（3）绝缘密封圈。电解槽运行时，带电的极板必须与隔膜框绝缘，以防电解槽整体带电。同时，极板与隔膜框之间需要密封，以避免电解液泄漏。因此，在每组隔膜框与极板之间都垫有绝缘密封圈。对绝缘密封圈的材质要求较高，因长期处于高温、碱性环境，除了具有良好的绝缘和密封性能外，还要求能耐高温、耐强碱腐蚀。以前密封圈的材料为石棉橡胶板，现在用氟塑料。

2. 氢气分离器和氧气分离器

由电解槽流出的氢气和氧气，携带大量雾化的电解液，需要分别在氢气分离器和氧气分离器中进行气液分离。氢气分离器和氧气分离器的结构相同。工作时，混有碱液的湿氢气（或氧气）由侧部进入氢（或氧）分离器，经过冷却降温，雾状碱液凝结并与气体分离，流至分离器的下部形成碱液层，再由分离器底部的碱液出口汇入电解液循环回路；而分离出的氢气（或氧气）向上流动至分离器的顶部导出。

分离器有立式和卧式两种。卧式分离器为卧式圆筒结构，在一端封头上装设液位计。立式分离器由筒体、上下封头焊接组成，内部装有布气装置、蛇形冷却管。运行时在蛇形管内连续通入冷却水，以降低气体和碱液的温度。图 7-2 所示为立式氢气分离器的结构示意。

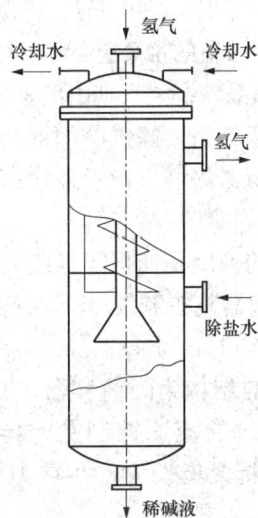

3. 氢气洗涤器

经过分离器初步分离和冷却后，氢气中还残留少量的雾状电解液，气体的温度仍然高于常温。在进入氢气干燥器之前需要对气体进行洗涤，进一步减少碱液的携带量，减轻后续设备的负担。在洗涤气体的同时，可以将气体温度降至常温，还进一步回收碱液，减少电解液的损耗和废液的外排量。

图 7-3 所示为氢气洗涤器结构示意。其工作过程为：筒体下部通入洗涤水（除盐水），在洗涤器内形成水浴层。由上部引入的氢气通过导筒进入水浴层底部，在穿过水浴层时携带的

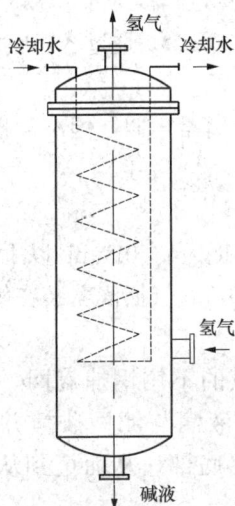

图 7-2　立式氢气分离器结构示意

图 7-3　氢气洗涤器结构示意

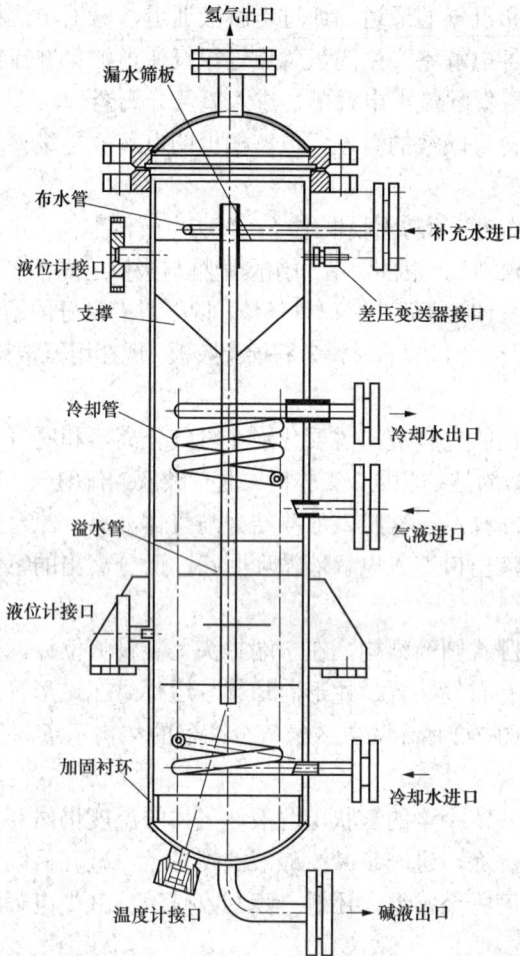

图 7-4　氢气分离洗涤器示意

杂质被除去，洗涤后的氢气集中在容器上部空间并由氢气引出管导出。底部的水浴层因吸收了氢气中的液滴形成了稀碱液，从设备底部排入碱液循环回路，最终返回电解槽。

4. 氢气分离洗涤器

本设备中，氢气的分离和洗涤在同一个筒形容器中完成。如图 7-4 所示，补充水进口布置在多孔漏水筛板的上部，补水管的形状为环形，使漏水筛板上形成一层水膜，漏水筛板上还配有溢流水管。分离洗涤器内部的液位保持在中位，氢气与电解液的混合物从液面下进入，因体积扩大，流速降低，在通过液面时氢气与电解液分离。氢气在容器内上升时，进行了二次洗涤，第一次是被筛板上滴下来的水淋洗，第二次是氢气通过筛板时被水浴洗。顶端气体出口装有滤网捕滴器。

5. 氢气冷却器

氢气冷却器的作用是进一步冷却，在对氢气进行冷却降温的同时进一步除去携带的水分，降低氢气的湿度。

图 7-5 所示为氢气冷却器结构示意。冷却器的筒体用隔板分为上下两部分：隔板的上部为冷却室，下部为分离室。运行时，冷却室内通入冷却水，将蛇形管内流动的氢气冷却降温，冷氢气穿过隔板进入下部的分离室。由于冷却后氢气中残留的水分已凝结，在进入分离室后冷凝水与氢气分离，通过容器底部的排污门排出，汇入碱液系统；氢气则由出氢口引出，进入下级处理设备。

需要注意的是，氢气冷却器的结构与前面介绍的气液分离器相似，但冷却器的氢气走蛇形管内，分离器的氢气走管外，这一点完全不同，不能混淆。

6. 捕滴器

捕滴器的作用是捕捉氢气或氧气中残存的液滴（可以捕捉大约 0.3μm 以上的液滴）。通常，氢气捕滴器装在氢气冷却器或洗涤器的顶部（氢气出口），氧气捕滴器装在氧气分离器的顶部（氧气出口）。

捕滴器的结构为圆筒容器，内部装填一定规格和数量的不锈钢捕滴网。运行时，将捕滴器内气体的流速控制在一定范围内，气体所夹带的液滴与滤网碰撞并附着在网面上，液滴不断聚集长大，在重力作用下沿丝网下流至容器底部，从而达到从气体中分离液滴的目的。

7. 压力调节阀

理论上，水电解所产生的氢气体积是氧气的 2 倍，因此在电解过程中阳极室和阴极室的气体压力是不同的，其间存在压力差。氢气系统和氧气系统都装有独立的压力调节阀，通过计算机控制，可以将氢气和氧气的压力及压力差控制在要求的范围内。

以前的系统采用压力调节器（利用水位控制）和平衡箱控制气体压力和压差，由于结构很复杂，现在已经被自动调节阀取代。

8. 干燥器

干燥器的作用是对氢气进一步除湿，使氢气湿度能够满足发电机的要求。干燥器为筒状设备，内部装有干燥吸附剂填料层（通常是分子筛）。外部有氢气进出口、视镜以及排污口。

工作时，氢气进入干燥器后，携带的水分被干燥剂吸附，从而得到干氢气。当干燥剂吸附饱和（失效）后，可加热再生。

为了保证干燥装置不间断运行，通常一组干燥装置中设 2 台干燥器，1 台运行，1 台再生，程序控制，自动切换。

图 7-5　氢气冷却器结构示意

9. 储气罐

电解产生的氢气，经过一系列洗涤净化、干燥除湿和冷却处理后，最后存入储气罐。氧气一般不收集，经气液分离器处理后，经过水封槽或阻燃器后排空。

储氢罐上装有安全阀，当罐内压力超过规定值时，气体可安全排出。安全阀的排气管末端装有阻火器，以避免氢气排空时燃烧，发生事故。

储氢罐的数量由发电机的氢冷体积确定，通常为 3～5 个。

10. 碱液过滤器

碱液过滤器的作用是滤除电解液在循环中产生的颗粒杂质（机械杂质、绒毛），避免堵塞电解槽的隔膜。

碱液过滤器多为立式结构，由筒体、滤筒、滤网和法兰等组成。一般采用 80～100 目的镍丝网制作过滤器的滤芯。

11. 碱液冷却器

对循环的电解液进行冷却，将其温度控制在电解槽要求的范围内。以前的碱液冷却器是一台独立设备，近年来也有将其置于分离器内部的情况。单独设置的冷却器有列管式、蛇管式和螺旋板式，置于分离器内部的多为蛇形管冷却器。

12. 水封槽

水封槽安装在制氢系统的氢气出口和氧气出口，起阻火、密封的作用。如果氢气出口发生火灾，可以阻止火焰向系统内部延烧，避免造成重大事故。

大多数电厂只收集氢气，氧气对空排放，因此氧侧系统中所设的水封槽还有排放前净化氧气的作用。

水封槽的结构比较简单，如图 7-6 所示。容器内部连续通入冷却水形成一定高度的水垫层，气体由筒体上部通过导管引入水垫层下部，而后向上穿过水垫层进入上部气体空间后

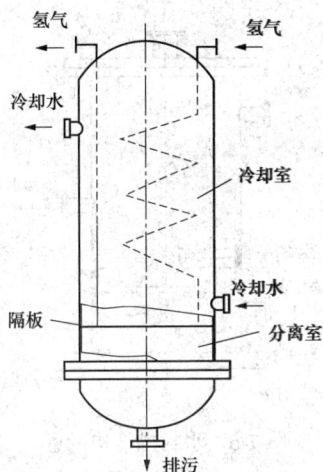

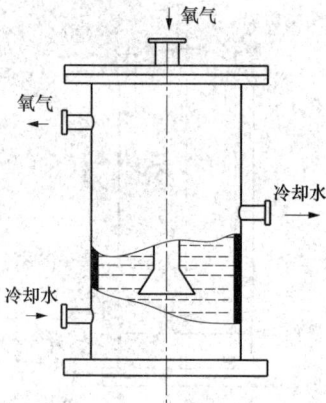

图 7-6　水封槽结构示意

排出。

13. 阻火器

砾石阻火器设置于氢气储存罐安全阀后的放空管出口，防止外部火焰窜入制氢系统和储存罐，阻止火焰在制氢系统设备及管道上蔓延。可以将几个氢气储罐的放空管串联共用一个阻火器。砾石阻火器的内部充填粒度为 $10\sim20mm$ 的洁净碎石。

14. 电源及控制系统

制氢系统的直流电源系统由低压配电、仪表及程控、整流变压器及整流柜组成。直流电源将交流电源转换为电压、电流与电解槽相匹配的直流电。直流电源可以根据电解槽的负荷要求，调节输出。

15. 压力调节器

氢、氧压力调节器的结构与原理完全相同，图 7-7 所示为气体压力调节器示意。

压力调节器为一筒状容器，内部有浮筒和流量阀（针形阀），外部装有压力表、安全阀和水位计。氢、氧压力调节器的底部用水连通，从而保持相同的水位。工作时，氢气、氧气分别进入氢、氧压力调节器的上部空间，在流量阀控制下排出。流量阀的开度通过浮筒连杆的升降来控制，而连杆的升降又受调节器内液位的控制，因为氢、氧调节器的底部连通，稳定情况下其液位始终相等，所以可以保证氢、氧两侧的气体压力相同。

压力变化时的调节原理为：当氢侧压力升高时，氢压力调节器内的水会被压向氧压力调节器，氧压力调节器的水位升高，浮筒上升，流量阀的开度减小，氧侧的压力提高；与此同时，氢气侧在进行相反的调节，氢压力调节器的水位降低，浮筒下降，氢气流量阀开大，氢气压力下降。经过不断调整，最终氧、氢两侧压力相等，水位回到正常状态，系统的压力也重新达到平衡。

由于在压力调节器内，氢气和氧气与纯水

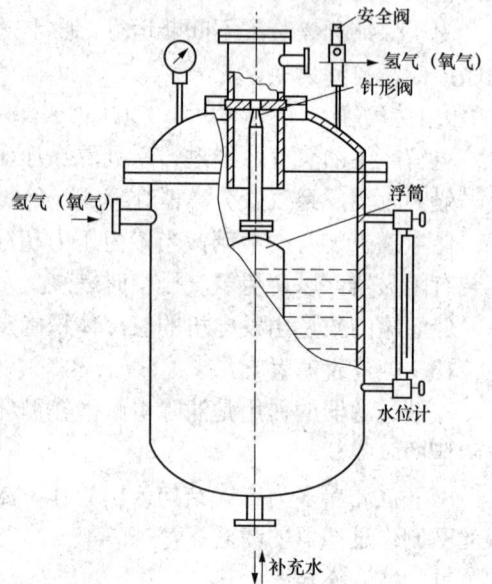

图 7-7　气体压力调节器示意

直接接触，调节器下部的水层也含有少量的碱，这部分水最终也汇入补水系统，返回电解槽。

16. 平衡箱

平衡箱（又称氢气缓冲水箱）有三个作用：一是为系统自动补水；二是进一步洗涤氢气，除去残余的碱及杂质，提高氢气纯度；三是利用水垫层的缓冲作用，减缓氢气压力的波动，使氢压更加稳定、均匀。平衡箱只在氢侧设置。

平衡箱的工作过程中箱内保持一定高度的水垫层。从压力调节器引出的氢气由上部进入平衡箱，通过导管引入水面以下，经过水层洗涤后上浮。水垫层通过水箱下部的进水管、排水管与补水系统连通，以维持一定的水位。

整套制氢系统中各设备的内部压力是基本相同的，通过精确设计平衡箱在系统设备中的安装标高，可以实现通过平衡箱向系统自动补水。

第三节　发电机的氢气系统与参数控制

一、氢气冷却器

发电机内的氢气在发电机的两端风扇的驱动下，以闭式循环方式在发电机内部强制循环流动，当氢气流经位于发电机四角处的氢气冷却器时，热量由冷却水带出，冷却后的氢气又重新进入铁芯和转子绕组反复循环。

氢冷发电机的氢气表面冷却由风扇、冷风道、铁芯通风沟、热风道、氢气冷却器等在发电机机壳内组成一个密闭的循环通风系统。这种通风系统具有结构简单、能量消耗小、防尘、防潮及冷却介质氢气不受环境影响等优点。

1. 结构

氢气冷却器的结构与凝汽器有些相似，由许多平行的黄铜管组成，铜管两头胀接在两端的多孔板孔内，管板与外面的盖子形成一个水室，铜管内通冷却水，氢气以垂直于水流的方向走管间，进行表面换热。由于气流对铜管表面的传热系数大大小于铜管对水的传热系数，所以必须增加冷却水管与气流的接触面积。为此常在铜管外表面缠绕螺旋式铜丝，以扩大铜管的外部表面积，如图 7-8 所示。

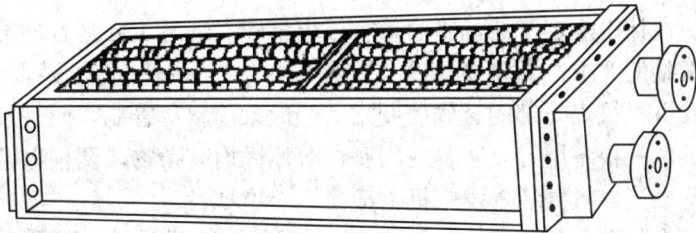

图 7-8　氢气冷却器

氢气冷却器的冷却水系统分直流式和闭式循环式两种，冷却水系统相关知识在第三章第一节已叙述，在此不再重复。

2. 运行参数

（1）氢气的流速。由于氢气的运动黏度比空气的大，氢气比空气更难以形成涡流，所以要使氢气在管间间隙中形成涡流运动来提高传热能力，就必须提高氢气的流速，但提高氢气流速又会导致风扇损耗增加，故在一般情况下控制氢气流速为 $3\sim5m/s$。

（2）水温。氢气冷却器冷却水的进口温度不宜超过 $33℃$。对氢外冷发电机组应保证冷却后的氢气温度为 $20\sim40℃$，对氢内冷发电机组应保证冷却后的氢气温度为 $30\sim46℃$。

（3）水压。为保证氢气冷却器冷却效果，冷却水的水压应不低于 $0.35MPa$，试验水压应大于 $0.7MPa$。

二、氢冷发电机的气体系统

氢冷发电机的气体系统由气体分配系统、气体净化系统、参数测量、控制系统及安全系统组成，如图 7-9 所示。为方便叙述，将阀门从 1～13 进行了编号。

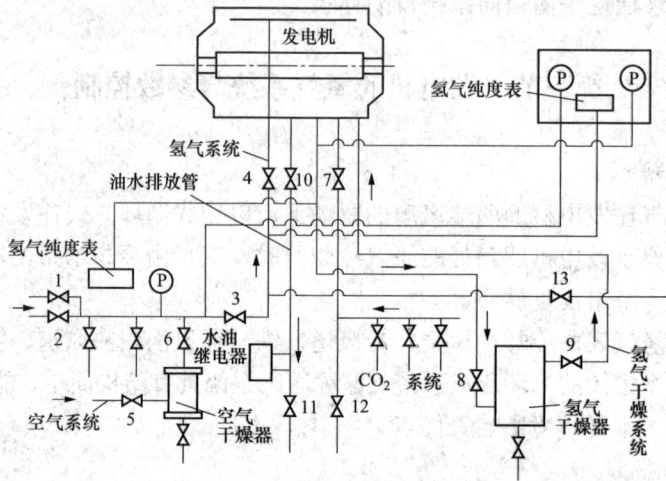

图 7-9 氢冷发电机的气体系统

1. 气体分配系统

气体分配系统有氢气分配系统、CO_2 分配系统和空气分配系统三部分。

（1）氢气分配系统。氢气分配系统用于保证氢冷发电机机壳内有一定的氢压，即发电机在正常运行时要及时补充氢气的自然泄漏。

在制氢装置的设计中规定，储氢罐的总有效容量应能满足 10d 运行的补氢量和置换一台最大机组一次用氢量的要求，同时要求最小容量不小于 $3×10^3$，储氢罐压力为 1.0MPa。

从储氢罐到发电机机壳下部的氢气控制站，一般采用双母管制，而且规定两根母管同时供气，不能一根供气一根备用，以防管内因腐蚀等原因而有杂物。两根母管各与对应机组机壳上的进出口阀门连接，氢气送入发电机上部。

在氢气控制站内装有手动和自动补氢装置，手动补氢装置采用普通阀门，要求严密性好。自动补氢装置由压力继电器和电磁阀组成，当机壳内的氢压低于额定压力时，发出氢压过低信号，压力继电器接通电路，电磁阀打开，自动向机壳内补充氢气。当机壳内的氢压高于额定压力时，发出氢压过高信号，压力继电器断开电路，电磁阀中的铁芯靠重力落下将阀门关闭，补氢停止。

（2）CO_2 分配系统。CO_2 分配系统用于发电机发生事故或停机检修时进行气体置换。为了保证机组的安全启停，应备有足够数量的 CO_2。在静态下和运行中进行气体置换时，所需 CO_2 的量大约分别为发电机体积的 1.5 和 2.5 倍，所以 CO_2 的总储备量应为最大机组体积的 3.0 倍左右。

CO_2 通常以瓶装液态 CO_2 供应，每瓶液态 CO_2 在大气压下蒸发后的体积为 $10m^3$。由于液态 CO_2 蒸发成气态时要吸收大量的热量，使 CO_2 瓶出现白霜现象，这时通常采用喷水法或倒换法使白霜消失。

在进行气体置换时，CO_2 经装在瓶上的减压阀减压后送至 CO_2 母管，由 7 号阀门送入发电机内。

（3）空气分配系统。在正常情况下，氢冷发电机组一般不允许采用空气冷却，只有在氢气系统发生故障时，才允许短时间采用空气冷却。

空气由厂内的压缩空气站供应，由空气干燥器除去水分后，经 6、3、4 号阀门送入机壳内，将机壳内的 CO_2 从发电机底部管道排出。为防止空气与氢气混合，这时要隔开氢气系统通往发电机的阀门。

2. 除湿系统

氢冷发电机在运行过程中，由于氢气与密封油接触而吸收一部分水分。为防止氢气受潮，特安置了一台氢气干燥器，利用发电机轴上的风扇前后压差，将机壳内的氢气从发电机下部管道送入干燥器底部，经干燥器（内装硅胶）干燥吸收水分后从上部排出，由氢气旁路管道回到风扇低压侧，完成干燥除湿过程。

系统中还设有空气干燥器，用于进行风压试验或发生事故更换空气冷却时，除去空气中的水分。

3. 测量与控制系统

为了检测机壳内氢气的纯度，在系统内装有氢气纯度表，其结构为一套四臂装有电阻的桥式电路。其中两臂放在充满纯氢气的密闭容器内，另外两臂放在有氢气和空气的混合气体内，由于纯氢气的导热系数比混合气体的大得多，所以氢气纯度下降时电阻会发生变化。当电阻变化时平衡电桥被破坏，表头指针发生偏转并发出信号。

另一种测量氢气纯度的装置是差压计，其基本原理是，在发电机风扇转速一定时，其进出口的压差与氢气的密度成正比，如果氢气的压力和温度都不变，只是纯度降低时，由于氢气的密度比空气的小，故使压差增加，反之压差减小。

为了检测机壳内氢气中混入的水分和油雾，在发电机下面排气管中，装有一个油水继电器。当从油水继电器的玻璃视窗上发现有水或油时，可开启 11 号阀门，将油或水排放掉，以保证氢气的纯度。

为了检测机壳内氢气的压力，在气体控制盘上还装有压力继电器，当氢气压力高于或低于额定压力时会发出信号，进行自动补氢，以调整机壳内的氢气压力。

从安全角度考虑，在氢气母管及 CO_2 母管上都装有安全阀，当压力过高时安全阀自动打开，以防事故进一步扩大。

三、氢气的控制参数

为使氢冷发电机组稳定、安全、经济运行，必须对机壳内的氢气纯度、湿度、温度和压力等参数进行控制。

1. 氢气的纯度

由于氢气与氧气或空气易形成爆炸性气体，所以必须严格控制氢气的纯度。氢冷发电机组在运行过程中，可能由于以下原因造成氢气的纯度下降：①由于氢气是靠密封瓦内流动的油膜密封在机壳内进行循环冷却的，如果密封瓦检修质量不好或结构不合理，可导致氢气侧回流量偏大，油中溶解的水分或空气分离出来后混入氢气中，使氢气纯度下降；②如果氢气冷却器漏冷却水或干燥器内干燥剂失效，可使机壳内氢气水分增加，纯度下降；③当机组甩负荷时，由于机壳内氢压小于外界空气压力，使外部空气进入，也会造成氢气纯度下降；④由储氢罐补充的氢气不合格或机组启停时置换气体不彻底，均可使机壳内的氢气纯度下降。氢气纯度下降后，除可能形成爆炸性气体外，还可使通风摩擦损耗增加，因为混合气体的密度随氢气纯度的下降而上升，使发电机的通风损耗也相应增大。但如要求氢气纯度过高，虽然可以提高机组的效率，但必然造成排污次数增多，氢气的耗量上升。

氢气的纯度应符合 DL/T 246—2015《化学监督导则》中的相关规定，见表 7-1。

表 7-1 制氢站、发电机内氢气的质量标准

项 目	气体纯度（%）	气体中含氧量（%）	气体湿度（露点温度，℃）
制氢站产品、发电机充氢、补氢用氢气	≥99.8	≤0.2	≤−25℃
发电机内氢气	≥96.0	≤1.2	发电机最低温度为 5℃时，−25℃＜气体湿度＜−5℃ 发电机最低温度≥10℃时，−25℃＜气体湿度＜0℃

注 1. 制氢站产品或发电机充氢、补氢用氢气湿度为常压下的测定值。
　　2. 发电机内氢气湿度为发电机运行压力下的测定值。

2. 氢气的湿度

氢气湿度大，会使机组效率和绝缘性能下降，严重时还会使转子护环发生腐蚀裂纹；氢气湿度过低，会对发电机某些部件产生不利影响，如可导致定子端部垫块收缩和支撑环裂纹。为此，DL/T 246—2015 明确规定了氢气的湿度允许值（见表 7-1）。氢冷发电机组在运行中，由于制氢站来的氢气气源含有水分、氢气冷却器漏水、密封油含水量超标或者氢气干燥剂失效等，都可引起氢气湿度增加。

发电机充氢、补氢用氢气和发电机内氢气的湿度，均规定以露点温度表示。氢气露点温度是指氢气在水汽含量和气压都不改变的条件下，冷却到饱和时的温度，即氢气中的水蒸气变为露珠时候的温度称为露点温度。露点温度本是个温度值，为什么用它来表示湿度呢？这是因为，当氢气中水汽已达到饱和时，气温与露点相同；当水汽未达到饱和时，气温一定高于露点温度。所以露点与气温的差值可以表示空气中的水汽距离饱和的程度。露点越小于周围环境的温度，结露的可能性就越小，也就意味着氢气越干燥。

3. 氢气的温度

机壳内的氢气温度升高，会引起绕组绝缘材料老化。一般认为，温度每升高 10℃，绝缘材料的使用寿命就会缩短一半，而且这里所指的温度不是平均温度，而是指最热点的温度。因此，当氢气温度升高时，必须相应减小定子电流，同时规定发电机的进风温度不超过 55℃。

4. 氢气的压力

提高氢气压力，氢气的导热能力和传热系数会相应提高，可在一定程度上降低转子绕组的平均温度，从而可以提高发电机的出力。但当氢气压力大于 0.2MPa 以后，氢外冷发电机组的温升不再明显降低，而且可能引起漏氢量及漏油量增加。因此，并不是氢压越高越好。

第八章 烟 气 脱 硫

第一节 概 述

一、燃煤电厂排放的大气污染物

燃煤电厂排放烟气中所含成份很多,主要有 N_2、水蒸气、CO_2、SO_2、SO_3、NO_x、CO、颗粒物、重金属和微量元素(如 As、Hg、Ni、Mn)等。当前,世界各国对燃煤电厂排放烟气中污染物的控制集中于 SO_2、NO_x 和烟尘,多数发达国家还对重金属和 CO_2 进行控制,我国,已开始研究对重金属和 CO_2 的控制。

(一)烟尘

1. 烟尘的产生

燃煤电厂将煤粉(通常粒径小于 $90\mu m$ 的占 80%以上)随一次风送进燃烧室进行燃烧,由于煤粉颗粒小,受到火焰及炉壁来的辐射热后,在短时间内就能燃烧。但是,煤中含有部分不能燃烧的成分,其残留的固态物质即灰分,一般灰分产率为 20%~40%。煤燃烧后形成的固体颗粒物粒径很小,一部分以大尺寸的炉渣形式排出;另一部分成为飞灰悬浮于烟气中,通过除尘装置将绝大部分加以收集,但仍有部分飞灰通过烟囱排往大气中,烟尘特指后者。锅炉烟尘排放量与燃煤量、灰分、燃烧方式、烟气流速、锅炉型式、运行参数、除尘效率等因素有关。

2. 烟尘的危害

大气中固体颗粒物包括粉尘(指悬浮于气体介质中的小固体粒子)和烟尘等,其最大粒径大于 $100\mu m$,最小粒径仅有 $10^{-3}\mu m$。其中大于 $10\mu m$ 的降尘在重力的作用下,能迅速沉降至地面;小于 $10\mu m$ 的飘尘(PM_{10})能在空气中长期悬浮并做布朗运动,容易进入人的呼吸系统。由于飘尘几乎不能被上呼吸道表面体液截留并随痰排出,很容易直接进入肺部并在肺泡内沉积,因此对人体的危害最大,其危害程度取决于固体颗粒物的粒径、种类、溶解度以及吸附的有害气体的性质等。

侵入肺部没有被溶解的沉积物会被细胞所吸收,损伤并破坏细胞,最终侵入肺组织而引起尘肺,如吸入煤灰形成的煤肺,吸入金属粉尘形成的铁肺、铝肺等。如果沉积物被溶解,则会侵入血液,并送至全身,造成血液系统中毒。例如妨碍血红蛋白生成的铅烟尘可以引起急性中毒或慢性中毒,其症状是精神迟钝、大脑麻痹、癫痫,甚至死亡。

燃烧和金属冶炼过程,以及汽车排气产生的烟尘具有很复杂的化学组成,其中有镍、镉、铬、铍、钒、铅、砷等有毒化合物,特别是致癌物质苯并(a)芘、苯芘蒽等,通过呼吸道或皮肤进入人体,引起肺癌或皮肤癌。

(二)硫氧化物和氮氧化物

1. 硫氧化物

(1)煤中硫的燃烧产物。煤炭中含有少量含硫的物质,按照硫在煤中的存在形态分为无机硫和有机硫,无机硫包括元素硫、硫化物硫(也称硫铁矿硫,以黄铁矿为主,化学式 FeS_2)

和硫酸盐硫。

元素硫、硫化物硫和有机硫为可燃性硫（为 80%～90%）。硫酸盐硫不参与燃烧反应，多残存于灰烬中，称为非可燃性硫。煤中可燃性硫在锅炉中燃烧时主要生成 SO_2，还有少量 SO_3，其浓度约相当于烟气中 SO_2 浓度的 1%～2%。硫转化成 SO_2 的比率随硫在煤中的存在形态、燃烧设备及运行工况而异。

（2）SO_2 的危害。电力生产中 SO_2 的危害主要表现在两个方面，一是对锅炉设备的腐蚀，二是对环境的危害。

SO_2 和 SO_3 易与烟气中的水蒸气形成 H_2SO_3 和 H_2SO_4，会在温度低于其露点的金属表面上凝结，造成低温受热面的酸腐蚀。煤中硫含量越高，露点就越高，就越易在较高温度受热面处凝结，危害也就越大。当煤中硫含量较高时，为减轻腐蚀，必须提高排烟温度，否则会有明显的堵灰和腐蚀，对锅炉危害很大。

SO_2 是造成环境污染的根源之一，是目前大气污染物中含量较大、影响面较广的一种气态污染物。大气中 SO_2 的来源很广，几乎所有的工矿企业都可能产生。在排放 SO_2 的各种过程中，约 90%来自燃料燃烧过程，其中火电厂排放量最大。

SO_2 为无色、有强烈刺激气味的气体，对人体呼吸器官有很强的毒害作用，还可通过皮肤经毛孔侵入人体，或通过食物和饮水经消化道进入人体而造成危害。人体主要经呼吸道吸入大气中的 SO_2，会引起不同程度的呼吸道及眼黏膜的刺激症状；SO_2 常常跟大气中的飘尘结合在一起被吸入，飘尘气溶胶微粒可把 SO_2 带到肺部，使毒性增加 3～4 倍；如果 SO_2 遇到水蒸气，形成硫酸雾，就可以长期滞留在大气中，毒性比 SO_2 大 10 倍左右，同时对金属及农作物有着严重的腐蚀与伤害作用。"八大公害事件"中的伦敦烟雾事件就是硫酸烟雾引起的呼吸道疾病，导致 5d 之内 4000 人死亡，后来又连续发生了 3 次。

大气中 SO_2 还是形成酸雨的主要污染物。

2. 氮氧化物

（1）煤燃烧形成的氮氧化物。氮和氧结合的化合物 NO、NO_2、N_2O、N_2O_3、N_2O_4、N_2O_5 等，总起来用氮氧化物（NO_x）表示，其中造成大气污染的 NO_x 主要指的是 NO、NO_2 和 N_2O。NO_x 在煤、石油、天然气等燃料燃烧过程中产生的数量最多，在所有燃料燃烧排放的 NO_x 中，约 70%来自煤炭的直接燃烧。

煤中氮的含量和氮化合物的存在形式因煤的种类不同而相差很大，不同产地同类型的煤中含氮量也有很大差异。一般来说，煤中氮含量一般为 0.3%～3.5%，均为有机氮，主要来源于形成煤的植物中的蛋白质、氨基酸、生物碱、叶绿素、纤维素等含氮成分。煤中氮的化学结合形式不同，其在燃烧时分解特性也不同，直接决定了 NO_x 的氧化－还原反应过程和最终的 NO_x 生成量。

在煤燃烧过程中氮氧化物的生成量和排放量与煤燃烧方式，特别是燃烧温度和过量空气系数等燃烧条件关系密切。在通常的燃烧温度下，煤粉炉排出的烟气中 NO 占 90%以上，NO_2 占 5%～10%，N_2O 只占 1%左右。在锅炉炉膛中心形成的 NO，不能与烟气中的氧进一步反应生成 NO_2。进入大气后，NO 最终会氧化成 NO_2，因而各国均以 NO_2 为衡量污染的标准。

（2）氮氧化物的危害。NO_x 对人体的致毒作用是对深部呼吸道的损害。NO_2 比 NO 的毒性高 4 倍，可引起肺损害，甚至造成肺水肿。慢性中毒可致气管、肺病变。吸入 NO 可引起变性血红蛋白的形成并对中枢神经系统产生影响。

吸附 NO_x 的悬浮尘粒最易随着人的呼吸进入肺部，对肺有直接损伤作用；N_2O 的温室作用是 CO_2 的 310 倍，是主要的温室气体；当 NO_x 排入大气后，与碳氢化合物一起可能形成光化学烟雾。

作为一种酸性气体，NO_x 和 SO_2 都是形成酸雨的主要污染物。

3. 酸雨的危害

目前，三个备受关注的全球性大气环境问题——温室效应、酸雨和臭氧层破坏均与燃烧矿物燃料有关，其中酸雨问题最为严重。酸雨是当前对环境最为严重的威胁，对生态系统的破坏力很大。SO_2 和 NO_x 是形成酸雨的最重要的物质，正常情况下，大气中因含 CO_2 等酸性气体，降水显微酸性，但如果还有其他的酸性物质存在，就会使降水的 pH 值降低，因此酸雨通常指 pH 值低于 5.6 的降水。酸雨对水生生态系统、农林生态系统、建筑物和材料以及人体健康等方面均有危害。

（三）二氧化碳

烟气中的 CO_2 是燃料完全燃烧的产物。我国目前是 CO_2 排放第二大国，2004 年占世界 CO_2 排放总量的 17.8%，仅次于美国。燃煤电厂是 CO_2 的集中排放源，其 CO_2 排放量约占总排放的 1/3。由于我国尚处于工业化阶段，经济发展迅速，能源消耗保持较快增长，并且我国的主要一次能源煤是高含碳量的化石燃料，因此我国的 CO_2 排放增长迅速。

CO_2 微具酸味，无毒，但浓度高时能造成缺氧窒息。CO_2 的排放会给环境带来危害，产生温室效应。在所有温室效应气体中，CO_2 对温室效应的贡献占 60%。CO_2 的大量排放加剧了温室效应，导致在过去的 100 年中全球平均地面温度上升了 0.3～0.6℃，气候异常。全球变暖将引起雪山融化，南极冰川减少，大洋海平面上升等。如果人类对 CO_2 排放不采取有效的控制措施，到 2050 年海平面会升高 30～50cm，直接威胁沿海国家以及 30 多个海岛国家的生存与发展。另外，海平面升高引起海水不断侵入火山岩，会引起山体滑坡，岩石张力受到破坏。全球有 90% 的火山分布于大洋周围，这样会在山体承受不了内部炽热熔岩的情况下导致熔岩喷发，对地球环境带来难以预测的重大破坏。

（四）微量元素的污染

1. 煤中微量元素

煤中微量元素多达 80 余种，燃烧后分布于烟气及灰渣中。对环境影响较大的微量元素主要有氟、砷、铅、银、汞、铬等。在煤燃烧过程中，有的主要以气体状态随烟气排到大气中去，如氟、汞等易挥发元素；有的则主要富集于飞灰中，如铅、镉、铬等。

2. 汞的污染

汞是煤中最易挥发的有毒重金属元素。大气中的汞可以通过呼吸作用随气体进入人体，也可以沿食物链通过消化系统被人体吸收，对人类及生物环境的危害极大。大气汞的来源包括自然源和人为源，初步估算人为源的汞排放占 50%～75%，主要包括矿石燃料的燃烧、汞矿和其他金属的冶炼、氯碱工业和电器工业中使用汞等，其中份额最大的来源于燃烧。近期全球人为源汞排放清单的计算表明，亚洲是全球人为向大气排汞最多的地区，每年约向大气排放汞超过 1000t，约占全球排放总量的 50% 以上。目前我国人为活动排汞清单的研究工作还很欠缺，初步估算认为，人为源的大气汞年排放量为 500～700t，我国已被认为是全球大气汞排放最多的国家之一，造成汞释放较多的主要原因是我国对能源的较大需求及较为落后的污染排放控制能力。

汞对人体的危害程度与汞的化学形态有关。不同形态汞对人体的毒性从大到小依次为：有机汞化合物＞无机汞化合物＞单质汞。通过食物或饮水摄入微量单质汞一般不会引起中毒，但是大量的摄入单质汞蒸气会引起急性中毒，可能导致肝炎、肾炎、尿血或尿毒症等。单质汞还可能在人体器官中转化为离子态，从而在肾中富集，还有可能损伤脑组织，引起慢性中毒，表现为头痛、四肢麻木等神经性症状；无机汞化合物在水中溶解度较高，主要通过胃肠道吸收，主要损害消化道和肾脏；毒性最高、危害最大的是有机汞化合物，尤其是甲基汞。甲基汞进入人体后容易被吸收并输送到全身各器官，特别是肝、肾和脑组织。脑组织受损害先于其他各组织，主要损害部位为大脑皮层、小脑和末梢神经，其中毒症状主要有头痛、疲乏、健忘和精神异常等，还有其他特殊症状，如口周围和肢端麻木、感觉障碍、语言障碍、步态不稳、视野缩小、听力障碍，以及肌肉萎缩、肌痉挛等。甲基汞还会透过胎盘从母体转移给胎儿。因胎盘转移使胎儿产生严重的胎儿性甲基汞中毒的事例在日本已有多起报道，生下来的婴儿多数智力低下。

二、火电厂大气污染物排放管理措施

火电厂的大气污染物排放与保护环境之间的矛盾，已成为影响电力工业可持续发展乃至国家总体能源战略的制约因素。因此，加强对我国火电行业大气污染物排放的控制，走新型工业化道路，对火电厂实施技术改造和管理手段的改进，减少大气污染物排放量是实现电力工业和整个国民经济可持续发展的必然之路。

（一）我国火电企业现行的环境保护制度

自20世纪70年代以来，我国已逐步形成具有中国特色的环境保护管理制度，其中与电力工业相关的主要包括：环境影响评价制度、"三同时"制度、排污收费制度、污染物总量控制制度、排污权申报与排污许可证制度、限期治理污染制度和实行关停并转制度等。这些制度可以归纳为三个层次：

第一层次，"三同时"制度（指对于新建、扩建、改建的电力建设项目中的环境保护设施必须与主体工程同时设计、同时施工、同时投产使用的制度）以及环境影响评价制度是针对电力行业新增项目。限制新污染源进入，体现了"预防为主"的原则，是电力行业的前期环境管理制度。

第二层次，排污收费、总量控制、排污权申报与排污许可证制度（简称许可证制度）是针对电力企业发电过程的环境管理制度。随着我国经济的发展，用电量的日益加大，单纯依靠前期管理是远远不够的，所以过程环境管理制度是控制火电排放污染物的关键之一。

第三层次，限期治理污染制度和实行关停并转制度是以"限期治理"为原则，实施环境质量目标的控制政策，是后期环境管理制度，经过前两个环境制度仍不符合环境质量的电力企业将被淘汰出局。

（二）火电厂大气污染物排放标准

2011年，环保部颁布实施GB 13223—2011《火电厂大气污染物排放标准》，该标准根据我国的环境状况、经济状况、电力技术发展水平，在2003年颁布的标准的基础上进行了修订。新标准修订的主要内容有：①调整了大气污染物排放浓度限值；②规定了现有火电锅炉达到更加严格的排放浓度限值的时限；③取消了全厂二氧化硫最高允许排放速率的规定；④增设了燃气锅炉大气污染物排放浓度的限值；⑤增设了大气污染物特别排放限值；⑥增设汞及其化合物排放限值。

GB 13223—2011 污染物排放控制主要要求：①自 2014 年 7 月 1 日起，现有火力发电锅炉及燃气轮机组执行表 8-1 规定的烟尘、二氧化硫、氮氧化物和烟气黑度排放限值。②自 2012 年 1 月 1 日起，新建火力发电锅炉及燃气轮机组执行表 8-1 规定的烟尘、二氧化硫、氮氧化物和烟气黑度排放限值。③自 2015 年 1 月 1 日起，燃烧锅炉执行表 8-1 规定的汞及其化合物污染物排放限值。④重点地区的火力发电锅炉及燃气轮机组执行表 8-2 规定的大气污染物特别排放限值，执行大气污染物特别排放限值的具体地域范围、实施时间，由国务院环境保护行政主管部门规定。

表 8-1　　　　　　　　　火力发电锅炉及燃气轮机组大气污染物
排放浓度限值　　　　　　（mg/m³，烟气黑度除外）

序号	燃料和热能转化设施类型	污染物项目	适用条件	限值	污染物排放监控位置
1	燃煤锅炉	烟尘	全部	30	
		二氧化硫	新建锅炉	100 200*	
			现有锅炉	200 400*	
		氮氧化物（以 NO₂ 计）	全部	100 200**	
		汞及其化合物	全部	0.03	
2	以油为燃料的锅炉或燃气轮机组	烟尘	全部	30	烟囱或烟道
		二氧化硫	新建锅炉及燃气轮机组	100	
			现有锅炉及燃气轮机组	200	
		氮氧化物（以 NO₂ 计）	新建燃油锅炉	100	
			现有燃油锅炉	200	
			燃气轮机组	120	
3	以气体为燃料的锅炉或燃气轮机组	烟尘	天然气锅炉及燃气轮机组	5	
			其他气体燃料锅炉及燃气轮机组	10	
		二氧化硫	天然气锅炉及燃气轮机组	35	
			其他气体燃料锅炉及燃气轮机组	100	
		氮氧化物（以 NO₂ 计）	天然气锅炉	100	
			其他气体燃料锅炉	200	
			天然气燃气轮机组	50	
			其他气体燃料燃气轮机组	120	
4	燃煤锅炉，以油、气体为燃料的锅炉或燃气轮机组	烟气黑度（林格曼黑度，级）	全部	1	烟囱排放口

*　位于广西壮族自治区、重庆市、四川省和贵州省的火力发电锅炉执行该限值。

**　采用 W 形火焰炉膛的火力发电锅炉，现有循环流化床火力发电锅炉，以及 2003 年 12 月 31 日前建成投产或通过建设项目环境影响报告书审批的火力发电锅炉执行该限值。

NO_2

表 8-2　　　　　　　　　　　大气污染物特别排放限值　　　　　　（mg/m³，烟气黑度除外）

序号	燃料和热能转化设施类型	污染物项目	适用条件	限值	污染物排放监控位置
1	燃煤锅炉	烟尘	全部	20	烟囱或烟道
		二氧化硫	全部	50	
		氮氧化物（以 NO₂ 计）	全部	100	
		汞及其化合物	全部	0.03	
2	以油为燃料的锅炉或燃气轮机组	烟尘	全部	20	
		二氧化硫	全部	50	
		氮氧化物（以 NO₂ 计）	燃油锅炉	100	
			燃气轮机组	120	
3	以气体为燃料的锅炉或燃气轮机组	烟尘	全部	5	
		二氧化硫	全部	35	
		氮氧化物（以 NO₂ 计）	燃气锅炉	100	
			燃气轮机组	50	
4	燃煤锅炉，以油、气体为燃料的锅炉或燃气轮机组	烟气黑度（林格曼黑度，级）	全部	1	烟囱排放口

　　显然，新标准与 2003 年的旧标准相比，在总体上收紧了污染物排放限值，提高了新建机组和现有机组排放控制要求。

　　（三）汞减排管理措施

　　汞是唯一主要以气相形式存在于大气的重金属元素。在过去的 100 年中，约 20 万 t 的汞被释放到大气中，目前仍有 3500t 左右的汞滞留在大气中。和工业革命前相比，工业革命后人为活动使汞的释放强度不断增加，已经导致大气汞浓度显著升高，目前全球大气汞的含量水平较工业革命前平均增加了 3 倍左右。20 世纪 80 年代后期，人们在没有人为污染源的北美和北欧偏远地区湖泊鱼体中陆续发现了汞含量超标的现象，而大气汞经长距离传输后在这些地区沉降是造成汞污染的主要原因。至此，这种全新的汞污染模式引起了全球科学家的普遍关注，而汞作为一种全球性污染物的概念也正式被提出。由此，在西方发达国家兴起了环境汞污染的研究热潮。在瑞典哥德堡大学无机化学系 Oliver Lindqvist 教授的倡议下，于 1990 年在瑞典召开了首届汞全球污染物的国际学术会议，之后，这一国际学术会议每 2～3 年定期召开一届。

　　随着国际社会对环境汞污染问题的关注，联合国环境署理事会第 25 次会议决定，拟订一项具有全球法律约束力的汞问题文书，政府间谈判委员会第一次会议于 2010 年 6 月在瑞典首都斯德哥尔摩召开，来自 140 多个国家和国际组织的 300 多名代表出席了本次会议，会议选举了政府间谈判委员会主席团成员，通过了谈判委员会议事规则，并就汞文书的结构、实质条款、资金机制、技术转让与援助、遵约机制等进行了全面政策交流。谈判委员会将从 2010 年 6 月至 2013 年年初，召开 5 次会议，制定出关于汞污染控制的国际公约。

　　在全球汞排放来源中，燃煤排放是主要排放途径之一。2000 年 12 月，美国环保署（英文缩写 EPA）宣布开始控制燃煤电站锅炉烟气中汞的排放。2005 年 3 月 15 日，EPA 颁布了《清洁空气汞法案》对燃煤电厂汞排放实施总量控制，美国成为世界上首个针对燃煤电站汞排放实施限制标准的国家，这表明世界在汞污染控制的道路上已走出了重要的一步。目前，我国对垃圾焚烧炉和与汞有关的化工生产过程出台了相关的控制标准，且在 GB 13223—2011 中增设了汞及其化合物排放限值，我国对汞污染的控制与国际同步。

（四）二氧化碳减排管理措施

新的证据表明，在过去 50 年内所观察到的全球变暖现象主要是由温室气体浓度的增加而造成的，20 世纪 80 年代末 90 年代初这期间举行了一系列以气候变化为重点的政府间会议。联合国大会于 1992 年 6 月 4 日通过《联合国气候变化框架公约》（以下简称《公约》），《公约》是世界上第一个为全面控制二氧化碳等温室气体排放，以应对全球气候变暖给人类经济和社会带来不利影响的国际公约，也是国际社会在对付全球气候变化问题上进行国际合作的一个基本框架。《公约》规定发达国家为缔约方，应采取措施限制温室气体排放，同时要向发展中国家提供新的额外资金以支付发展中国家履行《公约》所需增加的费用，并采取一切可行的措施促进和方便有关技术转让的进行。1997 年 12 月，《公约》第 3 次缔约方大会在日本京都召开，包括我国在内的 149 个国家和地区的代表通过了旨在限制发达国家温室气体排放量以抑制全球变暖的《京都议定书》，该议定书已于 2005 年 2 月生效。《京都议定书》规定，到 2010 年，所有发达国家的 CO_2 等 6 种温室气体的排放量，要比 1990 年减少 5.2%，其中美国削减 7%，欧盟 8%，日本 6%，加拿大削减 6%，东欧各国削减 5% 至 8%，发展中国家未作限定。

我国积极推进减缓气候变化的政策和行动，在调整经济结构，转变发展方式，大力节约能源、提高能源利用效率、优化能源结构，植树造林等方面采取了一系列政策措施，取得了显著成效。如 2006 年 1 月 1 日起实施《中华人民共和国可再生能源法》；2007 年 6 月发布《中国应对气候变化国家方案》《中国应对气候变化科技专项行动》；2007 年 8 月起在全国开展节能减排全民行动；2009 年 11 月 26 日，我国正式对外宣布控制温室气体排放的行动目标，决定到 2020 年单位国内生产总值 CO_2 排放比 2005 年下降 40%～45%。

《中国应对气候变化国家方案》中指出了我国电力行业减缓温室气体排放的重点领域。①水电。在保护生态的基础上有序开发水电，重点加快西部水电建设，因地制宜开发小水电资源。通过上述措施，预计 2010 年可减少 CO_2 排放约 5 亿 t。②核电。积极推进核电建设，逐步提高核电在中国一次能源总量中的比重，加快经济发达、电力负荷集中的沿海地区的核电建设。通过上述措施，预计 2010 年可减少 CO_2 排放约 0.5 亿 t。③火电和输变电。加快火力发电的技术进步，优化火电结构，加快淘汰落后的小火电机组，适当发展以天然气、煤层气为燃料的小型分散电源，大力发展超（超）临界机组、大型联合循环机组等高效、洁净发电技术，发展热电联产、热电冷联产和热电煤气多联供技术，加强电网建设，采用先进的输、变、配电技术和设备，降低输、变、配电损耗。通过上述措施，预计 2010 年可减少 CO_2 排放约 1.1 亿 t。该方案还强调了推进生物质能源发展和积极扶持风能、太阳能、地热能等的开发和利用。由此可见，电力行业碳减排潜力很大，而这种潜力可通过清洁发展机制（clean development mechanism，CDM）转化为经济效益。

CDM 是发展中国家参与环保的一种新型国际合作机制。该机制是发达国家通过提供资金和技术援助，来换得在发展中国家境内实施温室气体减排项目的经核证的 CO_2 减排量（certified emission reduction，CERS），该 CERS 可抵消发达国家在本国的 CO_2 减排量。由于发达国家在本国减排 CO_2 成本比在发展中国家高出 5～20 倍，因此发达国家愿意以资金援助与技术转让的方式在没有减排限定的发展中国家实施减排项目。CDM 的目的是为了达到"三赢"：协助发展中国家实现可持续发展；有益于《公约》最终目标的实现；协助发达国家遵守议定书规定的量化的限制和减少排放的承诺。我国开展 CDM 项目的重点领域是提高能源效率、开发利用新能源和可再生能源、回收利用甲烷和煤层气。目前国内燃煤发电 CDM 项目正处于开发阶段。燃煤发电是一个具有较大温室气体减排潜力的领域，也是开展 CDM 项目的重点领域。

火电厂排放的大气污染物控制技术涉及内容较多，本书只对硫氧化物（SO₂、SO₃）、氮氧化物污染控制技术进行介绍。

三、火电厂脱硫技术概述

目前应用的脱硫技术分类方法很多，按脱硫工艺在煤炭燃烧过程中不同的位置分为三类，即燃烧前、燃烧中和燃烧后脱硫。其中，燃烧后脱硫即烟气脱硫（flue gas desulfurization，FGD）被公认为最有效也是应用最广泛的一项脱硫技术。此外，各类脱硫技术按吸收剂、脱硫产物在脱硫过程中的干湿状态分为干法、半干法和湿法；按生成物的处置方式分为回收法和抛弃法；按脱硫剂是否循环使用分为再生法和非再当法。烟气脱硫技术按净化原理分为两大类：①吸收吸附法，用液体或固体物料优先吸收或吸附烟气中 SO₂；②氧化还原法，将烟气中的 SO₂ 氧化成 SO₃，再转化为硫酸或还原为硫，再将硫冷凝分离。前者应用较多，后者还存在一定的技术问题，应用较少。

（一）燃烧前脱硫

燃烧前脱硫即"煤炭脱硫"，是通过各种方法对煤进行净化，去除原煤中所含的硫分、灰分等杂质。燃烧前脱硫技术有物理法、化学法和微生物法，以及多种技术联合使用的综合工艺、煤炭转化脱硫等。目前我国广泛采用的是物理洗选脱硫方法。

煤的物理洗选脱硫方法是利用煤中黄铁矿（工业上称硫铁矿，化学式 FeS₂）与有机质在密度、电性质、磁性质和表面性质等物理化学性质的差异，把黄铁矿从煤中分离出来的方法。它包括重力选煤、浮选、电选、磁选和油团聚选煤等，其中重力选煤有跳汰选煤、重介质选煤、空气重介质流化床干法选煤、风力选煤、斜槽和摇床选煤等多种方法。煤的物理洗选脱硫方法工艺成熟、成本低，可有效脱除煤中黄铁矿，因而应用广泛。几种选煤处理工艺所占比例大约为跳汰 59%、重介质 23%、浮选 14%、其他 4%。

我国当前煤炭入洗率较低，大约为 20%，而美国为 42%，英国为 94.9%，法国为 88.7%，日本为 98.2%。提高煤炭的入洗率有望改善燃煤 SO₂ 及汞污染。物理洗选能达到 45%～55% 全硫脱除率和 60%～80% 硫铁矿硫脱除率，但不能脱除煤中的有机硫。

化学脱硫和细菌脱硫虽然能脱除 90% 的硫分，但是这两种方法投资大、运行成本高，因此仅在对煤质要求高的领域才用到。

（二）燃烧中脱硫

在煤的燃烧过程中加入石灰石（CaCO₃）或白云石（CaCO₃·MgCO₃）粉作脱硫剂，CaCO₃、MgCO₃ 受热分解生成 CaO、MgO，与烟气中 SO₂ 反应生成硫酸盐，随灰渣排出，从而达到脱硫目的。在我国，燃烧中脱硫的方法主要有型煤固硫、循环流化床燃烧脱硫、水煤浆燃烧技术和炉内喷钙等。循环流化床燃烧脱硫在本章第三节介绍。

1. 型煤固硫

将不同的粉煤经筛分后按一定的比例配煤、粉碎后同经过预处理的黏结剂和固硫剂混合，经机械设备挤压成型及干燥，即可得到具有一定强度和形状的成品工业固硫型煤。型煤用固硫剂按化学形态可分为钙系、钠系及其他三大类，用沥青、石灰、电石渣、无硫纸浆黑液等作为黏结剂。燃烧过程中，温度和反应时间是型煤固硫的主要影响因素，此时希望 SO_2 与 CaO 尽可能有较长的接触时间，以保证气固反应，但由于生成的 SO_2 很快逸入燃烧室空间，与 CaO 接触时间过短，因此固硫率较低。型煤燃烧脱硫可减少 40%～60% 的 SO_2 排放量，可提高燃烧热效率 20%～30%，节煤率达 15%。

2. 水煤浆燃烧技术

水煤浆是 20 世纪 70 年代发展起来的一种新型煤基流体洁净燃料。它是将洗选后的精煤进一步加工研磨成微细煤粉，按煤与水约 7:3 的质量比和适量（约 1.0%）的化学添加剂配制而成的一种煤水混合物，这种煤水混合物又称为水煤浆或煤水燃料。由于水煤浆既能保持煤的物理化学性能，又能像石油一样具有良好的流动性和稳定性，可以泵送，便于储运和调整，可以雾化燃烧，属低污染燃料，而且燃烧效率高。水煤浆在制备、输送和燃烧的全过程中，有效地减少了 SO_2、NO_x 和烟尘的产生，具有良好的环境效益。因为制浆所用原料为洗选煤，这种煤中无机硫分已除去 50% 左右，主要硫分是有机硫，因此，它的全硫要比原煤的低 25%～30%。在制浆过程中，加入适量的脱硫剂，还可进一步降低 SO_2 的排放浓度。

水煤浆有着代油、节能、环保、综合利用等多重优点，预计在不久的将来，水煤浆可能成为煤炭深加工利用技术中具有竞争力的一项技术。

3. 炉内喷钙

炉内喷钙基本原理是将石灰石粉通过一定装置喷射到炉内最佳温度区，石灰石受热分解生成有吸附活性的 CaO，再与烟气中 SO_2 反应生成亚硫酸钙和硫酸钙，实现炉内脱硫。

炉内喷钙工艺早在 20 世纪 60 年代就已经开始研究，但由于脱硫效应不高，一直未能得到广泛应用。进入 20 世纪 80 年代后，在炉内喷钙工艺基础上，美国开发了脱硫效率大为提高的炉内喷钙多段燃烧烟气脱硫工艺（LIMB），芬兰的 Tampella 公司开发了炉内喷钙尾部增湿活化工艺（LIFAC），这些技术都在燃烧中脱硫的基础上增加了后续工艺，现在都已得到成功的应用。

（三）燃烧后脱硫

燃烧后脱硫（FGD）是 SO_2 减排技术中研究得较多、进展也较快的技术，也是目前世界上唯一大规模商业化应用、最有效的脱硫技术。

火电厂烟气具有以下特点：①排放量大，污染物浓度低；②成分复杂，如燃煤烟气中含有 SO_2、NO_x、CO、CO_2、O_2 和烟尘等；③温度高、压力低等。

由于烟气的以上特点，要求火电厂的脱硫技术必须有较高的脱除率和脱除速度。选择脱硫技术时，应考虑：① SO_2 排放浓度和排放量必须满足国家和当地环保要求。②脱硫工艺适用于已确定的煤种条件，并考虑到燃煤含硫量在一定范围内变动的可能性。③脱硫率高、技术成熟、运行可靠，并有较多的应用业绩。④尽可能节省建设投资。⑤布置合理，占地面积较少。⑥吸收剂、水和能源消耗少，运行费用较低。⑦吸收剂有可靠稳定的来源，质优价廉。⑧脱硫副产物、脱硫废水均能得到合理的利用或处置。

FGD 工艺湿法脱硫有石灰石/石灰-石膏法、海水脱硫、双碱法脱硫、氨法烟气脱硫、氧化镁法、磷铵法、氧化锌法、氧化锰法、钠碱法和碱式硫酸铝法等；半干法脱硫有喷雾干燥法、增湿灰循环脱硫、烟气循环流化床脱硫等方法；干法脱硫有炉内喷钙尾部增湿活化、荷电干式吸收剂喷射、电子束、脉冲电晕、管道喷射等方法。湿法脱硫技术成熟,效率高,Ca/S摩尔比低,运行可靠,操作简单,但脱硫产物的处理比较麻烦,烟温降低不利于扩散,传统湿法的工艺较复杂,占地面积和投资较大;干法、半干法的脱硫产物为干粉状,处理容易,工艺较简单,投资一般低于传统湿法,但用石灰(石灰石)作脱硫剂的干法、半干法的Ca/S比高,脱硫率和脱硫剂的利用率低。

烟气脱硫工艺多达180种,然而具有工业应用价值的不过十余种。目前在火电厂中常用的烟气脱硫工艺有石灰石-石膏法、烟气循环流化床、喷雾干燥法、炉内喷钙尾部增湿活化法、海水法、电子束法、氨法、镁法等。石灰石-石膏湿法烟气脱硫技术目前在火电厂中应用最多,市场占有率达90%以上,其次是循环流化床脱硫工艺。本书重点介绍石灰石-石膏湿法烟气脱硫和循环流化床脱硫工艺。

第二节　石灰石–石膏湿法烟气脱硫

一、石灰石-石膏湿法脱硫工艺特点

(1)脱硫效率高,吸收剂利用率高。石灰石-石膏湿法脱硫工艺脱硫率一般可达95%以上,而且烟气含尘量也进一步减少,钙的利用率可达90%以上。

(2)单机处理烟气量大,适用于大容量机组,且可多机组配备一套脱硫装置。

(3)技术成熟,运行可靠性好。石灰石-石膏湿法脱硫装置投入率一般可达95%以上,由于其发展历史长、技术成熟、运行经验多,因此不会因脱硫设备而影响机组的正常运行。

(4)对煤种变化的适应性强。无论是含硫量大于3%的高硫煤,还是含硫量低于1%的低硫煤,石灰石/石灰-石膏湿法脱硫工艺都能适应。

(5)吸收剂资源丰富,价格低廉,便于就地取材。作为石灰石-石膏湿法脱硫工艺吸收剂的石灰石,在我国分布很广,资源丰富,石灰石品质也很好,碳酸钙含量在90%以上,优者可达95%以上。在脱硫工艺的各种吸收剂中,石灰石价格最便宜,破碎磨细也较简单,加之钙利用率高,有利于降低运行费用和推广应用。

(6)脱硫副产物便于综合利用。石灰石-石膏湿法脱硫工艺的脱硫副产物为二水石膏。主要用途是建筑制品和水泥缓凝剂。脱硫副产物综合利用的开展,不但可以增加电厂效益、降低运行费用,而且可以减少脱硫副产物处置费用,延长灰场使用年限。

但石灰石-石膏湿法脱硫工艺存在以下缺点:①初期投资费用较高,运行费用也高;②占地面积大;③系统管理操作复杂,磨损、腐蚀现象较为严重;④副产物石膏的利用尚待进一步提高,废水处理较为复杂等。

二、石灰石-石膏湿法脱硫工艺原理

用石灰石浆液洗涤含 SO_2 的烟气, SO_2 与脱硫剂作用,产生的脱硫副产物不断被分离出来,烟气得以净化。这是一个化学吸收过程。化学吸收比物理吸收复杂得多,也稳定得多。

(一)脱硫步骤

(1) SO_2 在气流中扩散;

(2) SO_2 扩散通过气膜;

(3) SO_2 被吸收,由气态转入溶液生成水合物,反应式为

$$SO_2(g) \rightarrow SO_2(l)$$
$$SO_2 + H_2O \rightarrow H^+ + HSO_3^- \rightarrow 2H^+ + SO_3^{2-} \tag{8-1}$$

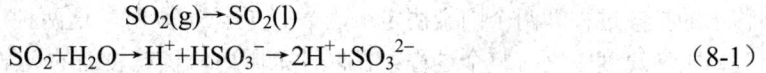

（4）SO_2 的水合物和离子在液膜中扩散；

（5）石灰石颗粒表面溶解，由固相转入液相，反应式为

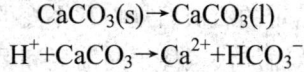

$$CaCO_3(s) \rightarrow CaCO_3(l)$$
$$H^+ + CaCO_3 \rightarrow Ca^{2+} + HCO_3^-$$

（6）中和，反应式为

$$H^+ + HCO_3^- \rightarrow CO_2(g) + H_2O$$

（7）SO_3^{2-} 和 HSO_3^- 被氧化，反应式为

$$HSO_3^- + 1/2O_2 \rightarrow H^+ + SO_4^{2-}; \quad SO_3^{2-} + 1/2O_2 \rightarrow SO_4^{2-}$$

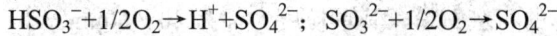

（8）结晶分离，反应式为

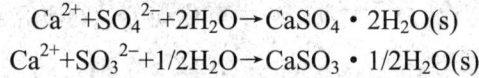

$$Ca^{2+} + SO_4^{2-} + 2H_2O \rightarrow CaSO_4 \cdot 2H_2O(s)$$
$$Ca^{2+} + SO_3^{2-} + 1/2H_2O \rightarrow CaSO_3 \cdot 1/2H_2O(s)$$

（二）SO_2 的吸收、石灰石的溶解、HSO_3^- 的氧化和石膏的结晶

1. SO_2 的吸收

SO_2 的吸收是脱硫过程最重要的环节。SO_2 进入液相，发生式（8-1）所示的一系列反应，方程式中溶液成分与 pH 值有关。如在 18℃时亚硫酸的电离平衡常数，$K_1 = 1.5 \times 10^{-2}$，$K_2 = 1.0 \times 10^{-7}$，可计算出不同的 pH 值时，各种亚硫酸化合物的百分率，其关系的曲线如图 8-1 所示。由图 8-1 可以看出，pH＞9 时，几乎全部为 SO_3^{2-}；当 pH=7.00 时，溶液中 HSO_3^- 和 SO_3^{2-} 的百分率几乎相等；pH＜5 时，只存在 HSO_3^-，随着 pH 值的进一步降低，SO_2 水化物的比例逐渐增大，与物理溶解 SO_2 建立平衡。在本工艺中，吸收液的 pH 值基本上为 5～6，所以进入浆液中的 SO_2 主要以 HSO_3^- 的形式存在。

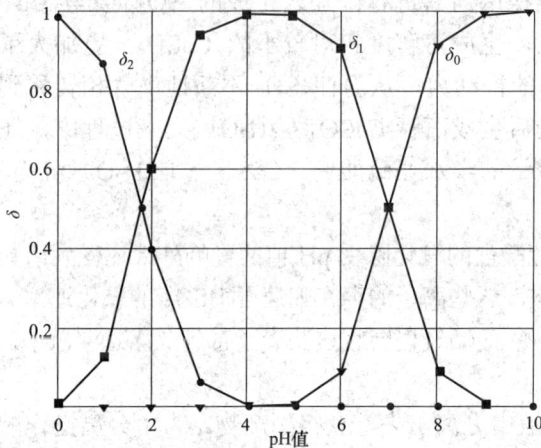

图 8-1　各种亚硫酸化合物的相对量与 pH 值的关系
δ_2、δ_1、δ_0 分别表示 H_2SO_3、
HSO_3^-、SO_3^{2-} 在总量中的百分率

SO_2 的吸收速率随 pH 值的降低而下降，当 pH 值降到 4 时，几乎不能吸收二氧化硫。为确保最有效地吸收 SO_2，至少必须从式（8-1）中减少一种反应产物，以保证平衡继续向右移动，从而使 SO_2 继续不断地进入溶液。为达此目的，一方面通过加入氧气使 HSO_3^- 氧化生成硫酸盐；另一方面加入吸收剂降低 H^+ 浓度。

2. 石灰石的溶解

大量实验研究和工程实践证明，石灰石的溶解是以 $CaCO_3$ 作为吸收剂进行脱硫时的关键步骤。加入 $CaCO_3$ 吸收剂，一方面可以消耗溶液中的 H^+，另一方面得到了作为最终固态物石膏所需的 Ca^{2+}。

石灰石的溶解，由化学过程（反应动力学过程）和物理过程（反应物从石灰石粒子中迁

移出的扩散过程）两个因素决定。当 pH 值为 5～6 时，这两种过程一样重要；当 pH 值较低时，扩散速度限制着整个过程；在碱性范围内，颗粒表面的化学动力学过程起主要作用。

低 pH 值有利于 $CaCO_3$ 的溶解。当 pH 值为 4～6 时，若其他参数大部分保持恒定，则石灰石的溶解速率按近似线性的规律加快，直至 pH=6 为止。为提高 SO_2 的俘获量，需要尽可能保持较高的 pH 值。因此，在给定的石灰石规格和不变的工艺条件下，只能提高石灰石浆液的浓度，以加快动力学过程，从而加快氢离子的消耗和钙离子的生成速度。但这有一个上限，若悬浮液中 $CaCO_3$ 含量过高，在最终产物和废水中的 $CaCO_3$ 含量也都会增高。这一方面增加了吸收剂的消耗，另一方面降低了石膏的质量。

为了尽可能提高浆液的化学反应活性，增大石灰石颗粒的比表面积是必要的。因此，在石灰石-石膏湿法中使用的石灰石粉，其颗粒度大都为 40～60μm。

3. HSO_3^- 的氧化。

根据米勒（Miller）等人对 SO_2 在水溶液中氧化动力学的研究，如图 8-2 所示，HSO_3^- 在 pH 值为 4.5 时氧化率最大。

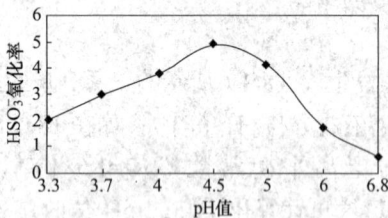

图 8-2   pH 值对 HSO_3^- 氧化率的影响

但在实际运行中，浆液的 pH 值为 5.4～5.8，在此条件下，HSO_3^- 很不容易被氧化，为此，工艺上采取向浆液池中鼓入空气的方法强制 HSO_3^- 氧化成 SO_4^{2-}，以保证反应得以向右进行。加之生成的 SO_4^{2-} 会与 Ca^{2+} 发生反应，生成溶解度相对较小的 $CaSO_4$，更加大了 SO_2 溶解的推动力，从而使 SO_2 不断地由气相转移到液相，最后生成石膏 $CaSO_4 \cdot 2H_2O$。反应过程中，还会生成少量的半水亚硫酸钙（$CaSO_3 \cdot 1/2H_2O$）沉淀，这也是造成设备结垢的原因之一。

根据 Matteson 和 Conklin 等人的研究，亚硫酸盐的氧化除受 pH 值的影响外，还受到诸如锰、铁、镁这些具有催化作用的金属离子的影响，这些离子的存在加速了 HSO_3^- 的氧化速率。这些微量浓度的金属离子主要是通过吸收剂引入的，烟气也会将这些离子带到洗涤悬浮液中。

4. 石膏结晶

脱硫过程的最终阶段是将生成的石膏从溶液中分离出去，获得副产物。为了分离操作顺利进行，石膏结晶是非常重要的工序。溶液的过饱和度 C/C^* 是析出结晶的推动力，是决定结晶成核及成长速率的关键因素。

相对过饱和度 σ 与溶液中石膏浓度的关系为

$$\sigma = \frac{(C - C^*)}{C^*}$$

式中 C——溶液中石膏的实际浓度；

C^*——工艺条件下石膏的饱和浓度。

在 $\sigma < 0$ 的情况下，即当溶液中离子的实际浓度小于饱和浓度时，溶液中不会有晶体析出；而在 $\sigma > 0$ 的情况下，即当 $C > C^*$ 时，溶液中将首先出现晶束（小分子团），进而形成晶种，并逐渐形成晶体，与此同时，也会有单个分子离开晶体而再度进入溶液。这是一个动态平衡过程。

为了确保最终形成的石膏颗粒易于脱水，石膏晶体最好是形成粗颗粒。层状、针状晶体有结成毡状的趋势，也可能形成非常细的颗粒；层状、针状晶体不易脱水，也可能引起系统结垢。因此，在工艺过程中应严格控制石膏溶液的相对过饱和度 σ。

图 8-3 所示为晶体增长速率和晶种生成速率与相对过饱和度 σ 之间的定性关系。从图中看出，相对过饱和度增大时，将会出现一些新的晶种。溶液中的晶种生成和晶体长大同时进行。在开始阶段，晶种的生成和晶体的增长速率随相对过饱和度的增加而平稳加大。当相对过饱和度达到一定程度时，晶种的生成速率会突然迅速加快而产生许多新晶粒（均匀晶种），在此种情况下，晶种将趋向于生成针状或层状晶体。工艺上一般控制相对过饱和度 $\sigma=0.1\sim0.3$（即过饱和度 C/C^* 为 110%～130%），过饱和度最大不超过 140%，以保证生成的石膏易于脱水，同时防止系统结垢。

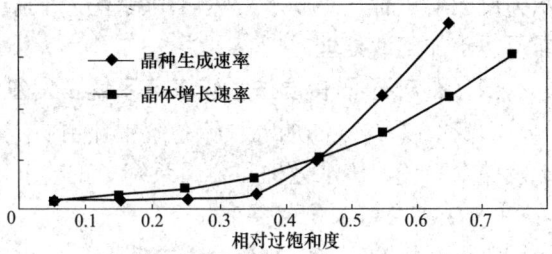

图 8-3 晶种生成速率和晶体增长速率
与相对过饱和度 σ 的关系

由于浆液 pH 值可改变 HSO_3^- 氧化速率，而 HSO_3^- 氧化速率的大小又直接影响浆液中石膏的相对过饱和度，因此，可以采取调整浆液 pH 值的办法来控制石膏的过饱和度。

结晶时间对形成优质石膏也有影响，若有足够的时间，能形成大小为 $100\mu m$ 及以上的石膏晶体，这种石膏将非常容易脱水。设计上一般从浆液池的容积来考虑延长结晶时间。

三、石灰石-石膏湿法脱硫工艺流程

石灰石-石膏湿法烟气脱硫的工艺流程如图 8-4。从除尘器出来的烟气一般要经过一个热交换器，然后进入吸收塔，在吸收塔里 SO_2 直接和磨细的石灰石悬浮液接触并被吸收去除。新鲜的石灰石浆液不断地加入到吸收塔底部的浆液池（称反应罐或持液槽）中，被洗涤后的

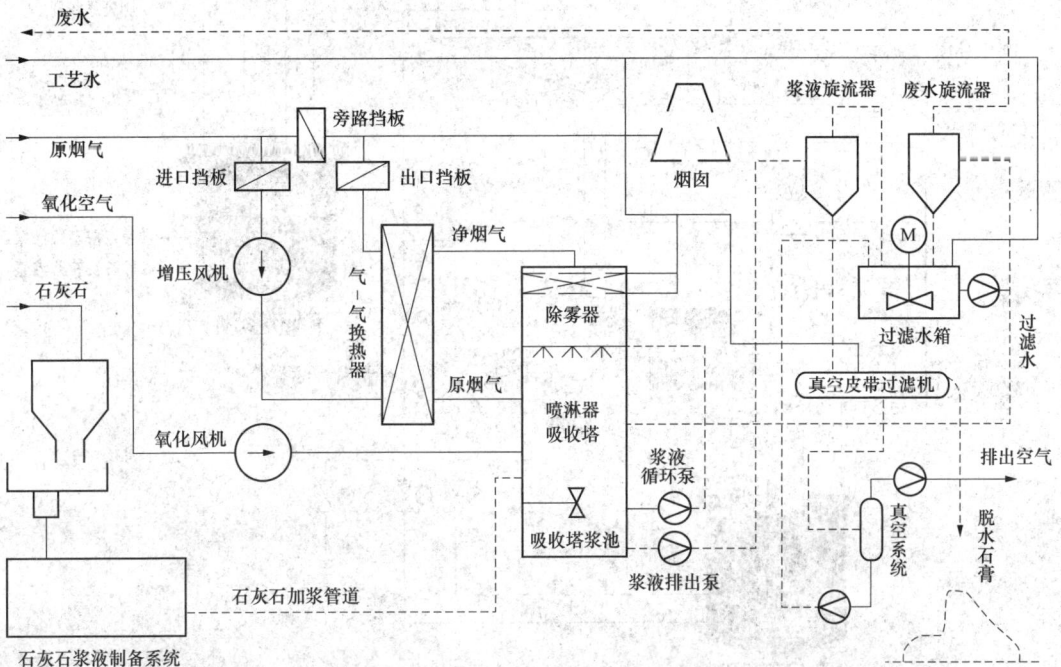

图 8-4 典型石灰石-石膏湿法脱硫工艺流程简图

烟气通过除雾器和换热器,然后通过烟囱被排放到大气中。为了将反应产物完全转化为石膏,需将氧化用的空气通入浆液池中。氧化过程完成后,反应产物石膏浆液从塔中排出,先通过水力旋流器进行一级脱水,然后用真空皮带脱水机进行二级脱水,使其水分含量低于10%,即可运走加工或处理。

四、石灰石-石膏湿法脱硫工艺系统及设备

石灰石-石膏湿法烟气脱硫系统主要由石灰石浆液制备系统、吸收塔、烟气系统、石膏脱水及储存系统、废水处理和公用系统(工艺水、压缩空气、热工及电气等)组成。

(一)石灰石浆液制备系统

可供选择的石灰石制备系统方案有:①由市场直接购买粒度符合要求的粉状成品,加水搅拌制成石灰石浆液;②由市场购买一定粒度要求的块状石灰石,经石灰石湿式球磨机磨制成石灰石浆液,即湿磨工艺;③由市场购买块状石灰石,经石灰石干式磨机磨制成石灰石粉,加水搅拌制成石灰石浆液,即干磨工艺。这三种方案在我国现役脱硫装置中都有应用,具体的选择应根据石灰石来源、投资、运行成本及运输条件等进行综合的技术经济比较后确定。

1. 湿磨工艺系统

湿磨工艺石灰石浆液制备系统包括石灰石储仓、石灰石上料系统、石灰石浆液磨制系统、石灰石浆液分离系统、制浆辅助设备系统等。某厂湿磨系统工艺流程如图8-5所示,石灰石

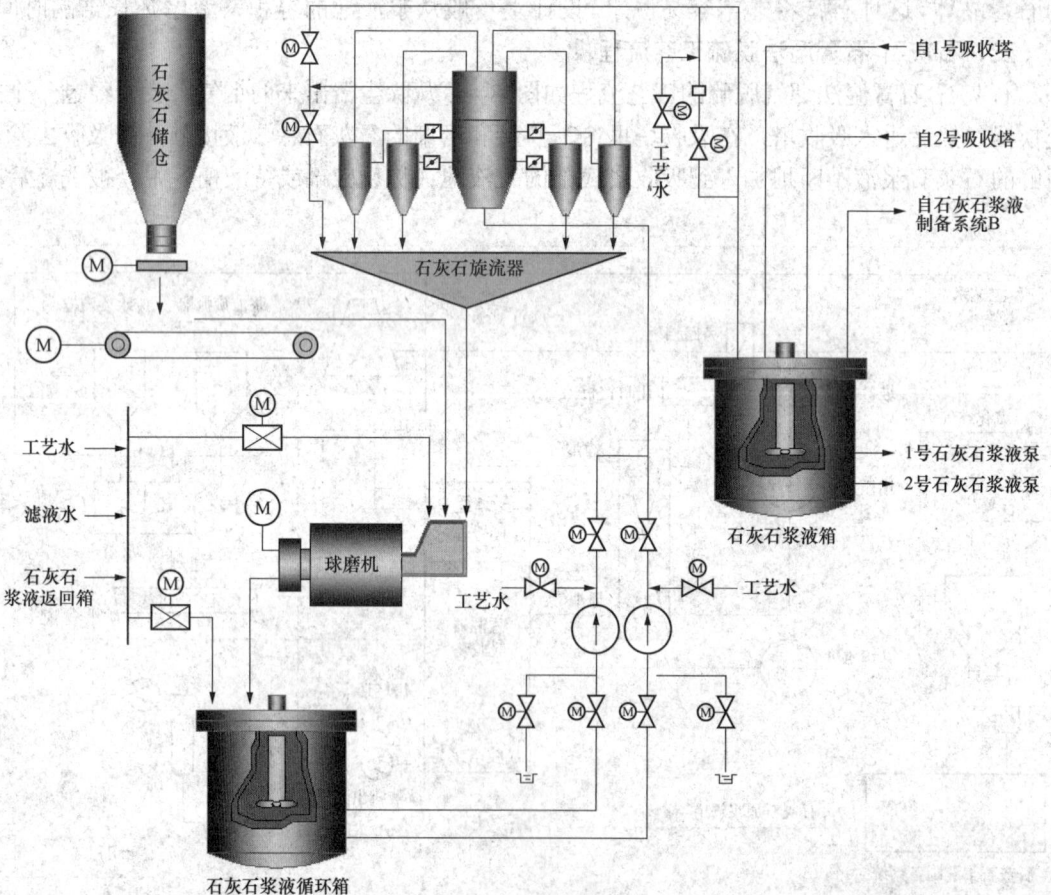

图8-5　某厂湿磨系统工艺流程

（粒径≤20mm）经振动给料机、斗式提升机进入石灰石储仓，再经称重皮带给料机，按一定比例和水混合加入湿式球磨机的滚筒内，在磨机钢球的作用下磨制成浆液，随后流入循环箱，由浆液循环泵送入石灰石浆液旋流器进行分离，分离后的合格溢流浆液进入石灰石浆液箱（罐），底流则返回湿式球磨机进行循环磨制。进入石灰石浆液箱的成品浆液浓度一般要求≥30%（密度为 1200～1230kg/m³）。

水力旋流器是湿磨工艺系统中最重要的设备之一。水力旋流器主要由进液分配器、旋流子、溢流口及底流口组成，如图 8-6 和图 8-7 所示。旋流器的工作原理是：一定压力的悬浮液沿切线方向进入旋流器内，在分离器中产生一个旋转涡流，即外旋流。由于离心力的作用使较大的固体颗粒被外旋流旋送至分离器圆锥体的端部，和少量液体一起从底部流出。随着料浆从旋流器的柱体部分流向锥体部分，流动断面越来越小，在外层料浆收缩压迫之下，内层料浆不得不改变方向，产生一个旋转向上、方向相同的内旋流，使大部分液体和细小的颗粒从分离器顶部溢出。旋流器通过底流和溢流实现悬浮液的粗细分离。

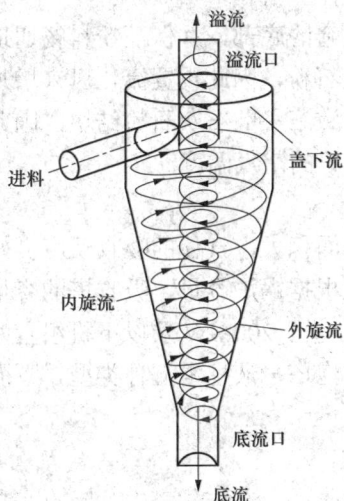

图 8-6　水力旋流器结构　　　　　图 8-7　水力旋流器实物

2. 干磨工艺系统

干磨工艺系统主要由磨粉和制浆两个部分构成，磨粉段主要实现石灰石的定量给料、磨制、选粉和收尘功能。磨粉主要流程是：石灰石块经过初步破碎（或粗破碎）后，经筛选机筛选，直径过大的石灰石返回再次破碎，直径符合要求的石灰石用工艺水冲洗，除去其中大部分可溶性氯化物、氟化物及其他一些杂质，然后烘干，送入干式磨机，磨制成 250～325目的石灰石粉，由布袋吸尘器收集进入石灰石粉仓。制浆系统与外购石灰石粉厂内制浆系统相同，即干式石灰石浆液制备系统。

3. 干式石灰石浆液制备系统

干式石灰石浆液制备系统一般包括石灰石粉罐装车卸料管、石灰石粉仓、粉仓流化系统、除尘器、称重螺旋给料机、石灰石浆液罐、搅拌器、浆液供给泵、调节阀及其他辅助设备。石灰石浆液制备系统如图 8-8 所示，石灰石粉通过气力输送方式由密封罐车送入石灰石粉仓。输送气源可由密封罐车自带的气泵提供，经过脱硫电子地磅称重后，通过**快速**

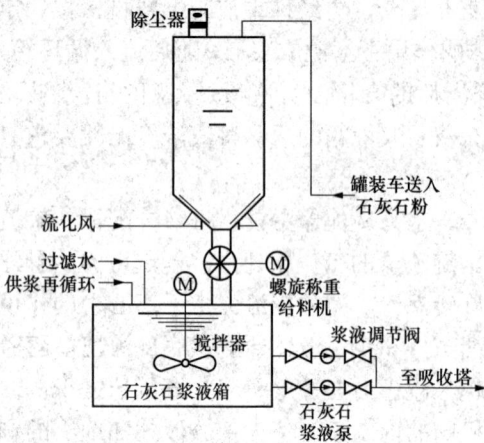

图 8-8　干法石灰石浆液制备系统简图

接头和管道卸料到石灰石粉仓。石灰石粉由粉仓下部流出，经变频旋转给料机送至石灰石浆液池，与滤液水混合成质量浓度为 30% 左右的石灰石浆液，然后通过石灰石浆液供给泵连续补入吸收塔。

由于石灰石粉是由气力输送到石灰石粉仓内的，因此粉仓中存在空气，连接在除尘器上的抽风机能够不断从仓顶抽出空气，以维持石灰石粉仓内压力处于负压下。为防止抽出空气时石灰石粉飞扬，造成粉料损耗和环境污染，因此石灰石粉仓顶部设置一套除尘器。由除尘器自带的风机排出的洁净气中，最大含尘量不超过 $50mg/m^3$（标态下）。

为防止石灰石粉仓中的粉料堆积或堵塞在石灰石粉仓的底部，并保证粉料畅通地输送到石灰石浆液池中，需要用具有一定流速的空气输送石灰石粉，因此设置流化风来增加石灰石粉的流动性。流化风机出口的冷风温度较低，有可能导致细小的石灰石粉结块，因此，在流化风机出口管道上设置一台电加热器，提高输送石灰石粉的空气温度。

（二）吸收塔

吸收塔是烟气脱硫系统的核心装置，要求气液接触面积大，气体的吸收反应良好，压力损失小，并且适用于大容量烟气处理。吸收塔的数量应根据锅炉容量、吸收塔的容量和脱硫系统可靠性要求等确定。300MW 及以上机组宜一炉配一塔，200MW 及以下机组宜两炉配一塔。吸收塔主要有喷淋塔、双回路塔、填料塔、喷射鼓泡塔、液柱塔五种类型，下面重点介绍喷淋塔。

1. 喷淋塔

图 8-9 所示为一种最常用的喷淋塔形式——逆流吸收塔。在这种塔中，吸收塔自上而下可分为吸收区和氧化结晶区两部分，上部吸收区 pH 值较高，有利于 SO_2 等酸性物质的吸收；下部氧化区域在低 pH 值下运行，有利于石灰石的溶解及副产品的生成。吸收塔的工作过程是：石灰石浆液通过浆液供给泵送入反应罐内，石灰石部分溶解并与原浆液混合，由循环泵将浆液向上输送到喷淋层，再从高效螺旋形雾化喷嘴喷出，在喷淋作用下形成很细的雾状液滴，在塔内产生充分的气—液接触。同时在反应罐中部区域，氧化风机供给的空气通过布置在反应罐内的曝气管道与洗涤产物在搅拌系统的协助下进一步反应生成石膏。吸收塔采用喷淋空塔，其系统阻力小，塔内气液接触区无任何填料部件，采用这样方式可以有效杜绝塔内堵塞结垢现象，有的喷淋塔在塔内设置托盘（均流板），以增加液气接触面积。

吸收塔系统主要设备有喷淋装置、氧化装置、搅拌器、浆液循环泵、除雾器及事故浆液池等。

（1）喷淋装置。吸收区高度为 5～15m，如果按塔内流速 3m/s 计算，接触反应时间为 2～5s。区内设 3～6 个喷淋层，每个喷淋层都装有多个雾化喷嘴，交叉布置，覆盖率达 200%～300%。喷嘴入口压力不能太高，一般为 $0.5×10^5$～$2×10^5Pa$。喷嘴出口流速约为 10m/s。雾滴直径为 1320～2950μm，大液滴在塔内的滞留时间为 1～10s，小液滴在一定条件下呈悬浮状态。

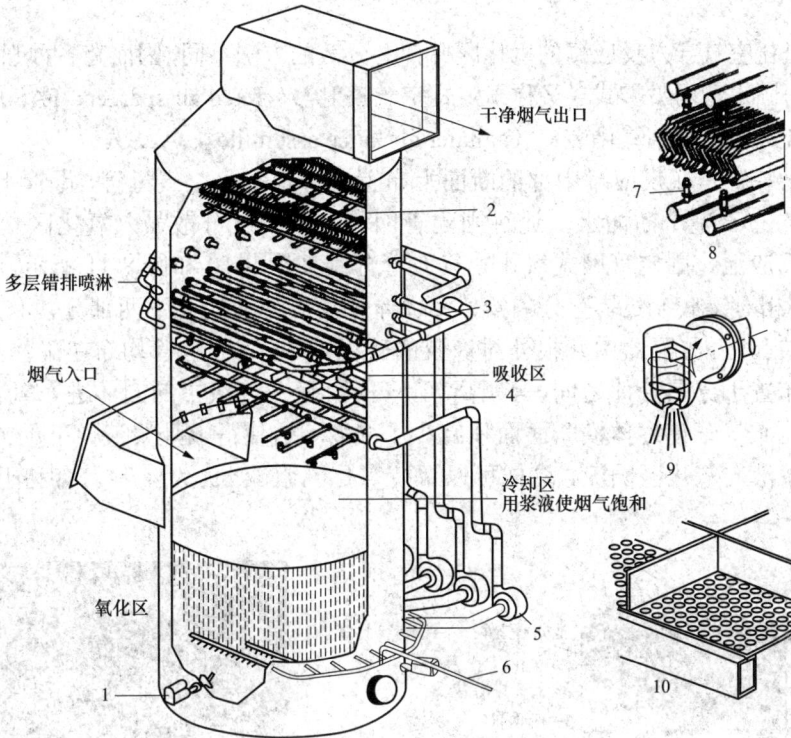

图 8-9 逆流喷淋吸收塔

1—搅拌器；2、8—除雾器；3—错排喷淋管；4—托盘；5—循环泵；

6—氧化空气集管；7—水清洗喷嘴；9—碳化硅浆液喷嘴；10—合金多孔托盘

（2）氧化装置。在石灰石湿法烟气脱硫工艺中有强制氧化和自然氧化之分，其区别在于反应罐中是否充入强制氧化空气。自然氧化工艺中，浆液中的 HSO_3^- 在吸收塔中被烟气中剩余的氧气部分氧化成 SO_4^{2-}，其脱硫副产物主要是亚硫酸氢钙和亚硫酸钙。在强制氧化工艺中，浆液中的 HSO_3^- 几乎全部被反应罐中充入的空气强制氧化成 SO_4^{2-}，脱硫产物主要为石膏。目前，石灰石湿法烟气脱硫工艺主要以强制氧化为主，这是由于氧化率在 15%～95% 时，易产生亚硫酸钙的结垢和堵塞问题。

另外，强制氧化工艺的固体产物 97% 以上为石膏，颗粒的名义直径为 32μm。而自然氧化工艺的固体产物为混合物，主要是亚硫酸氢钙、10% 以下的石膏，其颗粒的名义直径为 2.1μm。由于强制氧化工艺的脱硫产物石膏有较大的晶体，沉淀速率快，脱水容易，一般经脱水处理能得到含水率为 10% 以下的固体产物。该固体产物或填埋或进一步用水清洗，除去其中的氯化物后可作为天然石膏的替代品，用于石膏墙板、水泥等的生产中。对自然氧化工艺的脱硫产物，因为其晶体小、沉淀速率慢，脱水困难，需要用增稠器和离心分离器二级处理，最终产物仍含有 40%～50% 的水。该产物的处理方式主要是填埋，由于含水率高，触变性强，需要用飞灰和生石灰固化处理，处理费用较大。

强制氧化装置由氧化风机、氧化空气分布管及相应的管道、阀门组成。为了冷却氧化空气并使其达到饱和状态，防止热的氧化空气进入吸收塔内使浆液中的水分蒸发、破坏吸收塔树脂内衬和形成固态沉积物,氧化空气在进入吸收塔之前的管道中需加入工业水减温。

由于将氧化空气导入反应罐的氧化区并使之分散的方法不同,因而有多种强制氧化装置,普遍采用的为固定管网喷雾式(又称固定式空气喷射器,fixed air sparger,FAS)和搅拌器与空气喷枪组合式两种强制氧化装置(agitater air lance assemilies,ALS)。

FAS氧化装置是在反应罐中部的断面上布置若干根氧化空气母管,母管上有众多分支管,喷气孔均布于整个断面上,通过固定管网将氧化空气分散鼓入氧化区。德国 LLAG公司设计的反应池、固定管网式氧化空气布管分别如图 8-10 和图 8-11 所示。在反应池液深 5m 左右(相对罐底)处装有分隔器,将罐体分隔成连通的上下两部分,上部称氧化区,下部为中和结晶区。分隔器由几根外衬橡胶的碳钢管构成,分隔管均布在罐体同一高度上。氧化空气管布置于分隔管件之间,等距离朝下开孔,避免浆液中的固体进入氧化空气管道。分隔管和氧化布气管使罐体横断面面积减少了 70%,这使得该处浆液向下的流速较大,避免了中和区浆液向氧化区回流,这样可以保持氧化区浆液 pH 为 4~5,有利于氧化反应的进行。

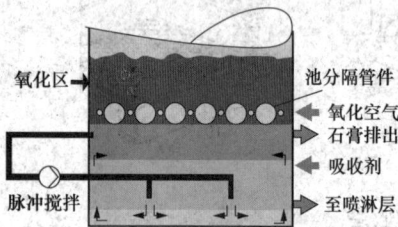

图 8-10　反应池结构

图 8-11　固定管网式氧化空气布管

ALS 氧化装置是将氧化空气喷管布置在侧进式搅拌器桨叶的前方,如图 8-12 所示,依靠搅拌器桨叶产生的高速液流使鼓入的氧化空气分裂成细小的气泡,并散布至氧化区的各处,以有利于氧化反应。由于 ALS 产生的气泡较细,由搅拌产生的水平运动的液流增加了气泡的停留时间,因此,ALS 较 FAS 降低了对浸没深度的依赖性。当处于隔离状时,可通过开启手动截止阀对喷枪进行冲洗。当吸收塔排空以及当停运后重新启动时都要求清洗喷管。

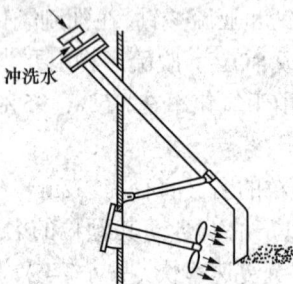

图 8-12　ALS 氧化装置

(3)搅拌器。反应罐内布置搅拌器,其主要作用如下:①使浆液中的固体颗粒保持在悬浮状态,防止 $CaCO_3$、$CaSO_3$、$CaSO_4 \cdot 2H_2O$ 等固体颗粒沉淀结垢;②破碎细化氧化空气气泡,均匀分配氧化空气,提高氧的利用率,使氧化更为充分;③促进新加入的石灰石浆液与吸收氧化槽内已酸化浆液的混合,加速石灰石的溶解;④使浆液中各组分的浓度和温度均匀一致,有利于反应罐内各化学反应进程;⑤防止局部区域石膏的过饱和度过大,可使颗粒较小的石膏晶体悬浮在浆液中,为石膏晶体的均匀成长创造良好条件。

反应罐内的搅拌器主要有机械搅拌和脉冲悬浮搅拌两种方式。

机械搅拌器主要由轴承罩、主轴、搅拌叶片、机械密封和驱动电机组成。根据安装位置的不同，可将搅拌器分为侧进式和顶进式。侧进式搅拌器如图8-13所示，搅拌器叶片安装在吸收塔浆池内，与水平线约为10°倾角、与中心线约为−7°倾角。搅拌桨形式为三叶螺旋桨，轴的密封形式为机械密封。

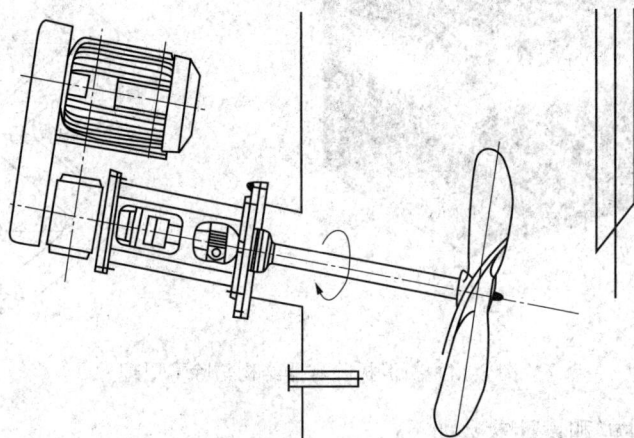

图 8-13　侧进式机械搅拌器

脉冲悬浮搅拌（见图8-10）是利用脉冲悬浮泵从浆池中抽取浆液，加压后经布置在浆池中的悬浮管喷向浆池底部，以起到搅拌浆液的作用。这种搅拌装置无机械转动部件，不存在螺旋桨出现故障时需停机排浆检修的问题。另外，只要浆池中有浆液，机械搅拌器就不能长时间（一般不超过4h）停运，但采用脉冲悬浮搅拌装置，脱硫系统停机时间在7d内，再次启动搅拌泵10min后可将已沉淀的浆液重新搅动起来，因此可以降低FGD备用时的电耗。缺点是造价高于机械搅拌器。脉冲悬浮搅拌是LLAG的专利技术。

（4）浆液循环泵。循环泵是吸收塔重要的设备，其连续不断地将反应罐内的混合浆液向上输送到喷淋层，并为雾化喷嘴提供工作压力。循环泵入口应装设滤网，以防止塔内固体物质吸入泵体造成泵以及吸收塔喷嘴的堵塞或损坏。浆液循环泵宜按单元制设置，每台循环泵对应一层喷嘴。

（5）除雾器。吸收塔在运行过程中，易产生粒径为10~60μm的"雾"。"雾"不仅含有水分，它还溶有硫酸、硫酸盐、SO_2等，如不妥善解决，任何进入烟囱的"雾"，实际上就是把SO_2排放到大气中，同时也会引起换热器和出口烟道的严重腐蚀，因此，在工艺上对吸收设备提出了除雾的要求。

烟气出口设除雾器，通常为二级除雾器，装在塔的圆筒顶部（垂直布置）或塔出口弯道后的平直烟道上（水平布置）。湿法烟气脱硫系统中使用的除雾器一般为折流板式，主要材料为聚丙烯。除雾器的工作原理是：当携带液滴的烟气通过曲折的除雾器通道时，流线多次偏转，液滴由于惯性撞击在除雾器叶片上被截留下来，而气体由于惯性较小，可以相对比较通畅地从弯曲的烟道流过，如图8-14所示。

除雾器布置形式通常有水平形、∧形、∨形、X形等，大型吸收塔多采用∧形布置。由于液滴中携带有大量固体，所以其结构设计应使得除雾器结垢最小化，并需要配备高效的在线冲洗。除雾器冲洗系统主要由冲洗喷嘴、冲洗水泵、管路、阀门、压力仪表、电控系统等组成，其作用是定期冲洗由除雾器叶片捕集的液滴、粉尘，保持叶片表面的清洁和湿润，防止叶片结垢和堵塞，维持系统的正常运行。

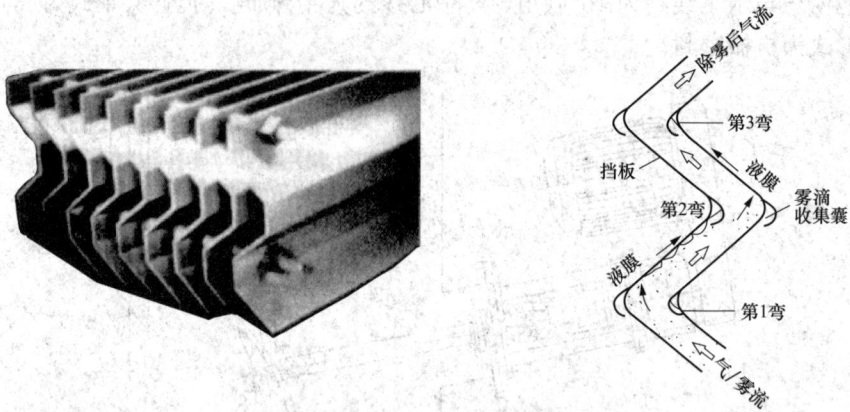

图 8-14 折流板除雾器结构与除雾原理

除雾器的主要性能和设计参数如下：

1）除雾效率。除雾效率指除雾器在单位时间内捕集到的液滴质量与进入除雾器液滴质量的比值。除雾效率是考核除雾器性能的关键指标。影响除雾效率的因素很多，主要包括烟气流速、通过除雾器断面气流分布的均匀性、叶片结构、叶片之间的距离及除雾器布置形式等。

2）系统压降。系统压降指烟气通过除雾器通道时所产生的压力损失，系统压降越大，能耗就越高。除雾系统压降的大小主要与烟气流速、叶片结垢、叶片间距及烟气带水负荷等因素有关。当除雾器叶片上结垢严重时，系统压降会明显提高，所以通过监测压降的变化有助于把握系统的运行状态，及时发现问题，并进行处理。

3）烟气流速。通过除雾器断面的烟气流速过高或过低都不利于除雾器的正常运行。烟气流速过高，易造成烟气二次带水，从而降低除雾效率，同时流速高，系统阻力大，能耗高。通过除雾器断面的流速过低，不利于气液分离，同样不利于提高除雾效率。此外，设计的流速低，吸收塔断面尺寸就会加大，投资也随之增加。设计烟气流速应接近于临界气流流速。临界气流流速是通过除雾器断面的最高且又不至于二次带水时的烟气流速，该速度与除雾器结构、系统带水负荷、气流方向、除雾器布置等因素有关。根据不同除雾器叶片结构及布置形式，设计流速一般选定 3.5～5.5m/s。

4）除雾器叶片间距。除雾器叶片间距的选取对保证除雾效率，维持除雾系统稳定运行至关重要。叶片间距大，除雾效率低，烟气带水严重，易造成风机故障，导致整个系统非正常停运。叶片间距选取过小，除加大能耗外，冲洗的效果也有所下降，叶片上易结垢、堵塞，最终也会造成系统停运。叶片间距根据系统烟气特征（流速、SO_2 含量、带水负荷、烟尘浓度等）、吸收剂利用率、叶片结构等综合因素进行选取。目前，脱硫系统中最常用的除雾器叶片间距大多为 20～50mm。第一级除雾器板片间距通常较大，为 40mm 左右，第二级除雾器用于分离未经第一级除雾器去除的少量小液滴，它的叶片间距 25mm 左右。

5）除雾器冲洗水压。除雾器水压一般根据冲洗喷嘴的特征及喷嘴与除雾器之间的距离等因素确定（喷嘴与除雾器之间距离一般小于或等于 lm），当冲洗水压低时，冲洗效果差，而冲洗水压过高则易增加烟气带水，同时降低叶片使用寿命。一般情况下，在 2 级除雾器之间以及同级除雾器正面与背面的冲洗压力都不相同，第 1 级除雾器的冲洗水压高于第 2 级除雾器，除雾器正面的水压应控制在 $2.5×10^5Pa$ 以内，除雾器背面的冲洗水压应大于 $1.0×10^5Pa$，具体的数值需根据工程实际情况确定。

6）除雾器冲洗水量。选择除雾器冲水量除了需要满足除雾器自身的要求外，还需要考虑系统水平衡的要求，有些条件下需采用大水量短时间冲洗，有时则采用小水量长时间冲洗，具体冲水量需由工况条件确定，一般情况下除雾器断面上瞬时冲洗耗水量为 $1\sim4m^3/(m^2 \cdot h)$，冲洗水对除雾器断面的覆盖程度（冲洗覆盖率）一般选择 100%～300%。

7）除雾器冲洗周期。冲洗周期指除雾器每次冲洗的间隔时间。由于除雾器冲洗期间会导致烟气带水量加大，一般为不冲洗时的 3～5 倍，所以冲洗不宜过于频繁，但也不能间隔太长，否则易产生结垢现象。除雾器的冲洗周期主要根据除雾器两侧的压差和吸收塔液位来确定，一般以不超过 2h 为宜。

（6）事故浆液系统。事故浆液系统由事故浆液箱、事故浆液箱输送泵、吸收塔地坑、石灰石浆液制备系统地坑、地坑泵以及浆液收集地沟等组成。事故浆液箱用于 FGD 长期停运、事故、检修等情况下，以储备脱硫系统所有的浆液。浆液由石膏浆液排出泵、地坑泵打到事故浆液箱中。在 FGD 启动前，由输送泵将事故浆液箱储存的浆液送回吸收塔再次使用，可提供吸收塔重新启动时的石膏晶种。FGD 正常运行时，事故浆液箱为排空状态，搅拌器未启动。当进入箱内的浆液达到一定高度时，搅拌器自动启动。事故浆液箱搅拌器可以为侧进式，也可以为顶进式。

地坑系统用于收集泄漏和排放的浆液、水等。在 FGD 运行时，用泵将收集的浆液打入吸收塔；在事故浆液箱搅拌器运行时，打入事故浆液箱。地坑搅拌器为顶进式。

2. 双回路塔

对 SO_2 排放浓度要求非常严格或高含硫煤的项目，双回路脱硫技术是适宜的选择。双回路塔两个回路浆液性质分开后，可以满足不同工艺阶段对不同浆液性质的要求，避免参数之间的相互制约，可以使反应过程更加优化，以便快速适应煤种变化和负荷变化。双回路塔有单塔双循环和双塔双循环两种工艺。单塔双循环系统占地面积小、布置紧凑、安装简便，特别适合预留空间小、现场位置有限的已建电厂脱硫技术改造项目。双塔双循环在总投资上与单塔双循环改造相当，在预洗涤塔施工时原脱硫系统仍可正常运行，建好预洗涤塔后，再停锅炉主机，进行两塔之间的串联烟道施工。相对于单塔的改造方案，双塔改造主机所需停机的时间短。

某厂单塔双循环吸收塔如图 8-15 所示，烟气进入吸收塔，首先与下循环喷淋管喷出的浆液逆向接触，经冷却、洗涤、脱除部分 SO_2 后，通过碗状集液斗的导流叶片进入上吸收区，烟气在这里与上循环喷淋的浆液进一步作用，SO_2 几乎被完全除去。经脱硫后的清洁烟气，经除雾器除去雾滴后由吸收塔上侧引出，排入烟囱。烟气中 SO_2 的脱除分两级完成，集液斗（收集碗）将脱硫区分隔为上、下循环回路。下循环回路由反应罐、下循环泵、喷淋管等组成；上循环回路由集液斗、吸收区加料槽（absorber feed tank，AFT）、上循环泵、喷淋管等组成。

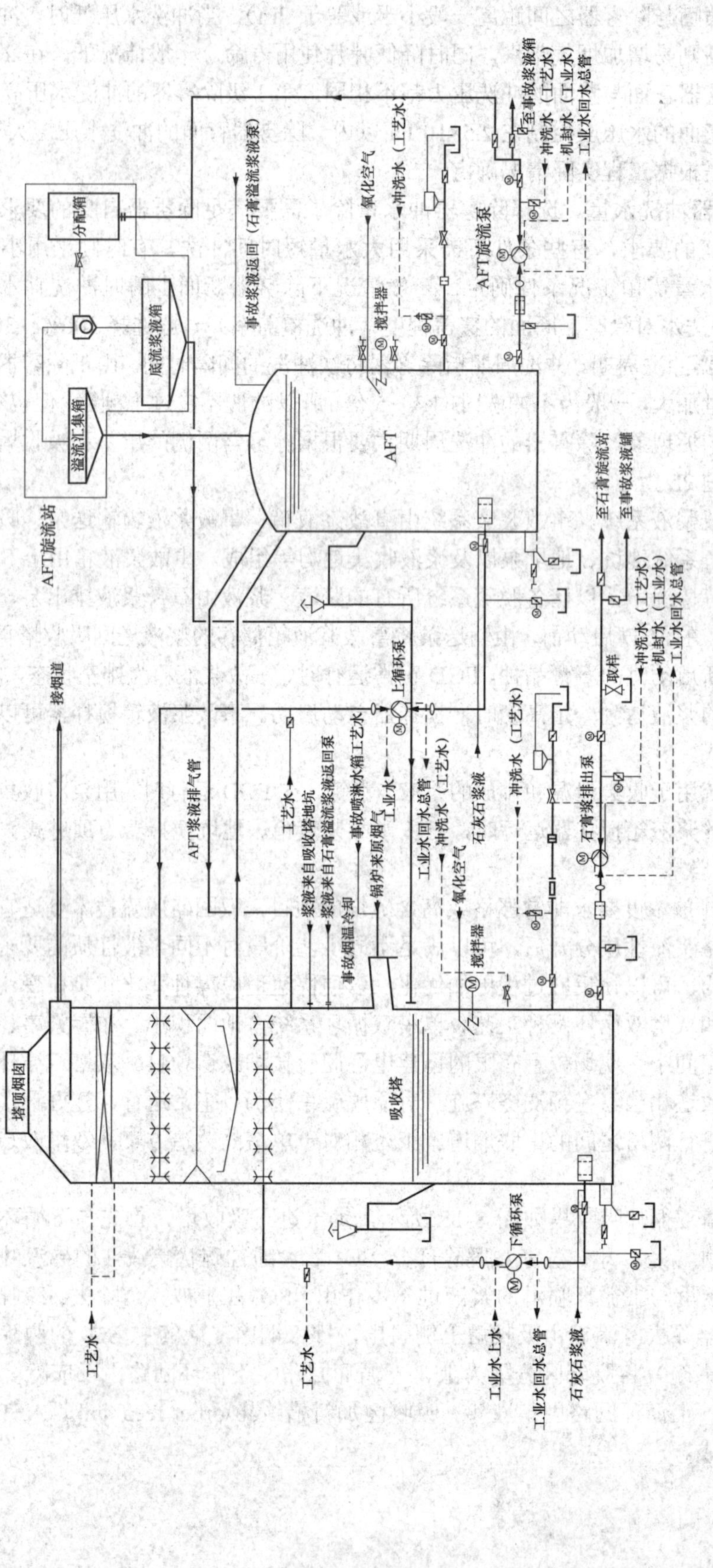

图 8-15　某单塔双循环双回路塔脱硫工艺系统

下循环回路浆液 pH 值宜控制为 4.5～5.0，上循环回路浆液 pH 值宜控制为 5.5～6.0。下循环回路浆液 pH 值主要通过调节 AFT 旋流站底流浆液流量来实现，必要时也可调节进入吸收塔的石灰石浆液流量；上循环回路浆液 pH 值通过调节进入 AFT 的石灰石浆液流量来实现。下循环回路密度宜为 1070～1095kg/m³，含固量为 10%～15%。当吸收塔浆液密度达到 1095kg/m³ 时，石膏排出泵将石膏浆液排入石膏旋流器进行一级脱水，溢流浆液回至吸收塔（或排至废水处理系统），吸收塔浆液密度逐渐下降；待吸收塔浆液密度降至 1070kg/m³ 时，停止排出石膏浆液；上循环回路（AFT）浆液密度宜为 1030～1080kg/m³。当 AFT 浆液密度达到 1050kg/m³ 时，启动 AFT 浆液旋流泵，向旋流站供浆，经旋流站分选，底部粗颗粒浆液（底流）自流到反应罐，上部稀浆液自流到 AFT。待 AFT 浆液密度降至 1030kg/m³ 时，停运 AFT 浆液旋流泵。

3. 填料塔

填料塔主要有两种类型：格栅填料塔和湍球塔。

格栅填料塔是早期的石灰石-石膏法中较为典型的一种塔型。图 8-16 所示为采用塑料格栅做填料的格栅填料塔。在塔内放置格栅填料，浆液循环泵将石灰石浆液送到溢流型喷嘴，浆液溢流到格栅上，烟气由塔底部进入塔内，在压力差的推动下，由下而上穿过填料层的间隙，从塔的上端流出。在格栅上气流和浆液充分接触传质，完成 SO₂ 的吸收过程，从而达到脱硫的目的。

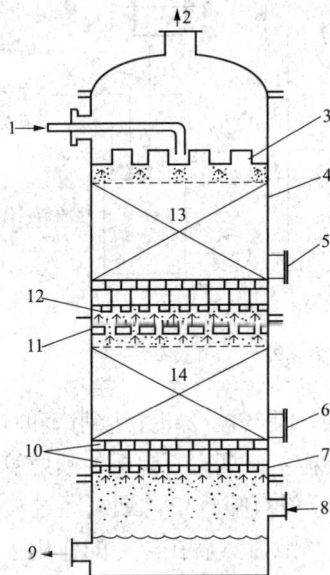

图 8-16 填料塔结构示意

1—液体入口；2—气体出口；3—液体分布器；4—外壳；
5—填料卸出口；6—人孔；7—填料支承；8—气体入口；
9—液体出口；10—防止支承板堵塞的大、
中填料的砌层；11—液体再分布器；
12—填料支承；13、14—填料

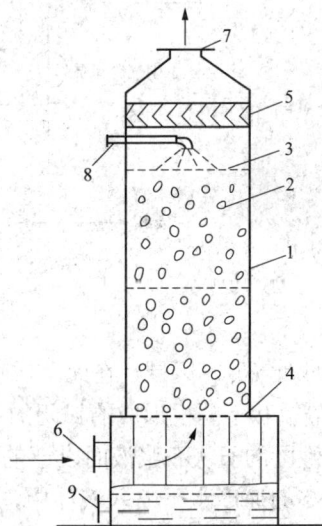

图 8-17 湍球塔

1—塔身；2—球形填料；
3—上栅板；4—下栅板；
5—除雾器；6—气体入口；
7—气体出口；8—液体喷嘴；
9—液体出口

湍球塔是以气相为连续相的逆向三相流化床，在湍球塔的两层栅栏之间装有许多填料球

（通常为聚乙烯或聚丙烯注塑而成的空心球），如图 8-17 所示。下栅栏自由流通面积一般大于70%，以便重力排放。烟气由烟道进入塔的下部，填料球处于均匀流化状态，吸收剂自上而下均匀喷淋，润湿小球表面，进行吸收。由于气、液、固三相接触，小球表面的液膜不断更新，增强了气、液两相的接触和传质，达到高效脱硫和除尘的目的。

格栅填料塔的优点是采用溢流型喷嘴，循环泵能耗较低，喷嘴的磨损情况大为缓解；其缺点是格栅容易被 $CaSO_4 \cdot 2H_2O$ 及 $CaSO_3$ 堵塞，需定时清洗，维护费用较高；而湍球塔具有处理烟气量大、稳定性好、吸收率高、占地面积小、造价低廉、操作容易、维护简单方便等特点，可用于各种条件下的烟气脱硫。但其阻力较大，需要定期更换填料球。

4. 喷射鼓泡塔

喷射鼓泡塔由著名的千代田公司研制，又称为千代田工艺（CT-121），该工艺的核心是喷射鼓泡反应器（JBR）。JBR 反应器主要由烟室、气体喷射器、喷射鼓泡区、反应器及除雾器组成。喷射鼓泡塔脱硫系统如图 8-18 所示。原烟气与来自吸收塔的洁净烟气进行热交换后进

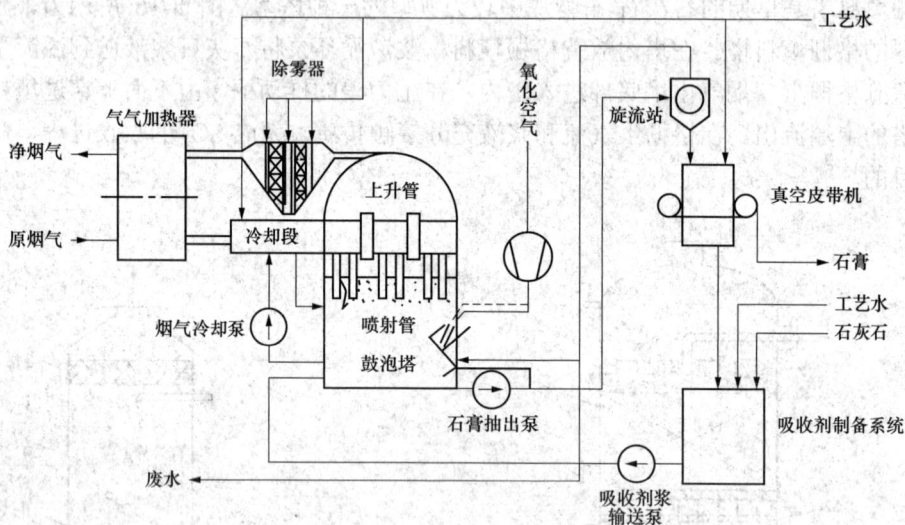

图 8-18　喷射鼓泡塔脱硫系统

入烟道的烟气冷却区域，在此区域喷入工艺水和吸收液，烟气被冷却并达到饱和状态，然后进入由上隔板和下隔板形成的封闭的 JBR 入口烟室，装在入口烟室下隔板的喷射管将烟气导入JBR 鼓泡区的石灰石浆液面以下的区域。喷射管底部开设有喷气口，烟气经过喷气口狭缝以5～20m/s 的速度水平喷入液体中，在狭缝口形成喷射气泡，然后在浮力的作用下曲折向上。气泡被液体的流动细分并分散，而液体被气泡剧烈地搅拌形成喷射鼓泡层。JBR 独特的气液流动方式把反应器内的吸收液分成两个区域：喷射鼓泡区和反应区，鼓泡区中主要进行的是SO_2 的气液相传质和吸收剂的溶解，反应区中主要进行的是 HSO_3^-、SO_3^{2-} 的氧化和石膏晶体的生成。

该工艺的主要特点是：①烟气直接喷射进入浆液中，系统阻力大，因此对增压风机的出力要求较高，增压风机的电损耗也较大，但鼓泡塔无浆液循环泵，只使用 2 台输出功率较小的烟气冷却泵（2 台运行 1 台备用），因此，总的电损耗与喷淋塔系统差不多。②JBR 可以在较低的 pH 值下运行，一般为 4.5～5.0。这种条件有利于亚硫酸盐的氧化，不容易发生结垢和

堵塞；低 pH 值能加速石灰石的溶解，提高石灰石的利用率。③生成的石膏晶粒比较大，易于脱水。④脱硫率容易控制。JBR 系统脱硫率高低与系统压降有关，可以通过增大喷射管的浸没深度来提高压降和脱硫率。当脱硫率为95%时，系统压降为3000Pa 左右。

5. 液柱喷射塔

在液柱喷射塔中，洗涤液垂直向上喷射与烟气形成顺流吸收，达到最高点后散落，落下的液体与向上喷出的液体相互撞击形成大量的液滴，并与烟气形成逆流运动，这使得整个反应区域布满了滴状或膜状的循环洗涤液，大大提高了气液的接触面积。同时，由于液滴间的相互作用，在整个气液流场中，液滴的破碎和凝聚一直在发生，使气液接触表面不断更新，增强了气液间的传质效率。由于脱硫反应区域是空塔，避免了塔内结垢和堵塞；由于采用液柱喷射的方法，液体下落时产生自冲洗作用，喷嘴不易结垢和堵塞；由于仅设置一层喷嘴，维护成本较低。液柱喷射塔如图 8-19 所示。

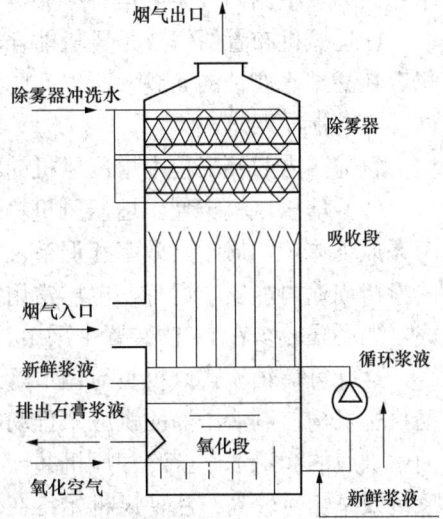

图 8-19 液柱喷射塔简图

（三）烟气系统

烟气系统涉及的主要设备包括：脱硫增压风机、烟气换热器、烟气进、出口挡板和旁路挡板门、密封风机、防腐烟道、CEMS 连续监测设备等。

1. 脱硫增压风机

（1）增压风机布置。增压风机是用于克服 FGD 装置造成的烟气压降，稳定锅炉引风机出口烟气压力的重要设备。在脱硫装置不与主发电工程同步建设的电厂中，由于引风机的选型未考虑脱硫系统的阻力，所以需要在脱硫系统中另外设置增压风机以排放烟气。对于脱硫装置与主发电工程同步建设的电厂，引风机和增压风机的设置有合二为一和分别设置两种方案。对于分别设置的方案，脱硫增压风机的布置位置有 A、B、C、D 四种，如图 8-20 所示。

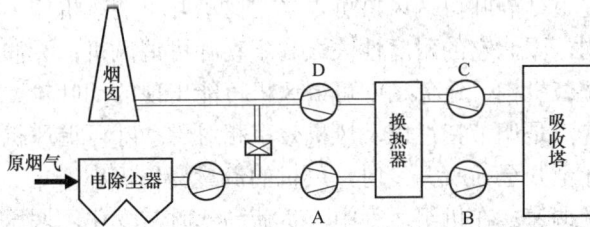

图 8-20 脱硫风机的位置

A 位风机布置的优点是烟气温度高，不易产生酸腐蚀。缺点是原烟气中含有一定量的烟尘，对风机叶片有磨损；脱硫系统是正压下运行，尤其在系统设置回转式烟气加热器时，由于存在未处理原烟气向净烟气侧泄漏的问题，对系统的密封要求非常高；由于 A 位处的烟气温度在四个可布置位置中是最高的，所以增压风机的工作流量以及风机的动力能耗也最大。

B 位风机布置的优点是原烟气向净烟气侧的泄漏少或几乎不泄漏，动力消耗比 A 位稍有下降；但缺点是原烟气经 GGH 后温度降低到 90～100℃，非常接近烟气的酸露点，因而存在明显的酸腐蚀现象，需选用防腐蚀风机。

C 位风机布置的优点是由于吸收塔系统为负压操作，不存在系统泄漏问题，而 GGH 等烟气加热系统的冷端为正压运行，所以对于系统密封要求低，能够大大简化配置，节省投资；在四种方案中，C 位布置最为节能，这是因为吸收塔出口烟气温度较低，即风机中气流体积减小所致。C 位布置的缺点是烟气大量带水而存在严重的酸腐蚀，对于风机本身的防腐蚀要求相当高。根据国外实际运行经验，该位置布置的风机使用寿命短，维护工作量大。

D 位风机布置的优点是风机能耗较低，其缺点是虽经换热烟气温度升高到 80℃ 左右，但仍存在酸结露腐蚀的问题，所以有防腐要求，同时其布置方式导致 GGH 冷端为负压操作，同样有防泄漏要求。

目前国内脱硫工程中增压风机的布置是以安全可靠为原则，几乎全部采用 A 位布置。

（2）增压风机类型。增压风机输送介质为含尘且温度较高的烟气，引风机类型的选择除考虑风机体积、质量、效率和调节性能外，还要求耐磨、对灰尘的适应性好，以保证在规定的检修周期内能安全运行。电厂常用的增压风机为静叶可调轴流式和动叶可调轴流式两种形式，离心式较少在 FGD 装置中采用。

动叶可调轴流式风机负荷调节是通过调节叶片的角度实现，而叶片角度的调节是通过电动执行机构控制液压油的供应来推动叶柄调节机构实现。风机轴承的润滑与冷却则通过润滑油站供应的润滑油结合冷却风机共同作用实现。风机的特点是调节性能好，负荷适应性强，风机效率相对较高；能使风机始终在较高效率点运行，具有较好的节能效果；叶片为可拆卸的螺栓连接结构，在叶片磨损后可以方便地拆卸与更换，但是相对于静叶可调风机的焊接结构，其稳定性稍差。其缺点是结构相对较为复杂，需要配置调节执行机构以及润滑油站等附属设备，增加设备成本及故障点；运行维护费用较高；占地面积较大。

静叶可调轴流式风机负荷调节通过控制电动执行机构调节风机的前导叶开度实现。风机轴承的润滑通过检修维护时加注润滑脂确保，离心式冷却风机将冷却风鼓入风机内，使轴承箱在较低温度环境下运行。其特点是结构简单，设备造价较低，检修维护工作量较小，同时由于叶片直接焊接在叶轮上，其稳定性比动叶可调风机的螺栓连接结构好；其压力系数较高，在达到相同出力的前提下，静叶可调风机可以采用比动叶可调风机低一挡的转速，而叶轮直径与动叶可调风机相同，因此它的耐磨性大大高于动叶可调风机；无润滑油站，无转动可调的叶片及复杂的液压调节机构，避免动叶可调风机可能出现的动叶轮、叶片转动发生卡涩和压力油泄漏现象。其缺点是调节特性以及风机效率相对于动叶可调风机来说较低，调节灵敏度较低，在风机前导叶全关至 60% 开度时，风机的流量变化极小。

（3）增压风机变频调速。在机组运行中，负荷高低时常变化，增压风机为满足各种负荷需要，采用控制叶片开度的方法，这样造成较大能量损失。随着不断更新与完善的变频技术，利用电机转速的变化可实现不同负荷的需要。

变频调速技术应用在增压风机上，厂用电率有效减少，取得明显的节能效果。此外，降低了设备运行与维护费用。采用变频调节，电动机转速变小，电机设备的机械零部件使用寿命增加；变频运行时，叶片开度 100%，不承受运行中的压力，调节风门维护量可显著减少；变频器运行维护方便，费用少。

2. 烟气换热器

大多数含硫原烟气的温度为 120～185℃ 或更高，而吸收反应则要求在较低的温度下

（60℃左右）进行。因为低温有利于吸收，而高温有利于解析；高温烟气会损坏吸收塔防腐层或其他设备；低温烟气会减少塔内水分的蒸发，降低水耗。因此，必须对原烟气进行预冷却。常用的烟气冷却方法有三种：①应用烟气换热器进行间接冷却；②应用喷淋水直接冷却；③用预洗涤塔除尘、增湿、降温。

脱硫后净烟气的温度为 50℃左右，为了减轻净烟气对烟道和烟囱的腐蚀，增强污染物的扩散，降低烟羽的可见度，避免烟气降落液滴，需要将烟气再热后（升温至 80℃左右）排放。烟气再热有蓄热式和非蓄热式两种形式：①蓄热式工艺利用未脱硫的烟气加热冷空气，统称 GGH，分回转式烟气换热器、介质循环换热器和管式换热器，均通过载热体或载热介质将热量传递给冷空气。②非蓄热式换热器通过蒸汽、天然气等将冷空气重新加热，又分为直接加热和间接加热。直接加热是燃烧加热部分冷空气，然后冷热烟气混合达到所需温度。间接加热是用低压蒸汽通过热交换器加热冷烟气。烟气脱硫系统中广泛采用的是回转式烟气换热器。

（1）回转式 GGH。如图 8-21 所示，回转式 GGH 由受热面转子和固定外壳组成，外壳的顶部和底部把转子的通烟部分分隔为两部分，一部分通过未处理的热烟气；另一部分是逆流通过的净烟气。转子每转过一圈就完成一次热交换循环。其中的传热元件由厚度为 0.5～1.2mm 的波纹钢板制成，并在表面镀上搪瓷层，以防烟气腐蚀。由于回转式 GGH 的转动部分与固定部分之间总存在空隙，而且两侧烟气存在压差，未处理的原烟气会漏入净烟气侧，所以有必要采用烟气密封措施，即用加压后的净烟气作为密封气体，正常情况下，泄漏量可控制为 0.5%～1%。

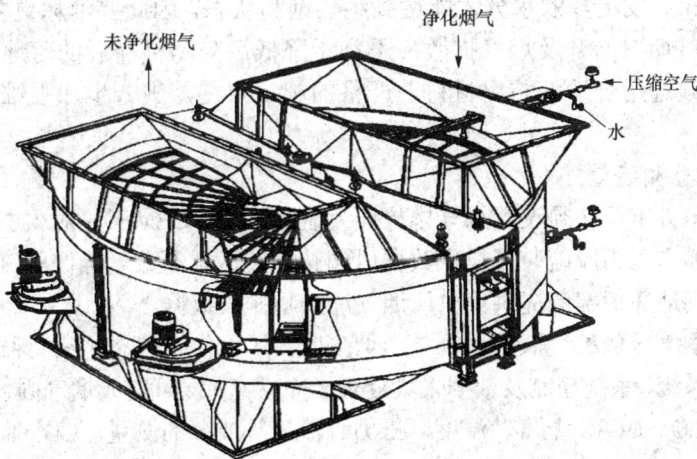

图 8-21 回转式 GGH

回转式换热器还有传动装置（主辅电机各 1 台）、转子测速装置、导向轴承油循环系统、支撑轴承油循环系统、清洁装置（吹灰器与高压水冲洗）、高压水泵供水系统、低泄漏风机系统，密封风机系统等辅助系统。

回转式 GGH 受热面布置较紧密，气流通道狭窄、曲折，烟气中的飞灰易沉积在受热面上，造成堵灰，使气流阻力和风机电耗增大，传热面积减少，热风温度降低，积灰还会加剧腐蚀，影响换热器的正常工作，因此必须设置吹灰系统。回转式 GGH 通常配有蒸汽（或压缩空气）吹扫、在线高压水（8～12MPa）冲洗和离线大流量低压水（0.5MPa 左右）冲洗装置。这三种方式在同一吹灰枪上实现。正常运行时，清洗系统每天需使用蒸汽吹灰 3 次；当吹灰效果不理想时，可每两个小时蒸汽吹灰 1 次。当吹灰后换热器压降仍高于设计值时，则启动高压冲洗水进行在线冲洗，由此双重吹灰方式来保证吹灰效果（建议定期高压水在线冲洗至少每月一次）。回转式 GGH 停运检修时使用大流量低压冲洗水冲洗换热器。

（2）管式 GGH。管式 GGH 主要由烟气降温侧换热器、烟气升温侧换热器、循环水泵、辅助蒸汽加热器及疏水箱、热媒膨胀罐、补水系统、加药系统及吹灰系统等组成。原烟气先进入降温侧，将热量传递给热媒水，热媒水则通过强制循环将热量传递给净烟气。为强化传热，目前广泛采用高频焊接翅片管，以有效减小设备体积和降低烟气流动阻力。管式 GGH一般也采用蒸汽吹灰和高压水冲洗相结合的方式。需要强调的是，为保证吹灰效果、延长换热翅片管的使用寿命，一定要确保静电除尘器的除尘效率，确保标准状态下进入 FGD 装置的原烟气含尘量低于 $300mg/m^3$。

我国烟气排放标准并未明确规定烟气的排放温度，目前电厂烟气脱硫系统对尾部净烟气的换热处理，一般采用两种方法，即设置 GGH 和取消 GGH 的"湿烟囱"排放。脱硫系统设置 GGH，主要存在以下问题：①投资增加。②脱硫系统运行故障增加。GGH 结垢、腐蚀和堵塞，大大增加制造成本和维护费用，而且 GGH 也是造成 FGD 故障停机的主要设备之一。③相应的能耗、水耗增加。④脱硫效率降低。⑤不能避免尾部烟道和烟囱被腐蚀。脱硫系统取消 GGH，即原烟气喷水降温后直接进入吸收塔，经吸收塔处理后的净烟气直接从烟囱排入大气。优点是节省占地面积及简化烟道布置；降低工程投资及运行维护费用；降低电耗；提高 FGD 运行的可靠性。不足之处是由于进入吸收塔的原烟气温度较高，需要释放更多的热量和蒸发更多的水分才能达到绝热饱和状态，因此要消耗更多的工艺冷却水；不利于烟囱排放口烟羽抬升及烟气扩散；不利于降低污染物稀释后的落地浓度及减少水雾的形成；烟囱必须选用合适的防腐材料，严格的施工工艺，进一步加强维护检修力度，才能有效减缓腐蚀。

3. 烟气连续监测装置

我国法规规定火电厂必须设置烟气排放连续监测系统（CEMS），对火电厂排放烟气进行连续、实时跟踪测定，为脱硫装置提供数据以调整脱硫运行参数，确保脱硫装置正常运行；同时还可据此向当地环保部门提供火电厂烟气污染物排放数据。

一个全面的烟气排放连续监测系统是由烟尘监测子系统、气态污染物监测子系统、烟气排放参数监测子系统、系统控制及数据采集处理子系统组成，可完成烟气固体颗粒物（烟尘）、SO_2、NO、O_2、CO、CO_2、湿度、温度、压力、流速等成分的测量。三个监测子系统测定及计算结果可以显示、打印并与电厂主管部门、环保监测部门、电网调度联网，用以监督、电力调度及结算、污染物收费的依据。

（四）石膏脱水系统

1. 石膏脱水系统

石膏脱水系统主要包括水力旋流器、真空皮带脱水机、气液分离器、真空泵、滤布冲洗泵、滤饼冲洗泵、滤液水箱、石膏仓等设备。

石膏脱水系统如图 8-22 所示。其工艺流程为：吸收塔内石膏浆液达到一定浓度后，由石膏排出泵排出至石膏浆液旋流站，在旋流站内实现浆液的浓缩分离，旋流站溢流进入溢流箱，底流到真空皮带脱水机。含水的石膏浆液均匀分布到真空皮带机的滤布上，依靠真空泵的吸力和重力在运转的滤布上形成石膏饼，石膏中的水分沿程被逐渐抽出，脱水石膏由运转的滤布输送到皮带脱水机尾部，在皮带通过卸料滚子时，滤布与石膏滤饼分离，石膏在重力作用下落入石膏仓中。为除去石膏中的可溶性成分（特别是氯离子），在脱水机的中前部设有滤饼冲洗水，不断冲洗石膏饼，使石膏品质满足要求。在皮带机尾部，输送完石膏饼的滤布由冲洗水进行清洗，并转回到皮带脱水机入口，开始新的脱水循环工作。从脱水机吸来的滤液和空气进入气-液分离器，在气-液分离器中，滤液汇集在底部并由泵抽走。而空气由于真空泵产生的负压，从气-液分离器顶部排出。

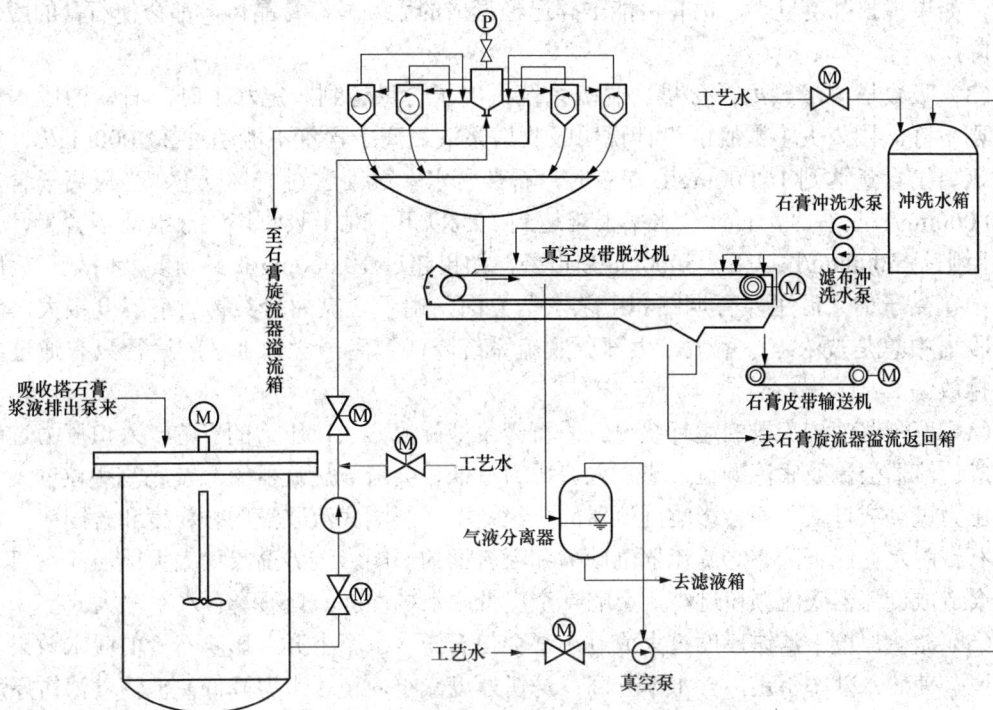

图 8-22 某厂石膏脱水系统示意

石膏旋流器具有双重功能：一是石膏浆液预脱水，二是进行石膏晶体分级。石膏旋流器的溢流含固量一般为 1%～3%（质量分数），固相颗粒细小，主要为未完全反应的吸收剂、石膏小晶体、惰性物质、飞灰和灰尘等，较小较轻的颗粒随着溢流离开旋流器之后又返回吸收塔，以便在脱硫过程中再次利用或者作为浆池中结晶长大的晶核，以便晶体长大。旋流器的底流含固量一般为 45%～50%，固相主要为粗大的石膏结晶。

真空皮带脱水机将浓缩后的石膏进一步脱水至含固率达到 90% 以上。石膏脱水依靠过滤层下面形成的真空来脱水。真空皮带脱水机一般配置水环式真空泵，真空泵在工作时应不断补充工艺水，用来保证形成水环和带走摩擦引起的热量。在滤布的垂直上方有一个滤饼厚度监测装置，连续监视滤饼的厚度，并与设定的滤饼厚度比较，形成差值信号来调节驱动电机的转速，以达到滤布上滤饼厚度和设定的目标值一致。

2. 影响石膏脱水效果的因素

影响石膏脱水效果的因素主要有以下几个方面：

（1）石膏浆液中的杂质。石膏中的杂质主要来自燃煤与吸收剂。煤燃烧后会产生残余物飞灰，而石灰石则会带入一些不参与吸收反应的杂质。吸收塔内的这些杂质可以通过废水排放处理一部分，剩余的进入石膏脱水系统中。当石膏中的杂质含量增加时，石膏的脱水率会出现明显下降。

（2）石膏粒度。石膏形成晶体粒度越大，脱水性能就越好。石膏粒度受工艺条件的影响较大，如氧化空气量不足，吸收塔内的 pH 值过高，将会导致吸收塔浆液中含有大量亚硫酸钙，易形成 $CaSO_3 \cdot 1/2H_2O$ 晶体，颗粒小，黏性大，难以脱水；吸收塔浆液的停留时间长短影响了石膏晶体的结晶效果；吸收塔搅拌强度不足或不均匀时，石膏晶体可能会形成片状、针状，如果搅拌强度过大，也有可能击碎已经形成的大颗粒石膏晶体，都会使石膏的脱水性能下降。

（3）吸收塔浆液氯离子含量。脱硫系统氯离子含量达到一定水平时，石膏的脱水性能会急剧下降。国内大多数脱硫设计说明吸收塔浆液氯离子含量不能超过 20 000mg/L，实际上当氯离子含量达到 14 000mg/L 左右时，石膏含水率很难达到 13%以下；当氯离子含量达到 10 000mg/L 左右时，石膏含水率很难达到 10%以下。对于吸收塔浆液氯离子含量，一般控制原则是 5000mg/L 以下，8000mg/L 报警，如果超过 10 000mg/L 必须要及时处理。脱硫系统中氯离子的来源主要有烟气和工艺水两方面，由于含氯的盐类物质溶解度极大，因而在吸收塔中总是被浓缩、增大，大部分脱硫系统降低氯离子含量水平的途径只有通过废水系统排放。

（4）石膏浆液旋流器的运行状况。①石膏浆液旋流器入口压力的影响。入口压力过高，会造成旋流器溢流及底流颗粒过小；入口压力过低，会造成旋流器溢流及底流颗粒过大。因此，压力过高或过低，均会影响旋流器的分级效率，影响底流浆液的颗粒度和含固率，最终导致石膏脱水性能下降。②旋流器沉砂嘴和溢流嘴的影响。沉砂嘴尺寸太大或溢流嘴尺寸太小均会造成旋流器底流颗粒过小，影响真空皮带脱水机性能，使石膏含水率增大。

（5）滤饼厚度。滤饼厚度过大或过小都会使石膏含水率上升，影响石膏的脱水效果。滤饼太厚，使脱水效率不足，含水率升高；滤饼厚度减小，使含水率降低，但随着滤饼厚度的进一步降低，可能造成滤饼分布不均，造成局部真空泄漏，石膏含水率又会逐步升高，因此相对于最低的含水率，石膏滤饼厚度有一个最佳值。一般将滤饼厚度控制在 20～25mm 可以获得最好的脱水效果。

（6）真空皮带脱水机的真空度。真空度过高或过低均会影响石膏的含水量，一般将气液分离器的真空度维持在–55～–45kPa。当真空度过低时，因抽吸能力不足而无法除去石膏中的水；当真空度过高时，细的石膏颗粒被吸入真空槽使石膏开裂，最终破坏真空而使石膏含水量增大。真空度过低的主要原因包括脱水机真空盘到真空泵入口管路存在泄漏，脱水机真空盘与皮带之间有缝隙，真空泵出口滤网堵塞，真空泵水环密封水流量不足，真空泵本体故障等；正常运行中，真空度突然变高的主要原因为滤布堵塞和气液分离器液位过高等。

（7）滤布的选择。滤布的材料、结构、孔径的大小等对石膏脱水都有一定的影响。

从实际运行情况来看，对石膏脱水率影响最大的是石膏浆液品质和皮带脱水机的运行状况。

（五）石膏储存系统

湿石膏的存储方法取决于发电厂烟气脱硫系统石膏的产量、用户的需求量、运输手段以及石膏中间储仓的大小。对于容量为 $300\sim700m^3$ 的中间储仓，石膏在其中的存放时间不应超过 1 个月。因此，推荐采用带有底部卸料系统的一次通过型储仓。

（六）废水处理系统

1. 脱硫废水的产生

在 FGD 系统运行过程中，吸收剂浆液不断循环浓缩，杂质浓度越来越高，尤其是氯离子、氟离子、金属离子的浓度以及细小的颗粒物量（飞灰、石灰石中的颗粒物、补充水中的悬浮物等）的增大，会降低 SO_2 的吸收率，同时影响石膏浆液的二次脱水和石膏的品质。为了保证 FGD 系统的安全、稳定运行，需要排放一部分废水从而避免浆液过度浓缩。通常选择一次或二次脱水设备的溢流液、滤液排放。脱硫废水排放系统如图 8-23 所示，溢流液（滤液）通过废水泵送入废水旋流器，底流返回溢流箱（滤液水箱），溢流作为废水排放。

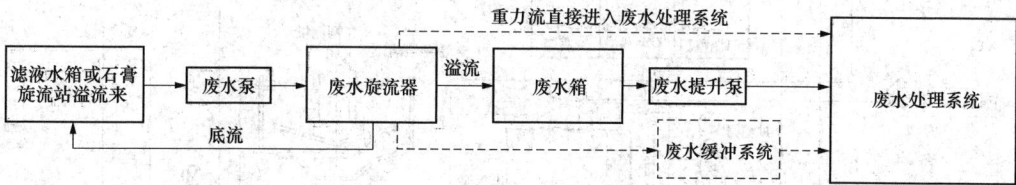

图 8-23　脱硫废水排放系统

2. 脱硫废水水质

脱硫废水的杂质主要来自烟气和脱硫剂。通常，脱硫废水偏酸性，pH 值为 4～6.5，与浆液的 pH 值相同或略高；氯离子含量很高，为 0.5%～2.0%；悬浮物（SS）根据脱水设备、废水排放点位置、各类杂质含量等波动较大，从废水旋流器排出的废水 SS 含量一般为 1～10g/L，主要是石膏颗粒、SiO_2、Al 和 Fe 的氢氧化物；化学耗氧量（COD_{Cr}）通常为数十至数百毫克/升，主要由连二硫酸根（$S_2O_6^{2-}$）、工艺水浓缩的有机物、亚硫酸根等产生；另外含有较高的氟化物，还有汞、砷等重金属离子，以及国家严格控制的第一类重金属（镉、铬、铅、镍等）。所有杂质在吸收浆液循环系统中不断浓缩，使脱硫废水中的杂质浓度很高。特别是脱硫废水中的各种重金属离子对环境有很强的污染性，所以必须对脱硫废水进行处理后排放。

3. 脱硫废水的处理

国内外常见的脱硫废水处理方式主要有单独设置化学水处理系统、水力除灰、零排放的处理方式。

（1）单独设置化学水处理系统。我国电厂脱硫废水处理系统多为消化吸收了国外的废水处理技术后设计和生产的，其原则性系统流程如图 8-24 所示。本套脱硫废水处理系统主要包括废水调节曝气、pH 值调整、沉降、絮凝、澄清及污泥处理等处理单元。

1）曝气氧化。FGD 系统排出的废水（40～50℃）首先进入废水箱，通过搅拌混合均匀，通过曝气降低废水的 COD。

2）中和、沉降、絮凝。废水进入三联箱，在中和箱中加入石灰乳将废水 pH 值调至 9 左右，使废水中的大部分重金属生成氢氧化物沉淀，氟生成 CaF_2 沉淀，As^{3+} 生成 $Ca_3(AsO_3)_2$ 等难溶物质；在沉降箱中加入有机硫（TMT-15），使其与水中剩余的 Cd^{2+}、Hg^{2+} 等反应生成溶解度更小的金属硫化物而沉积下来；在絮凝箱内加入混凝剂（$FeClSO_4$ 或聚合铝），使废水中的细小颗粒凝聚成大颗粒而沉淀下来；在絮凝箱出口处加入助凝剂，强化颗粒的长大过程，促进细小的氢氧化物和硫化物沉淀变成更大、更易沉淀的絮状物。

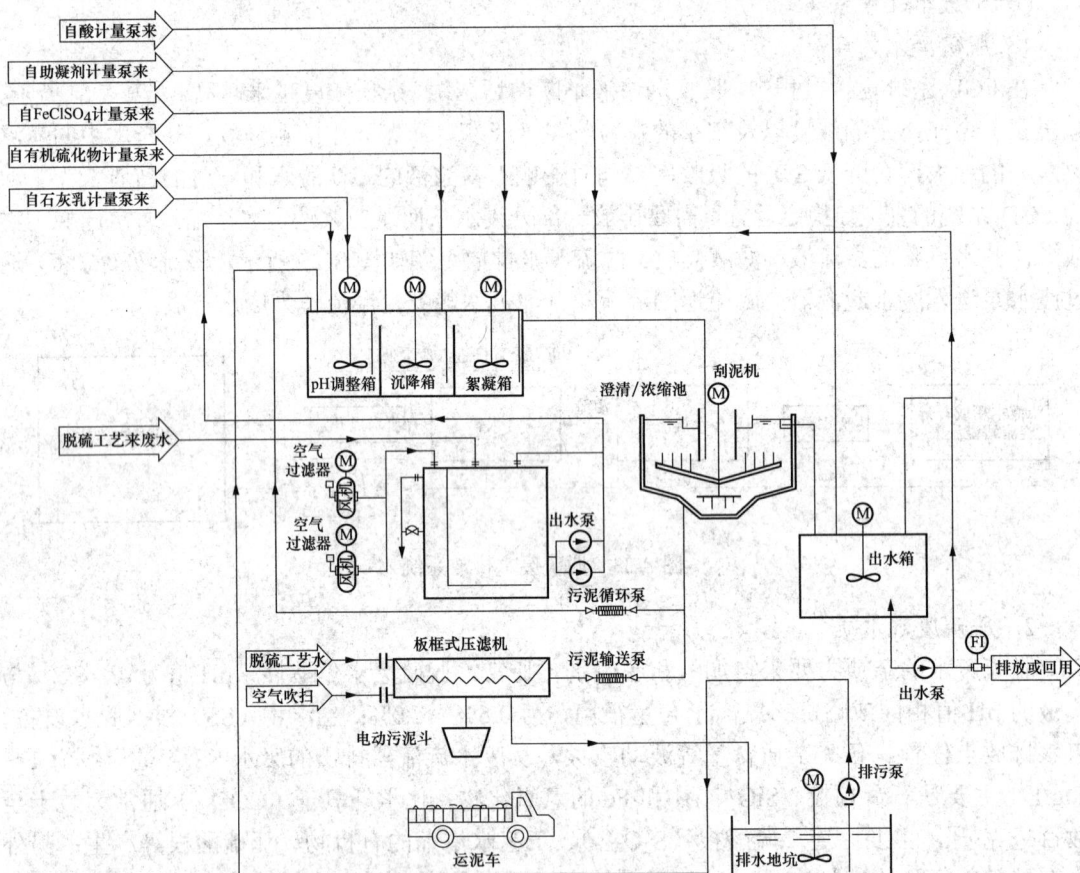

图 8-24 脱硫废水处理的原则性系统流程

3）澄清分离。废水自流进入澄清池，絮凝体在澄清池中与水分离。絮体因密度较大而沉积在底部，然后通过重力浓缩成污泥。大部分污泥经污泥输送泵输送到污泥脱水系统，小部分污泥作为活性污泥返回到中和箱，提供沉淀所需的晶核（实际上，由于脱硫废水中的悬浮物含量较高，有时候并不一定需要污泥回流，这一点可以在设备调试中予以确定）。澄清池上部则为净水，净水通过澄清池上部的集水槽汇集，流入清水箱。

4）pH 值调整。进入清水箱的水，pH 值大于 9，需要加盐酸将其 pH 值调整到 6.0～9.0 后排放。

5）污泥脱水。板框压滤机一个周期的工作程序包括进料、压滤、移动滤板、振荡滤布（使滤饼脱落）、滤布冲洗等过程。澄清池底部的泥渣中固体物质的质量分数为 10%左右，经压滤机脱水后，滤饼含固率为 45%左右，最后将滤饼运送到渣储贮存。

（2）水力除灰。该方法是脱硫废水不经处理直接进入水力除灰系统，脱硫废水中的重金属或酸性物质与灰中的 CaO 反应生成固体而得到去除，从而达到以废治废的目的，以珞璜电厂、重庆发电厂为代表。由于电厂除灰系统为水力除灰，灰浆液碱度偏高，脱硫废水偏酸性，对灰水有中和作用，其流量相对灰浆量而言极少，脱硫废水掺入水力除灰系统对除灰系统的影响很小，所以采用该方案基本不需要对水力除灰系统进行任何改造。脱硫废水直接送到灰场（或电厂水力除灰系统），不需要额外增加水处理设备，因而该方案具有投资小，运行方便的优点，但该方案不适用于干法除灰系统的电厂。

（3）零排放的处理方式。废水蒸发或"烟道"处理可以达到零排放。

1）废水蒸发。通过蒸发及干燥装置可以使脱硫废水分离为高品质的水蒸气和固体废物，回收干净的水，固体废物产量小，处理方便，是较彻底的一个处理方法，便于实现全厂废水的零排放。

物理蒸发常称为盐水浓缩，是采用电厂蒸汽加热废水，使废水气化，再冷凝废水蒸气，从而获得可再利用的蒸馏液和废水浓缩液。可以根据物理蒸发的类型来命名这种工艺过程，有多效蒸发、蒸汽加压蒸发、薄膜蒸发和强制循环蒸发等，其中多效蒸发较常用。多效蒸发是在一个多效蒸发器中，通过多级蒸发来提高蒸发效率。在这种多效蒸发器中，第一级采用蒸汽加热废水，废水大部分蒸发，留下废水浓缩液。再用废水蒸气加热第二级的废水，大部分废水蒸气在加热第二级废水时冷凝成蒸馏液，剩余的废水蒸气最后在冷凝器中被冷却水冷凝。由于利用了每级废蒸汽的潜热，因此提高了热效率，降低了净化单位体积废水的能耗。图8-25所示为二级蒸发器系统。虽然每增加一级可以提高热效率，但随着设备的增加，投资和维修成本也增大。因此需比较投资/维修费用和能耗费用来确定最佳蒸发级数。

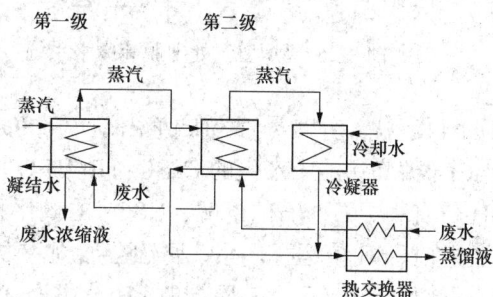

图8-25 二级蒸发器系统

通过蒸发来浓缩 FGD 排放液能耗、投资高；脱硫废水中的高浓度 $CaCl_2$、$MgCl_2$ 等盐类非常难以结晶且腐蚀性强；而 Ca^{2+}、Mg^{2+} 的碳酸盐、硫酸盐容易在蒸发器内结垢，降低热交换效率以及废水浓缩的效率。目前普遍采用物理蒸发处理各种废水，国外虽然许多电厂采用了这种技术，但仅有少数电厂用来蒸发脱硫废水。我国首座废水零排放火力发电厂广东河源电厂脱硫废水处理采用了该技术。

该电厂根据脱硫废水水质特点和蒸发结晶工艺对进水水质的要求，在蒸发结晶固化工艺前对脱硫废水进行预处理。预处理工艺设计了两级化学沉淀，一级化学沉淀中投加 $Ca(OH)_2$，控制合适的 pH 值范围，二级化学沉淀中投加 Na_2CO_3，以及在两级化学沉淀中均投加 $FeCl_3$、聚丙烯酰胺，可以确保出水中 Ca^{2+}、Mg^{2+}、SO_4^{2-}、硅含量达到蒸发结晶工艺进水水质要求。预处理后的脱硫废水经预热器加热后，进入四级蒸发系统。脱硫废水经四级蒸发室加热浓缩后送至盐浆桶，通过两台盐浆泵送入盐旋流器，旋流器将大颗粒的盐结晶旋流后落入下方的离心机。离心机分离出的盐晶体通过螺旋输送机送至干燥床进行加热，使盐晶体完全干燥。旋流器和离心机分离出的浆液返回加热系统中进行再次加热蒸发浓缩。

2）"烟道"处理。"烟道"处理相对简便，设备少，占地小，投入产出高。废水中的盐类用烟气热量蒸发成为固体，由电除尘器收集，对原有烟道系统影响很小，因此是重点关注的一个处理方法。

如图8-26所示，将脱硫废水用泵送到除尘器前烟道，经压缩空气将脱硫废水在除尘器前烟道内雾化。某电厂烟气脱硫工程单台 300MW 机组脱硫废水排放量仅为 $4.2m^3/h$，水温为 $52℃$，除尘器前烟道中烟气温度为 142℃，因此，喷入烟道的雾化脱硫废水迅速在烟道中蒸发，脱硫废水中的固体物（重金属杂质以及各种金属盐等）和灰一起悬浮在烟气中并随烟气进入电除尘器，在电除尘器中被电极捕捉，随灰一起外排，因脱硫废水中固体量和各种金属盐含量仅为 395kg/h，对灰的物性及综合利用不会产生影响。

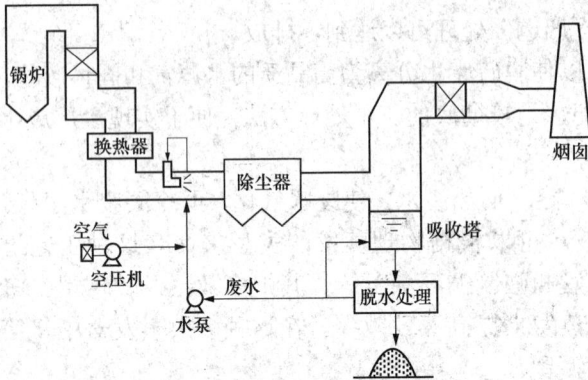

图 8-26 "烟道"处理脱硫废水系统

五、影响脱硫率的主要因素

影响脱硫率的因素很多，如浆液 pH 值、钙硫比、吸收剂和添加剂、液气比、进塔温度、烟尘浓度及烟气流速等。

1. 浆液 pH 值

浆液 pH 值可作为提高脱硫率的细调节手段，SO_2 的吸收速率随 pH 值的降低而下降。如果设定 pH 值太高，石灰石不再溶解，并且尽管 pH 值很高，但 SO_2 吸收很难进行，石灰石耗量大，循环浆液中过剩 $CaCO_3$ 偏高；池中产生的 $CaSO_3 \cdot 1/2H_2O$ 增多，石膏品质下降；脱硫系统易堵塞和结垢。低 pH 值有利于石灰石的溶解、HSO_3^- 的氧化和石膏的结晶，可降低堵塞和结垢的风险，但若长时间在低 pH 值运行，系统腐蚀会加剧，维护费用较大。

兼顾上述关系，实际控制 pH 值由调试优化过程确定，一般控制为 4.8～5.6。增加石灰石浆液的供给量，可以提高吸收浆液的 pH 值；减小石灰石浆液供给量，吸收浆液的 pH 值随之降低。在脱硫装置运行过程中，可能引起吸收塔浆液 pH 值变化的主要因素有烟气量、烟气中的 SO_2 含量、石灰石品质、石灰石浆液浓度等。

2. 钙硫比

钙硫比又称化学计量比，即每去除 1mol SO_2 需要的吸收剂的量（单位 mol）。钙硫比的倒数称为吸收剂利用率。从脱除 SO_2 的角度考虑，在所有影响因素中，钙硫比对脱硫率的影响是最大的。

根据国内外石灰石-石膏湿法脱硫的运行经验，当 Ca/S 为 1.02～1.05 时，脱硫效率最高，吸收剂具有最佳的利用率；当钙硫比大于 1.05 以后，脱硫率开始趋于稳定；如果 Ca/S 增加得过多，还会影响到浆液的 pH 值，使浆液的 pH 值偏大，不利于脱硫反应的进行，脱硫效率降低。

3. 吸收剂和添加剂

（1）石灰石。石灰石是目前湿法中最常用的吸收剂，它在许多国家有丰富的储藏量，因此要比其他吸收剂更便宜。我国的石灰石储量大，矿石品质较高，$CaCO_3$ 含量一般大于 93%。石灰石无毒无害，在处置和使用过程中很安全，是 FGD 理想的吸收剂。由于吸收剂的品质会影响脱硫效率、吸收剂耗用量、石膏副产品的质量和对设备的磨损，因此在选择石灰石作为吸收剂时，必须考虑石灰石的化学成分、反应活性、粒径（或粒径分布）和硬度等特性。

石灰石主要由方解石组成，常混有白云石、砂和黏土矿等杂质。方解石的主要成分是 $CaCO_3$，常呈白色，含杂质时呈淡黄色、玫瑰色、褐色等。石灰石中的杂质成分即使在强酸中也不易溶解，故往往将这类物质称为酸不溶物或称酸惰性物。一般要求石灰石粉中 $CaCO_3$ 的质量分数大于 90%，石灰石中 CaO 质量分数 51.5%～54.9%。石灰石中过高的 SiO_2 等杂质虽不参加反应，但会增加循环泵、旋流子等设备的磨损。酸惰性物的存在降低了石膏纯度，而且类似于白云石会降低石灰石的反应活性。

石灰石反应活性影响吸收剂的溶解速率和溶解度，从而影响到脱硫效率、石灰石利用率和反应罐 pH 值之间的相互关系。如果其他因素相同，活性较高的石灰石在保持相同石灰石利用率的情况下，可以达到较高的 SO_2 脱除效率。石灰石反应活性的另一个重要影响是对商业等级石膏纯度的影响，在获得相同脱硫率的情况下。石灰石反应活性高，石灰石利用率也高，石膏中过剩 $CaCO_3$ 含量低，即石膏纯度高。需要指出的是，目前还没有一个被普遍认可的石灰石反应活性的定义。对于有些情况，反应活性涉及石灰石的溶解速度，对于另外一些情况，反应活性显示出与吸收塔内未溶解石灰石中 $CaCO_3$ 的量有关，往往还与石灰石中的白云石等杂质含量有关，显然，这两种因素都重要。研究表明，由石灰石中的杂质带入系统中的可溶性铝与浆液中的 F 可以形成 AlF_x 络合物，当 AlF_x 浓度达到一定程度时会抑制石灰石的溶解速度，降低石灰石的反应活性，即所谓"封闭"石灰石。浆液中可溶性亚硫酸盐、Mg^{2+} 和 Cl$^-$ 也会影响石灰石的溶解。

FGD 系统中固体石灰石溶解的总表面积直接影响循环浆液的运行 pH 值和吸收塔内溶解石灰石的总量，这些变量决定了脱硫效率。改变石灰石总表面积的一种方法是改变研磨细度，磨细石灰石可以提高单位质量石灰石的表面积；另一种方法是改变单位体积洗涤浆液中过剩固体石灰石的质量，实际上就是通过改变石灰石利用率来改变石灰石的总表面积。通过比较研磨设备的投资、运行成本和改变石灰石利用率引起的费用变化，依此来选择石灰石的最佳粒径。一般要求湿磨机出口 90% 的石灰石颗粒度小于 325 目（43μm），合理调节石灰石的磨制系统的运行，一方面要保证石灰石粒径合格，另一方面要避免将石灰石磨制得过细而消耗更多的能耗。石灰石的硬度对粒径分布有重要影响，习惯上采用可研磨指数来表示石灰石的硬度。

（2）添加剂。湿法脱硫中使用了多种化学添加剂，主要分为有机缓冲剂和氧化抑制剂。有机缓冲剂用来提高脱硫性能和运行灵活性，氧化抑制剂用来抑制自然氧化，使得石膏不结垢。另外，对晶体成长调节剂和防腐剂也进行了研究。

添加适当数量的有机酸如二元酸（DBA，主要由谷氨酸、丁二酸和己二酸组成）、甲酸和己二酸，能提高脱硫率和运行灵活性。此外，添加有机缓冲剂的 WFGD 系统可以比没有添加缓冲剂的系统在更低的 pH 值下运行。由于 pH 值较低，主要的反应产物不是亚硫酸钙而是亚硫酸氢钙。由于亚硫酸钙较难溶于水，而亚硫酸氢钙的溶解度高得多，因此运行在低 pH 值下结垢的可能性比 pH 值较高时小得多。

4. 液气比

液气比（L/G）是一个重要的 WFGD 操作参数。它是指洗涤每立方米烟气所用的洗涤液量，单位是 L/m^3。

实验结果表明，脱硫率随 L/G 的增加而增加，特别是在 L/G 较低的时候，其影响更显著。增大 L/G 比，气相和液相的传质系数提高，从而有利于 SO_2 的吸收，但是由于液气比的提高而带来的问题却显得突出，浆液停留时间随 L/G 的增大而减小，不利于化学反应与晶体的较好形成，削减了传质速率提高对 SO_2 吸收有利的强度；出口烟气的雾沫夹带增加，给后续设备和烟道带来沾污和腐蚀；循环液量的增大带来的系统设计功率及运行电耗的增加，运行成本提高较快。所以，在保证一定的脱硫率的前提下，可以尽量采用较小的液气比，通常 L/G 操作范围为 15～25。在实际应用中，对于反应活性较弱的石灰石，可适当提高 L/G 来克服其不利的影响。

5. 进塔烟温

根据吸收过程的气液平衡可知，进塔烟温越低越有利于 SO_2 的吸收。SO_2 只有溶于吸收液后才能与吸收剂反应，降低烟温，SO_2 在水中的溶解度增大，有助于提高脱硫效率；随着吸收液温度的升高，烟气中的 SO_2 溶解度降低，甚至会解析出来，导致脱硫效率降低。但进塔烟温过低会使 H_2SO_3 与 $CaCO_3$ 或 $Ca(OH)_2$ 的反应速率降低，使设备庞大。

6. 烟尘浓度

经过吸收塔洗涤后，烟气中大部分烟尘都会留在浆液中，其中一部分通过废水排出，另一部分仍留在吸收塔中。如果因除尘、除灰设备故障，引起浆液中的烟尘、重金属杂质过多，则会影响石灰石的溶解，导致浆液 pH 值降低，脱硫率下降。大多数脱硫装置在实际运行中，由于烟尘浓度过高，脱硫率可从 95% 以上降至 70%～80%。若出现这种情况，在短时间无法排除除灰、除尘设备故障，烟尘浓度连续超过 FGD 入口的要求时，应根据运行情况，停用脱硫系统。

7. 烟气流速

提高吸收塔内烟气流速可以提高气液两相的湍动，减小烟气与液滴间的膜厚度，提高传质效果，同时喷淋液滴的下降速度相对减小，增大传质面积。但是气流增速会减小气液接触时间，导致脱硫率下降。实验测得气速为 3.66m/s～4.5m/s 时，脱硫率变化不大，一般流速控制为 3.5m/s～4.5m/s 比较合适。烟气流速过大，烟气与浆液接触和反应时间相应减少，烟气携带液滴的能力也相应增大，增压风机的电耗也加大。

六、脱硫系统运行维护概要

脱硫系统运行维护的主要任务是：在主机正常运行的情况下，满足机组脱硫的需要；保证脱硫装置的安全运行；精心调整，保持各参数在最佳工况下运行，降低各种消耗；保证石膏品质符合要求；保证机组脱硫率在规定范围内。

1. 吸收塔系统

（1）石灰石浆液供给量控制。石灰石浆液供给量（给浆量）的大小对脱硫装置的影响很大，如果给浆太少，出口烟气含硫量增加，从而降低脱硫率；如果给浆太多，就可能使石膏中石灰石含量增加，降低石灰石利用率和石膏品质。石灰石浆液供给量控制有多种方式，其特点见表 8-3。由于入口 SO_2 负荷和反应罐 pH 值调节方式具有较多优点，其在脱硫系统中得到广泛应用。

表 8-3　　　　　　　　　　石灰石浆液供给量控制方式及其特点

控 制 方 式	优 点	缺 点
根据反应罐浆液 pH 值调节给浆量	可以使过程中心 pH 值处于合适的范围内	pH 值传感器需要经常维护和校验；pH 值响应慢而且是非线性响应；最佳 pH 值范围随时间变化
采用吸收塔入口 SO_2 负荷（烟气流量与 SO_2 浓度的乘积）作为调节给浆量的前馈信号，反应罐浆液 pH 值为反馈信号，微调给浆量	比 pH 值简单调节回路有较好的响应时间；可以使过程 pH 值处于合适的范围内	需要入口烟气 CEMS 或连续分析燃料含硫量；pH 值传感器需要经常维护和校验；最佳 pH 值范围随时间变化
根据反应罐浆液 pH 值调节给浆量，依据出口 SO_2 浓度调节 pH 值设定值	石灰石利用率最高；可以使过程 pH 值处于合适的范围内	pH 值传感器需要经常维护和校验；不能及时跟踪锅炉负荷的变化，当锅炉负荷短时间上升时，脱硫率往往会下降；响应较慢而且是非线性响应；最佳 pH 值范围随时间变化

（2）吸收塔浆液密度控制。通常，吸收塔浆液密度宜控制为 $1080\sim1120kg/m^3$（对应浆液悬浮固体质量分数为 13%～19%）。浆液密度过低，不利于石膏晶体生成，过高容易造成管道的堵塞，加大泵、搅拌器和管道的磨损。为了维持合适的浆液密度，通过实时测得的浆液密度与系统设定值进行比较，来自动控制石膏浆液排出泵的启停，或排出泵调节阀开度、变频排出泵的转速（出力）。如果测得的浆液密度大于设定值上限时，就自动排出浓浆至脱水系统；如果测得的浆液密度小于设定值的下限时，则停运排出泵或浆液经密度测定后返回吸收塔。

此外，个别 FGD 系统通过石膏旋流器底流阀的开闭来控制吸收塔浆液密度，如果石膏浆液密度高于设定值，则打开石膏旋流器底流阀，石膏浆液送到皮带脱水机；如果石膏浆液密度低于设定值，则关闭石膏旋流器底流阀，石膏浆液返回吸收塔。

（3）吸收塔液位控制。维持吸收塔反应罐正常液位可以保证循环泵抽取足够的浆液量，可以保证浆液有适当的停留时间，也有利于保持浆液密度的稳定。运行液位过高可能造成脱硫原烟气烟道和氧化空气管道进浆以及石膏旋流站回浆不畅；液位过低将导致氧化空气在浆液中停留时间短，未能充分发生氧化反应，进而导致反应恶化、影响石膏脱水效果和石膏品质。

控制吸收塔液位实质上就是维持吸收塔的水平衡。在大多数 FGD 设计中，吸收塔的水平衡是负平衡，即吸收塔浆液蒸发至烟气中的水分、废水处理系统外排水量以及副产物石膏带离系统的水分，超过进入吸收塔的固定水流量。固定水包括制备吸收剂浆液的工业水，泵、搅拌器和水环式真空泵等的密封水、除雾器冲洗水等。吸收塔液位的控制策略是按照一定体积的原烟气所带走的水分与经除雾器冲洗补充的水分相平衡来制订的。

通常，吸收塔液位的控制是通过调节除雾器冲洗的间隔时间（冲洗频率）来实现的。除雾器冲洗时间根据吸收塔直径和冲洗阀的流量，在程控中确定。冲洗阀门打开的等待时间，即冲洗的间隔时间根据锅炉负荷来改变。当锅炉负荷高，吸收塔内水分蒸发量大（或液位偏低）时，缩短冲洗间隔时间；当负荷下降（或液位偏高）时，则延长冲洗间隔时间，以此达到控制反应罐液位，调节补充水量的目的。

2. 石膏浆液脱水系统

（1）真空皮带脱水机滤饼厚度调节。采用变频器控制真空皮带脱水机的运动速度，可以维持皮带脱水机上稳定的石膏滤饼厚度。

（2）滤布冲洗水箱的水位调节。滤布冲洗水箱水位高于设计值，溢流到滤液水箱，当滤布冲洗水箱水位降低时，采用工业水补充。

（3）滤液水箱水位调节。滤液水箱的水位通过控制去吸收塔的石膏滤液的流量加以调节，并保持在规定水位。通常滤液水箱的水一部分由废水旋流泵送入废水旋流站，另一部分去球磨机用来磨制石灰石浆液循环使用。

（4）石膏品质的控制。①若石膏中 $CaCO_3$ 超标，应及时化验分析石灰石浆液品质及石灰石原料品质。如果石灰石浆液粒径过粗，应调整该细度在合格范围；如果石灰石原料中杂质过多，则通知石灰石供料单位，保证石灰石原料品质在合格范围。②若石膏中 $CaSO_3$ 含量超标，应及时调整氧化空气量，保证吸收塔中 $CaSO_3$ 充分氧化。③若石膏颜色较深，则可能是烟气中的含尘量过大，应及时联系电厂主机系统调整烟气除尘器的运行。④若石膏水分含量大于 10%，应及时调整脱水机给浆量或转速，保证脱水机真空度正常，石膏厚度在 25～30mm

的合格范围。

3. 石灰石浆液制备系统

制浆系统调整的主要任务是保证制出的石灰石浆液浓度在合格范围内，以满足脱硫装置安全、经济运行的需要。石灰石浆液浓度是通过保持石灰石给料量和工艺水等的流量比率恒定来控制的。

4. 烟气系统

烟气系统的调节主要是增压风机流量控制。一般将锅炉负荷作为控制系统的前馈信号，增压风机入口处烟气压力测量值作为反馈信号，前馈与反馈控制共同作用产生一个调节信号，控制增压风机叶片角度或变频电机转速，使增压风机入口处的烟气压力维持在设定值。

5. 日常化学分析

日常化学分析工作是为了监测 FGD 系统在运行中是否达到设计性能，尽早发现 FGD 系统发生的非正常的性能变化，是运行人员调整 FGD 系统运行工况的主要依据。为此，需对 FGD 系统石灰石品质、吸收塔浆液、石膏品质、工艺水和脱硫废水等进行日常分析。

FGD 系统正常运行时推荐的化学分析项目、周期和方法见表 8-4～表 8-7。

表 8-4　　　　　　　　　　石灰石品质的分析项目、周期和方法

测 试 项 目	测 试 方 法	分 析 周 期	备　注
$CaCO_3$ 含量	EDTA 容量法	1 次/批	/
$MgCO_3$ 含量	EDTA 容量法	1 次/批	/
颗粒度分布	筛分法或激光法	1 次/批	石灰石粉
		1 次/周	球磨机
化学活性	滴定法	需要时做	/
盐酸不溶物	重量法	1 次/批	/

表 8-5　　　　　　　　　　吸收塔浆液的分析项目、周期和方法

测 试 项 目	测 试 方 法	分 析 周 期
pH 值	玻璃电极法	1 次/d
密度	重量法	1 次/d
SO_3^{2-} 含量	碘量法或分光光度法	2 次/周
$CaCO_3$ 含量	中和容量法	2 次/周
Cl^- 含量	银电极滴定法	1 次/周
F^- 含量	分光光度法	1 次/周
盐酸不溶物	重量法	1 次/周

表 8-6　　　　　　　　　　石膏品质的分析项目、周期和方法

测 试 项 目	测 试 方 法	分 析 周 期
游离水分	重量法	1 次/周
纯度	沉淀重量法	

测 试 项 目	测 试 方 法	分 析 周 期
$CaCO_3$ 含量	中和容量法	
$CaSO_3$ 含量	碘量法	1 次/周
Cl^- 含量	银电极滴定法	
F^- 含量	分光光度法	

表 8-7　　　　　　　　　　工艺水和脱硫废水的分析项目、周期和方法

类　　别	测 试 项 目	测 试 方 法	分析频次	备　　注
工艺水	SO_4^{2-}	离子色谱法	1 次/月	/
	Cl^-	分光光度法		
	浊度	比色法		
	总硬度	EDTA 容量法		
	pH 值	电极法		
废水处理出水	pH 值	电极法	1 次/月	如有废水处理系统则测试
	F^-	分光光度法		
	悬浮物	重量法		
	重金属	原子吸收光谱法		
	COD	重铬酸钾法		
	S^{2-}	分光光度法		

七、脱硫系统的腐蚀

金属材料或其制件与其所处的环境介质之间发生化学、电化学作用而引起的破坏称为金属腐蚀。

（一）腐蚀环境

金属的腐蚀是一个十分复杂的过程，造成材料腐蚀的因素很多，大体上可分为腐蚀的内在因素和外在因素两方面。内在因素是指材料本身的问题，通过合理选材解决，在后面的防腐材料中介绍。这里介绍外在因素（即腐蚀环境）对腐蚀的影响。

1. 介质成分

化石燃料在燃烧过程中产生多种具有强腐蚀性的酸性气体 SO_2、SO_3、HCl、HF、NO_x，部分 SO_3 随着烟气温度下降与烟气中的水分结合形成极具腐蚀性的高浓度硫酸冷凝液。绝大部分 SO_2、HCl、HF 被浆液吸收生成硫酸、亚硫酸、盐酸和氢氟酸，虽然最终大多转化成相应的钙盐和镁盐，但它们的水解产物都具有酸性。这样在系统不同部位会造成不同低 pH 值的腐蚀环境，而 Cl^-、F^- 的存在恶化了腐蚀环境。相对来说，F^- 浓度较低，Cl^- 则可能出现很高的浓度。

2. 温度

环境温度是影响 FGD 装置材料选择的重要因素。不同类型的 FGD 装置工艺过程的环境温度范围是有所差别的，但正常运行时遭遇到的最高和最低温度大致相同，最高温度是锅炉

排烟温度，一般为 120～160℃，最低温度是湿法 FGD 吸收塔出口温度，一般为 45～55℃。橡胶、增强树脂和纤维增强塑料等有机衬材或构件有长期和短时最高使用温度的限制，应根据不同温度选择不同的材料，错误的材料选择往往对有机衬材是致命的。有机或无机衬砌材料与基材（金属）的线膨胀系数相差较大，在温度作用下会产生不同步的线膨胀，温度越高，设备越大，其负面作用就越大。FGD 装置正好具有这一特点，这种不同步的线膨胀会导致二者粘接界面产生热应力，使黏结强度下降，甚至脱粘和起层。另外，有机防腐衬里材料多是高分子化合物，温度使材料的物理化学性能下降，加速老化过程，严重时在短时间内可以使有机高分子链断裂甚至炭化。

在 FGD 运行可预见的环境温度范围内，就耐热性而言，对于耐腐蚀金属没有温度限制。但是，温度的升高通常会加速合金的腐蚀。温度分布不均匀，例如热交换器的局部过热将引起温差腐蚀，通常高温部位成为阳极，腐蚀速度加快。

3. 干/湿过渡区

干/湿过渡区由于高温、腐蚀性盐的浓缩和高浓度酸性沉积物而成为极具腐蚀的区域。

4. 固体颗粒物

湿法脱硫工艺中引成磨蚀的固体颗粒物主要是烟气带入的飞灰，浆液中的石英砂、石膏和碳酸钙。烟气中的飞灰对布置在 FGD 入口的增压风机有轻微的磨损，对螺旋肋片管换热器的磨损较明显。烟气中的大部分飞灰最终将进入吸收塔循环浆液中，浆液中的飞灰、石英砂（主要由石灰石带入）、石膏和石灰石对吸收塔模块中的塔壁、梁柱、喷嘴、浆液管（浆管）、搅拌器以及浆液泵（浆泵）和阀门的磨损是这部分结构材料选择时必须引起重视的问题。浆液中上述几种主要固体颗粒对 316L 不锈钢的磨损率依次是石英砂＞飞灰＞石膏＞石灰石，而且随着含固量的增加磨损率增大。因此，选用酸不溶物低的石灰石、降低烟尘含量、降低浆液含固量和颗粒尺寸是减少固体颗粒物磨损的重要措施之一。

5. 流速

提高介质的流速，会加剧介质对材料表面的冲刷。对金属材料，介质流速的增加容易损坏金属表面的钝化膜，使腐蚀产物易于脱落。同时，不断更新金属表面的溶液，将有利于腐蚀反应的进行。所以多数情况下，介质流速的增加会加速金属的腐蚀。对于 FGD 系统浆管的设计，流速是一个重要的参数，流速过低会形成沉积物，过高则会增加对管件设备的磨蚀，通常浆泵入/出口的设计浆液流速应分别取 2.0±1m/s 和 2.5±1.0m/s，当浆管直径较大时取上述设计的上限，但最大流速不应超过 3.7 m/s，最低流速为 0.8 m/s。

当喷嘴连接法兰、固定管网式氧化布气管的连接法兰时，外泄的浆液和带压空气将磨损法兰面。当氧化空气喷嘴距底板较近时，应在正对喷气嘴的底板上采取防冲刷措施，例如在增强树脂或橡胶衬层的表面再衬砌一块瓷板。

烟气流速对烟道及其构件的磨损相对较小。国外标准设计流速，矩形烟道取 15～18m/s，圆形烟道取 18～22m/s。对清洁烟气烟道几何形状的设计应尽可能避免冷凝液汇集在底板上而加剧腐蚀。

6. 结构设计

设备中不合理的结构设计常常造成局部应力，造成腐蚀介质的停滞和局部过热等现象，这些都会导致金属腐蚀。为了避免因不良结构而导致腐蚀的产生，在 FGD 系统结构设计时应注意以下问题：①防止腐蚀介质的停滞、冷凝液的积存；②防止在金属表面形成沉积物或采取措施及时清除不可避免形成的沉积物；③尽量减少金属与金属、金属与非金属之间形成的特别小的缝隙，以免引起缝隙腐蚀；④避免不同金属接触，两种不同材料的金属连接时可用绝缘材料隔开，以避免产生电偶腐蚀；⑤吸收塔、GGH 应有排气结构，在系统停运时，用来排出废气；⑥避免采用弯度较小的弯管，流体方向迅速变化的急弯部分容易引起磨损；⑦尽量减少合金材料的焊缝。

（二）腐蚀类型

金属腐蚀按腐蚀形态可分为全面腐蚀和局部腐蚀两类。前者腐蚀分布在整个金属表面上，总的来看，腐蚀分布相对较均匀。这种腐蚀的危害相对比较小，因为这种腐蚀是在整个表面上以基本相同的速度向金属内部蔓延，所以可以预测它的腐蚀速度和材料的使用寿命，据此在设计时留出一定的腐蚀裕度。后者腐蚀主要集中在金属表面局部区域，而表面的其他部分几乎没有腐蚀或腐蚀轻微。由于局部腐蚀的分布、深度和发展很不均匀，很难估算其腐蚀速度，常在整个设备较好的情况下，突然发生破坏。局部腐蚀的危害性较大，有人统计分析了 67 个各类腐蚀失效事故的实例，发现全面腐蚀占 17.8%，局部腐蚀占到 82%，可见局部腐蚀的危害性。常见的局部腐蚀有点腐蚀、缝隙腐蚀、应力腐蚀、腐蚀疲劳、磨损腐蚀、电偶腐蚀、晶间腐蚀和选择性腐蚀。FGD 装置中腐蚀损坏部位和出现损坏的频率如图 8-27 所示，从该图可看出，点腐蚀和缝隙腐蚀占了 75%以上。

图 8-27　FGD 装置常见腐蚀分析

1. 点腐蚀

（1）基本概念及特征。点腐蚀简称点蚀，也称小孔腐蚀。这种腐蚀主要集中在某些活性点上，范围小，但向金属内部深处发展，形成蚀孔状腐蚀形态。而金属的其他部位几乎不腐蚀或腐蚀轻微。它的特点是蚀孔深度大于直径，腐蚀集中在个别点上，有些较分散，有些较密集，严重时可使设备穿孔。蚀孔的形成有一个诱导期，但长短不一，蚀孔一旦形成便具有向深处自动加速进行的作用。腐蚀的孔口表面常有腐蚀产物覆盖，少数呈开放式，无腐蚀产物覆盖。

（2）影响因素。影响点蚀的因素有环境因素和冶金因素。环境影响因素是指材料所处介质的特性，它对点蚀的形成有重要的影响。环境影响主要有以下几方面：

1）介质类型。如不锈钢易在含卤族元素阴离子中发生，其作用顺序为 $Cl^->Br^->I^-$，当溶液中含有 $FeCl_3$、$CuCl_2$ 为代表的二价以上重金属氯化物时，将大大促进点蚀的形成与发展。

2）介质浓度。以卤族离子为例，只有当卤族离子达到一定浓度时才发生点蚀，不锈钢的点蚀电位与卤族离子浓度有一定的关系，Cl^- 对点蚀电位的影响最大。介质中其他阴离子或阳离子则有些可能对点蚀起加速作用，有些起缓蚀作用。FGD 系统浆液中较多见的 SO_4^{2-} 对不锈钢点蚀起缓蚀作用。

3）介质温度。温度升高，不锈钢点蚀电位降低。在含氯介质中，各种不锈钢都有一个临界点蚀温度（CPT），达到这一温度，发生点蚀的概率增大，并随温度上升而趋于严重。

4）介质流速。一般流速增大，点蚀倾向降低，若流速过大，则将发生冲刷腐蚀。对不锈钢有利于减少点蚀的流速为 lm/s 左右。

冶金因素主要指合金元素的作用。当合金表面的钝化膜局部被破损，点蚀开始后，如果被侵蚀的钝化膜不能很快地自动修复，点蚀将进一步发展。提高不锈钢耐点蚀性能最有效的元素是铬和钼，氮与镍也有好的作用。增加含铬量可以提高钝化膜的稳定性。钼的作用在于能抑制 Cl⁻的破坏作用和形成保护膜，防止 Cl⁻穿透钝化膜。氮的作用在于能在初期形成的蚀孔中抑制 pH 值的降低。镍有助于修复被损坏的保护膜，还可改进合金的加工性能及焊接性能。铬、钼、氮的联合作用更为显著。不锈钢中加入适量的 V、Si 以及稀土元素对提高耐点蚀性能也稍有作用。从合金材料的组织结构来看，提高其均匀性可增强其抗点蚀能力。降低钢中 S、P、C 等杂质元素，则可减小点蚀敏感性。

（3）防止方法。为了防止点蚀，可以采取以下几种措施：改善介质条件，如降低 Cl⁻含量、降低温度、提高 pH 值、减少氧化剂（如除氧、防止 Fe^{3+} 和 Cu^{2+} 的存在）；选择耐点蚀的合金材料；结构上避免出现"死区"；采用阴极保护；对合金表面进行钝化处理和使用缓蚀剂。在 FGD 系统中主要是采用前三种方法。

2. 缝隙腐蚀

（1）基本概念。缝隙腐蚀是因金属与金属，金属与非金属，金属与其表面的固体沉积物、垢层等之间存在很小的缝隙，缝内介质不易流动而形成滞留状态，促使缝内的金属加速腐蚀，发生在缝隙内的局部腐蚀形态。只有缝宽为 0.025～0.1mm 时，才可能形成强烈的腐蚀，在这种情况下，液体能流入，流入后呈滞流状态。缝窄了，液体进不到缝内；缝宽了，液体能进行对流。这两种情况都不会发生缝隙腐蚀。

（2）特征。缝隙腐蚀可以发生在所有金属与合金上，特别易发生在依靠钝化耐腐蚀的金属及合金上，而且在任何侵蚀性溶液、酸性或中性溶液中都可能发生，含 Cl⁻的溶液最容易引起缝隙腐蚀。另外，与点蚀相比，对同一种合金来说，缝隙腐蚀更易发生。缝隙腐蚀的临界电位要比点蚀电位低。

（3）影响因素。除了前面讲到的缝隙宽度是造成缝隙腐蚀的主要因素外，温度、pH 值、Cl⁻、材料组成元素及含量对缝隙腐蚀的影响与对点蚀的影响是相同的。腐蚀介质流速的影响则是：一方面会增加缝隙腐蚀；另一方面，当流速加大，有可能把沉积物冲掉，则会使缝隙腐蚀减轻。

（4）防止方法。为防止缝隙腐蚀发生，在结构设计上避免形成缝隙和能造成表面沉积的几何构形，正确进行焊接，避免出现楔形和 V 形焊缝。

3. 应力腐蚀断裂

（1）基本概念。在拉应力和特定腐蚀环境共同作用而发生的脆性断裂现象，称为应力腐蚀断裂。由于应力腐蚀断裂往往在没有明显预兆情况下发生，所以危害性大。特别是对于压力容器和大型风机，将造成严重后果。

（2）产生的条件。应力腐蚀只有在拉应力和特定介质的协同作用下才能发生。拉应力包括加工过程中产生的内应力和使用过程中的外加应力。内应力主要是在加工期间，如冷加工、弯曲、剪切冲压、焊接或冷却降温时产生，这是金属材料产生应力腐蚀的主要原因。

并非所有的金属与介质的组合都能发生应力腐蚀。对于 FGD 环境，常用合金与产生应力腐蚀断裂的腐蚀介质的组合有：低合金高强钢-氯化物；奥氏体不锈钢-氯化物；铁素体和马氏体不锈钢（400系列）-氯化物；马氏体时效钢-氯化物。处于湿态下的脱硫风机，如果不采取防腐措施或防腐材料选择不合适，都有可能产生应力腐蚀断裂，这是选择湿态脱硫风机时特别要引起重视的问题。

（3）特点。应力腐蚀断裂的特点是在金属的局部出现由表及里的裂纹，裂纹断口的形貌宏观上属于脆性断裂。

4. 腐蚀疲劳

（1）基本概念。疲劳是指材料在交变应力作用下，经过一定周期后发生的断裂过程。由交变应力与腐蚀环境共同作用而引起金属的断裂破坏，称为腐蚀疲劳。腐蚀疲劳往往在很低的应力条件即会发生断裂。腐蚀疲劳造成的破坏要比单纯的交变应力造成的破坏（即疲劳）或单纯的腐蚀作用造成的破坏严重得多。由于腐蚀作用，使疲劳裂纹萌生所需时间及循环周次都有减少，从而使裂纹扩展速度增大。

（2）特点。与应力腐蚀不同，绝大多数金属和合金在交变应力作用下都可以发生腐蚀疲劳，而且发生腐蚀疲劳不需要材料与环境的特殊组合。也就是说，在任何腐蚀环境中，在交变应力作用下就可能发生。

腐蚀疲劳裂纹多起源于表面腐蚀坑或表面缺陷，裂纹源往往数量较多。腐蚀疲劳裂纹多为穿晶型，裂纹分支少，断口大部分有腐蚀产物覆盖，少部分断口较光滑，呈脆性断裂，没有明显的宏观塑性变形。

（3）腐蚀发生部位。腐蚀小孔处往往是腐蚀疲劳的源点。同样，缺陷和焊接处也是容易出现裂纹的地方。对于FGD系统，湿态风机、浆泵的轴常发生腐蚀疲劳断裂破坏。

（4）防止方法。腐蚀疲劳防护方法有多种途径，最有效的办法是选择合适的防腐材料，降低受腐蚀部件的应力，后者可以通过改进设计和正确的热处理予以改善。

5. 磨损腐蚀

（1）基本概念。磨损腐蚀又称冲刷腐蚀或冲蚀。是腐蚀性流体与金属构件以较高速度相对运动而引起的金属损伤，是流体的冲刷与腐蚀协同作用的结果。当流体中含有固体颗粒、气泡时，会加剧这种腐蚀。FGD装置中的离心浆泵叶轮、搅拌器的浆叶、填料密封及转轴等经常出现这类腐蚀。如果选材不当，或结构设计不当，或冲蚀环境过于严酷（低pH值、高Cl^-浓度和高含固体颗粒），往往在很短的时间内造成装置的破坏。

（2）种类。在FGD浆液系统中发生磨损腐蚀的形式主要是湍流腐蚀和空泡腐蚀（又称气蚀）。湍流腐蚀是流体速度达到湍流状态而导致加速腐蚀的一种腐蚀形式。空泡腐蚀是由于腐蚀介质与金属构件作高速相对运动时，气泡在金属表面反复形成和崩溃而引起金属破坏的一种特殊腐蚀形态。在高速流体有压力突变的区域最易发生气蚀，例如离心泵叶轮的吸入侧和叶片的出口端、螺旋浆叶的背部等。

（3）影响因素。影响磨损腐蚀的因素十分复杂。材料本身的化学成分、组织结构、机械性能、表面粗糙度、耐蚀性等；介质的温度、pH值、溶解氧量、各种活性离子的浓度、黏度、密度、固相和气相在液相中的含量、固相的颗粒度和硬度等；过流部件的形状、流体的流速和流态等都对磨损腐蚀有很大的影响。就FGD浆泵而言，合金过流部件的耐腐蚀性（钝化膜的特性）、硬度对抵御流体运动引起的冲刷腐蚀是十分重要的。此外，浆液含固量较高或含有磨损性强的飞灰和由石灰石带入的石英颗粒会加剧冲刷的力学作用，使钝化膜减薄、破碎，从而加速腐蚀。腐蚀使过流件表面粗化，形成局部微湍流，又促进了冲刷过程。另外，浆液中的气泡在泵金属过流件表面的溃灭造成表面粗化，出现大量直径不等的呈火山口状的凹坑，最终使过流件丧失使用能力。

（4）防止措施。防止磨损腐蚀的措施主要是：①改进设计，避免恶劣的湍流工作条件，避免截面急剧变化的设计，保持过流表面的光滑；②正确选材，选择耐腐蚀、硬度大的合金材料，对多相流可考虑选用合金铸铁、双相不锈钢；③控制介质环境，避免过低的 pH 值，减少 Cl⁻浓度和流体中的气泡和固体物含量；④降低流体流速，例如，在条件允许的情况下选择低转速的浆泵。

6. 电偶腐性

（1）基本概念。在同一个介质中，两种不同腐蚀电位的金属或合金互相接触而引起电位较低的金属在接触部位发生的局部腐蚀，称为电偶腐蚀，又称接触腐蚀，或称异金属腐蚀。造成加速电位较低的金属腐蚀的原因是由于不同金属构成了电偶，即较耐腐蚀的金属电位高，形成了大阴极，不太耐蚀的金属电位低，成了小阳极。

（2）防止措施。有多种防止电偶腐蚀的办法，但最有效的方法是从设计上解决，一是尽量选择腐蚀电位相近的金属相组合；二是设计合理的结构，避免大阴极小阳极的结构。不同金属部件之间应绝缘，可有效地防止电偶腐蚀。

（三）防腐材料

目前，应用于 FGD 装置的防腐材料主要有橡胶、增强树脂内衬、纤维增强塑料（fiber reinforced plastic，FRP）、耐腐蚀合金和无机防腐材料。

在美国，由于用来衬覆碳钢的橡胶和增强树脂与其他防腐材料相比有较低的初装费用而大量用于第一、二代 FGD 装置中，第三代 FGD 装置则趋向于采用合金防腐材料。近年，虽然德国的 FGD 装置也大量采用合金材料，但通常仍采用橡胶衬里作为吸收塔、管道和低温烟道的防腐材料。在日本，20 世纪 70 年代建造的 FGD 装置，当时约 80%的火力发电厂是采用油作燃料，所以 316L 和 317L 不锈钢成为当时 FGD 装置的首选材料。80 年代后，日本绝大多数火电厂（大约 84%）改为燃煤，脱硫技术的逐渐成熟，制造商正朝着降低建设成本的方向努力，FGD 装置改用树脂或橡胶内衬来代替不锈钢，但多数采用增强树脂内衬。近年来，为了减少设备的停机维修，已有重新考虑使用合金材料的倾向。

自 20 世纪 80 年代末以来，我国火力发电厂的 FGD 装置无一例外都是采用橡胶和增强树脂内衬作为主要防腐材料。而且，可以预见，在今后 10 年左右的时间内，这种选材趋向不会有大的改变。这两种防腐材料尽管有维修工作量大、周期寿命成本高、耐高温性能差和易着火的缺点，但投资成本低，不受高浓度 Cl⁻的影响是其突出的优点，是符合我国国情的材料选择。另外，即使主选上述两种防腐材料，在 FGD 系统中的某些区域或某些构件仍需采用合金材料或无机防腐材料。

1. 橡胶衬里

橡胶衬里是把整块已加工好的橡胶板利用胶粘剂粘贴在防腐基体表面，将腐蚀介质与基体隔开，从而起到防护作用。

天然橡胶的基本化学结构是异戊二烯，以其为单体，通过一些化学反应或硫化，与其他有机物、卤化物、无机物、单元素等反应，得到合成橡胶。应用于 FGD 装置中的橡胶衬里主要有以下几种：天然橡胶（NR）、丁基橡胶（HR）、氯化丁基橡胶（CHR）、氯丁橡胶（CR）

和自硫化溴化丁基橡胶（BHR）。橡胶衬里的优缺点见表8-8。

表8-8　　　　　　　　　　　　　　橡胶衬里的优缺点

优　　　点	缺　　　点
（1）具有较高的化学稳定性，可耐强酸、有机酸、碱和盐溶液。 （2）橡胶衬里致密性较高、抗渗性强，即使衬层局部脱粘，仍具有防腐性。 （3）有一定弹性，韧性较好，具有抵抗机械冲击和热冲击性能，适合用于受冲击或腐蚀的环境中，不受 Cl⁻浓度限制。 （4）橡胶衬里与钢铁的黏合力很强，比用一般树脂胶粘剂粘贴材料的黏合力强得多。 （5）未硫化的橡胶板具有良好的可塑性，对基体结构适应性强，可进行较复杂异形结构件的衬覆。 （6）橡胶衬里的整体性较好，接口可通过搭边黏合，黏结缝少，胶粘剂不产生气泡。 （7）橡胶衬里的施工条件远好于涂料、FRP 的施工条件，施工时溶剂挥发带来的毒性较小，施工方便、快捷。 （8）较低的投资成本（相对于合金材料）	（1）对强氧化性介质的化学稳定性差。 （2）使用温度一般较低，多数橡胶衬里长期使用温度为65～100℃，温度超过规定值后迅速破坏。 （3）抗渗性不如玻璃鳞片树脂涂料。 （4）施工步骤要求严格。 （5）易遭受机械损伤。 （6）导热性能差。 （7）硬质橡胶的膨胀系数比金属大 3～5 倍，在温度剧变、温差较大时，容易使衬胶开裂及胶层和基体之间出现剥离脱层现象。 （8）设备衬胶后，不能在基体进行焊接施工，否则会引起胶层遇高温分解，甚至发生火灾。 （9）价格比玻璃鳞片树脂涂料稍高。维修工作量大，用于吸收塔的衬里1～10 年后需大修或更换

2. 增强树脂衬里

（1）增强型树脂衬里。增强型树脂衬里是以合成树脂为主要成膜物质，添加增强材料的涂料在一定条件下固化后形成的保护层。涂料的主要成分是具有化学活性的液态状的合成树脂，合成树脂在未固化前是线型或轻度交联的高分子化合物。涂装过程中，在涂料中加入一定量的固化剂，将具有一定流动性的涂料涂覆在防腐基体上，合成树脂的线型或轻度交联的高分子化合物在固化剂的促进与参与下转化为三维网状结构的固体涂膜，并牢固地粘贴在基体上，形成防腐衬层（或膜）。

增强树脂衬里的耐蚀和耐温等性能主要取决于涂料中的树脂种类。双酚型乙烯基酯树脂和酚醛型环氧乙烯基酯树脂有较理想的耐化学性和抗水分渗透性，在湿法 FGD 系统中应用最广泛。

合成树脂涂料中加入增强材料的目的是改善树脂衬层的物理性能，FGD 系统最常用的增强材料是玻璃鳞片，玻璃鳞片的性能直接受玻璃原料成分、鳞片厚度、鳞片是否经过处理及鳞片大小等诸多因素的影响。玻璃鳞片是采用专门工艺用化学玻璃制作成的片状填充剂，由于化学玻璃（chemical glass）简称 C 玻璃，耐酸性和耐水性好，因此用于制作玻璃鳞片的玻璃原料必须为 C 玻璃。玻璃鳞片树脂涂料中的玻璃鳞片占组成的质量分数为 20%～30%，它们在衬层中采取和基材表面平行的方向重叠排列，一般玻璃鳞片含量越高，水蒸气渗透性就越低，但当玻璃鳞片质量分数达到 20%～30%后继续增加鳞片含量，水蒸气渗透率变化不大。衬层的抗渗透性与衬层的厚度成正比，只有当玻璃鳞片的厚度达到要求范围（2～5μm）时，才能保证在衬层中有百余层的玻璃鳞片排列（1mm 厚约 100 层）。衬层的这种结构阻止了腐蚀性离子、水和氧气等的渗透，减小了树脂硬化的收缩率和残留应力，缩小了涂层和金属基体之间在热膨胀系数上的差值，因此可阻止因反复、急剧的温度变化而引起的龟裂和剥落，增强了衬层的附着力，提高了衬层的机械强度、表面硬度，而且增强了衬层的耐磨性。

玻璃鳞片树脂衬里的优缺点见表8-9。

表 8-9 玻璃鳞片树脂衬里的优缺点

优　点	缺　点
(1) 具有较高的耐酸、碱腐蚀性，耐水解性。 (2) 具有较高的耐热性和耐寒性。 (3) 对基体表面黏着力强，耐温度骤变性好。 (4) 由于增强材料的应用增加了衬层的表面硬度、抗压、抗拉强度等机械性能，使之具有优良的抗渗透性和耐磨损性。 (5) 可以设计出具有各种特性的衬层结构。 (6) 投资费用低于橡胶衬里和合金	(1) 耐温性仍受到应用温度的限制。 (2) 遭受机械撞击时易损坏，抵抗机械冲击力不如橡胶内衬，烟道壁过分振动可能使衬层开裂。 (3) 施工环境恶劣，施工步骤严格。 (4) 维修工作量大，对于吸收塔 5～10 年需大修或更换。 (5) 不能在衬层背面的基材进行焊接施工，树脂是易燃物，检修过程中的电焊易引发火灾

(2) 橡胶和玻璃鳞片树脂内衬性能比较。橡胶和玻璃鳞片树脂内衬在 FGD 系统均有长期成功应用的经验，但对于刚接触 FGD 系统的工程技术人员往往对这两种衬层的选择提出疑问。应该说这两种衬里均可以应用手 FGD 系统，各有优缺点。至于选择哪种，在很大程度上取决于 FGD 供应商的习惯和经验，电厂也可能因为习惯或为了减少防腐材料的种类而指定采用某种防腐材料，FGD 供应商会予以满足。但是，吸收塔采用橡胶衬里的 FGD 系统往往在 GGH 和吸收塔上、下游烟道等部位要采用玻璃鳞片树脂内衬，而采用树脂内衬的 FGD 系统一般无需在现场进行橡胶衬里施工，这样可以减少采用防腐材料的种类。这两种防腐衬材的主要性能比较见表 8-10。

表 8-10 橡胶和玻璃鳞片树脂内衬的主要性能比较

项　目	结　果
耐腐蚀性、耐 Cl^- 浓度	相同
对钢材的黏结力	橡胶稍强于玻璃鳞片树脂
耐高温性	橡胶低于玻璃鳞片树脂
耐温度骤变性	橡胶不如玻璃鳞片树脂
抗渗透性	橡胶稍次于玻璃鳞片树脂
在腐蚀介质中的耐磨损性	橡胶略差于玻璃鳞片树脂，但后者表面较粗糙可能影响耐磨性
抵抗机械冲击力	橡胶好于玻璃鳞片树脂
耐老化性	橡胶不如玻璃鳞片树脂
投资费用	橡胶略高于玻璃鳞片树脂
对施工环境的要求	橡胶要求较高，但玻璃鳞片树脂施工环境更恶劣
维修工作量	相同
衬层修补性	橡胶略次于玻璃鳞片树脂

(3) 橡胶和玻璃鳞片树脂内衬损坏原因。

1) 不正确的选材及产品的变化在衬里损坏中是最为重要的因素。为了保证衬里质量，首先必须保证原材料的质量，合成橡胶和树脂均是高聚物，不同批次的产品在聚合度等性能方面不尽相同。严格按要求的条件存放这些原材料，防止胶板、树脂和各种添加剂过期。

2) 施工质量。施工中任何疏忽都可能导致衬层早期黏结方面的缺陷。例如，衬层早期局部起泡的原因多为：基体有砂眼、气孔等缺陷，衬前未发现或处理不当；压贴胶板或滚压树脂涂料时，局部未除去残存气体；喷砂除锈不彻底，或在衬里过程中落上了灰尘或其他污物；

设备焊缝、转角的处理未达到规定的要求。多处或大面积起泡或脱层则可能是：胶板或树脂过期；粘贴橡胶板的胶浆混入水分或失效；树脂固化剂选择不适当；衬里施工时湿度过大或温度过低以及两道工序之间的间隔时间掌握不好等原因。

3）运行期间或事故时温度骤变、浆液中较大垢块或机械异物、检修期间的机械碰撞都会使橡胶和树脂衬里过早损坏。在检修时不允许用铁锤等敲打衬里的外壁，在清除衬里表面的石膏垢时应格外小心，不得伤及内衬。塔内检修时脚手架钢管两端应用柔软的东西包扎，立在罐底的管件应垫有木板，在清除吸收塔反应池（罐）底部的沉积物时应格外小心，不要损伤衬层。一旦衬层破裂，很快就会发生基体被腐蚀穿孔。在喷淋塔中，喷嘴喷射出的浆液如果正对塔壁，会在较短的时间（2~4月）里将内衬磨穿。应用在 FGD 装置中的这两种衬里有严格的温度限制。当出现不正常工况，温度异常偏高时，对衬里的损坏会逐渐显露出来。因此，当锅炉排烟温度超过一定限值（通常取180℃）时，应有自动保护措施，例如，迅速隔离 FGD 系统或投入事故冷却装置，防止这两种衬里遭受高温损坏。

4）介质渗透以及材料的老化致使衬里最终损坏。橡胶衬层的老化比玻璃鳞片树脂要快些。导致介质渗透主要有三个原因：①凡在室温条件下成型的有机非金属材料均为非致密体，其中存有大量的分子级空穴，更为严重的是，几乎大多数有机材料是在挥发性的溶剂稀释条件下施工成型的，而溶剂的挥发使此类缺陷量进一步增大，这就为介质迁移性渗透提供了通道；②凡衬里材料均为复合材料，不同相材料界面间总存在界面孔隙；③衬里本体在混配、成型过程中必然会生成微气泡、微裂纹等缺陷。

3. 玻璃纤维增强塑料

以合成树脂为黏结剂，玻璃纤维及其制品作增强材料，并添加各种辅助剂而制成的复合材料称为玻璃纤维增强塑料（FRP）。因其强度高，可与钢铁相比，故又称为玻璃钢。

合成树脂在 FRP 中，一方面将玻璃纤维黏合成一个整体，起着传递载荷的作用；另一方面又赋予 FRP 各种优良的综合性能，如良好的耐蚀性，电绝缘性和施工工艺性等。因此 FRP 制品的性能，往往取决于所用合成树脂的种类。

玻璃纤维及其制品是 FRP 的主要承力材料，起着增强骨架的作用，对 FRP 的力学性能起主要作用，同时也减少了产品的收缩率，提高了 FRP 的热变形温度和抗冲击等性能。

各种辅助剂起着控制树脂的聚合程度、硬化时间和改善施工工艺性的作用。对固化后树脂的性能，如韧性、硬度、抗渗、耐磨等也有重要影响。

FRP 的主要优缺点见表 8-11。

表 8-11   **FRP 的主要优缺点**

优　　点	缺　　点
（1）轻质高强，管道内阻小。	（1）连续运行温度限于93℃，最高温度不超过150℃。
（2）相对于其他耐蚀管道费用较低。	（2）浆液流速限于 2.4m/s。
（3）易于装配、修复。	（3）荷重强度有限。
（4）无氯化物浓度限制。	（4）需定期维修
（5）不常发生磨损事故，管内外不易结垢。	
（6）已在 FGD 系统获得广泛的应用	

FRP 主要应用方式是衬里、增强和整体结构三种。玻璃鳞片树脂涂料与 FRP 相结合的复

合衬里，由于是手工操作，施工简单，总费用较低，在 FGD 系统中得到广泛的应用。FRP 应用于增强，实际上是 FRP 与塑料等材料的复合结构，用塑料、玻璃或陶瓷为内衬，外面用 FRP 进行加强，利用塑料优良的抗渗性、耐腐蚀性和加工方便、价格较低等优点，又充分发挥了 FRP 的轻质高强的特点。整体全结构 FRP 是今后发展方向，它能体现 FRP 的轻质高强度以及良好整体性等特点。这种具有独立结构的整体 FRP 在 FGD 系统的应用有发展的趋势，广泛用作 FGD 装置的浆管、除雾器、烟道和烟囱衬里。另外，已出现了整体 FRP 气体洗涤塔或反应罐，但目前仅用于小型 FGD 系统。

4. 耐腐蚀合金

在 FGD 系统中得到广泛应用的耐腐蚀金属材料有：奥氏体不锈钢、双相不锈钢、镍基 Cr-Mo 合金、钛合金、高铬铸铁以及低合金钢。特别在一些高温、严重腐蚀区域和动态设备防腐蚀区域，耐腐蚀金属材料成为橡胶和增强树脂衬层的主要替代物。

尽管采用耐腐蚀金属材料相对于大多数有机和无机防腐材料有较高的投资成本，但如果选材合理，则可以减少检修时间，降低长期的年维修费用。随着环保法规的日趋严格，美国 1990 年以后建成的一些 FGD 装置，为了对付预计非常高的 Cl⁻ 浓度，在 FGD 装置不同部位采用不同等级的耐腐蚀合金材料，建成全合金的 FGD 系统；20 世纪 80 年代，欧洲的 FGD 系统也普遍由橡胶衬覆碳钢防腐结构转为采用合金结构，FGD 系统出现了采用更耐腐蚀、更具耐久性材料的高合金化倾向；韩国电力集团公司在近年建成的 FGD 装置中也大量采用含镍合金作为吸收塔干/湿交界区、喷淋区、烟道和烟囱的防腐材料，期盼在 FGD 装置 30 年的设计寿命中无需进行大修，达到与电厂相同的使用寿命。

我国近年在建和拟建的 FGD 装置也在喷淋吸收塔入口干/湿交界区、GGH 至吸收塔入口烟道以及处于腐蚀区域的烟气挡板采用整体镍基合金或镍基合金覆盖碳钢板。由于合金墙纸显示出较好的性价比，为了解决越来越严重的腐蚀问题，合金墙纸多用来替代出口烟道的增强树脂内衬。现在许多 FGD 的新设计更多地采用合金墙纸或其他合金结构。FGD 常用耐腐蚀合金结构的优缺点见表 8-12。

表 8-12		FGD 常用耐腐蚀合金结构的优缺点	
项目	整体板结构	轧制覆盖板结构	墙纸和局部压合金属板结构
钢种	316L 317L、317LM、317LMN 4-Mo 奥氏体不锈钢 6-Mo 超级奥氏体不锈钢 625 级合金 C 级合金 钛	6-Mo 超级奥氏体不锈钢 625 级合金 C 级合金	6-Mo 超级奥氏体不锈钢 625 级合金 C 级合金 钛
较为常用的区域	上述所有等级的材料都能用于吸收塔和反应罐中，但不采用烟气加热器的吸收塔入口水平烟道和公共出口烟道只能采用 625 级和 C 级合金	上述三种合金覆盖板用于吸收塔和反应罐中，但仅 625 级和 C 级合金用于不采用烟气加热器的吸收塔入口水平烟道和 FGD 公共出口烟道	625 级合金、C 级合金和钛于不采用烟气加热器的吸收塔入口水平烟道和 FGD 公共出口烟道
主要优点	(1) 如果正确地选用合金，今后的维修工作较少。 (2) 修补工作一般较简单。 (3) 施工较简单。 (4) 不受温差影响。 (5) 耐机械损坏。 (6) 少有出现磨损坏。 (7) 荷重构件可以直接落在容器壁上		(1) 如正确地选用合金，今后的维修工作较少。 (2) 修补工作一般较简单。 (3) 不受温差影响。 (4) 耐机械损坏。 (5) 很少会发生磨损损坏

续表

项目	整体板结构	轧制覆盖板结构	墙纸和局部压合金属板结构
主要缺点	（1）合金的选择决定了装置最高允许 Cl⁻浓度。 （2）初装费高		（1）合金的选择决定了装置最高允许 Cl⁻浓度。 （2）初装费中等。 （3）难以做到焊缝完全密实。 （4）环境介质可能浸入墙纸和基体之间。 （5）荷重件不能直接落在容器壁上。 （6）在某些环境中可能出现金属疲劳损坏

耐腐蚀合金的选择应考虑腐蚀介质的温度、pH 值、流速、Cl⁻浓度以及是否有酸冷凝物和沉积物等。图 8-28 所示为不同腐蚀环境条件下的选材原则，供选材时参考。

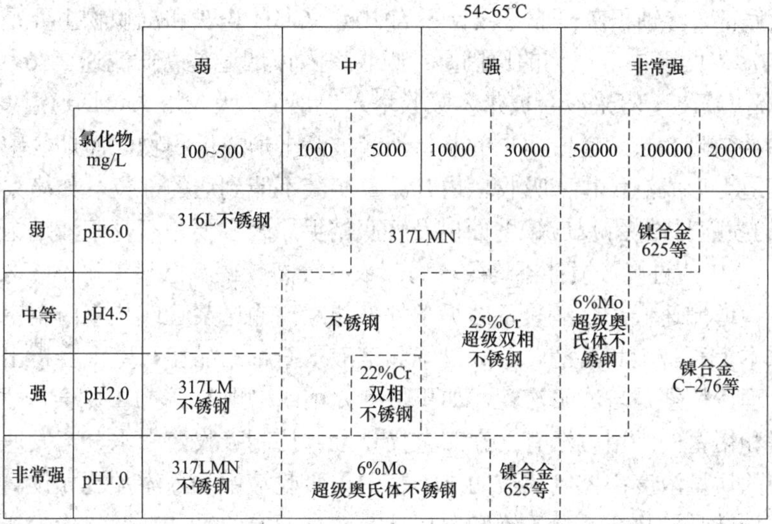

54~65℃

		弱	中		强		非常强		
	氯化物 mg/L	100~500	1000	5000	10000	30000	50000	100000	200000
弱	pH6.0	316L不锈钢		317LMN			镍合金625等		
中等	pH4.5		不锈钢		25%Cr超级双相不锈钢		6%Mo超级奥氏体不锈钢		
强	pH2.0	317LM不锈钢	22%Cr双相不锈钢				镍合金C-276等		
非常强	pH1.0	317LMN不锈钢	6%Mo超级奥氏体不锈钢		镍合金625等				

图 8-28　不同腐蚀环境条件下的选材原则

八、常见问题及解决方法

除上面讨论的腐蚀问题外，FGD 系统运行常见故障有磨损、脱硫装置结垢和堵塞、石灰石堵塞以及系统水平衡破坏等。

1. 磨损

磨损是指金属、橡胶或树脂内衬等过流设备和部件表面受水流中所含固体颗粒等杂质的磨削、撞击后，相对运动表面的物质不断损失或产生残余变形的现象。发生这种现象的主要原因是浆液含固量大、流速高。转动设备的转速越高，排浆泵和阀门的磨损越严重。脱硫装置主要磨损设备和部件有：吸收塔循环泵、排浆泵、脉冲悬浮泵和石灰石供浆泵的叶轮和前护板，泵轴（轴封失效时）；金属浆叶式搅拌器桨叶端部；浆液管道上的蝶阀工作在半开状态，将不适合用作调节阀的蝶阀用作浆液调节阀；调节阀和节流孔板下游侧衬胶管和半径较小的弯管；吸收塔喷浆能直接冲刷的部位，横梁与塔壁连接处的内衬（受沿塔壁下淌浆液的冲刷）；表面无防磨层的吸收塔喷淋母管，特别是液柱塔的喷浆管；反应罐出浆管与罐体连接的拐角；管式 GGH 降温侧管束肋片等。

防止磨损采取的措施如下：

（1）控制含固量不宜超过 15%，流速 2～3m/s 为宜。

（2）合理选择耐磨材料。选用金属要同时考虑耐腐蚀性和材料硬度，如高铬合金（Cr28、A49、A51）、双向不锈钢 G-X3 和碳化硅护板等；FRP 浆管的磨损面应有 3～4mm 耐磨层；浆液调节阀宜选用陶瓷阀芯，高速泄漏浆液很易冲刷阀芯，最好不要采用耐磨性差的蝶阀来调节浆液流量。

（3）合理设计防磨损结构。浆液调节阀下游侧应紧接一小段陶瓷管；浆液管上尽量少用节流孔板，及时更换磨损的孔板；避免小半径弯管；流速高的拐角应有加强的防磨结构。

（4）降低烟气含尘量可降低对风机、导流板等设备的磨损。

2. 脱硫装置结垢和堵塞

一般脱硫装置结垢和堵塞主要部位有：烟气挡板底部、转轴轴承、GGH、吸收塔干/湿界面、吸收塔内横梁和喷淋母管底部、喷嘴和反应罐壁面以及罐底、氧化布气管、除雾器、浆液管道、烟道等。

烟气挡板底部、转轴积灰一般是设计不当引起；GGH 积灰和沉积物主要是由于烟尘含量高；吸收塔干/湿界面形成沉积物的原因是：吸收塔入口烟道是高低流速（10～3m/s）的过渡段，易形成涡流，喷淋下落浆液会被带入吸收塔入口烟道，吸收塔入口烟道温度梯度大（80～150℃→45℃），黏附在热烟道壁面上的浆体液滴被烤干形成沉积物，而烟气中的飞灰被湿化后会黏附在烟道上形成沉积物；吸收塔内凡大量浆液不能到达的部位，如横梁和喷淋母管底部、长期不用的喷嘴易结垢；反应罐壁面以及罐底结垢原因主要是石膏浆液过饱和度大于 1.3，罐体体积偏小，pH 值过高，搅拌不均匀，局部浓度较高或罐底出现氧化不充分；常见的管道结垢原因是：管道流速低，浆液具备结垢条件。长距离输送浆管或从室内至室外的浆液管，温度下降使原本为石膏饱和溶液转变成过饱和溶液，石膏结晶在管壁上会析出形成垢。如果管道设计不合理，特别是自流浆液管，如果坡度太小或出现 U 形布置则会产生堵塞现象。

防止结垢和堵塞的常用方法有：在工艺操作上，控制吸收液中水分蒸发速度和蒸发量；控制石膏浆液的质量浓度；控制溶液的 pH 值；向吸收液中加入添加剂如镁离子、乙二酸；控制溶液中易于结晶的物质不要过饱和，保持溶液有一定的晶种；调整除尘器的运行参数，保证其良好运行，控制烟气进入吸收系统所带入的烟尘量；设备结构要作特殊设计或选用不易结垢和堵塞的设备。

3. 石灰石堵塞

石灰石堵塞（或称"封闭"）指石灰石在吸收塔浆液中活性降低，随着浆液中 $CaCO_3$ 浓度的增加，脱硫率却严重下降的现象。石灰石堵塞有两种类型：一种是亚硫酸盐堵塞，另一种是由于 AlF_x 络合物生成而造成的堵塞。

（1）亚硫酸盐堵塞。亚硫酸盐堵塞一般是由于进入吸收塔的氧化空气量太小或 SO_2 量太大导致亚硫酸盐（SO_3^{2-}）或酸式亚硫酸盐（HSO_3^-）氧化不足所造成的。测量数据表明，发生这种情况时，在石灰石颗粒表面和包裹着石灰石颗粒的一层薄层里，pH 值大多为 8 左右。过高的 pH 值会导致亚硫酸盐沉淀，在石灰石颗粒表面形成一层不起反应的物质，抑制了石灰石的溶解。

在这种情况下，吸收塔会表现出以下特点：①吸收塔液体中 SO_3^{2-} 浓度超过 100mg/L，甚至增加到 2000mg/L 是石灰石堵塞的一个显著的特征；②吸收塔脱硫率将下降到 40%～50%、吸收塔出口处 SO_2 浓度增加；③控制系统将增加注入吸收塔的石灰石浆液量，吸收塔浆液中的 $CaCO_3$ 浓度随之增加。若不采取措施，吸收塔中将生成含 $CaSO_3 \cdot 1/2H_2O$ 高达 40% 的固体，该产物粒径太小，不能在皮带机中脱水，长期在"亚硫酸盐堵塞模式"下运行会导致吸收塔内部形成堵塞。

采取以下措施可使吸收塔重新进入正常的运行模式：①解决氧化不足的问题或减少进入吸收塔的 SO_2 量。②停止石灰石浆液供给，pH 值将随之下降至 4～5。在此范围内，固体亚硫酸钙将会溶解，SO_3^{2-} 将被氧化。为了确定 SO_3^{2-} 的增加量及 $CaCO_3$ 浓度是否处于正常的运行范围，需要进行化学分析。如果分析结果表明正常，就可以增加 pH 值，吸收塔将返回正常运行状态。

（2）AlF_x 络合物生成而造成的堵塞。原烟气中 HF 浓度偏高（>25mg/m³ 标态下），吸收塔入口处粉尘浓度偏高（>275mg/m³ 标态下），有可能生成 AlF_x 络合物。这种络合物会在石灰石颗粒表面上沉淀，抑制石灰石的溶解，使脱硫率和 pH 值都下降，pH 值的降低会加速氟化铝络合物的生成。

在这种情况下，吸收塔会表现出以下特点：①吸收塔液体中 F 浓度超过 50mg/L，甚至增加到 900mg/L，是氟化铝络合物堵塞的一个显著特征。②吸收塔脱硫率将下降到 40%～50%、吸收塔出口处 SO_2 浓度增加。③控制系统将增加注入吸收塔的石灰石浆液量，吸收塔浆液中的 $CaCO_3$ 浓度随之增加。若不采取措施，pH 值将继续下降（<3.5），同时脱硫率也继续下降，长期在"AlF_x 络合物堵塞模式"下运行会导致吸收塔材质出现问题。

采取以下措施可使吸收塔重新进入正常的运行模式：①解决进入吸收塔的飞灰或 HF 含量过高的问题。②FGD 装置必须停运。③必须增加 Ca（OH）$_2$ 或 NaOH 以提高 pH 值直至 pH>8，AlF_x 络合物将在吸收塔内溶解并沉淀。④高含量的飞灰及酸惰性物必须在水力旋流器上方除掉。为了证实 F 减少的程度及 $CaCO_3$ 浓度是否处于正常的运行范围，需要进行化学分析。如果分析结果表明正常，就可以重新启动 FGD 装置。

4. 系统水平衡破坏

FGD 系统正常运行应保持适当"负水平衡"，即补加水量少于损失的水量。当出现"正水平衡"时，吸收塔液位高、浆液浓度偏低，使液位和浓度失控，同时耗水量增加。出现正水平衡的原因：①锅炉低负荷；②除雾器冲洗频率和冲洗时间不适当；③冲洗阀门内漏；④填料和机械密封水、冷却水流量过大；⑤皮带脱水机真空泵密封水流量过大；⑥设备切换频繁且冲洗水量大。

在这种情况下，应查明原因，采取以下相应措施：①调整除雾器冲洗程序，降低密封、冷却水量；②调整停运泵和管道冲洗时间，对输送稀浆的泵和管道在排空后不冲洗；③将过剩水存储起来供负水平衡时用。

5. 吸收塔起泡现象

吸收塔起泡直接影响吸收塔液位的准确监督，从而引发各种事故或影响脱硫系统正常运行。如大量的泡沫存在阻碍浆液对 SO_2 的有效吸收；泡沫大量产生后会通过吸收塔烟道进口反灌回烟气系统，到达增压风机出口，在运行操作人员没有及时发现的情况下（最好是定期检查增压风机附近的烟道疏水），溢流浆液猛烈冲击正在运行的风机叶片，造成严重的损害，甚至是叶片断裂，致使增压风机停运，脱硫系统被迫退出运行。

（1）发生原因。吸收塔起泡发生原因有：①锅炉在运行过程中投油、燃烧不充分，未燃尽成分随锅炉尾部烟气进入吸收塔，造成吸收塔浆液有机物含量增加；②锅炉后部除尘器运行状况不佳，烟尘浓度超标，进入吸收塔后，致使吸收塔浆液重金属含量增高；③脱硫用石灰石中含过量 MgO（起泡剂），与硫酸根离子反应产生大量泡沫；④脱硫用工艺水（如中水）水质达不到设计要求，COD、BOD 超标；⑤石膏脱水系统或废水处理系统不能正常投运，致使吸收塔浆液品质逐渐恶化；⑥锅炉燃烧情况不好，飞灰中有部分炭颗粒或焦油随烟气进入吸收塔；⑦系统停运时间较长，烟气带来的氮磷有机物导致浆液微生物的滋生；⑧运行过程中出现氧化风机突然跳闸现象，吸收塔浆液气液平衡被破坏，致使吸收塔浆液大量溢流。

（2）处理方法。吸收塔浆液一旦出现起泡溢流现象，必须及时采取妥善的处理方式，以免造成严重事故。处理方法：一是要消除已经产生的泡沫；二是要通过运行方式的调整，缓解起泡溢流现象；三是要控制进入吸收塔的各种可能引起吸收塔浆液起泡的物质。

防止吸收塔起泡实施的具体方法如下：

1）从吸收塔排水坑定期加入脱硫专用消泡剂（如有机硅消泡剂）。在吸收塔最初出现起泡溢流时，消泡剂加入量较大，连续加入一段时间后，泡沫层逐渐变薄，减少加入量，直至稳定在一定加药量上。需要指出的是，消泡剂只能暂时缓解，不能根本解决吸收塔浆液起泡问题，一旦停止加入消泡剂，吸收塔浆液有可能重新出现起泡溢流现象。

2）在可以暂时忽略脱硫效率的条件下，停运一台浆液循环泵以减小吸收塔内部浆液的扰动，同时减少浆液供给量。

3）在可以保证氧化效果的前提下，适当降低吸收塔液位，减小浆液溢流量，防止浆液进入吸收塔入口烟道。

4）降低排出石膏时的吸收塔浆液密度，加大石膏排出量，保证新鲜浆液的不断补入。

5）保证脱硫废水处理系统的有效运行，从而降低吸收塔浆液重金属离子、Cl⁻、有机物、悬浮物及各种杂质的含量，保证吸收塔内浆液的品质。

6）严格控制脱硫用工艺水的水质，加强过滤和预处理工作，降低 COD、BOD。同时保证石灰石原料各项组分（如 MgO、SiO_2 等）含量符合要求。

7）制订严格的运行制度。在主机投油或除尘装置出现故障时，要及时通知脱硫运行人员。如果投油时间较短或除尘装置能较快修复，可暂时打开旁路烟气挡板，调小增压风机叶片，最大程度减少未燃尽成分或飞灰进入吸收塔。如投油时间较长或除尘装置处理周期较长，则必须将脱硫系统退出运行。

8）运行过程中要注意氧化风机的运行状况，保证备用设备处于良好的备用状态，一旦运行风机出现问题停运，及时启动备用设备，以免发生虹吸现象，造成大量浆液溢流，引发安全事故。

9）加强吸收塔浆液、废水、石灰石浆液、石灰石粉和石膏的化学分析工作，有效监控脱硫系统运行状况，发现浆液品质恶化趋势，及时采取处理手段。

10）一旦发生浆液起泡溢流现象，定期打开烟道底部疏水阀疏水，防止浆液到达增压风机出口段。同时定期对吸收塔液位进行标定，保证 DCS 显示值的正确性。注意吸收塔入口处烟气温度，如果出现温度突然大幅降低的情况，说明浆液大量溢流进入烟道，要及时采取处理方法（如停用增压风机）。

11）如果采取多种处理方法，并有效地控制工艺水、石灰石原料的品质，且脱水系统、废水系统投运正常，但吸收塔浆液仍旧经常溢流就要考虑倒空吸收塔内的浆液（可以将塔内浆液先打入事故浆液箱中），重新上浆。

6. 其他故障现象及处理方法

其他故障现象及处理方法见表 8-13。

表 8-13 常见故障现象及处理方法

故障现象	可能引起的原因	处 理 方 法
吸收塔浆液循环泵流量下降	(1) 管线堵塞； (2) 喷口堵塞； (3) 相关阀开/关不到位； (4) 泵的出力下降	(1) 清理管线； (2) 清理喷嘴； (3) 检查并校正阀门位置状态； (4) 对泵进行检修
吸收塔液位异常	(1) 液位计工作不良； (2) 浆液循环管泄漏； (3) 各冲洗阀泄漏； (4) 吸收塔泄漏； (5) 吸收塔液位控制模块故障	(1) 检查并校正液位计； (2) 检查并修补循环管线； (3) 检查更换阀； (4) 检查吸收塔及底部排污阀； (5) 更换模块
pH 仪指示不准	(1) pH 仪电极污染、损坏、老化； (2) pH 仪供浆量不足； (3) pH 仪供浆中混入工艺水； (4) pH 仪变送器零点漂移； (5) pH 仪控制模块故障	(1) 清洗、更换 pH 仪电极； (2) 检查 pH 仪连接管线是否堵塞和隔离阀、石膏排出泵状态； (3) 检查 pH 仪冲洗阀是否泄漏； (4) 检查调校 pH 仪； (5) 检查 pH 仪模块情况
石灰石浆液密度异常	(1) 石灰石落料口堵塞； (2) 石灰石浆液密度控制不良	(1) 清理石灰石粉仓给料口； (2) 检查石灰石浆液密度模块
真空皮带脱水机系统故障	(1) 进浆料不足； (2) 真空密封水流量不足； (3) 皮带偏移； (4) 真空泵故障； (5) 真空管线系统泄漏； (6) 烟尘浓度偏高； (7) 抗磨损带有破损； (8) 皮带机带速异常	(1) 检查阀开度，加强进料； (2) 检查滤布冲洗水泵； (3) 检查皮带跑偏调节控制器； (4) 检查真空泵； (5) 查看真空管线，是否有异声； (6) 调整除尘器的运行； (7) 检查滤布张紧情况； (8) 检查、皮带机运行情况
石灰石浆液浓度下降	(1) 石灰石给粉机堵塞； (2) 粉仓内石灰石粉搭桥； (3) 石灰石浆池进水过量	(1) 检查和处理电动给粉机； (2) 调高转速，增加粉仓进粉量； (3) 对滤液泵自动控制进行必要的检查和维修，检查相关的管线
吸收塔循环浆液流量下降	(1) 管线堵塞； (2) 吸收塔循环泵运行台数不足； (3) 喷嘴堵塞； (4) 相关阀门开/闭不到位	(1) 清理管线； (2) 启动备用泵； (3) 清理喷嘴； (4) 检查并校正阀门状态
石灰石浆流量降低	(1) 管线堵塞； (2) 补浆液阀门控制不良； (3) 流量计工作异常； (4) 石灰石浆泵故障； (5) 相关阀门开/闭不到位	(1) 清理管线； (2) 对补浆液阀门进行检查、清洗或维修； (3) 检查并调整流量计； (4) 切换至备用泵运行，对泵进行检查； (5) 反复手动开/闭调节阀，检查并清洗调节阀，检查并校正阀门状态
吸收塔液位降低	(1) 液位计工作不良； (2) 浆液循环管泄漏； (3) 工艺水中断； (4) 吸收塔泄漏； (5) 两个表计间背离	(1) 检查并调校液位计； (2) 检查并修补循环浆管； (3) 检查管线和阀门，检查工艺水泵； (4) 检查吸收塔及排浆阀； (5) 检查液位计压力平衡管
除雾器压差高	(1) 元件阻塞；	(1) 改变清洗形式，由自动切至手动并进行清洗至正常后，从手动切至自动模式；

续表

故障现象	可能引起的原因	处 理 方 法
除雾器压差高	（2）表计不准	（2）检查压力表，清洗烟道至压力表的连接管
至吸收塔氧化空气流量异常	（1）管道阻塞； （2）氧化风机故障或管路泄漏	（1）检查氧化风机进口过滤器，不停运氧化风机，使用工业水清洗每一条至吸收塔的空气管道； （2）检查氧化风机或管道

第三节　循环流化床脱硫技术

在火力发电厂脱硫技术中，利用循环流化床原理的脱硫方法有两种，一种是燃烧中煤的脱硫技术，即循环流化床燃烧脱硫技术；另一种是燃烧后烟气脱硫，即烟气循环流化床脱硫技术。

一、循环流化床燃烧脱硫技术

（一）概述

循环流化床燃烧是近年来在国际上快速发展起来的新一代高效、低污染清洁燃烧技术，其主要特点在于燃料及脱硫剂经多次循环，反复地进行低温燃烧和脱硫反应，炉内湍流运动强烈，不但能达到 90% 的脱硫效率、低 NO_x 排放和煤粉炉相近的燃烧效率，而且具有燃料适应性广、负荷调节性能好、灰渣易于综合利用等特点，成为我国清洁燃烧领域中发展最迅速、工程运用最多的技术。图 8-28 所示为典型的循环流化床燃烧系统。

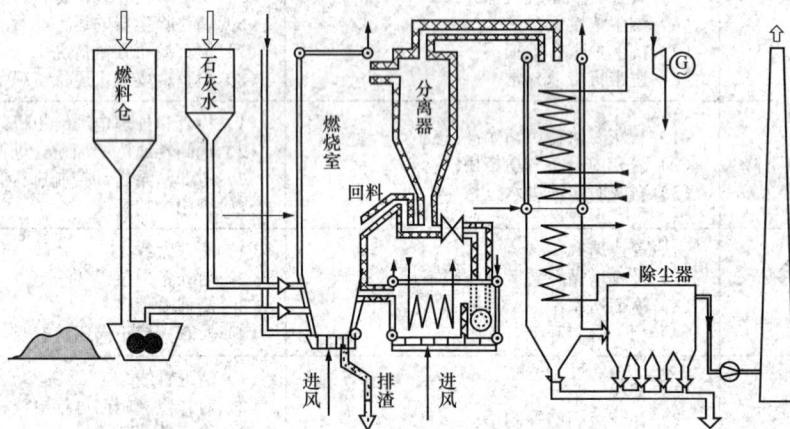

图 8-29　典型的循环流化床燃烧系统

循环流化床燃烧是一种在炉内使高速运动的烟气与其所携带的湍流扰动极强的固体颗粒密切接触，并具有大量颗粒返混的流态化反应过程；同时，在炉外将绝大部分高温的固体颗粒捕集，并将它们送回炉内再次参与燃烧过程，反复循环地组织燃烧。这种燃烧方式，强化气固两相的热量和质量交换，延长物料在炉内的停留时间，物料浓度高，料层内有很大的蓄热量，一旦新煤（占整个床料的 1%～5%）加入，即被高温灼热的灰渣颗粒包围加热、干燥、着火燃烧至燃尽，几乎可以燃烧各种劣质燃料，如贫煤、无烟煤、褐煤、煤矸石、油页岩、石油焦、城市垃圾等。

流化床燃烧属于低温燃烧，碱金属类很少升华，因而避免了受热面的高温腐蚀，同时 NO_x 生成量减少。向流化床内添加适量的脱硫剂，使烟气在排出炉膛之前进行脱硫，将大大减少 SO_2 的排放，这是流化床燃烧的又一大优势。

（二）循环流化床燃烧脱硫机理

循环流化床燃烧过程中最常用的脱硫剂是钙基脱硫剂，如石灰石（$CaCO_3$）、白云石（$CaCO_3 \cdot MgCO_3$）等。石灰石加入循环流化床锅炉后，将发生两步高温气固反应，即

煅烧分解反应：$CaCO_3 \rightarrow CaO(s) + CO_2(g)$

硫盐化反应（脱硫反应）：$CaO(s) + SO_2(g) + 1/2O_2(g) \rightarrow CaSO_4(s)$

生成的固体硫酸钙随炉渣、飞灰一起排出炉膛，从而实现脱硫的目的。

研究表明，大部分石灰石与白云石的孔隙率很低，范围为 0.3%～12%，但经过高温煅烧后 CaO 的孔隙率可以高达 50%，为脱硫反应创造了有利的条件；由于炉内强烈的湍流混合与颗粒的冲刷摩擦，使得气固传质和接触吸收反应效率很高，可以获得满意的脱硫效率。

理论上，硫盐化反应中 CaO 与 SO_2 按照等摩尔进行，但通常循环流化床的钙利用率只有 20%～45%。这是因为脱硫产物 $CaSO_4$ 的摩尔体积（52.16cm^3/mol）比 CaO（17.26cm^3/mol）大，使孔隙堵塞阻止内部 CaO 的进一步反应。因此，即使经过很长的反应时间，钙利用率仍然很低。

循环流化床燃烧的氮氧化物排放量低。一是因为锅炉燃烧温度一般控制为 850～950℃，空气中的氮一般不会生成 NO_x；二是由于循环流化床锅炉普遍采用分级（或分段）送入二次风，这样可抑制 NO_x 的生成，并使部分已生成的 NO_x 得到还原。

（三）影响循环流化床燃烧脱硫效率的因素

影响脱硫效率的因素很多，主要因素是床层温度、钙硫比和石灰石的粒度，此外还有床层高度、流化速度、石灰石性能、机械强度、含水量以及煤种、烟气含氧量等。这些因素的综合影响决定了脱硫效率的大小，不同的情况，主导因素也不同。

1. 床层温度

在床温低时，$CaCO_3$ 分解所生成的 CaO 少，因而没有足够的 CaO 与 SO_2 发生反应，同时还由于放出 CO_2 少，形成孔隙率小，脱硫反应速率低，脱硫效率不高。随着温度提高，上述两个不利因素得以克服，脱硫效率逐渐增加，直到峰值。当床温超过 900℃时，脱硫效率反而下降，这是由于温度太高，CaO 表面被烧结，反应的有效表面减小的缘故。

由于脱硫过程是可逆反应，主要脱硫反应的最佳化学反应温度为 825～850℃，超过这一温度时，逆反应的速度大大加快，脱硫效率下降。故只是在一定的温度范围内脱硫效果最佳。当烟气中 O_2 为 4%；Ca/S 摩尔比为 4；脱硫剂为 0.3mm 石灰石时，床温对脱硫率的影响如图 8-30 所示。

但是，床温的选择需综合考虑多方面的因素，除脱硫效率外，还有燃烧效率、NO_x 和 CO 排放等。从燃烧过程来说，床温越高，燃尽率就越高；为控制 NO_x 的排放，最好选择较低的床温；为控制 CO 的排放，最好选择较高的

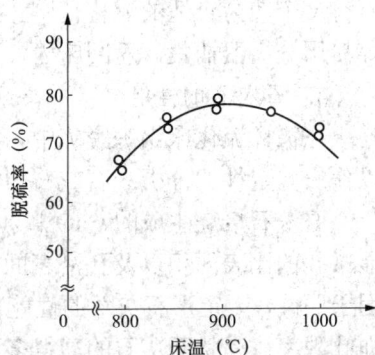

图 8-30 床温对脱硫率的影响

床温。综合以上诸因素，在燃用高挥发分煤时，床层温度宜选定在 850℃左右，在燃用低挥发分煤时可选取 900℃左右。

2. 钙硫比

在流化床中，钙硫比对脱硫率的影响如图 8-31 所示。在床温和其他工艺条件不变的情况下，随着钙硫比的增大，脱硫率明显提高。由图 8-31 可见，钙硫比从 2 增大到 4，脱硫率提高幅度很大，而超过 4 则曲线平缓，脱硫率略有增加。因此，从提高脱硫效果和减少渣处理量考虑，钙硫比太大不必要、也是不经济的。所以，石灰石系统设计要求在保证一定脱硫效率的前提下，尽可能降低钙硫比。

在床层内，由于 CaO 和 SO_2 接触时间很短，SO_2 的分压又低，并且在 CaO 颗粒表面生成的 $CaSO_4$ 的致密层阻止了 SO_2 与颗粒内层的 CaO 接触，以致 CaO 在脱硫反应中只能部分被利用。

对不同的炉型来说，要达到一定的脱硫效率，钙硫比是不同的。例如，要达到 90%的脱硫效率，常压循环床锅炉为 1.8～2.5，增压流化床锅炉为 1.5～2.0。值得指出的是，用石灰石作脱硫剂时，由于其种类、焙烧条件和操作参数不同，致使脱硫率差别很大。当钙硫比相同时，其脱硫效率也不相同。另外，在用白云石时，计算它的钙硫比时要把 $MgCO_3$ 扣除。

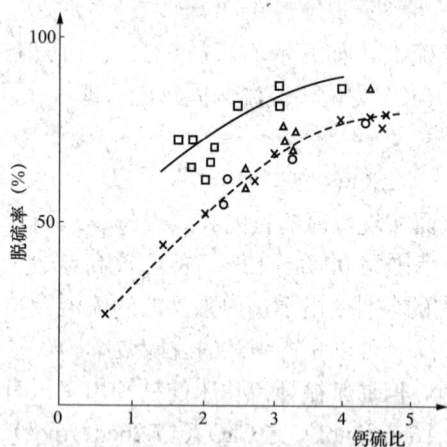

图 8-31 钙硫比对脱硫率的影响

试验条件：床温 900℃；烟气中 O_2 为 4%。

平均粒径：□ 0.023mm；△ 0.05mm.

○ 0.45mm；× 1.30mm

3. 石灰石粒度

石灰石的颗粒直径对床层内脱硫反应的影响较大。对于大颗粒的脱硫剂，当 SO_2 扩散到 CaO 的内表面发生反应时，生成的 $CaSO_4$ 把微孔堵死，CaO 也得不到充分利用。对于小颗粒的脱硫剂，颗粒可能在达到最大转化率之前就被吹出炉膛了，脱硫剂的利用率也不高。通常要求石灰石平均粒径为 0.1～0.5mm。床层内最佳粒径并不是一个固定值，它与流化速度、料层压差、循环倍率、分离器特性等参数密切相关。

用白云石时，颗粒尺寸对脱硫反应的影响较小；用石灰石时，颗粒越小则脱硫率越高。这是比表面积增大和扩散深度减小的缘故。粒径应与气流速度适配，即一定尺寸的煤及石灰石有一个较为合适的流化范围，以免飞逸过多而使脱硫率下降。若把逃逸的石灰石细粉和细煤粉用分离器捕集，返回床内，不仅可以提高燃烧效率，也可提高脱硫效率。

4. 石灰石的性能

在循环流化床锅炉脱硫中，很难用定量指标衡量某种石灰石的脱硫性能，但通过对比可以作一些定性的分析：石灰石中 $CaCO_3$ 的含量越高，脱硫能力就越强，性能就越好。

石灰石焙烧生成的 CaO 颗粒表面微孔特性越好，脱硫性能就越好。表面微孔特性指表面显微孔的比表面积以及孔沿表面的分布特性。自然界石灰石以晶状和无定形两种形式存在。用于脱硫，无定形石灰石的性能优于晶状石灰石，原因是无定形石灰石焙烧生成的 CaO 的表面孔隙率比晶状石灰石的高得多。

石灰石的易碎性也影响脱硫能力，有些石灰石颗粒在输送和焙烧及循环过程中容易破碎和爆裂，这必然影响脱硫性能。

石灰石的含水量也是不可忽略的因素。若石灰石的含水量过高，会给破碎、输送、给料设备带来麻烦，也影响石灰石在床层的焙烧。一般认为，含水量以不大于 3%为宜。

5. 流化速度

在其他条件相同时，风速增大将导致脱硫率下降。降低流化速度可以增加脱硫剂的停留时间，有利于提高脱硫效率。但是，对循环流化床锅炉来说，因物料多次循环，流化速度的影响不很重要，重要的是气固分离器捕集颗粒的能力。

6. 流化床的高度和压力

增加床层高度，可以增加物料的停留时间，提高脱硫效率。但是高度增加 1 倍，脱硫率仅增 15%，其原因是气泡在床层内合并长大，使烟气与脱硫剂的接触时间减少了。所以，增加床层高度对提高脱硫效率的作用不会很大。

流化床的压力对脱硫效率的影响是值得注意的。试验表明，常压下石灰石的脱硫效率高，增压下则白云石的脱硫效率高。其原因是，常压下 $MgCO_3$ 很少与 SO_2 反应，而在增压下才大量分解，放出 CO_2 生成 MgO；石灰石则正好相反，其分解反应在常压下比在增压下剧烈得多。

（四）循环流化床脱硫存在的问题及现有解决方案

循环流化床锅炉的钙利用率较低，即一半以上的脱硫剂没有参与脱硫反应。为了将循环流化床锅炉烟气中的 SO_2 脱除至 90%以上，就需要增加石灰石用量，使得钙硫摩尔比大于 2，当燃用含硫量较高的燃料时，往往需要更高的钙硫比（2.5 左右），有时即使增加钙硫比也难以达到所要求的脱硫效率。

为了提高循环流化床脱硫的钙利用率，国内外学者围绕这一目标开展了广泛的研究，主要体现在两个方面：一方面是提高脱硫剂的反应活性；另一方面是对反应后的脱硫剂进行循环再利用。

二、烟气循环流化床脱硫技术

循环流化床烟气脱硫技术（CFB-FGD）已达到工业化应用的主要有四种工艺：德国 Lurgi 公司开发的烟气循环流化床脱硫技术（CFB）、德国 Wulff 公司开发的回流循环流化床脱硫技术（RCFB）、丹麦 F.L.Smith 公司开发的气体悬浮吸收工艺（GSA）烟气脱硫技术以及 ABB 公司开发的新型一体化脱硫技术（NID）。

（一）循环流化床脱硫的原理

循环流化床脱硫塔内进行的化学反应是非常复杂的，多年来人们从不同的角度进行了大量细致的研究。一般认为当石灰、工艺水和燃煤烟气同时加入流化床中，会有以下主要反应发生：

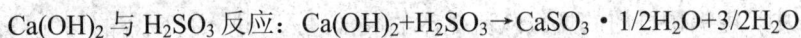

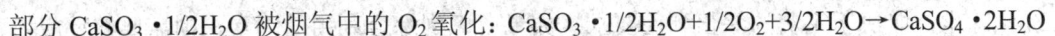

生石灰与液滴结合产生水合反应：$CaO+H_2O \rightarrow Ca(OH)_2$

SO_2 被液滴吸收：$SO_2+H_2O \rightarrow H_2SO_3$

$Ca(OH)_2$ 与 H_2SO_3 反应：$Ca(OH)_2+H_2SO_3 \rightarrow CaSO_3 \cdot 1/2H_2O+3/2H_2O$

部分 $CaSO_3 \cdot 1/2H_2O$ 被烟气中的 O_2 氧化：$CaSO_3 \cdot 1/2H_2O+1/2O_2+3/2H_2O \rightarrow CaSO_4 \cdot 2H_2O$

烟气中的 HCl 和 HF 等酸性气体同时也被 $Ca(OH)_2$ 脱除，总的反应式如下：

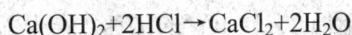

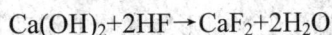

$$Ca(OH)_2+2HCl \rightarrow CaCl_2+2H_2O$$

$$Ca(OH)_2+2HF \rightarrow CaF_2+2H_2O$$

　　由上述反应可看出，CFB 反应器中进行的是气液固三相反应，其反应速率由下述步骤决定：①气相主体中的 SO_2 靠湍流扩散到气膜表面；②SO_2 靠分子扩散通过气膜到达两相界面；③在界面上 SO_2 从气相溶入液相；④液相 SO_2 靠分子扩散从两相界面通过液膜；⑤液相 SO_2 靠湍流扩散从液膜边界到液相主体；⑥$Ca(OH)_2$ 固体扩散到液相主体中；⑦$Ca(OH)_2$ 颗粒的溶解；⑧液相主体中的 SO_2 和 $Ca(OH)_2$ 进行反应。

　　上述 SO_2 和 $Ca(OH)_2$ 的传质是分别同时进行的，并且相互影响，相互促进。$Ca(OH)_2$ 和 SO_2 反应的活性与浆液中水分的存在时间有极大的关系。因为这些反应都是在液相中进行的，所以水分的蒸发限制了以上几步在液相中的反应，如步骤④～⑧。生成物 $CaSO_3$ 由于在反应界面上产生，它将沉积在表面上，这样随着反应的进行以及颗粒的再循环，部分未反应完全的颗粒表面上就会留下一层惰性产物。通过这些产物层的扩散可能成为反应速度的限制步骤。特别是当反应产物形成一种致密层时，反应速度必然受它的影响。由于流化床中颗粒物的不断磨损，意味着反应形成的产物将不断地被剥落，因此，流化床中一般不考虑产物层扩散的影响。

（二）典型烟气循环流化床脱硫工艺

　　烟气循环流化床脱硫系统由石灰浆制备系统、脱硫反应系统和除尘及引风系统组成，包括石灰储仓、灰槽、灰浆泵、水泵、反应器、旋风分离器、除尘器和引风机等设备。主要控制参数有床料循环倍率、流化床床料浓度、烟气在反应器及旋风分离器中停留时间、钙硫比、反应器内操作温度、脱硫效率等。在其发展过程中，存在着各种设计方案，下面介绍一些较典型的烟气循环流化床脱硫工艺。

1. 鲁奇（Lurgi）循环流化床烟气脱硫技术

　　该技术在德国有 LLB、Thyssen 和 WulffMaschmen 三家公司进行开发和推广。美国 Air Poi 公司及法国 Stein 公司也在开发和推广此项技术。目前，在德国此类装置已安装在 20 多台锅炉上。

　　（1）工艺流程。鲁奇循环流化床烟气脱硫工艺流程如图 8-32 所示，该系统由吸收剂制备、反应塔、吸收剂再循环和静电除尘器、水及蒸汽喷入装置等组成。

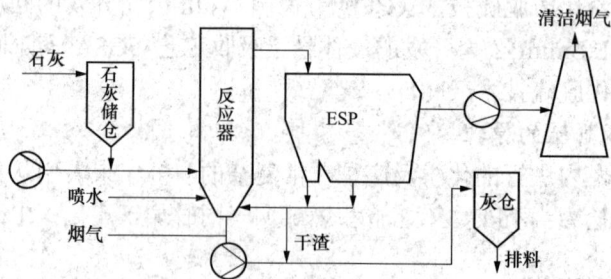

图 8-32　鲁奇循环流化床烟气脱硫工艺流程

　　在 CFB 脱硫系统中，由锅炉排出的烟气从流化床的底部进入，进入反应塔的烟气是否要经预除尘，取决于飞灰的综合利用要求。如果考虑到综合利用的因素，则需要在反应塔之前安装 1 个预除尘器。流化床反应塔的底部为 1 个文丘里装置。设计文丘里段是为了使气流在整个容器内达到合理分布。烟气通过文丘里管的加速，与从渐扩段加入的再循环物料、新鲜 $Ca(OH)_2$ 粉和增湿水充分混合而悬浮起来，形成激烈的湍动状态，颗粒与烟气之间具有很大的相对滑落速度，颗粒反应界面不断摩擦、碰撞更新，从而极大地强化了气固间的传热、传质。同时通过向反应塔内喷水，湿润颗粒表面，增大吸收剂的反应活性，烟气冷却到最佳的化学反应温度，这是提高烟气脱硫效率的关键。此时烟气中的 SO_2、SO_3、HCl 和 HF 等酸性成分被 $Ca(OH)_2$ 吸收而除去，生成 $CaSO_3 \cdot 1/2H_2O$ 等副产物。由于灰渣循环使用，反应塔内有很高的飞灰和石灰颗粒浓度，通常高达 $500 \sim 1000g/m^3$。

经脱硫后带有大量固体颗粒的烟气由反应塔的顶部排出进入吸收剂再循环除尘器中，该除尘器为带百叶窗的静电除尘器，烟气中的大部分颗粒被分离出来。被分离出的颗粒经过中间灰仓返回反应塔循环使用。由于大部分颗粒被循环多次，因此固体物料的累积滞留时间很长，可达 30min 以上，这大大延长了烟气与吸收剂的接触时间，加大了 SO_2 的传质总量，使吸收剂得以充分利用。

从百叶窗分离器及电除尘器下收集的干灰，一部分送回循环反应塔再循环灰入口，另一部分送至干灰库。

除尘后的烟气温度为 $70 \sim 75℃$，不必再加热，可直接从烟囱排出。

（2）工艺特点。鲁奇循环流化床烟气脱硫工艺主要特点：①没有喷浆系统及浆液喷嘴，只喷入水和蒸汽；②新鲜石灰与循环床料混合进入反应器，依靠烟气悬浮，喷水降温反应；③床料有98%参与循环，新鲜石灰在反应器内停留时间累计可达到 30min 以上，使石灰利用率可达 99%；④反应器内烟气流速为 $1.83 \sim 6.1m/s$，烟气在反应器内停留时间约 3s，可以满足锅炉负荷从 $30\% \sim 100\%$ 范围内的变化；⑤对含硫量为6%的煤，脱硫率可达92%；⑥基建投资相对较低，不需专职人员进行操作和维护；⑦存在的问题是生成的亚硫酸钙比硫酸钙多，亚硫酸钙需经处理才可成为硫酸钙。

（3）系统的自动控制。CFB-FGD 系统工艺过程简单，因此整个控制系统可安装于锅炉控制室内的 DCS 内，也可单独使用 PLC 系统，整个工艺过程设三个控制回路：

1）根据反应器进口烟气流量和烟气中初始 SO_2 质量浓度控制消石灰粉的给料量，以保证按要求的脱硫率所必需的钙硫比。而处理后烟气中 SO_2 排放值仅用来作为反馈信号，用于校核和精确地调节脱硫剂给料量的辅助调控。

2）根据反应器出口处的烟气温度直接控制反应塔底部喷水量，以确保反应塔内的温度处于尽可能地接近露点的最佳反应温度范围内。喷水量的调节方法一般采用离心式泵出口回流调节，通过调节回流量来调节喷水量。

3）循环流化床内的固/气比或固体颗粒质量浓度是保证其良好运行的重要参数，运行中可通过控制再循环飞灰量来调节。沿床高度的固/气比可以通过沿床高度底部和顶部的压差表示。固/气比越大，表示固体颗粒的质量浓度越大，因而塔的阻力损失 Δp 越大。通常，可将 Δp 分成两部分：一部分由塔内烟气流速所决定，称 ΔP_o；另一部分由塔内固体颗粒物的质量浓度所决定，称 Δp_s，$\Delta p = \Delta p_o + \Delta p_s$。根据 Lentjes Bischoff 介绍，$\Delta p_v = 600Pa$，$\Delta p_s = 400 \sim 1000Pa$。在运行中，床内固/气比的调节方法是通过调节百叶窗分离器和除尘器下所收集的飞灰排出量，控制送回反应塔的再循环干灰量来保证反应器进出口的压力损失满足预置压差的要求，从而保证床内必需的固/气比，维持反应器内物料流的稳定。

2. 回流式循环流化床烟气脱硫技术

Wulff 公司在 Lurgi 技术的基础上继续研究开发了回流式循环流化床的烟气脱硫装置（RCFB）。与 Lurgi 公司的工艺相比，RCFB 工艺主要在反应塔的流场设计和塔顶结构上做了较大改进，在反应塔上部出口区域布置了独创的回流板。回流式循环流化床烟气脱硫工艺流程如图 8-33 所示。

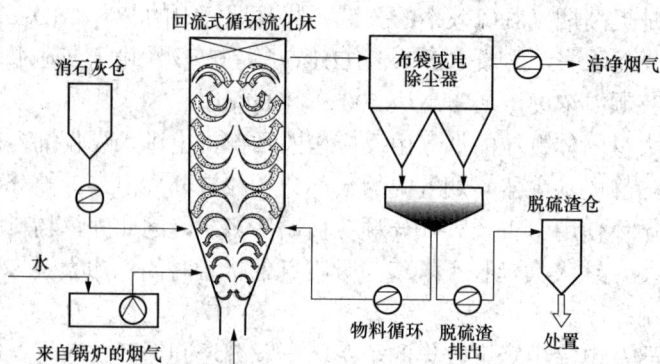

图 8-33　RCFB 脱硫工艺流程

在 RCFB 反应塔中，烟气和吸收剂颗粒向上运动时，会有一部分颗粒从塔顶向下回流，这股固体回流与烟气的方向相反，而且它是一股很强的内部湍流，从而增加了烟气与吸收剂的接触时间，使脱硫过程得到了极大的改善。脱硫剂及飞灰除在内部有回流外，在外部还设有循环装置，可使脱硫剂在塔内循环次数达 100～150 次，使得脱硫剂在塔内的停留时间折算可达 30min 左右，充分利用固体颗粒之间的相互碰撞摩擦，提高了吸收剂的利用率和脱硫效率。RCFB 工艺最显著的特点是采用了内、外循环的方式，由于 $Ca(OH)_2$ 粉末的多次再循环，从而实现在较低钙硫比下的高效脱硫。另外，反应塔内产生回流使得塔出口的含尘浓度大大降低。一般来说，塔内部回流的固体物量为外部再循环量的 30%～50%，这样便大大减轻了除尘器的负荷。

RCFB 控制系统与 Lurgi 公司的控制系统基本一致，RCFB 简单易操作，要求空间小，直径大约为相同容量喷雾干燥塔的一半。工艺技术主要有以下特点：①与常规的循环流化床及喷雾吸收塔脱硫技术相比，石灰耗量（费用）有极大降低；②维修工作量少，设备可用率很高；③运行灵活性很高，可适用于不同的 SO_2 含量及负荷变化要求；④不需增加锅炉运行人员；⑤由于设计简单，石灰耗量少，维修工作量小，投资与运行费用较低，约为湿法石灰石/石膏工艺技术的 60%；⑥占地面积小，适合新老机组，特别是中、小机组烟气脱硫的改造。

RCFB 技术可适用单机容量达 350MW 的机组或等量烟气流量。如广州恒运企业集团 210MW 机组使用德国 Wulff 公司的回流式循环流化床干法烟气脱硫技术，2002 年 7 月投入运行，脱硫率为 90%～95%，300MW 机组 RCFB 装置也于 2007 年 5 月投入运行，脱硫率达 95% 以上。

3. 气体悬浮吸收烟气脱硫工艺

（1）工艺流程。FLS 公司是丹麦最大的工业企业，开发了一种简单有效的气体悬浮吸收（GSA）烟气脱硫技术。GSA 工艺部分包括圆柱形反应器、用于分离床料循环使用的旋风分离器、石灰浆制备系统（包括喷浆用喷嘴）三个部分，工艺流程如图 8-34 所示。

GSA 工作原理和工艺流程与 Lurgi 和 Wulff 的工艺十分类似，不同之处在于 GSA 工艺所用的脱硫剂不是干消化石灰，而是石灰浆。最大区别是石灰浆液雾化喷入的方式和 SO_2 吸收的方式。GSA 用低压力的双流体喷嘴，石灰浆液和水喷入共用一个雾化喷嘴，循环物料直接进入反应器，避免了喷嘴的磨损腐蚀问题。吸收 SO_2 是在悬浮物料的湿表面，有较高的传热、传质效果。

（2）工艺特点。GSA 系统的主要工艺特点是：①床料高倍率循环（约 100 倍），因此保证吸收剂与烟气充分接触，提高吸收剂的利用率；②流化床床料浓度高达 $500\sim2000g/m^3$，为普通流化床床料浓度的 $50\sim100$ 倍；③烟气在反应器及旋风分离器中停留时间短（$3\sim5s$）；④脱硫率高达 90%以上；⑤吸收剂利用率高，消耗量少，Ca/S=1.2；⑥运行可靠，操作简便，维护工作量少，基建投资相对较低；⑦喷浆用喷嘴为专利设备。

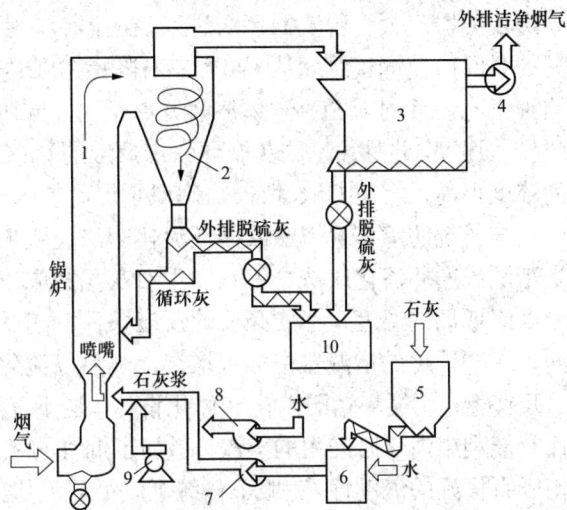

图 8-34　GSA 烟气脱硫工艺流程

1—反应器；2—旋风分离器；3—除尘器；4—引风机；

5—石灰仓；6—石灰浆制备槽；7—石灰浆泵；

8—水泵；9—压缩机；10—脱硫灰仓

（3）系统的自动控制。为确保达到烟气排放要求和石灰的消耗量尽可能少，整个系统设置三个主要控制回路：①通过监测进入反应器底部烟气流量连续控制床料循环流量，以保证反应器内床料浓度的稳定；反应器内保持一定的床料的接触面积，加大石灰与烟气的混合程度；同时，大量的干物料的存在可以防止物料在反应器壁上的附着；②通过监测反应器出口的温度控制喷雾补充水量的加入，以保证反应温度尽可能接近饱和温度（以不出现粘壁现象为限）；③通过监测系统出口的烟气流量和 SO_2 含量来调节石灰的加入量。

4. NID 工艺

NID（new integrated desulphurisation technology）是 ABB 公司研制的一种集除尘和脱硫一体的综合工艺，如图 8-35 所示。NID 工艺原理是利用生石灰 CaO 或熟石灰粉 $Ca(OH)_2$ 作为吸收剂来吸收烟气中的 SO_2 和其他酸性气体。要求 CaO 平均粒径不大于 1mm。CaO 在一个专门设计的消化器中加水消化成 $Ca(OH)_2$，然后与布袋除尘器或电除尘器除去的大量循环灰进入混合增湿器，在此加水增湿使混合灰的水分含量从 2%增加到 5%，然后含钙循环灰被导入

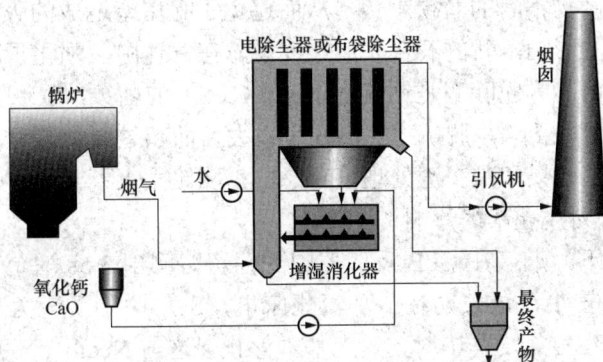

图 8-35　NID 工艺流程

烟道反应器。大量脱硫循环灰进入反应器后，由于有极大的蒸发表面，水分很快蒸发，在极短的时间内使烟气温度从 140℃ 左右降至 70℃ 左右，烟气相对湿度则很快增加到 40%～50%。这种工况，有利于 SO_2 气体溶解并离子化，同时使脱硫剂表面的液膜变薄，加速了 SO_2 的传质扩散速度。并且大量的灰循环使未反应的 $Ca(OH)_2$ 进一步参与循环脱硫，反应器中 $Ca(OH)_2$ 的浓度很高，有效 Ca/S 很大，确保了很高的脱硫率。

与传统的喷雾半干法或循环流化床法脱硫工艺相比，NID 具有以下特点：①传统的喷雾半干法或循环流化床法是将水和生石灰配制成浓度为 35%～50% 的浆液或将水直接喷入烟气中以降低烟气温度，形成必要的反应条件。NID 烟气脱硫工艺将水均匀分配到循环灰粒子表面，在一体化的增湿器中加水增湿，然后以流化风为动力借助烟道负压进入截面为矩形的脱硫反应器。②循环增湿消化一体化设计，这不仅克服了单独消化时出现的漏风、堵管等问题，而且能利用消化时产生的蒸汽，增加了烟气的相对湿度，对脱硫有利。③含 5% 水分的循环灰由于有极好的流动性，克服了传统烟气循环流化床脱硫工艺在反应器内可能出现的粘壁问题。④由于烟气温度的降低及湿度的增加，使得烟气中的 SO_2 等酸性气体分子更容易在吸收剂的表面冷凝、吸附并离子化，对提高脱硫率非常有利。⑤由于循环灰颗粒间的剧烈摩擦，使得被钙盐硬壳所覆盖的未反应部分吸收剂重新暴露出来继续参加反应（表面更新作用）。同时，因吸收剂是在混合器中预先混合、增湿并多次循环的，故吸收剂的有效利用率很高。

NID 工艺优点主要有：①由于水分蒸发时间很短，使反应体积减小，通常只有喷雾干燥塔或流化床塔的 20% 以下，能与布袋或静电除尘器组合为一体，占地面积小，投资和运行费用低；②较少使用复杂的专用设备，不采用高速旋转雾化器和需要压缩空气的双流体喷嘴，而使用专利设计的搅拌器。

（三）影响 CFB 脱硫率的主要因素

影响烟气循环流化床脱硫率的主要因素有床层温度、颗粒物浓度、钙硫摩尔比（Ca/S）、烟气停留时间、脱硫剂的粒度和性能等。

1. 固体颗粒物浓度和钙硫摩尔比的影响

循环流化床具有较高的脱硫率，其中一个很重要的原因就是在反应器中存在飞灰、烟尘和石灰的高浓度接触反应区，其浓度通常可达 $0.5～2.0kg/m^3$，相当于一般反应器的 50～100 倍。试验结果表明，随着床内固体颗粒物浓度的逐渐升高，脱硫率也随着升高。这是由于床内强烈的湍流状态以极高的颗粒循环速率提供了气液固三相连续接触面，颗粒之间的碰撞使得吸收剂表面的反应产物不断的磨损剥落，从而避免了孔堵塞造成的吸收剂活性下降和反应气体通过产物层扩散的影响。新的石灰表面连续暴露在气体中，强化了床内的传质和传热。

实验结果同时表明 SO_2 脱除率是钙硫摩尔比（Ca/S）的函数，SO_2 脱除率随 Ca/S 的增加而增加。钙硫比从 2 增大到 4，脱硫率提高幅度很大，而超过 4 则曲线平缓，脱硫率略有增加。因此，从提高脱硫效果和减少渣处理量考虑，钙硫比太大不必要、也是不经济的。

2. 烟气停留时间对脱硫率的影响

在一定实验条件下，烟气在 CFB 反应器中的停留时间由 3.5s 增至 4.6s，脱硫效率有所增加，但增加的幅度较小，这表明在循环流化床里，SO_2 脱除反应大部分都发生在 1～3s 的浆滴蒸发期内，当液相蒸发完毕时，反应基本停止，这与 Neathery 等人的发现基本一致。为提高石灰中钙的利用率，把除尘器收集的固体颗粒部分返回到反应器中，增加固体物的停留时间，同时在反应器内形成沸腾床，增加气固反应接触的面积和反应机会，从而提高脱硫率。钙硫比与固体物平均停留时间的关系如图 8-36 所示。

3. 床层温度对脱硫率的影响

在循环流化床烟气脱硫工艺中，可用 CFB 出口烟气温度与相同状态下的绝热饱和温度（露点温度）之差 Δt（近绝热饱和温度）来表示床层温度的影响。Δt 越小，则系统的脱硫效率越高。在其他条件一定的前提下，喷水量越大，Δt 就越小。但 Δt 过小，会引起系统的堵塞和吸收剂结块而影响流化质量。因此，要根据烟气温度调节喷水量，以保证 Δt 的最佳值。

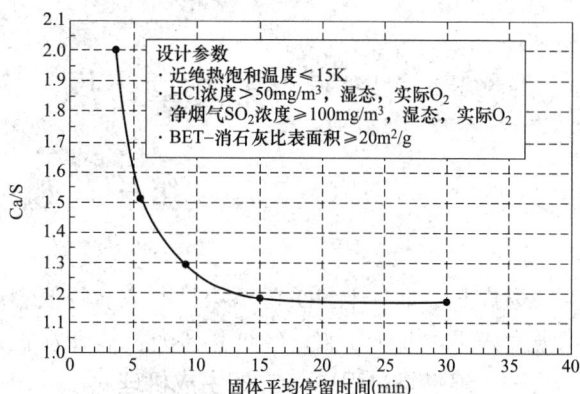

图 8-36 钙硫比与固体物平均停留时间的修正曲线

在典型的工况下，可将 Δt 控制在 14℃ 左右。Δt 与钙硫比的关系如图 8-37 所示。

4. 脱硫吸收剂粒径的影响

可用消石灰的比表面积反映脱硫吸收剂颗粒粒径对脱硫效率的影响。消石灰比表面积与钙硫比的关系如图 8-38 所示。

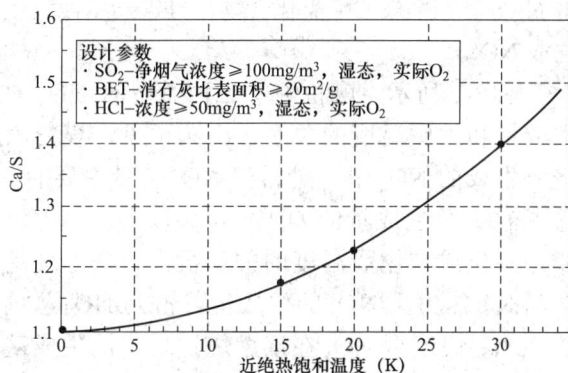

图 8-37 近绝热饱和温度与钙硫比的关系

综上所述，循环流化床烟气脱硫工艺，可根据反应器进口烟气流量及烟气中初始 SO_2 浓度控制消石灰粉的给料量，以保证按要求的脱硫率所必需的钙硫比。循环流化床作为脱硫反应器的优点是，可以通过喷水将床温控制在最佳反应温度下，达到最好的气固间紊流混合并不断暴露未反应消石灰的新表面，而通过固体物料的多次循环使脱硫剂具有很长的停留时间，因此大大提高了脱硫剂的利用率和反应器的脱硫率。因此，循环流化床烟气脱硫系统能够处理燃高硫煤的烟气，并在钙硫比为 1.1～1.5 时达到 90%～97% 以上的脱硫率。

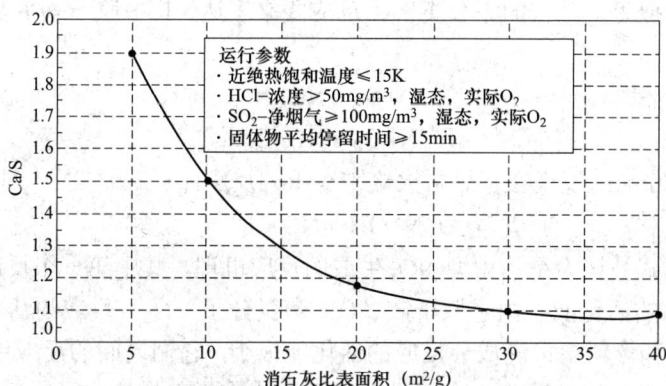

图 8-38 消石灰比表面积与钙硫比的关系

第九章 烟 气 脱 硝

第一节 概 述

燃煤电厂烟气中 NO_x 的污染控制应从降低燃烧过程中 NO_x 的生成量和从烟气中去除 NO_x 两方面入手。几十年来，经过科研人员的开发研究，已取得了较大进展。

一、煤燃烧过程中 NO_x 的生成机理

在煤燃烧过程中，生成氮氧化物的途径有三个：①热力型 NO_x，它是空气中的氮气在高温下氧化而生成的 NO_x；②燃料型 NO_x，它是燃料中含有的氮化合物在燃烧过程中热分解后氧化而生成的 NO_x；③快速型 NO_x，它是燃烧时空气中的氮和燃料中的碳氢原子团如 CH 等反应生成的 NO_x，即先通过燃料产生的 CH 原子团撞击 N_2 分子，生成 CN 类化合物，再进一步被氧化生成 NO_x。

图 9-1 所示为煤粉炉中三种类型的 NO_x 的生成量和炉膛温度的关系。由图可见，煤粉燃烧所生成的 NO_x 中，燃料型 NO_x 是最主要的，它占 NO_x 总生成量的 60%～80% 以上；热力型 NO_x 的生成与燃烧温度的关系很大，在温度足够高时，热力型 NO_x 的生成量可占到 NO_x 总量的 20%；快速型 NO_x 在煤燃烧过程中的生成量很小。

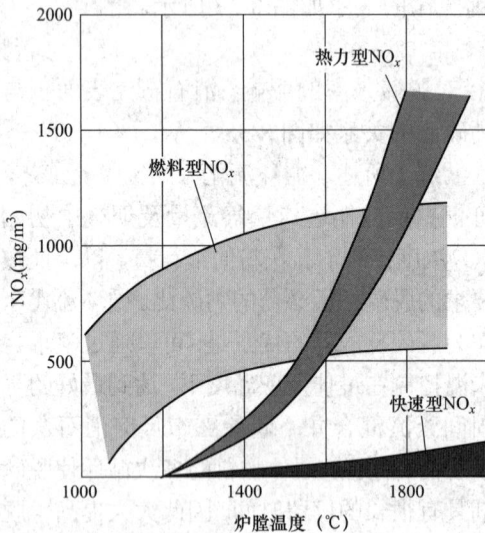

图 9-1 煤粉燃烧中三种类型 NO_x 的生成量和炉膛温度的关系

1. 热力型 NO_x

热力型 NO_x 是燃烧时空气中的氮（N_2）和氧（O_2）在高温下生成的 NO 和 NO_2 的总和，其生成机理可用下面的捷里多维奇的不分支链锁反应式来表达，其中原子氧主要来源于高温下 O_2 的离解：

$$O+N_2 \rightarrow NO+N$$
$$N+O_2 \rightarrow NO+O$$

1971 年，Fennimore 发现在富燃料火焰中有下列反应：

$$N+OH \rightarrow NO+H$$

上面三个反应式被认为是热力型 NO_x 生成的反应机理，其中第一个反应方程式是控制步骤，因为它需要高的活化能。由于原子氧（O）和氮分子（N_2）反应的活化能很大，反应较难发生；而原子氧和燃料中可燃成分反应的活化能很小，它们之间的反应更容易进行。所以，在火焰中不会生成大量的 NO，NO 的生成反应基本上在燃料燃烧完了之后才进行，即 NO 是在火焰的下游区域生成的。

温度对热力型 NO_x 的生成量影响十分明显，如图 9-2 所示。当燃烧温度低于 1500℃时，热力型 NO_x 生成量极少；当温度高于 1500℃时，反应逐渐明显。随着温度的升高，NO_x 的生成量急剧升高。在实际燃烧过程中，由于燃烧室内的温度分布是不均匀的，如果有局部的高温区，则在这些区域会生成较多的 NO_x，它可能会对整个燃烧室内的 NO_x 生成起关键性的作用。因此，在实际过程中应尽量避免产生局部高温区。

过量空气系数对热力型 NO_x 生成的影响也十分明显，热力型 NO_x 生成量与氧浓度的平方根成正比，即氧浓度增大，在较高的温度下会使氧分子分解所得的氧原子浓度增加，使热力型 NO_x 的生成量也增加。实际操作中过量空气系数增加，一方面增加了氧浓度，另一方面会使火焰温度降低。从总的趋势来看，随着过量空气系数的增加，NO_x 生成量先增加，到一个极值后会下降。图 9-3 所示为 NO_x 生成量随过量空气系数及停留时间的关系。

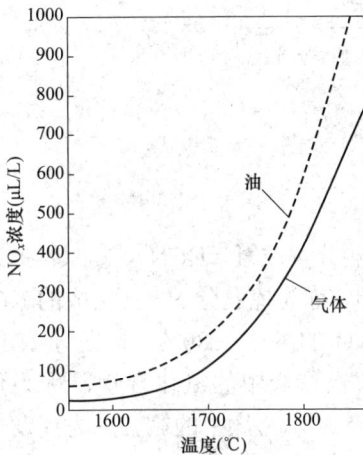

图 9-2　NO_x 生成量与温度的关系
（停留时间为 5s）

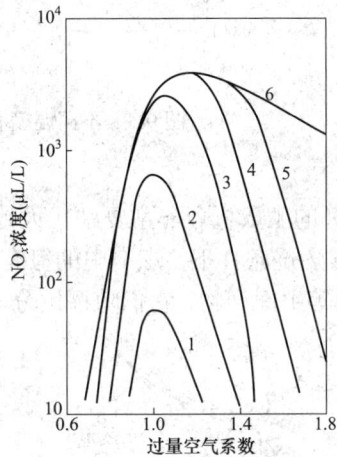

图 9-3　NO_x 生成量与过量空气系数及停留时间的关系
1—t=0.01s；2—t=0.1s；3—t=1s；4—t=10s；5—t=100s；6—t=∞

烟气在高温区的停留时间对 NO_x 生成也将产生较大影响。图 9-4 所示为不同温度和停留时间下 NO_x 生成量［NO_x］与该温度下 NO_x 的平衡浓度［NO_x］$_{ban}$ 之比的关系。从图中可以看出，在停留时间较短时，NO_x 浓度随着停留时间的延长而增大，但当停留时间达到一定值后，停留时间的增加对 NO_x 浓度不再产生影响。

综上所述，控制热力型 NO_x 生成量的方法主要有：①降低燃烧温度；②降低氧气浓度；③使燃烧在远离理论空气比的条件下进行；④缩短在高温区的停留时间。

2. 快速型 NO_x

Fenimore 于 1971 年在试验中发现，碳氢燃料在富燃料燃烧时，反应区附近会快速生成 NO_x。它是燃料燃烧时产生的烃（CH、CH_2、CH_3）基团撞击燃烧空气中的 N_2 生成 HCN、CN，再与火焰中产生的大量 O、OH 反应生成 NCO，NCO 又被进一步氧化为 NO。此外，火焰中 HCN 浓度很高时存在大量氨化合物，这些氨化合物与氧原子等快速反应生成 NO。

快速型 NO_x 在 CH_x 类原子团较多、氧气浓度相对较低的富燃料燃烧时产生，多发生在内燃机的燃烧过程中。快速型 NO_x 的生成对温度的依赖性很弱。对于燃煤锅炉，快速型 NO_x 与

燃料型及热力型 NO_x 相比，其生成量要少得多，一般占总 NO_x 的 5%以下。通常情况下，在不含氮的碳氢燃料低温燃烧时，才重点考虑快速型 NO_x。

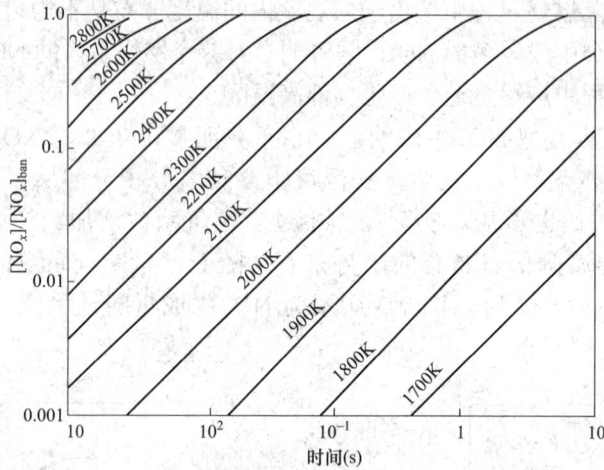

图 9-4　不同温度和停留时间下 NO_x 生成量

3. 燃料型 NO_x

燃料型 NO_x 的生成机理非常复杂，大致有以下规律：

（1）在一般燃烧条件下，燃料中的氮有机化合物首先被热分解成氰（HCN）、氨（NH_3）、CN 或热解焦油等中间产物，它们随挥发分一起从燃料中析出，称为挥发分 N，其生成的 NO_x 占燃料型 NO 的 60%～80%。挥发分 N 析出后仍残留在焦炭中的氮化合物，称为焦炭 N。图 9-5 所示为煤中的氮转化为挥发分 N 和焦炭 N 的示意。

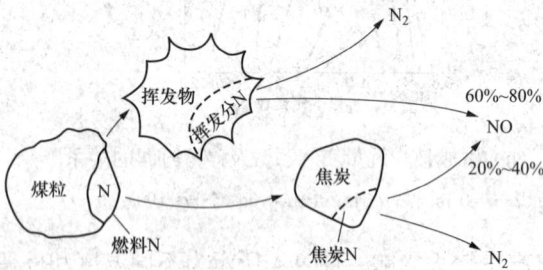

图 9-5　燃烧过程中煤中的氮转化为挥发分 N 和焦炭 N 的示意

（2）挥发分 N 中最主要的氮化合物是 HCN 和 NH_3，在挥发分 N 中 HCN 和 NH_3 所占的比例不仅取决于煤种及其挥发分的性质，而且与氮和煤的碳氢化合物的结合状态等化学性质有关，同时还与燃烧条件如温度等有关。

（3）挥发分 N 中 HCN 被氧化的主要反应途径如下：挥发分 N 中的 HCN 氧化成 NCO 后，可能有两条途径，取决于 NCO 进一步所遇到的反应条件。在氧化性气氛中，NCO 会进一步氧化成 NO，成为 NO 的生成源。同时，又能与已生成的 NO 进行还原反应，使 NO 还原成 N_2，成为 NO 的还原剂。

（4）挥发分 N 中 NH_3 被氧化的主要反应途径如下：NH_3 可能作为 NO 的生成源，也可能成为 NO 的还原剂。

由此可知，燃料型 NO_x 的生成过程比热力型 NO_x 要复杂得多，而与快速型 NO_x 的生成过程比较接近。煤中氮转换成 NO_x 的量主要取决于过量空气系数，较少依赖于反应温度。在缺氧状态下，燃料中挥发出来的氮与碳、氢竞争不足的氧气，由于氮缺乏竞争能力，因而减少了 NO_x 的形成。

4. NO$_x$ 的破坏

由前面的分析可知，在氧化性气氛中生成的 NO$_x$ 当遇到还原性气氛（富燃料燃烧或缺氧状态）时，会还原成 N$_2$，这称为 NO$_x$ 的还原或 NO$_x$ 的破坏。因此，最初生成的 NO$_x$ 的浓度，并不等于其排放浓度，因为随着燃烧条件的改变，有可能将已生成的 NO$_x$ 破坏掉，将其还原成分子氮。所以，煤燃烧设备烟气中 NO$_x$ 的排放浓度最终取决于 NO 的生成反应和 NO 的还原或破坏反应的综合结果，破坏或还原 NO$_x$ 有三条可能的途径：

（1）在还原性气氛中 NO 通过烃根（CH$_i$）或碳还原。通过 CH$_i$ 和 C 将 NO 还原的过程称为 NO 的再燃烧或燃料分级燃烧。根据这一原理而发展出的将含烃根燃料或煤粉喷入含有 NO 的燃烧产物中的燃料分级燃烧技术，可以有效地控制 NO$_x$ 的排放。

（2）在还原性气氛中，NO$_x$ 与氨类（NH$_i$）或氮原子（N）反应生成氮分子（N$_2$）。

（3）从反应式可以看出，NO 的还原和破坏是通过 NCO 和 NH$_i$ 的反应途径而实现的，同时，通过 NCO 和 NH$_i$，还可以由 NO 的破坏而生成 N$_2$O。

由此可见，NO 是 N$_2$O 的生成源，N$_2$O 是通过 NO 的破坏而生成的。图 9-6 所示为火焰中 NO$_x$ 的生成和破坏机理。

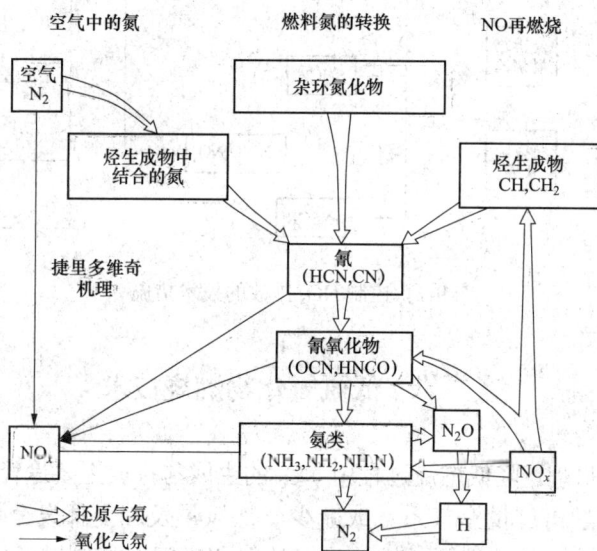

图 9-6 NO$_x$ 生成和破坏机理

从以上分析知，燃烧过程影响 NO$_x$ 生成的主要因素有：①火焰温度峰值；②燃料的含氮量；③过量空气系数；④燃烧产物在高温区/高氧区停留的时间。

二、煤燃烧生成的 NO$_x$ 的控制

控制氮氧化物排放的方法有十余种，这些方法大体上可以分为两大类：一级污染预防措施（低 NO$_x$ 燃烧技术）和二级污染预防措施（烟气脱硝技术）。

（1）一级污染预防措施。一级污染预防措施是指在 NO$_x$ 生成前的所有控制措施。一级污染预防措施主要是通过改进燃烧方式减少 NO$_x$ 的生成量。

燃烧方式的改进通常是一种相对简便易行的减少 NO$_x$ 排放的措施，但这种措施会带来燃烧效率的降低，不完全燃烧损失增加，而且 NO$_x$ 的脱除率也不够高，因此随着环保要求的不断提高，燃烧的后处理越来越重要。

（2）二级污染预防措施。二级污染预防措施是指在 NO_x 生成后的控制措施，即对燃烧后产生的含 NO_x 的烟气（尾气）进行脱氮处理，又称为烟气脱硝或废气脱硝。

图 9-7 综合概括了当前世界上为控制 NO_x 排放的技术措施。

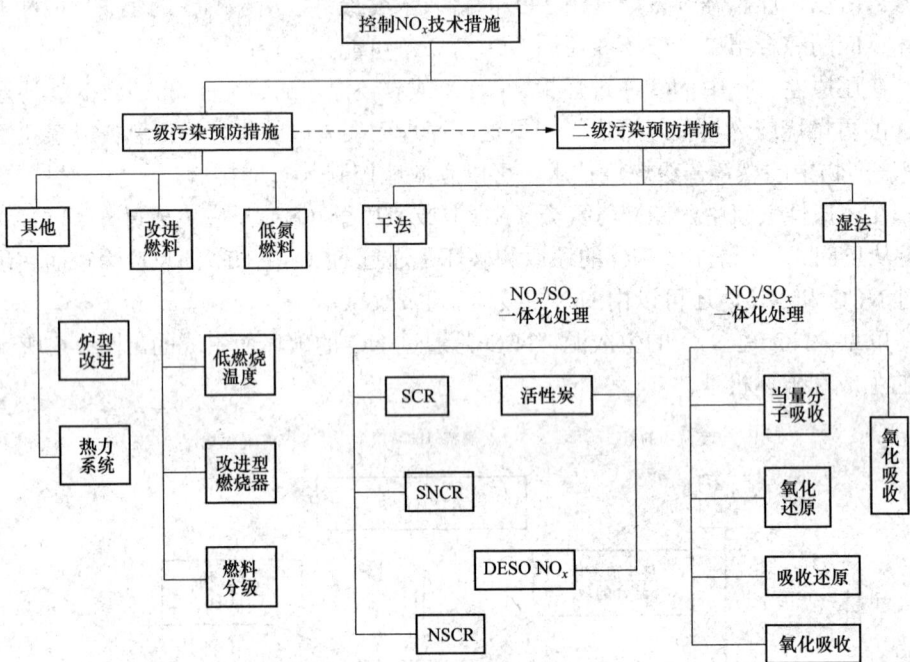

图 9-7　控制 NO_x 排放的技术措施

第二节　低氮氧化物燃烧技术

基于 NO_x 的生成机理，降低燃烧过程中 NO_x 的生成与排放主要途径有：①减少燃料周围的氧浓度，包括减少炉内过量空气系数或减少一次风量及减少挥发分燃尽前燃料与二次风的掺混；②在氧浓度较低的条件下，维持足够的停留时间，抑制燃料中的氮生成 NO_x，同时已生成的 NO_x 被还原分解；③在空气过量的条件下，降低燃烧温度，以减少热力型 NO_x 的生成。

根据以上途径，产生很多低 NO_x 燃烧技术。这些技术大致可分四类，即空气分级燃烧、燃料分级燃烧（也称为再燃烧）、低 NO_x 燃烧器、烟气再循环燃烧技术。在对 NO_x 排放控制较为严格的地区，通常先采用低 NO_x 燃烧技术，再进行烟气脱硝，以降低投资和运行的费用。

一、空气分级燃烧

空气分级燃烧法是将燃烧用的空气分两级送入，在第一级燃烧区，从主燃烧器供入炉膛总燃烧空气量的 70%～75%（相当于理论空气量的 80% 左右），使燃料先在缺氧的富燃料燃烧条件下燃烧。在第一级燃烧区内过量空气系数 $\alpha<1$，从而降低了第一级燃烧区的燃烧速度和温度水平。由于是缺氧的富燃料燃烧，不但延迟了燃烧过程，而且使燃料在还原气氛中燃烧，燃烧生成 CO，燃料中的氮将分解生成 HN、HCH、CN、NH_3 和 NH_2 等，它们相互复合或将

已有的 NO_x 还原分解，因而抑制了燃料型 NO_x 的生成。同时由于降低火焰的峰值温度，从而也降低了热力 NO_x 的生成量。为了完成全部燃烧过程，其余空气通过布置在主燃烧器上方的专门空气喷口——"火上风"喷入炉膛。使燃料进入第二级燃烧区燃尽。虽然这时空气量多，但由于火焰温度较低，所以在第二级燃烧区内也不利于 NO_x 的生成。由于整个燃烧过程所需的空气分两级供入炉内，使整个燃烧过程分为两级进行，故称为空气分级燃烧法。空气分级燃烧的原理如图 9-8 所示。

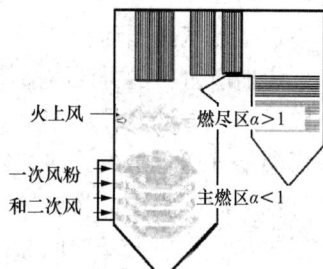

图 9-8 空气分级燃烧原理示意

第一级燃烧生成大量的 CO 能导致 NO 的快速减少，这是由于烟气中的灰能起催化作用，使 CO 与 NO 之间发生反应，将部分已生成的 NO_x 还原为无害的 N_2，其反应可表示为

$$CO+NO \rightarrow CO_2+1/2N_2$$

空气分级燃烧可以在燃烧器内实现，也可以在锅炉内完成。它能降低以天然气为原料的燃烧过程 60%~70% 的 NO_x，以煤或油为原料的燃烧过程 40%~50% 的 NO_x。

空气分级燃烧弥补了简单的低过量空气燃烧的缺点，但是如果第一级和第二级的空气比例分配不当或炉内混合条件不好，仍然会增加不完全燃烧的损失。同时，在煤粉炉第一级燃烧区内的还原性气氛也存在着引起结渣或受热面腐蚀的问题。

二、燃料分级燃烧

燃料分级也称为"再燃烧"，是把燃料分成两股或多股燃料流，这些燃料流经过三个燃烧区发生燃烧反应。

由 NO_x 的破坏机理可知，已生成的 NO_x 在遇到烃根 CH_i 和未完全燃烧产物 CO、H_2、C 和 C_nH_m 时，会发生 NO 的还原反应。利用这一原理，将 80%~85% 的燃料送入第一级燃烧区，送入一级燃烧区的燃料称为一次燃料，在 $\alpha>1$ 的条件下燃烧，显然，这一区域的燃烧条件将导致生成较多的 NO_x。其余 15%~20% 的燃料则在主燃烧器的上部送入二级燃烧区，在 $\alpha<1$ 的条件下形成很强的还原性气氛，使得在一级燃烧区中生成的 NO_x 在二级燃烧区内被还原成 N_2。二级燃烧区又称再燃区，送入二级燃烧区的燃料又称二次燃料，或称再燃燃料。在再燃区的上面还需布置"火上风"喷口以形成第三级燃烧区（燃尽区），以保证在再燃区中生成的未完全燃烧物质燃尽。

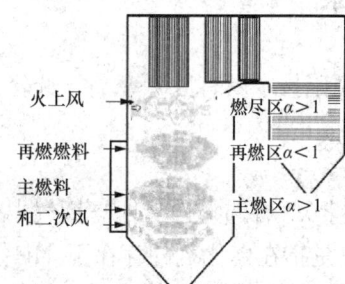

图 9-9 燃料分级的原理示意

再燃烧法的特点是将燃料分成三个区域：一次燃烧区是氧化性气氛，二次燃烧区是还原性气氛，在二次燃烧区内还原一次燃烧区生成的 NO_x，最终生成 N_2，最后再送入二次风，使燃料燃烧完全。图 9-9 所示为燃料分级的原理示意。

与空气分级燃烧相比，燃料分级燃烧在炉膛内需要有三级燃烧区，这就使燃料和烟气在再燃区内的停留时间相对较短，所以二次燃料宜选用容易着火和燃烧的气体或液体燃料，如天然气、甲烷。所以最早煤粉炉采用更多的是碳氢类气体或液体燃料作为二次燃料，近年来开始直接采用煤粉作为二次燃烧燃料。分级燃烧时如选用煤粉作为二次燃料，要采用高挥发分易燃的煤种，而且煤粉要磨得更细。

NO 的还原可发生在燃烧器内，也可发生在炉膛内。燃料分级燃烧可减少 50% 的 NO_x 的排放。

三、烟气再循环

上面所讨论的方法，都基于将空气和燃料分级以造成浓度偏差来降低 NO_x 的生成量，目前除了这些方法之外，使用较多的还有烟气再循环法。它是在锅炉的空气预热器前抽取一部分低温烟气送入炉内。将烟气送入炉内再循环的方法很多，如通过专门的喷口送入炉内，或用这部分烟气输送二次燃料。但效果更好的方法是采用空气烟气混合器，把烟气掺混到燃烧空气中与一次风或二次风混合后送入炉内，这样不但可降低燃烧温度，而且也降低了氧气浓度，因而可以降低 NO_x 的排放浓度。烟气循环的运行和改装相对来说比较容易，但改装的费用却很高。图 9-10 所示为锅炉烟气再循环系统的示意。

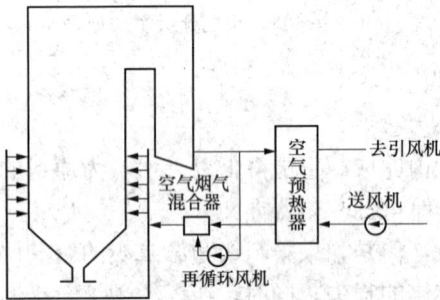

图 9-10　锅炉烟气再循环系统

烟气再循环法的效果不仅与燃料种类有关，而且与再循环烟气量有关。当烟气再循环倍率增加时，NO_x 排放减少，但进一步增大循环量，NO_x 的排放变化不大，趋于一个定值。循环倍率过大，炉温降低太多，会导致燃烧不稳定。因此烟气再循环率一般不超过 30%，一般大型锅炉限制在 10%～20%，此时 NO_x 可降低 25%～35%。

四、低 NO_x 燃烧器

低 NO_x 燃烧器通过特殊设计的燃烧器结构，精心组织一次风粉和燃烧辅助空气（二次风、三次风、隔离风）在空间上的布置，精细地控制着火、混合、燃尽区域的温度、气氛、停留时间和混合强度，将前述的空气分级、燃料分级和烟气再循环降低 NO_x 浓度的原理用于燃烧器，达到最大限度地抑制 NO_x 生成的目的。

目前，锅炉和燃烧器制造商研究开发出名目繁多的低 NO_x 燃烧器，其中双调风低 NO_x 燃烧器应用较广泛。双调风低 NO_x 燃烧器将二次风分成内、外两股气流，通过调风器和旋流叶片分别控制各自的风量和旋流强度，以调节一、二次风的混合。

低 NO_x 燃烧器可以与二次风以及烟气循环再燃等其他技术措施结合，采用二次风的低 NO_x 燃烧器可实现 35%～70% 的脱除率。

第三节　选择性催化还原脱硝技术

选择性催化还原（selective catalytic reduction，SCR）烟气脱硝技术具有脱除率高、选择性好、成熟可靠等优点，现已成为国内外比较成熟的主流技术。

一、SCR 工艺的基本原理

SCR 技术是指在催化剂的作用下，利用还原剂 NH_3（或尿素）"有选择性"地与烟气中的 NO_x 反应并生成无毒无污染的 N_2 和 H_2O。"选择性"在这里是指在催化剂的存在下 NH_3 优先选择烟气中 NO_x 进行还原。

1. 选择性还原过程

由于烟气成分的复杂性和氧的存在，伴随着 NH_3 对 NO_x 还原的主反应，还会发生一系列副反应并生成相应产物，在 NH_3 对 NO_x 的选择性还原过程中主要有以下化学反应同时进行：

主反应为

$$4NH_3+4NO+O_2 \rightarrow 4N_2+6H_2O \tag{9-1}$$

$$4NH_3+2NO_2+O_2 \rightarrow 3N_2+6H_2O \tag{9-2}$$

氧化副反应为

$$4NH_3+5O_2 \rightarrow 4NO+6H_2O \tag{9-3}$$

$$4NH_3+3O_2 \rightarrow 4N_2+6H_2O \tag{9-4}$$

其他反应为

$$SO_2+1/2O_2 \rightarrow SO_3 \tag{9-5}$$

$$2NH_3+SO_3+H_2O \rightarrow (NH_4)_2SO_4 \tag{9-6}$$

$$NH_3+SO_3+H_2O \rightarrow NH_4HSO_4 \tag{9-7}$$

$$SO_3+H_2O \rightarrow H_2SO_4 \tag{9-8}$$

上述反应中，（9-1）和式（9-2）是 NO_x 还原生成 N_2 和水的反应，是希望发生的反应，是这一过程的主要反应。式（9-3）～式（9-8）是不希望发生的反应。

烟气中 SO_2 被氧化成 SO_3 继而与逃逸的 NH_3 反应生成硫酸铵或硫酸氢铵，硫酸氢铵对下游设备造成的损害是不能忽视的问题。硫酸氢铵露点温度低，液态的硫酸氢铵是一种黏性很强的物质。在烟气温度过低时，会以液体形式聚集在物体表面或以液滴形式分散于烟气中，在烟气中会粘附飞灰，易引起催化剂堵塞，易造成飞灰在空气预热器受热面上沉积进而使设备腐蚀。硫酸铵在空气预热器的运行温度范围内为干燥固体粉末，对空气预热器影响很小。

2. 选择性催化还原与选择性非催化还原

任何一个化学反应都存在适宜发生反应的温度，通常把适宜发生反应的温度区间称为温度窗。NH_3 对 NO_x 的选择还原在有催化剂存在和没有催化剂存在的情况下，具有不同的温度窗。在不添加催化剂的时候，较理想的 NH_3 对 NO_x 的还原温度窗为 850～1000℃，低于该温度区间 NO_x 的还原速度就会变得很慢，而且当温度在 1050～1200℃时，氨本身还会被氧化成 NO。通过添加不同种类的催化剂，上述温度窗可以降低到 250～420℃，甚至可以低到 80～150℃。

不添加催化剂的方法称为选择性非催化还原法（SNCR），SCR 法和 SNCR 法的温度窗比较如图 9-11 所示。

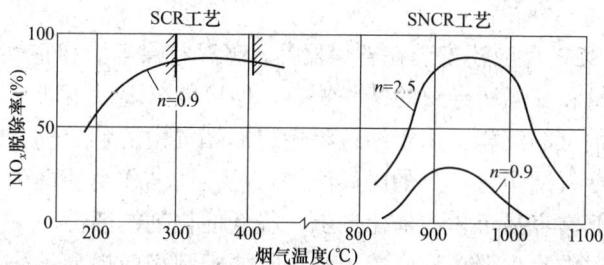

图 9-11　SCR 法和 SNCR 法的温度窗比较

SCR 法脱除烟气中 NO_x 的效率很高，在 NH_3 与 NO_x 摩尔比约等于 0.9 时，效率可达 80%～90%。

二、SCR 催化反应器的布置

依据 SCR 脱硝反应器相对的安装位置，SCR 系统有高含尘布置、低含尘布置和尾部布置三种方式。

1. 高含尘布置

高含尘布置 SCR 系统如图 9-12 所示，SCR 反应器布置在锅炉省煤器和空气预热器之间。由于这段的烟气温度一般为 300~500℃，多数催化剂在此温度范围内有足够的活性。因此，这种布置方式的优点是烟气不必加热就能满足适宜的反应温度。但高飞灰浓度对 SCR 有以下影响：

（1）飞灰量高，极易导致堵塞，风机压损增加。

（2）飞灰量高，飞灰所含有毒物质量高，催化剂的中毒概率大大增加。

（3）催化剂价格大幅上升。催化剂价格上升由几个原因构成：①灰量大，催化剂易腐蚀、堵塞，要解决因灰量造成堵塞和压降问题，唯一有效的办法就是增加催化剂的孔径，孔径一大，同样地，有效催化面积条件下的催化剂总体积随之增大，这种由于孔径增大导致的体积增加往往是非常可观的。②灰量大，在吹灰间隔中，

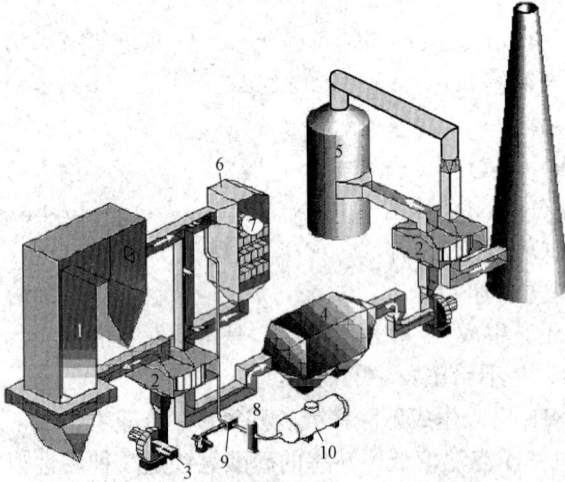

图 9-12　SCR 装置高含尘布置系统

1—锅炉；2—换热器；3—空气；4—电除尘器；
5—SO₂ 吸收塔；6—SCR 反应器；7—催化剂；8—雾化器；
9—氨/空气混合器；10—氨储罐

大部分的催化剂被灰覆盖，这样，为了保证恶劣情况下的脱硝率和氨逃逸率（假设不需要考虑压降问题），就必须增加催化剂体积，以保证随时有足够的催化剂表面裸露。③灰量大，催化剂受到的冲刷和腐蚀概率也大大增加，烟气流速也大，对催化剂冲刷也厉害。冲刷腐蚀造成的催化剂失效快，只有增加初始的催化剂体积或加快催化剂的更换速度，才能保证同样的脱硝率和氨逃逸率。液态排渣炉的灰黏性更强，堵塞程度更严重；积聚的飞灰复燃可能造成催化剂烧结损失。

2. 低含尘段布置

低含尘段布置的 SCR 反应器安装在省煤器后，高温电除尘器和空气预热器之间，该布置方式虽然没有高含尘量和高温所导致的某些缺点，但可能出现以下新问题：

（1）飞灰在催化剂上的沉积。由于经过除尘之后烟气中的颗粒物，尤其是粒径较大的颗粒物大大减少，使得烟气烟尘含量高的时候所固有的自清洁作用随之失去，因此烟气中未被除去的极细小的烟尘非常容易沉积在催化剂上，降低催化剂的活性。

（2）需要采用高温电除尘器，投资费用和运行要求都相应提高。

（3）高含尘布置易发生的由于硫酸铵和硫酸氢铵的沉积对空气预热器等下游设备的危害，在低含尘段布置方式中依然存在。

3. 尾部布置

尾部布置是将 SCR 反应器安装在脱硫装置之后，即整个烟气净化系统的末端。这种

布置的优点是经过除尘和脱硫之后的烟尘可以使催化剂既不受高浓度烟尘的影响也不受 SO_3 等气态毒物的影响。有利于保持催化剂的活性和延长使用寿命，但缺点是烟气温度过低（湿法脱硫系统出口的烟气温度为 $50 \sim 80℃$，半干法约为 $75℃$），目前所有 SCR 催化剂都不能适用于如此低的温度，所以必须重新对烟气加热，根据欧共体国家的经验，用天然气加热烟气时，每 150MW 电出力所消耗用的天然气约为 $1000m^3/h$。如此大的能量消耗所带来的高额运行成本是这种方式推广的最大障碍。另外，由于 SCR 反应器出来的烟气温度一般为 $350 \sim 400℃$，所以还需要利用热交换器进行冷却，使烟气温度降为 $120℃$ 左右以达到排放要求。

三、SCR 工艺系统

SCR 工艺系统一般由还原剂系统、催化反应系统、公用系统、辅助系统等组成。还原剂系统包括还原剂储存、制备、供应等设备；催化反应系统包括烟道、氨的喷射及混合装置、稀释空气装置、反应器、催化剂等；公用系统包括蒸汽系统、废水排放系统、压缩空气系统等；辅助系统包括电气系统、热工自动化系统（控制系统）、采暖及空气调节系统、烟气排放连续监测系统等。本书重点介绍还原剂系统、催化反应系统和控制系统。典型火电厂 SCR 工艺系统流程图如图 9-13 所示。

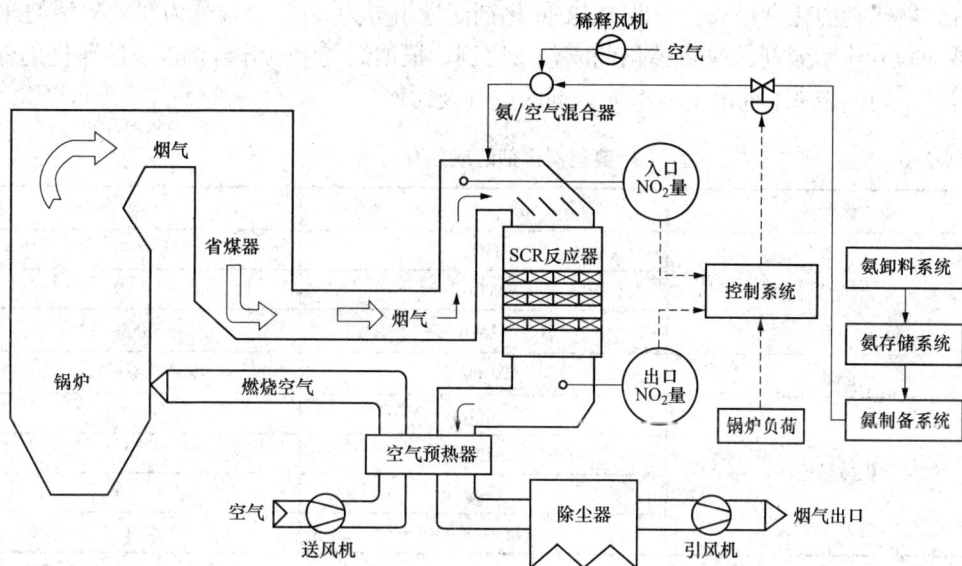

图 9-13 典型火电厂 SCR 工艺系统流程

（一）催化反应系统

催化反应系统为 SCR 工艺系统的主要部分，其工艺流程为：气化的氨和稀释空气混合后喷入省煤器后的烟道中，并使氨与烟气均匀混合，流过安放有催化剂的反应器，在 $280 \sim 400℃$ 的温度条件及催化剂的作用下，将烟气中的 NO_x 还原成 N_2 和 H_2O。降低 NO_x 含量后的烟气经空气预热器进行后阶段净化处理。

1. 烟道

如图 9-13 所示，催化反应系统的烟道是指从锅炉低温省煤器出口至反应器本体入口、反应器本体出口至低温空气预热器入口之间的连接烟道及旁路烟道，包含导流板、烟道支吊架、人孔门、挡板、膨胀节等所有部件。烟道布置要求简洁、流场通顺、烟气阻力小；烟道内布置混合器和导流板等均流装置，可以提高氨气与烟气的混合效果，降低 NH_3/NO_x 摩尔比，降低速度、温度分布的偏差。

脱硝系统烟气旁路设置有以下两种：①反应器旁路。增加 SCR 反应器旁路系统主要是因为当锅炉处于低负荷运行的时候，反应器入口的温度可能会下降到低于催化剂的最佳反应温度区间。此外，在锅炉的停机以及开机运行期间，其温度也会产生很大的波动，因此需要 SCR 反应器的旁路使烟气绕过反应器，以避免在非活性温度区间内使催化剂中毒或使催化剂的表面受到污染。同时，该系统要进行密闭，以防止烟气进入 SCR 的反应器中。设置 SCR 旁路，虽然可以在锅炉低负荷时减少 SCR 催化剂的损耗，有利于 SCR 的检修，但旁路挡板的密封和积灰问题严重，投资运行和维护费用较高。是否设置 SCR 旁路一般主要依据 SCR 的年投运率以及锅炉启动的次数，若每年锅炉启动的次数低于 10 次，则无需设置旁路。②省煤器旁路。省煤器旁路的主要作用是当烟气的温度较低时，引一路烟气绕过省煤器直接进入 SCR 的反应器中，以保证烟气的温度处于 SCR 催化剂的活性温度区间之内。脱硝系统可以根据需要设置省煤器烟气旁路。

2. 催化剂

（1）催化剂的化学组成。商业 SCR 催化剂活性组分为 V_2O_5，载体为锐钛矿型的 TiO_2、WO_3 或 MoO_3 作助催化剂。SCR 催化剂成分及比例，根据烟气中成分含量以及脱硝性能保证值的不同而不同。表 9-1 列出了典型催化剂的成分及比例。

表 9-1　　　　　　　　　　　　　典型催化剂的成分及比例

催 化 剂	成 分	比例（%）
主要原材料	TiO_2	78
	WO_3	9
	MoO_3	0.5~1
活性剂	V_2O_5	0~3
纤维（机械稳定性）	SiO_2	7.5
	Al_2O_3	1.5
	CaO	1
	Na_2O+K_2O	0.1

活性组分是多元催化剂的主体，是必备的组分，没有它就缺乏所需的催化作用。助催化剂本身没有活性或活性很小，但却能显著地改善催化剂性能。研究发现 WO_3 与 MoO_3 均可提高催化剂的热稳定性，并能改善 V_2O_5 与 TiO_2 之间的电子作用，提高催化剂的活性、选择性和机械强度。除此以外，MoO_3 还可以增强催化剂的抗 As_2O_3 中毒能力。

载体主要起到支撑、分散、稳定催化活性物质的作用，同时 TiO_2 本身也有微弱的催化能力。选用锐钛矿型的 TiO_2 作为 SCR 催化剂的载体，与其他氧化物（如 Al_2O_3、ZrO_2）载体相比，TiO_2 抑制 SO_2 氧化的能力强，能很好地分散表面的钒物种和 TiO_2 的半导体本质。

（2）催化剂的性能要求。理想的燃煤烟气脱硝催化剂需要满足以下条件：①活性高。为满足国家严格的排放标准，需要达到 80%~90% 的脱硝率，即要求催化剂有很高的 SCR 活性；②选择性强。还原剂 NH_3 主要是被 NO_x 氧化成 N_2 和 H_2O，而不是被 O_2 氧化。催化剂的高选择性有助于提高还原剂的利用率，降低运行成本；③机械性能好。燃煤电厂大多采用高灰布置方式，SCR 催化剂需长期受大气流和粉尘的冲刷磨损，并且安装过程对催化剂的机械强度也有一定的要求；④抗毒性强。烟气和飞灰中含有较多的毒物，催化剂需要耐毒物的长期侵蚀，长久保持理想的活性；⑤其他。SCR 催化剂对 SO_2 的氧化率低，良好的化学、机械和热稳定性，较大的比表面积和良好的孔结构，压降低、价格低、寿命长。此外，还要求 SCR 催化剂结构简单、占地面积小、易于拆卸或装填。

（3）催化剂类型。电厂烟气脱硝催化剂的主要类型有蜂窝式、板式和波纹式，结构如图9-14 所示。蜂窝式催化剂表面积大、活性高、体积小，目前在我国约占据 70%的市场份额，平板式催化剂比例其次，波纹板最少。表 9-2 列出了蜂窝式与板式、波纹式催化剂主要性能对比。

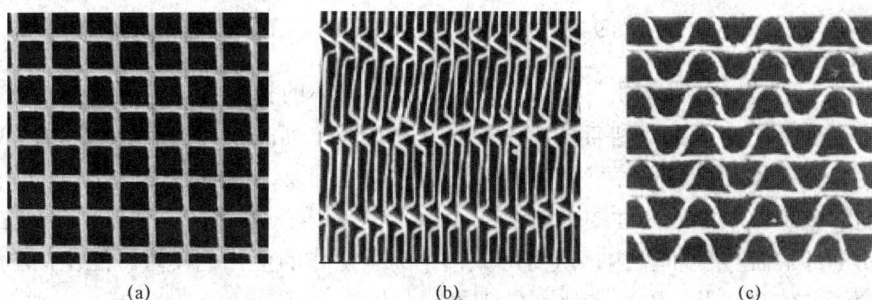

图 9-14　催化剂结构

（a）蜂窝式；（b）板式；（c）波纹式

表 9-2　　　　　　　　　　　　不同类型 SCR 催化剂的性能比较

性能参数	蜂窝式催化剂	板式催化剂	波纹式催化剂
成型	陶制挤压，成型均匀，整体均是活性成分	金属作为载体，表面涂层为活性成分	波纹状纤维作载体，表面涂层为活性成分
特点	比表面积大、活性高、所需催化剂体积小；催化活性物质比其他类型多 50%～70%；催化剂再生后仍保持选择性	表面积小、催化剂体积大；生产简便，自动化程度高；烟气通过性好，但上下模块间易堵塞；实际活性物质比蜂窝式少 50%	表面积介于蜂窝式与平板式之间，质量小；生产自动化程度高；活性物质比蜂窝式少 70%；烟气流动性很敏感；上下模块之间易堵塞
基材	整体挤压	不锈钢金属板	玻璃纤维板
催化剂活性	中	低	高
SO_2 氧化率	高	高	低
压力损失	高	中	低
抗中毒性（As）	低	低	高
堵塞可能性	中	低	中
模块质量	中	重	轻
耐热性	中	中	中
适用范围	高含尘及低含尘布置均适用	高含尘及低含尘布置均适用	主要用于低含尘布置，也用于高含尘布置

（4）催化剂制造工艺。蜂窝式催化剂制造工艺流程如图 9-15 所示。

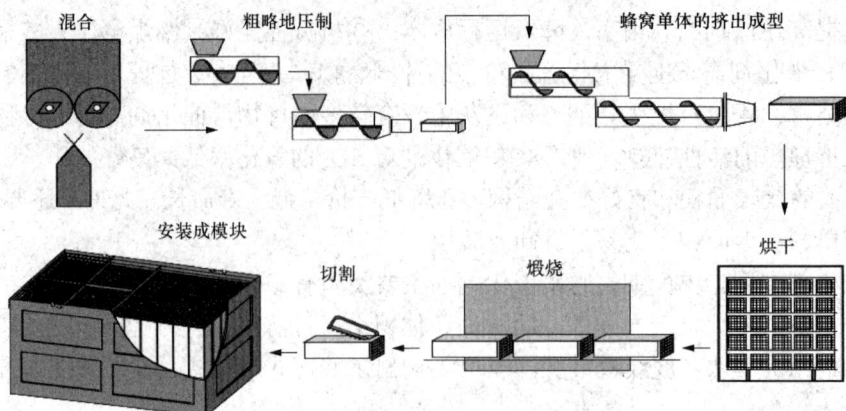

图 9-15　蜂窝式催化剂制造工艺流程

挤出成型工艺是根据所需几何尺寸（每个催化剂单体的孔数量、通流面积、壁厚）调节蜂窝式催化剂挤出模具，以得到与设计相符的蜂窝式催化剂；煅烧工艺是通过煅烧使催化剂的晶体特性（晶粒尺寸、微孔容积）和机械性能参数达到设计所需的性能要求。

催化剂常被制备成标准尺寸的单体（或元件），再将若干单体（一种典型排列是 6×12，72 个单体）置于特制的钢框架内，从而形成一个易于操作的催化剂模块。催化剂单体装入钢箱便于运输、安装和起吊，防止催化剂的破损。

3. 催化反应器

催化反应器是 SCR 系统的核心部分，通常每台锅炉配两套反应器，每套反应器处理烟气总量的 1/2。反应器有水平和垂直气流两种布置方式，在燃煤锅炉中，烟气中的含尘量很高，一般采用垂直气流布置方式，如图 9-16 所示。催化反应器由壳体、流场优化装置、进气和排空罩、整流装置、催化剂模块、吊装设备、支撑框架、密封装置、吹灰器以及在线分析监测装置等组成。

SCR 反应器为直立式焊接钢结构容器，内部设有催化剂支撑结构，能承受内部压力、地震负荷、烟尘负荷、催化剂负荷和热应力等。支撑结构在保证牢固的情况下，还应注意排列合理，尽量减少对烟气的阻碍，并避免产生涡流和烟气回流现象。反应器壳外部设有加固肋及保温层，在反应器侧壁对应催化剂部位设置催化剂装载门和人孔，前者用于将催化剂模块装入或更换，后者用于机组停运时进入检查或检测

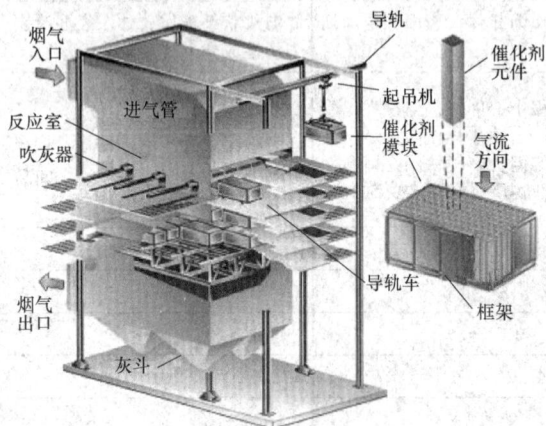

图 9-16　模块化的催化反应器

催化剂模块。

每个反应器内装填一定体积的催化剂，催化剂装填量的多少取决于设计的处理烟气量、脱硝效率及催化剂的性能。催化剂单体之间、单体与箱体外壳之间以及箱体与箱体顶部间隙之间都装有密封装置，以防止未处理烟气的泄漏以及外部振动的影响。箱体底部有一个用于

固定的支撑格栅，箱体顶部设有不锈钢保护格栅，避免外来物磨损催化剂。

4. SCR 催化剂层布置方案

催化剂层通常采用 2+1 或 3+1 的布置方案，即 SCR 反应器初期运行时只填装 2 层（或 3 层）催化剂，运行中催化剂的活性逐渐衰减，当脱硝效率不能满足设计要求时，填装预留层催化剂。预留层催化剂填装后，运行约 24 000h，脱硝效率达不到设计要求时更换第一层催化剂，以后根据运行情况依次逐层更换催化剂。这种布置及更换方案增加了脱硝效率，有效延长了催化剂的寿命，节省 SCR 运行费用。

5. 吹灰器

我国燃煤电厂排放的烟气中灰分含量普遍较高，进入 SCR 系统反应过程中飞灰对催化剂的活性和寿命都产生不利的影响。为了预防灰粉堆积在催化剂表面，需要设置一套吹灰系统，根据设置的催化剂层数及数量来设置吹灰器台数。吹灰器安装在每个催化剂层的上方，目前普遍应用的是声波和蒸汽两种吹灰技术。

（1）工作原理。蒸汽吹灰器是将一定压力和一定干度的蒸汽，从吹灰器喷口高速喷出，对积灰的受热面进行吹扫，以达到清除积灰的目的。蒸汽吹灰的动力压力决定了清灰的有效性。

声波吹灰器是利用金属膜片在压缩空气的作用下弯曲振动产生低频、高能声波，通过扩声筒将声波放大，由空气介质把声能传递到相应的积灰点，产生共振清除设备上的堆积灰尘，再由重力或气流将灰尘带走。

（2）吹灰器的特点。通常对于烟气含灰量在 50g/m³ 以上，水分含量较大或黏性较大的烟气，宜优先考虑蒸汽吹灰方式或声波和蒸汽联用吹灰方式。蒸汽吹灰器和声波吹灰的特点见表 9-3。

表 9-3　　　　　　　　　蒸汽吹灰器和声波吹灰器的特点

项　　目	声 波 吹 灰 器	蒸 汽 吹 灰 器
吹灰器本体价格	进口产品价格高	中等
管道和附件	需要安装直径为 50mm 的压缩空气气管。声波吹灰器很轻便，可以通过安装法兰很轻易地安装在 SCR 上，并仅伸出设备 0.7m	需要直径较人的带保温层的高压蒸汽管道，SCR 反应器外有很多管道备件需要安装，它伸出反应器外较长
运行成本	10min 吹 10s 的频率，每次 0.368m³/声波吹灰器	每天吹 1 次的频率
维护成本	声波吹灰器结构简单、维护方便。钛合金膜片是唯一的活动部件，寿命通常为 5 年	每使用 1~2 年，蒸汽吹灰器的一些部件就需要更换
环境影响	噪声较大，在反应器外部的吹灰器发声部分必须做隔音处理，经过处理后的噪声水平可以降低到 75dB 以下	声音较小

6. 灰斗

在反应器入口设置灰斗，可减少飞灰对催化剂的影响。灰斗可与省煤器灰斗合并考虑，除灰效率为 1%~2%。

同时，在保留省煤器灰斗的基础上，SCR 后还布置了灰斗。烟气经过 SCR 时的流速为 5.0m/s 左右，势必形成一定的积灰，为保证 SCR 内的催化剂的催化效果，在 SCR 内配置的吹灰器将把积灰吹入空气预热器，而且，投运 SCR 后逃逸的氨低于 230℃时与 SO₃ 反应形成

黏性的 NH_4HSO_4，在空气预热器内会形成堵灰和腐蚀。因此，在催化反应器的底部还安装有灰斗，用来收集反应器内部的飞灰，减少进入空气预热器内的灰分，有利于空气预热器的安全运行。

7. 稀释空气装置

氨注入烟道前需要引入稀释空气（风），通常设计稀释后混合气体中氨气的体积浓度不高于 5%。稀释风的主要作用有：①作为 NH_3 的载体，将氨浓度降低到爆炸极限以下，保证系统安全运行；②通过喷氨格栅将 NH_3 喷入烟道，有助于加强 NH_3 在烟道中的均匀分布，便于系统对喷氨量的控制；③防止喷氨格栅喷嘴堵塞（无论是否喷氨，在锅炉引风机投入运行之前，就应投运稀释风机，在锅炉引风机停运后，方可停运稀释风机）。

稀释空气装置流程如图 9-17 所示。稀释风机每炉按两台 100%容量（一用一备）或三台50%容量（两用一备）设置。

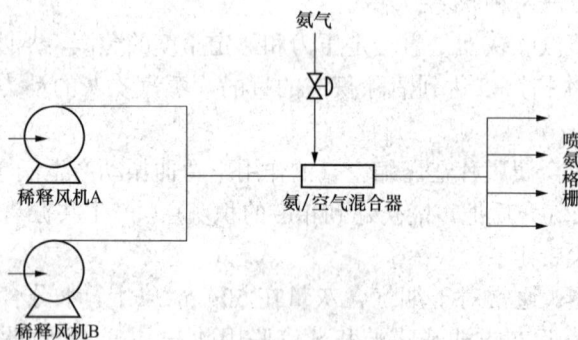

图 9-17　稀释空气装置流程示意

8. 氨喷射混合装置

氨喷射混合装置是 SCR 系统中的关键设备，国内外工程应用上习惯将其简称为喷氨格栅（AIG）。AIG 注入的氨气在烟道中分配的均匀性，直接关系到脱硝效率和氨的逃逸率两项重要指标。喷氨格栅一般由碳钢制成，安装在反应器入口的垂直烟道内。这里介绍几种常用的氨喷射混合装置。

（1）线性控制式 AIG。线性控制式 AIG 是基于喷氨管直通型的最传统喷氨方式，其原理示意如图 9-18 所示。沿烟道的两个相互垂直的方向或者其中一个方向分别引若干根支管（连接管），每根管子上设置若干喷嘴，每根支管流量可以单独调节，以匹配烟气中 NO_x 的含量，利用喷射效应提高了 NH_3/NO_x 混合程度。

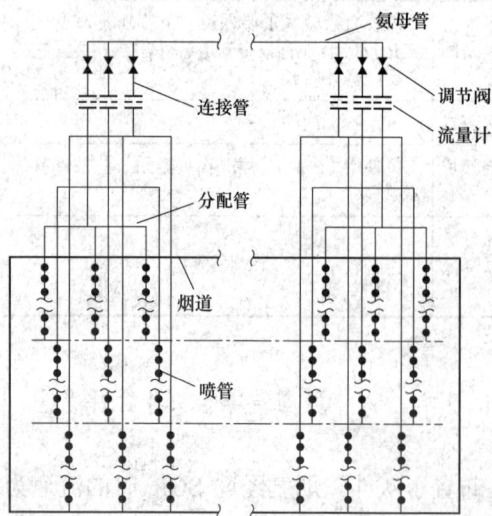

图 9-18　线性控制式 AIG 原理示意

稀释的氨经喷氨格栅喷射到烟道中，一般再经过混合与导流装置达到均匀分布。混合装置一般采用静态混合器，如意大利 TKC 公司氨/烟气混合器（见图 9-19）、B&W 公司的静态混合器及托普索公司的星形混合器。

图 9-19 TKC 公司氨/烟气混合器

（2）分区控制式 AIG。分区控制式 AIG 由线性控制式 AIG 优化而来。一般将整个烟道截面分成 20～30 个大小相同的区域，每个区域有若干个喷射孔，每个分区的流量单独可调，以匹配烟气中 NO_x 的分布。在运行调试时，首先将管路的流量调节一致，然后通过反应器出口 NO_x 在烟道截面上的分布情况，对各分区的流量进一步调整，已获得最高脱硝效率。分区控制式 AIG 原理示意如图 9-20 所示。

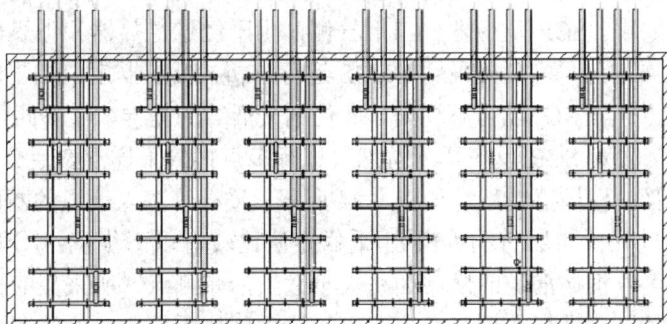

图 9-20 分区控制式 AIG 原理示意

大部分 SCR 反应器前都使用优化设计的静态混合器，可以提高氨与烟气的混合均匀性，同时大幅降低现场调试时间。

（3）奥地利 ENVIRGY 公司的氨喷射混合装置。为确保氨气与烟气均匀混合，喷嘴个数和静态混合器的单元数一致，喷嘴的数量由规定的覆盖率（实质为摩尔比）决定，一般沿烟道截面布置几个到几十个喷嘴，因此喷嘴直径相对较大。该方式一个供氨母管分别引若干根单独的支管，每一支管装备一个手动调节阀，对应设置一个喷嘴，将氨气/空气混合气体（简称稀释氨，以下同）注入烟道相应的一个区域。在调试时可以手动调节每一支管上的手动阀门，以调节稀释氨的流量与相应烟道截面 NO_x 的含量相适应，调试后阀门开度一般不得随意改变。ENVIRGY 氨喷射混合装置原理示意如图 9-21 所示。

静态混合器的结构如图 9-22 所示，每个混合单元由几个叶片共轴倾斜布置构成。

（4）德国 FBE 公司涡流混合器。FBE 公司涡流混合器原理如图 9-23 所示，在烟道直管段，布置几个圆形的扰流板，并倾斜一定的角度，在背向烟气流动方向的适当位置安装喷嘴，这样在烟气流动的作用下．就会在扰流板的背面形成涡流区，稀释氨通过喷嘴喷射到

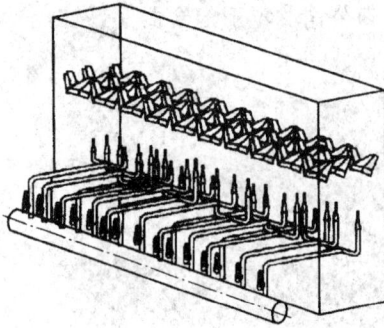

图 9-21　ENVIRGY 公司氨喷射混合装置原理示意

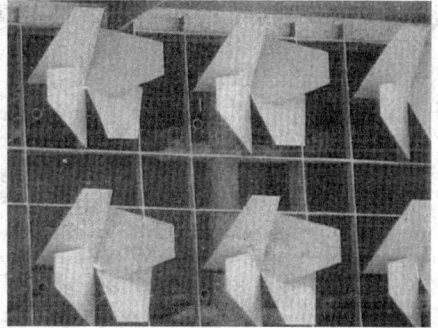

图 9-22　静态混合器

涡流区内,在涡流的强制作用下与烟气中 NO_x 充分混合。这个涡流区在空气动力学上称为 "驻涡区"。驻涡的特点是位置恒定不变,也就是说无论烟气流速的大小怎样变化,涡流区的位置基本不变。

9. 采样装置

反应器入口烟气连续检测装置至少测量以下项目:烟气流量、NO_x 浓度(以 NO_2 计)、烟气含氧量;反应器出口烟气连续检测装置至少测量以下项目:NO_x 浓度(以 NO_2 计)、烟气含氧量、氨逃逸浓度。SCR 反应器入口烟气侧,由于经过过热器和省煤器等管束,可认为烟气中 NO_x 浓度分布均匀,可直接采用 CEMS 进行分析;反应器出口烟气侧,由于反应器内烟气速度分布不均、氨与 NO_x 混合不均匀、催化剂失活等的差异,在不同点处 NO_x 的浓度可能差异较大,所以需要对 SCR 反应器下游烟气进行多点抽气采样混合后分析测试。

多点抽气采样管的现场拼装示意如图 9-24 所示,采样管深入烟道的断面上,由多根采样插管组成。多点抽气采样与原有的 CEMS 采样方法比较有以下优点:①烟道内的采样点增多,分布更广,还可以根据烟道的横截面积大小适当增减测点,所采集的样品更有代表性;②烟气混样器使得各测点采集的烟气充分混合,然后到分析仪器,这样测量的数据更接近实际排放的浓度,可以据此准确地计算出脱硝率,并调整喷氨格栅的喷射量,以保证 SCR 脱硝装置优化运行。

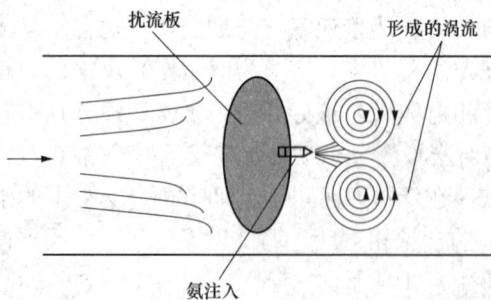

图 9-23　FBE 公司涡流混合器原理示意

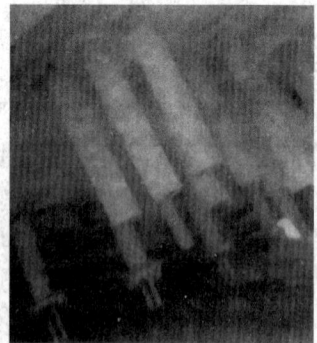

图 9-24　采样管的现场拼装示意

(二)还原剂存储及供应系统

SCR 工艺常用还原剂有液氨、氨水和尿素。还原剂的选择应根据其安全性、可靠性、外部环境敏感度及技术经济比较后确定。在液氨供应方便、政策允许及安全措施完善的条件下，宜选用液氨作为还原剂；在人口稠密的地区或液氨运输受限的地区，宜采用尿素作为还原剂；在氨水供应方便的地区，可根据项目具体情况比较分析后选用氨水作为还原剂。下面以液氨存储及供应系统为例介绍。

如图 9-25 所示，液氨存储及供应系统工艺流程为：液氨由槽车运送至氨区，利用压缩机将液氨由槽车输入储罐内；储罐内的液氨利用自身重力流入蒸发器，蒸发得到的氨气进入缓冲罐，经出口阀减压后进入氨/空气混合器；氨气与稀释风机送来的空气均匀后送至反应器入口烟道。系统紧急排放的氨气排入稀释槽，氨区排水排入废水坑，由废水泵送至废水处理站。

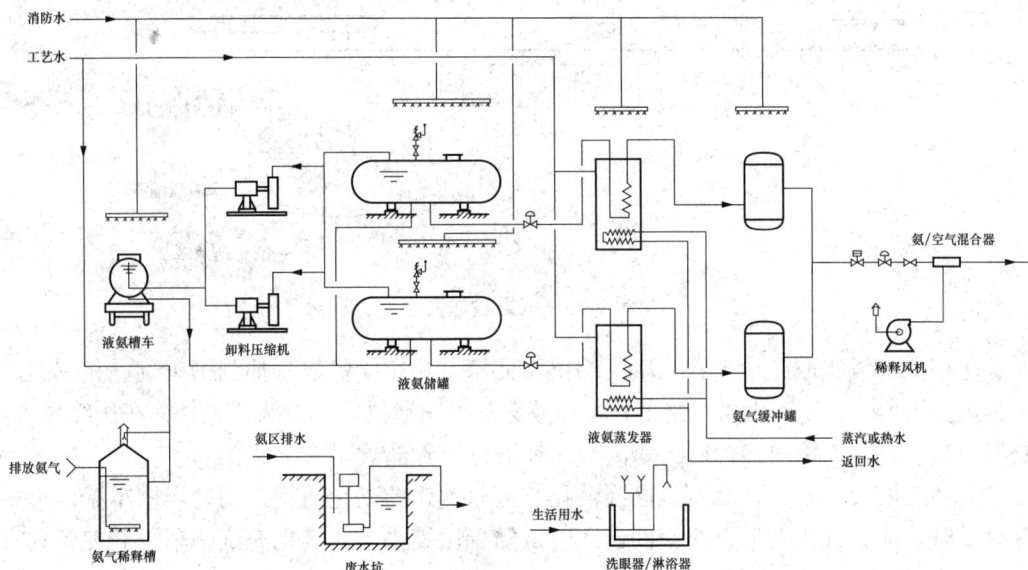

图 9-25 液氨存储及供应系统工艺流程

1. 液氨特性

在 SCR 工艺中，液氨以下特性备受关注：①化学爆炸。氨气与空气可形成爆炸性混合物，爆炸极限（体积分数）为 16%～25%，在此区间遇明火会发生爆炸。②液氨饱和蒸气压特性。液氨的饱和蒸气压力随温度的升高而升高，若温度由 20℃升高到 50℃，压力会从 0.857MPa 升高到 20.325MPa，容器内压力增大，有开裂和爆炸的危险。因此，液氨罐严禁超体积充装，同时必须控制罐体温度和压力。③刺激性、毒性。低浓度氨对黏膜有刺激作用，高浓度可造成组织溶解坏死。

针对上述特性，液氨区应安装相应的气体泄漏检测报警装置、防雷防静电装置、相应的消防设施、储罐安全附件、急救设施设备和泄漏应急处理设备等。急救措施如下：①吸入。迅速脱离现场至空气新鲜处，保持呼吸道通畅，如呼吸困难，给输氧。如呼吸停止，立即进行人工呼吸。②眼睛接触。眼睛污染后立即用流动清水或凉开水冲洗；③皮肤接触。皮肤污染时立即脱去污染的衣着，用流动清水冲洗，然后以 3%～5%硼酸、乙酸或柠檬酸溶液湿敷。严重时应该送医院治疗或抢救。

2. 液氨卸料压缩机

卸料压缩机为往复式压缩机，通常设置两台（一用一备）。卸料压缩机的用途主要有两个，即造成气体压差输送液氨和将残余氨气回凝。

（1）靠压差输送液氨。卸氨时液氨储罐与槽车之间用液相管和气相管相连。通常情况下，管道阀门打开，液氨流动到两罐液位高度约相同时自行停止。此时如果对液氨槽车加压，并使压力足以克服连接管道阻力和两罐之间的液位差，则液氨会从槽车迅速流入储罐，如图 9-26 所示。

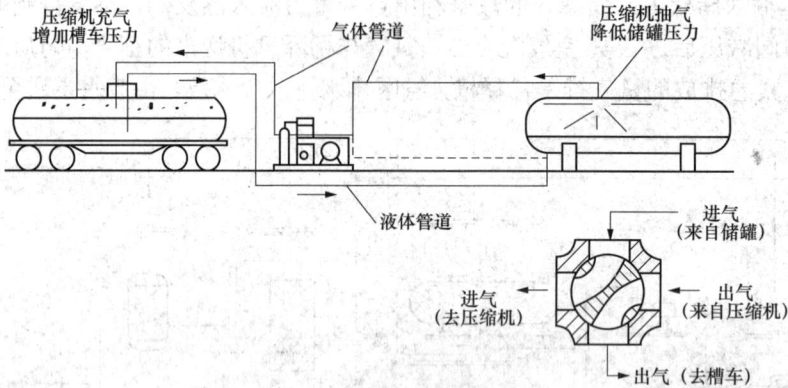

图 9-26　液氨输送流程

氨压缩机可以完成此项工作。氨压缩机将储罐气相空间的氨气抽到槽车罐气相空间，使槽车罐内压力增加，储罐内压力降低，促使液氨从槽车通过液相管流入储罐。在压缩过程中，液氨气体温度升高，槽车罐内压力增高，加速液氨流入储罐。

（2）残余氨气回凝。残余氨气回凝液化与液氨输送的工艺流程不同。当槽车罐内液氨仅剩有少量时，便会气化占据整个空间。此时从储罐压缩来的氨气也充满槽车罐并使其具有一定压力。

为了充分利用这部分氨气，将压缩机的四通阀反向，在不改变压缩机转向的情况下，再把槽车罐内的氨气抽到储罐液相之中，使被压缩的氨气回凝液化（见图 9-27）。

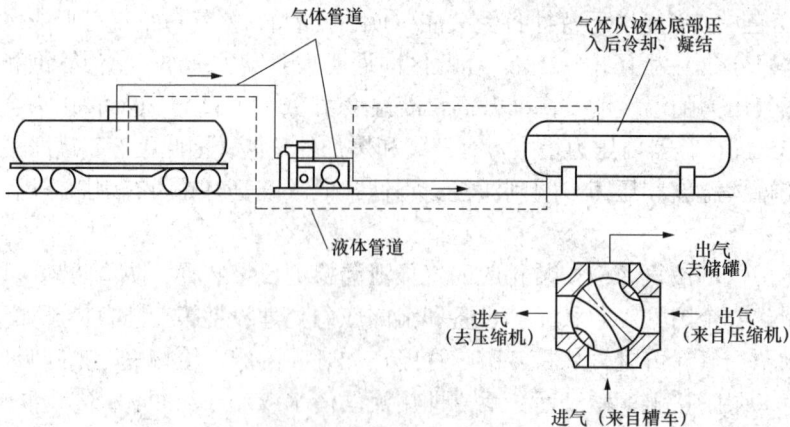

图 9-27　残余氨气回凝液化流程

3. 液氨储罐

液氨储罐容量宜按照全厂脱硝系统设计工况下连续运行 3～5d（每天按 24h 计）所需要

的氨气用量来设计,每个厂最少配备两个储罐。液氨储罐工作压力一般为 1.5MPa,设计压力为 2.16MPa。

液氨储罐有遮阳棚防太阳辐射措施,四周安装有工业水喷淋管线及喷嘴。储罐安装有温度计、压力表、液位计和相应的变送器等,信号接入脱硝控制系统。液氨供应管道上配备超流阀、止回阀、紧急关断阀和安全阀,在液氨管道出现事故或操作错误时,避免发生液氨泄漏。

4. 液氨蒸发器

液氨蒸发器共设有两个(一用一备),所需要的热量本工程采用蒸汽加热(有的电厂采用电加热器)提供。蒸汽加热有表面式和混合式两种,以表面式居多,其结构如图 9-28 所示。

为了防止液氨蒸发器出现冷热分层现象,在蒸发器运行时,应该保持蒸发器的工艺水疏放阀和入口阀有一定的开度,使氨蒸发器内的热水实现流动循环。

蒸发器主要检测参数有筒体内水温,出口氨气的温度和压力。

5. 氨气缓冲罐

氨气缓冲罐主要作用是稳定系统压力,避免受蒸发器操作不稳定所影响;增加系统氨气储存量,调节系统流量。缓冲罐工作压力为 0.2MPa,设计压力为 0.9MPa。从蒸发器出来的氨气进入缓冲罐,出口调节阀减压至 0.2MPa,再通过气氨输送管线送到脱硝系统。缓冲罐上设安全阀(启跳压力为 0.8MPa)保护设备。

6. 氨气稀释槽

如图 9-29 所示,氨气稀释槽为一定体积的立式水箱,水槽的液位由满溢流管线维持,稀释槽设计有上部喷淋和槽侧进水。液氨系统各排放处所排出的氨气由管线汇集后从稀释槽底部进入,通过分散管将氨气分散入稀释槽水中,利用大量水来吸收排放的氨气。

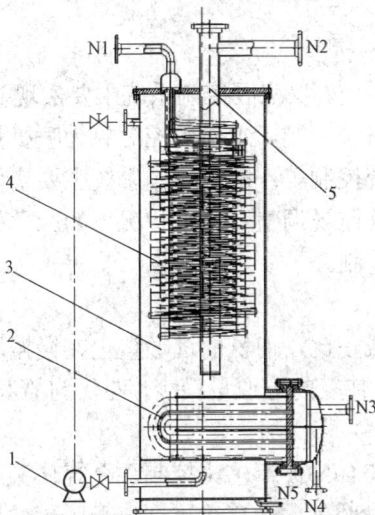

图 9-28 表面式蒸汽加热的液氨蒸发器结构

1—热媒循环泵;2—U 形管蒸汽加热器;3—壳体;

4—蛇形盘管;5—气液分离筒;

N1—液氨进口;N2—气氨出口;N3—蒸汽入口;

N4—冷凝水出口;N5—排污口

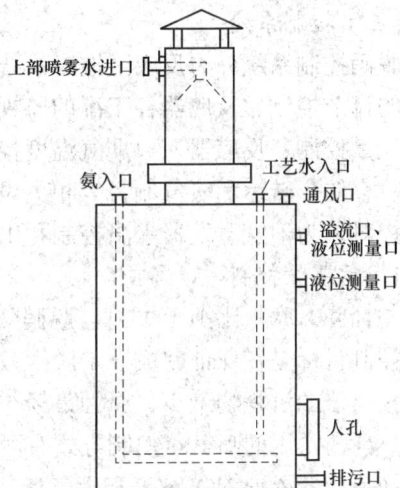

图 9-29 氨气稀释槽

7. 排放系统

系统紧急排放的氨气排放至稀释槽，经水的吸收排入废水坑；自动喷淋水同样进废水坑。当夏季温度达到38℃以上时，液氨储罐顶部喷淋装置自动开启，喷淋水经地面坡度进地沟，由地沟进废水坑，喷淋水集中至地坑时，可开启废水泵，手动关闭通往废水处理站阀门，开启通往喷淋管的旁路阀，补充部分喷淋水。

氨气稀释槽和废水池中的氨，受热后易挥发氨气，为了避免高浓度的氨水挥发大量的氨气，影响氨区工作人员的身心健康，因此应定期将稀释槽和废水坑中的含氨废水排出，用废水泵送至化学区域的废水处理站。

8. 安全装置

（1）氨气泄漏检测报警装置。用该装置检测大气中氨的浓度，防止氨气泄漏事故的发生。当检测器测得大气中氨浓度达到预先设定报警值时，在控制室会发出警报，提示操作人员采取必要的措施，防止氨气泄漏异常情况的发生。通常在液氨储罐、液氨蒸发器、氨气缓冲罐、卸氨槽车处设置氨气泄漏检查仪。

（2）喷淋装置。自动控制情况下，当液氨储罐压力超过2.0MPa或温度超过38℃，或氨泄漏监测器测出氨浓度超过25ppm时，就地喷淋装置将自动启动，雨淋阀打开，水雾喷淋设备四周。通过大量水喷淋，达到降温或者控制氨泄漏量的目的。

（3）氮气吹扫装置。在液氨卸料或系统阀门仪表检修之前，通过氮气吹扫管线对管道系统进行彻底吹扫，清除管道内残余的空气或氨，防止氨气泄漏以及氨气与空气混合发生爆炸。基于此方面的考虑，在本系统的卸料压缩机、储罐、蒸发器、氨气缓冲罐等都备有氮气吹扫管线。

（4）洗眼淋浴器。用于事故时，就地操作人员与氨接触后及时用水冲洗，以保护眼睛和身体。洗眼淋浴器水源由厂区自来水系统供给。

（三）控制系统

脱硝控制系统分为反应区控制系统和氨区控制系统。反应区控制系统主要实现 NO_x 脱除效率的调节控制、反应器各工况的监视调整和吹灰系统控制，主要受控对象为喷氨量控制、稀释风量控制、反应器入口烟气温度控制、吹灰系统控制等；氨区控制系统主要实现液氨的卸载、存储、转运和氨气制备等相关设备工艺参数的监视调整及事故状况下的应急处理，主要受控对象为液氨蒸发器水温控制和出口氨气压力控制。

1. 喷氨量控制

NH_3/NO_x 摩尔比小于1时，脱硝效率与喷氨量成正比，但氨的逃逸量也在慢慢增加。喷氨量控制目标是在保证完成设定脱硝效率的前提下，使氨的逃逸量最少，催化剂的寿命最长，空气预热器的沉积物最少、腐蚀最轻。

目前，常用的喷氨量控制方式有两种：①固定 NH_3/NO_x 摩尔比控制。系统喷氨量由 NO_x 流量（反应器入口 NO_x 浓度和烟气流量的乘积）乘以摩尔比计算得出，一旦脱硝效率确定，则 NH_3/NO_x 摩尔比可通过实验曲线得知；获得的喷氨量作为设定值送入 PID 控制器，与喷氨量实际值比较，经 PID 控制器运算后发出信号控制氨流量调节阀的开度以实现喷氨量控制。②反应器出口 NO_x 浓度定值控制。首先根据反应器实际入口 NO_x 浓度与反应器出口 NO_x 浓度设定值计算出理论脱硝效率，并将脱硝效率转化得出一个作为基准值的摩尔比，经过反应器出口 NO_x 与其设定值的修正得出需要的摩尔比；修正后的摩尔比代替上述固定摩尔比控制回路中的摩尔比设定值计算获得喷氨量,将反应器出口 NO_x 浓度稳定在设定值上。两控制方式中前者控制回路简单,易于调整和实现,但控制效果较差,易出现过度脱氨或氨的逃逸,增加运行成本;后者增加了系统稳定性,使系统运行更为经济,但控制逻辑较为复杂,增加系统调试和整定难度。

SCR 反应区供氨流量主要由氨流量调节阀和事故关断阀(截止阀)控制。当机组 MFT 信号触发、引风机跳闸、反应器入口烟气温度低于 310℃或高于 430℃、反应器出口烟气氨逃逸量超标、供氨母管压力异常、手动跳闸、两台稀释风机跳闸、稀释风量低、氨气/空气混合气中氨气浓度大于 8%(体积比)等满足任一条件时,供氨事故关断阀自动关闭,脱硝系统退出运行。

2. 稀释风量控制

按照 SCR 工艺要求,喷入反应器烟道的氨气/空气混合气中氨气浓度应小于 5%(体积比)。若氨气浓度过高,有爆炸危险,且会导致稀释氨与烟气混合不均匀;若氨气浓度过低,会导致大量冷空气进入烟道,影响经济性。

根据氨气/空气混合气中氨气浓度应小于 5%,即需要控制稀释比(氨气体积流量除以稀释风机出口空气体积流量)低于 1:19,在调试期间得到最大的氨气流量值,通过计算得出所需的最大稀释空气流量,手动调节稀释风机出口挡板控制稀释空气流量。空气流量一旦设定,将不再随锅炉负荷进行调节,正常运行期间氨气浓度将低于 5%。

当检测到空气流量低于设定的低值时,DCS 终端控制屏上报警,3min 后启动备用风机,如果稀释空气流量降到设定的超低值,则关闭事故关断阀,停止向 SCR 系统供氨。

3. 反应器入口烟气温度控制

反应器入口烟气温度通常控制为 310~430℃。反应器入口烟气温度过低,将使脱硝效率降低,氨逃逸量增大;反应器入口温度过高,易引起催化剂烧结。可采用省煤器烟气侧旁路、省煤器分段布置、省煤器给水侧旁路、提高锅炉给水温度(九级加热器)等技术方法提高反应器入口烟气温度。

当反应器入口烟气温度低于 310℃或高于 430℃时,供氨事故关断阀自动关闭,停止喷氨并发出报警信号,提醒操作人员停运脱硝系统,以避免催化剂遭破坏。

4. 吹灰系统控制

合理吹灰,可防止飞灰在催化剂内沉积,避免催化剂堵塞而失去活性。因此,脱硝装置投运后,监视催化剂层间压差,若压差增加较快,加强催化剂的吹灰。

(1)蒸汽吹灰系统控制。每台反应器的吹灰器按从上至下的催化剂层依次运行,即上一层催化剂的吹灰器在设定的时间内依次启动运行后,再开始运行下 层催化剂的吹灰器,保证每台反应器每次总是只有一台吹灰器运行。

在运行过程中,应严格控制吹灰汽源压力(1.5~2.5MPa)和温度,防止压力和温度过高损坏催化剂。在吹灰汽源投入时做到充分疏水,防止吹灰蒸汽带水造成催化剂粘灰而影响脱硝效率。

(2)声波吹灰系统控制。对 SCR 使用的声波吹灰器,通过时间定时器功能进行设置,以便每层吹灰器按设定顺序循环动作。

5. 液氨蒸发器水温控制

采用蒸汽加热方式时,通过调节进入液氨蒸发器中蒸汽的流量,控制液氨蒸发器筒体内水温在设计值，进而维持氨气出口温度为定值（通常为 40℃）。

氨气出口温度控制系统为单回路控制系统，氨气出口温度为被调量，蒸汽调节阀开度为调节量。自动投入时，氨气出口温度测量值与给定值进行比较，将偏差信号送入 PI 调节器，PI 调节器输出信号经过手自动切换器后进入执行器，然后调整蒸汽调节阀开度，改变进汽量，控制液氨蒸发器筒体内水温，维持氨气出口温度为定值。脱硝系统开始运行时，可先手动调整蒸汽调节阀开度，氨气出口温度达到目标值且系统稳定后投入氨气出口温度自动控制。

6. 液氨蒸发器出口氨气压力控制

通过调节蒸发器的液氨进口气动调节阀开度，改变进入蒸发器的液氨流量，从而达到控制液氨蒸发器出口氨气压力在设计值的目的。

氨气压力控制系统中，被调量为蒸发器出口氨气压力，调节量为液氨进口调节阀开度。投入自动控制时，氨气压力测量值与设定值进行比较后，将偏差信号送入 PI 调节器，PI 调节器输出信号经过手自动切换器后进入执行器，调节液氨进口调节阀的开度，调节液氨蒸发量，进而控制氨气压力为设定值。当氨气压力测量值与设定值偏差过大或压力变送器故障时，供氨压力转为操作员手动控制。

四、SCR 工艺脱硝效率的主要影响因素

在 SCR 脱硝工艺中，影响脱 NO_x 效率的主要因素是反应温度、反应时间、催化剂性能、NH_3/NO_x 摩尔比等。

1. 反应温度的影响

在管式固定床反应器中，采用 V_2O_5/TiO_2 作催化剂，实验研究了反应温度对 NO_x 脱除率的影响，结果如图 9-30 所示。从图中可，知反应温度对 NO_x 脱除有较大影响。在 200～310℃ 范围内，随着反应温度的升高，NO_x 脱除率急剧增加；升至 310℃ 时，达到最大值（90%），随后 NO_x 脱除率随温度的升高而下降。

SCR 系统最佳的操作温度取决于催化剂的组成和烟气的组成。当温度低于 SCR 系统所需温度时，NO_x 的反应速率降低，氨逸出量增大；当温度高于 SCR 系统所需要的温度时，排放的 NO_x 量增大，同时造成催化剂的烧结和失活。对金属氧化物催化剂［V_2O_5-WO_3(MoO_3)/TiO_2］而言，其最佳的操作温度为 250～427℃。

2. $n(NH_3)/n(NO_x)$ 对 NO_x 脱除率的影响

在 310℃ 时，NH_3 与 NO_x 摩尔比对 NO_x 脱除率的影响如图 9-31 所示。图中表明，NO_x 脱除率随 $n(NH_3)/n(NO_x)$ 的增加而增加。当 $n(NH_3)/n(NO_x)$ 小于 1 时，其影响更明显，该结果

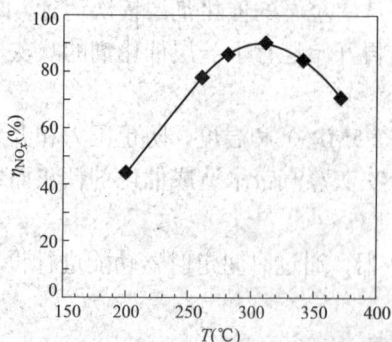

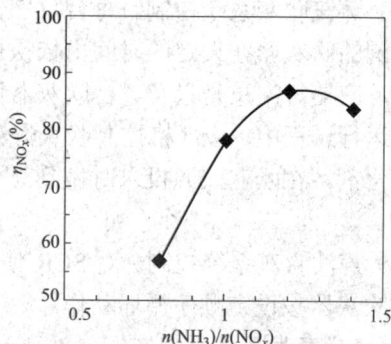

图 9-30　反应温度对 NO_x 脱除率的影响　　　图 9-31　$n(NH_3)/n(NO_x)$ 对 NO_x 脱除率的影响

说明，若 NH_3 投入量偏低，NO_x 脱除受到限制；若 NH_3 投入量超过需要量，NH_3 的氧化等副反应的反应速率将增大，从而降低了 NO_x 的脱除率，同时也增加了净化烟气中未转化 NH_3 的排放浓度，造成二次污染。在 SCR 工艺中，一般控制 $n(NH_3)/n(NO_x)$ 为 1.2 以下。

应该特别指出的是，对于高性能的系统设计而言，单纯控制 $n(NH_3)/n(NO_x)$ 是不够的，还要保证 $n(NH_3)/n(NO_x)$ 分布均匀性，才能达到满意的脱氮效果。

3. 接触时间对 NO_x 脱除率的影响

图 9-32 为研究试验中，在 310℃和 $n(NH_3)/n(NO_x)$ 等于 1 的条件下，反应气体与催化剂的接触时间对 NO_x 脱除率的影响。结果表明，时间 t 增至 200ms 时，NO_x 脱除率达到最大，随后有所下降。这主要是由于反应气体与催化剂的接触时间增大，有利于反应气体在催化剂微孔内的扩散、吸附、反应和产物气体的解吸、扩散，从而使 NO_x 脱除率提高。但是，若接触时间过大，NH_3 氧化反应开始发生 [见式（2-5）和式（2-7）]，使 NO_x 脱除率反而出现下降的趋势。

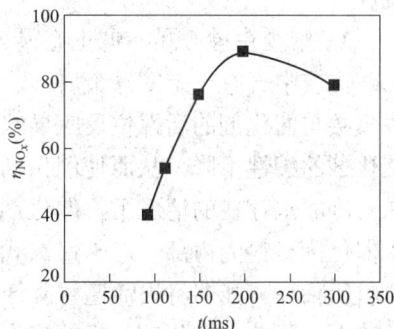

4. 催化剂的影响

催化剂是 SCR 工艺的核心，催化剂对脱除率的影响与催化剂的活性、类型、结构、表面积等特性有关。其中催化剂的活性是对 NO_x 的脱除率产生影响最重要的因素。

图 9-32　接触时间对 NO_x 脱除率的影响

除了上面提及的影响脱硝效率的几个因素之外，还有烟气流动状态、烟气中的含氧量、催化剂进口 NO_x 的浓度、燃料种类及特性、催化剂反应器的设计等因素。

五、SCR 催化剂失活

催化剂的失活可分为化学失活和物理失活。典型的 SCR 催化剂化学失活主要是碱金属、碱土金属和 As 等引起的催化剂中毒；物理失活主要是指高温烧结、磨损和堵塞而引起的催化剂活性破坏。

1. 催化剂的烧结

以钛基催化剂为例，长时间暴露在 450℃以上的高温环境中，可引起催化剂活性表面的烧结，微晶聚集，导致催化剂颗粒增大、表面积减小，使催化剂活性降低，如图 9-33 所示。

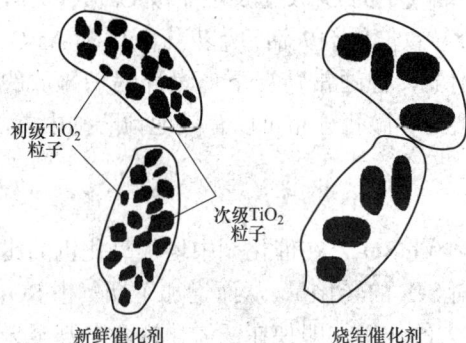

在钛基钒类商用催化剂配方中加入钨会最大程度地减少催化剂的烧结，不同钨含量所允许的最高运行温度是不同的，SCR 反应器在正常运行温度工作时，烧结现象可以忽略。因此，SCR 反应器的运行温度必须严格遵守厂家的指导要求。

图 9-33　催化剂的烧结

2. 烟气中飞灰（烟尘）

在所有导致 SCR 催化剂失活的因素当中，积灰是最复杂、影响最大的一个。如果催化剂的微孔被烟尘颗粒堵塞，则催化剂表面活性位逐渐丧失，导致催化剂失活。有分析得出：催化剂表面沉积的飞灰主要是一些粒径小于 5μm 的颗粒，与烟气中的飞灰相比，硫酸盐化的颗粒数目明显增加，As 和 Na 等元素更容易在小颗粒上富集，进而对催化剂造成严重毒害。

为减少飞灰对催化剂的影响，可采取以下措施：①在 SCR 工艺中，设置预除尘装置以及在省煤器出口设置大截面灰斗和除灰格栅。②合理吹灰，降低飞灰在催化剂表面的沉积；③合适的烟气均布措施。④选择合适的催化剂类型及性能参数。如防止蜂窝状催化剂堵塞，应选用合适催化剂节距和蜂窝尺寸。⑤选择合适的催化剂量，增加催化剂的体积和表面积。⑥通过适当的制备工艺，增加催化剂表面的光滑度，减缓飞灰在催化剂表面的沉积。

3. 烟尘中碱金属、碱土金属、砷

飞灰中含有一定的碱金属（一般指 K、Na），其含量一般比 Ca、Mg 少得多。碱金属可以直接与催化剂的活性位反应导致活性位丧失，主要是造成催化剂中 V—OH 的氢键被替换，催化剂的酸性下降，从而使催化剂失活。碱金属与活性位的结合程度相对不是很大，但如果在有冷凝水存在的情况下，催化剂的失活性可能会成倍增加，因为这时它们更易于流动并渗入催化剂材料的内部。对于蜂窝式催化剂来说，由于碱金属离子的移动性可以被整体式载体材料所稀释，能够将失活速率降低，使用寿命也就更长。SCR 脱硝反应主要发生在催化剂的外表面，因此，催化剂失活的程度取决于可以到达催化剂活性位的飞灰上所含有的碱金属的浓度。为了避免催化剂的碱金属中毒，催化剂应该尽量避免潮湿环境，并且应使用蜂窝状催化剂以减少碱金属的影响。

对于 SCR 脱硝系统，如果燃煤中 CaO 过高，催化剂活性将被削弱。我国煤中 CaO 含量相对较高，如电厂广泛使用的神华煤灰分为 9%～24%，而灰中 CaO 含量质量分数为 13%～30%。一般认为，CaO 的碱性使催化剂酸性下降，但并不会造成催化剂活性的大幅下降。催化剂性能下降的主要原因是飞灰中的 CaO 与 SO_3 反应，在催化剂表面形成一层 $CaSO_4$，并覆盖住催化剂的活性位，阻止反应物扩散进入催化剂进行脱硝反应。相对于板式催化剂来讲，蜂窝式催化剂受 CaO 的影响较小，抗 CaO 中毒能力更强。

砷是大多数煤种中都存在的成分，SCR 催化剂的砷中毒是由气态砷的化合物不断积聚，堵塞进入催化剂活性位的通道造成的。烟气中气态砷的主要形态为 As_2O_3，主要沉积并堵塞催化剂的中孔，即孔径为 $0.1～1\mu m$ 的孔。无论是哪一种炉型，催化剂都会出现明显的砷中毒现象。当烟气中存在大量的 CaO 时，As_2O_3 会和 CaO 及烟气中的 O_2 发生反应生成 $Ca_3(AsO_4)_2$，$Ca_3(AsO_4)_2$ 是一种热稳定性非常高的化合物，并且不会导致催化剂失活，所以当 CaO 和 As_2O_3 同时存在时，两种物质对于催化剂的影响会被大大削弱，但通常情况下，燃煤锅炉排放的 As_2O_3 浓度会远远高于 CaO。通过改变催化剂的微孔结构和微孔分布可以有效地预防砷中毒，这一措施已经被许多催化剂生产商采用。

4. 烟气中 SO_3

煤燃烧过程中产生的硫氧化物主要为 SO_2，只有少量 SO_3，在催化剂中增加氧化钒的比例可以提高催化剂的脱硝活性，但同时也增加了 SO_2 向 SO_3 的转化量，从而增加了烟气中 SO_3 的浓度（见图 9-34）。温度对 SO_2 向 SO_3 的转化有很大的作用，即使在低氧化钒含量甚至无氧化钒含量的催化剂中，仍然有部分 SO_2 转化成 SO_3。

烟气中 SO_3 继而与逃逸的 NH_3 反应生成硫酸铵或硫酸氢铵，黏性的硫酸氢铵液体易引起催化剂堵塞。防止硫酸氢铵（铵盐）沉积采取的措施：①设计合理的催化剂配方，降低 SO_2

的转化率。②减少氨气的逃逸量。如选择合适的 NH_3/NO_x 摩尔比、合适的催化剂体积，以及合理的系统设计，特别是混合装置的设计，使催化剂表面烟气浓度达到均匀分布。③在低负荷情况下，当温度达不到要求时停止喷氨。铵盐的沉积只在锅炉低负荷运行，温度低于铵盐的凝结温度时才有可能发生。

铵盐沉积引起的催化剂堵塞，可以通过加热的方式分解硫酸铵，恢复催化剂的部分活性，但长期低于允许温度会使催化

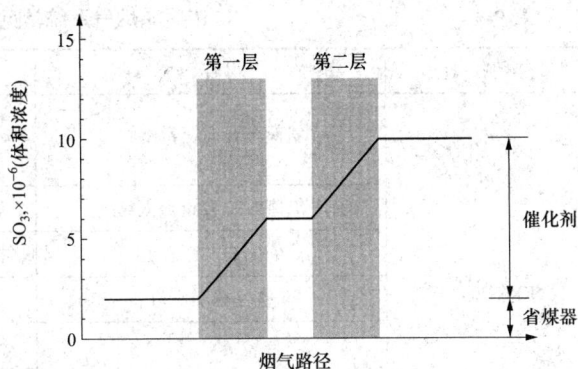

图 9-34　烟气流经催化剂层浓度变化示意

剂活性发生不可逆的变化。对空气预热器进行冲洗可以清除铵盐沉积。

5. 催化剂的磨损

磨损主要是由飞灰对催化剂表面的冲击引起的。催化剂的磨损是气速、飞灰特性、冲击角度及催化剂特性的函数，因此，高的烟气流速和颗粒物浓度会加速这种磨损。除了高温烟气的冲刷，SCR 系统中吹灰器的运行也会产生明显的磨损现象。另外，对于蜂窝状催化剂而言，出现磨损的孔道在流经烟气时，流动阻力和压降都会减小，相比之下会有更多的烟气流过，从而进一步加剧这种磨损效果，而那些表面和边缘经过处理的催化剂，抗磨损的能力会高些。

防止催化剂磨损采取的措施有合理设计催化剂、选用合适的烟气速度、尽可能除去烟气中磨损性较强的大颗粒飞灰。在催化剂设计方面主要采取的措施有：①顶端硬化。增加蜂窝式催化剂端部的硬度，以抵御迎灰面的磨损。对于平板式催化剂，因其支撑架为金属网，端部被磨损后，其金属基材暴露在迎风面，可阻止烟气的进一步磨损，一般认为板式催化剂的抗磨损性能较好。②增厚。增加整体催化剂的壁厚，提高磨损裕量，以延长催化剂的机械寿命，此方法还有利于催化剂的清洗和再生。③使用均质催化剂结构。因为在高灰下，催化剂的迎灰面以及内壁都会发生一定程度的磨蚀，表面涂层的催化剂在表面发生磨损后，催化剂的活性会大幅度地降低。

烧结、磨损和积灰现象都会引发催化剂的失活，其中积灰对于催化剂的影响是最严重的。

6. 失活催化剂回收处理的措施

失活催化剂的处理一般有垃圾掩埋或者是再生循坏利用。取决于失活催化剂的寿命与使用情况，同时综合考虑处理方式的经济成本。催化剂堵塞后，采取适当措施可以使活性得到部分恢复；催化剂产生中毒或烧结后，活性失效，无法再生，一般由催化剂供货商回收，对催化剂的基材处理后再次用于制作新的催化剂。

催化剂回收处理流程为：分解催化剂模块→拆分→模块框金属材料→废料→失效催化剂→粉碎→工艺处理→回收利用。

六、SCR 脱硝系统常见故障和处理方法

催化剂失活是 SCR 脱硝系统常见的问题，此外，SCR 脱硝烟气系统常见故障和处理方法见表 9-4，氨供应系统常见的故障和处理方法见表 9-5。

表 9-4 　　　　　SCR 脱硝烟气系统常见故障和处理方法

出现问题	原因	处理方法
NO$_x$ 脱除率低	氨阀全开而氨量不够	检查是否氨泄漏，检查氨压力
		检查喷嘴是否堵塞，检查氨浓度
	出口 NO$_x$ 设定点太高	调节至正确值
	催化剂寿命衰退	根据催化剂手册适量增加氨喷入量
	氨分布不均匀	重新调节喷管阀门，检查喷嘴是否堵塞
	氨分析仪给出不正确的信号	检查仪表空气压力
		检查取样管是否堵塞
		检查分析仪表的数据
	摩尔比设定点太低	重新变更试验调整
氨关断阀门频繁跳闸	仪用空气压力偏低	检查仪用空气
	NH$_3$/稀释空气比太高	检查稀释空气和氨流量
	烟气流量和烟气温度太低	检查锅炉荷载和性能
		检查烟气温度
SCR 压力降偏高	灰尘沉积	用吹灰器进行吹扫
		检查吹灰器耗气量

表 9-5 　　　　　氨供应系统常见的故障和处理方法

故障	原因	处理方法
系统紧急停运	按了任何一个安全关闭按钮	1. 检查紧急停运的位置和原因。 2. 立即派操作人员到氨储罐并戴防毒面具，解决问题并重新启动
	任何一个氨泄漏检测仪出现"高一高"报警	1. 检查空气中氨含量高的位置和原因，并修复泄漏点。 2. 立即派操作人员到氨储罐，注意应戴防毒面具
闻到氨臭味	1. 气氨的泄漏。 2. 储存区液氨泄漏	1. 密封泄漏处。 2. 关闭泄漏发生部位，释放压力并密封泄漏处
卸载过程不得不中断	1. 紧急情况罐车须尽量离开现场。 2. 两个储罐的液位都达到了高位，但卸载管道中仍充满了液氨	根据停止卸载过程的相关操作步骤，释放压力并小心地使液氨蒸发
在蒸发器之后发现有液氨	1. 流速过高，氨消耗量过高。 2. 蒸发器温度太低。 3. 蒸发器中水不足。	1. 检查 SCR 系统的进口 NO$_x$ 浓度。 2. 检查控制器的设定温度。 3. 向水室中注入淡水，使水位高于"低"位报警
氨压不足	1. NH$_3$ 罐已空了。 2. 环境温度长时间过低。 3. 压力调节阀出故障	1. 按照相关操作步骤切换到另一个储罐。 2. 如果另一个罐中的液位更高，再切换到下一个储罐。 3. 检查压力调节阀的功能。如有必要，调整设定值或检查垫圈是否变形
NH$_3$ 温度过高	蒸发器水室温度过高。	检查设定值和温度控制器的性能。
压缩机中没有氨流动	1. 某一阀门关闭了。 2. 压缩机的四通阀位置不对。 3. 气水分离器的液位过高	1. 检查所有阀门的位置并打开关闭的阀门。 2. 根据情况改变阀门位置。 3. 释放压力以蒸发液氨，然后重新开始

续表

故　　障	原　　因	处　理　方　法
没有氨供给	1. 某一阀门关闭了。 2. 蒸发器因消耗量过高而过流关闭。 3. 低水温造成的溢流使蒸发器关闭。 4. 低液位关闭了蒸发器。 5. 过高的水温使蒸发器关闭	1. 检查所有阀门的位置并打开关闭的阀门。 2. 重新开启蒸发器，或切换到备用蒸发器并检查流量控制是否正常。 3. 检查加热器并重新启动。 4. 补充水到最高液位并重新启动。 5. 切换到备用蒸发器，并检查温度控制回路

第四节　其他烟气脱硝技术

一、选择性非催化还原脱硝技术

选择性非催化还原（SNCR）法也是当前一种成熟的烟气脱硝技术。目前在火力发电行业，SNCR 是仅次于 SCR 而被广泛应用的烟气脱硝工艺，该工艺适用于烟气的 NO_x 含量和所需还原率都较低的燃烧设备的烟气治理，是一种 NO_x 的脱除率和费用均低于 SCR 法的脱硝方法。

1. SNCR 工艺原理

选择性非催化还原法是在没有催化剂参与的情况下，以含氨基（NH_x）的物质如氨（NH_3）、尿素 [$CO(NH_2)_2$] 或苛性氨（NH_4OH）等作为还原剂，将烟气中的 NO_x 还原为 N_2 和水。由于不用催化剂，该法的操作温度比 SCR 法高许多。不同还原剂有不同的温度反应范围，如用氨作还原剂的适宜反应温度为 850～1000℃（也有认为上限温度可定为 1100℃）。低于该温度范围反应不完全，易造成氨的浪费和逃逸。而当温度高于 1100℃ 时，NH_3 本身将氧化成 NO，反而使氮氧化物的排放量增加。主要的化学反应为

$$4NH_3 + 6NO \rightarrow 5N_2 + 6H_2O$$

可能的竞争反应包括式（9-3）和式（9-4）。

用尿素作还原剂时，总反应式为

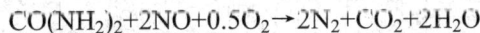

$$CO(NH_2)_2 + 2NO + 0.5O_2 \rightarrow 2N_2 + CO_2 + 2H_2O$$

用尿素作还原剂时，适宜的反应温度为 950～1100℃。

用苛性氨为还原剂时，适宜的反应温度与氨基本相同，为 850～1000℃。

加入添加剂可以改变适宜的反应温度范围，比如在尿素中加入增强剂可以使操作温度扩大为 500～1200℃。

2. SNCR 工艺流程

SNCR 工艺的还原过程在燃烧室内进行，不需要另外建立反应室。还原剂通过安装在燃烧室墙壁上的喷嘴喷入烟气中。喷嘴布置在燃烧室和省煤器之间的过热器区域。通过在一定压力下喷射使还原剂和烟气混合，锅炉的热量为反应提供了能量，使一部分氮氧化物在这里被还原，之后烟气流出锅炉。液氨在喷射前被蒸发器蒸发气化，尿素溶液在喷射后被锅炉加热气化。

还原剂的载体可以用压缩空气、蒸汽或水，在采用上部燃尽风（即火上风）或烟气再循环方法的低氮燃烧技术的锅炉上，还可以用上部燃尽风或再循环烟气作为载体。喷入角度可以是垂直于壁面的，也可以是和壁面成其他不同倾角的。

喷入点的选择必须满足不同还原剂对温度的要求，比如用氨作还原剂时，喷入点应该选择在温度为 850～1000℃ 的炉膛空间处。由于炉内温度经常会随锅炉负荷波动发生变化，所以有必要在不同高度上开设喷药点，以便根据不同工况调整还原剂的喷入位置，确保处于适宜反应的温度区间。SNCR 方法用于大型燃烧设备时一般在炉膛内安装三四层（特殊情况可以有 5 层）喷射层，每层又设若干个喷口。SNCR 工艺流程如图 9-35 所示，图中的锅炉在三层高度上设置了喷药点。

3. 与 SCR 工艺的比较

SNCR 工艺与 SCR 工艺的比较见表 9-6。SNCR 工艺与 SCR 工艺相比运行费用低，旧设备改造少，尤其适用于改造机组，但是存在还原剂消耗量大，NO_x 去除率低等缺点，适宜温度范围的选择和控制也比较困难。同时，锅炉炉型和负荷状态的不同需要采用不同的工艺设计和控制策略，设计难度大。

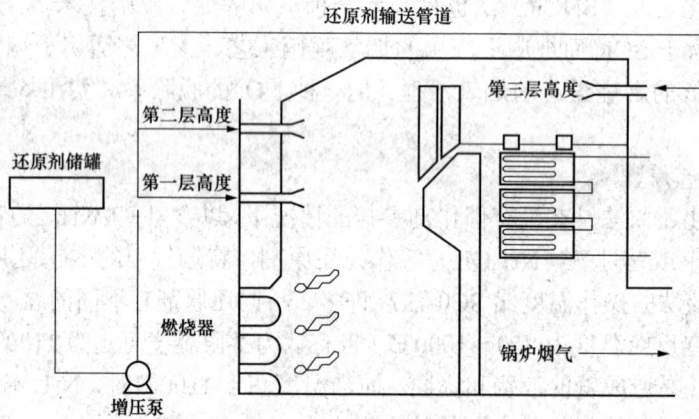

图 9-35 SNCR 工艺流程

表 9-6 SNCR 工艺与 SCR 工艺的比较

比较项目 工艺名称	SCR	SNCR
NO_x 的脱除效率（%）	70～90	30～80
操作温度（℃）	200～500	800～1100
NH_3/NO 的摩尔比	0.4～1.0	0.8～2.5
氨泄漏（ppm）	<5	5～20
总成本	高	低
操作成本	中等	中等

4. SNCR/SCR 组合法

SNCR 技术的最大问题是脱硝效率不高，而 NH_3/NO_x 的摩尔比却要求较高，这种情况带来的一个不良后果就是造成氨逃逸量的加大。SNCR 技术与 SCR 技术组合，SNCR 阶段未反应完的氨到 SCR 阶段再接着利用，既可以减少 SCR 阶段氨的喷入量和减少氨逃逸量，又可以减少催化剂的用量，而烟气经过两个阶段的脱硝处理后，脱硝效率最高可达 90%。因此，SNCR/SCR 联合法可将 SNCR 工艺低费用的特点同 SCR 工艺高脱硝率及氨逸出率低有效地结合起来。

在联合工艺的设计中，一个重要的问题是将氨与 NO_x 的充分混合，SNCR 体系可向 SCR 催化剂提供充足的氨，但是要想控制好氨的分布以适应 NO_x 分布的改变却是非常困难的。对这种潜在的分布不均，在理论上还没有很好的解决办法，并且锅炉越大，这种分布就越不好。为了弥补这种分布不均的现象，联合工艺的设计应满足氨的供应，如在标准尺寸的 SCR 反应器中安装一个辅助氨喷射系统。准确地试验和调节辅助氨喷射能减少催化剂中的缺氨区域。

SNCR/SCR 组合技术可节省脱硝运转费用，是目前电厂最经济的脱硝方式。

二、电子束同时脱硫脱硝技术（EBA）

1. 工艺原理及流程

电子束法工艺原理为：直流高压电源产生的电子束经电子加速器加速后辐照烟气，使烟气中的 O_2、H_2O 等生成大量的离子、自由基、原子、电子和各种激发态的原子、分子等活性物质，将 SO_2 和 NO_x 分别氧化生成硫酸和硝酸，并在 $65\sim80℃$ 条件下与注入的氨气发生中和反应，得到干燥的硫酸铵和硝酸铵颗粒。

电子束脱硫脱硝工艺的基本流程如图 9-36 所示。经除尘净化后的烟气进入冷却塔，在塔中通过喷雾水冷却到 $65\sim70℃$，在烟气进入反应器之前，注入接近于化学计量比的氨气，然后进入反应器，在反应器中活性物质氧化烟气中的 SO_2 和 NO_x，生成的硫酸铵和硝酸铵颗粒由副产物收集装置回收，净化后的烟气经烟囱排入大气，回收的副产品经造粒处理后可作为肥料。

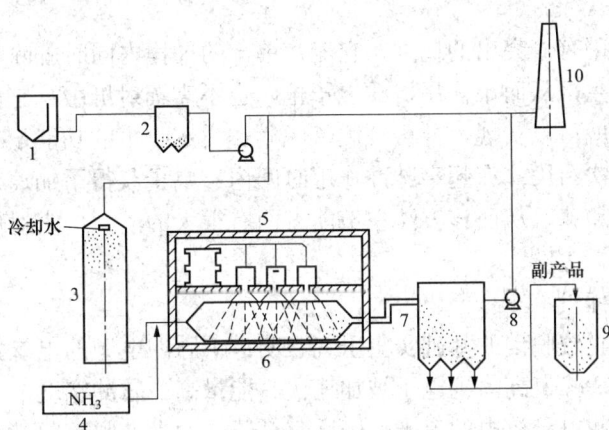

图 9-36 电子束脱硫脱硝工艺流程

1—锅炉；2、7—除尘器；3—冷却塔；4—氨储罐；5—电子加速器；6—反应器；

8—引风机；9—副产品储罐；10—烟囱

2. 影响脱除率的因素

影响硫氨脱除率的因素有烟气温度、含水量、氨投加量、电子辐射剂量及其方式等。其中电子辐射剂量和温度是主要的影响因素。有研究表明，脱硫率随烟气温度升高而单调下降，温度每升高 5℃，脱硫率约下降 10%。电子辐射剂量由 0 升到 9kGy，脱硫率显著增加。6kGy 时，脱硫率接近 90%；剂量更高时，脱硫率趋于稳定。NO_x 的去除率主要取决于辐射剂量。随着辐射剂量增加，NO_x 脱除率可接近 100%，在 27kGy 时，脱除率达 90%。

3. 技术特点

EBA 的技术优势：过程为干法，不产生废水废渣；能同时脱硫脱硝，可达 90%以上的脱硫率和 80%以上的脱硝率；系统简单，操作方便，过程易于控制；对于不同含硫含氮量的烟气和烟气量有较好的适应性和负荷跟踪性；副产品为硫酸铵和硝酸铵混合物，可用作化肥。

存在的问题：电子加速器昂贵，在总投资中所占比例达 15%～20%；运行费用受液氨供应和硫酸铵、硝酸铵出路的影响很大，在不考虑副产品回收利用时，运行费用高；出口氨浓度的控制、氨的泄漏等问题急需解决。

三、脉冲电晕同时脱硫脱硝技术（PPCP）

为解决 EBA 存在的问题，1986 年日本东京大学 Masuda 教授基于 EBA 法提出了 PPCP 法。

PPCP 法与 EBA 法均属等离子体法，所不同的是前者利用高电压脉冲电晕放电电场来代替后者的电子加速器及真空密封系统获得高能电子，以克服 EBA 存在的缺点。

1. 工艺原理

脉冲电晕同时脱硫脱硝的原理和电子束辐照脱硫脱硝的原理基本一致，都是利用高能电子使烟气中的 H_2O、O_2 等分子被激活、电离或裂解，产生强氧化性的自由基，然后，这些自由基对 SO_2 和 NO_x 进行等离子体催化氧化，分别生成 SO_3 和 NO_2 或相应的酸，最终与水蒸汽和注入反应器的氨反应生成硫酸铵和硝酸铵。它们的差异在于高能电子的来源不同，电子束方法是通过阴极电子发射和外电场加速而获得，而脉冲电晕放电方法是由电晕放电自身产生的。

脉冲电晕脱硫脱硝有着突出的优点，它能在单一的过程内同时脱除 SO_2 和 NO_x；高能电子由电晕放电自身产生，从而不需昂贵的电子枪，也不需辐射屏蔽；它只要对现有的静电除尘器进行适当的改造就可以实现，并可集脱硫脱硝和飞灰收集的功能于一体；它的终产品可用作肥料，不产生二次污染；在超窄脉冲作用时间内，电子获得了加速，而对不产生自由基的惯性大的粒子没有加速，从而该方法在节能方面有很大的潜力；它对电站锅炉的安全运行没有影响。

2. 影响脱除率的因素

对脉冲电晕同时脱硫脱硝的基础实验研究表明：①脉冲电源的电参数直接影响脱硫脱硝的效果。脉冲前沿陡、峰值高，则电子被加速快、能量高；脉冲宽度窄，则分子、离子来不及被加速；正高压脉冲电晕放电的流光范围比负高压脉冲大，脱硫脱硝效果明显优于负高压脉冲；脉冲波形对等离子体脱硫脱硝的效率及能耗影响也很大。②SO_2 氧化率随烟气温度的上升而下降，随初始 SO_2 浓度的增加而下降；在一定范围内，湿度大利于去除 SO_2。③烟气停留时间和飞灰的存在对脱硫脱硝具有一定的促进作用。

3. 技术特点

该技术与其他脱硫脱硝技术相比，具有设备简单、操作简便、投资较省（是 EBA 法的60%）、能量效率较高（是 EBA 法的 3 倍）等优点，同时具有潜在的社会效益。但尚有许多问题如大功率、窄脉冲、长寿命高压脉冲电源的研究开发、减少电能消耗、占较大比重的亚硫酸铵产物难以回收等问题需要解决。此外，该技术同样受氨的来源和副产品出路的影响。

四、其他烟气脱硝技术

除了上述脱硝技术，还有液体吸收法、微生物吸收法、活性炭吸附法等，详见表 9-7。

表 9-7　　　　　　　　　　　　　其他烟气脱硝工艺特性

工艺	原　　理	特　　点	适用性	NO 去除率（%）	投资费用
液体吸收法	NO 难溶于水，用氧化剂将 NO 氧化成 NO_2，生成的 NO_2 再用水或酸、碱、盐的水溶液来吸收，使得废气得以净化的方法	工艺设备简单，投资少，收效显著，有些方法可以回收 NO_x，但效率低，副产物不易处理	处理烟气量很小的情况下	效率低	较低
活性炭吸附法	利用活性炭的多孔、高比表面积吸附烟气中的 NO_x，达到脱除 NO_x 的目的	可以同时脱硫脱硝，回收 NO_x 和 SO_2，运行费用低；吸收剂用量多，设备庞大，一次脱硫脱硝效率低，再生频繁	排气量不大	80～90	高
微生物法	脱氮细菌在外加碳源的情况下，利用 NO_x 作为氮源，将 NO_x 还原为无害的 N_2	工艺设备简单，能耗及处理费用低，效率高，无二次污染；微生物环境条件难以控制，仍然处于研究阶段	适用范围较大	80	低

附 录 常 用 标 准

DL 5068—2014 《发电厂化学设计规范》

DL 5190.6—2012 《电力建设施工技术规范 第 6 部分：水处理及制氢设备和系统》

GB/T 12145—2016 《火力发电机组及蒸汽动力设备水汽质量》

DL/T 246—2015 《化学监督导则》

DL/T 1030—2006 《煤的工业分析 自动仪器法》

GB 475—2008 《商品煤样人工采取方法》

GB 474—2008 《煤样的制备方法》

GB/T 212—2008 《煤的工业分析方法》

GB/T 213—2008 《煤的发热量测定方法》

GB/T 31391—2015 《煤的元素分析》

DL/T 571—2014 《电厂用磷酸酯抗燃油运行维护导则》

DL/T 941—2005 《运行中变压器用六氟化硫质量标准》

GB/T 14541—2005 《电厂用运行矿物汽轮机油维护管理导则》

GB/T 14542—2005 《运行变压器油维护管理导则》

DL/T 1039—2007 《发电机内冷水处理导则》

参 考 文 献

[1] 黄成群，洪锦从．电厂水处理设备及运行．北京：中国电力出版社，2012．

[2] 黄成群，李艳萍．电厂水处理设备运行与维护．北京：中国电力出版社，2012．

[3] 杨宝红．火力发电厂废水处理与回用．北京：化学工业出版社，2006．

[4] 孙本达，杨宝红．火力发电厂水处理实用技术问答．北京：中国电力出版社，2006．

[5] 周柏青，陈志和．热力发电厂水处理．4版．北京：中国电力出版社，2009．

[6] 陈志和．电厂化学设备及系统．北京：中国电力出版社，2006．

[7] 黄成群，潘丽梅．电力环境保护．北京：机械工业出版社，2012．

[8] 汪红梅．电力用油（气）．北京：中国电力出版社，2015．

[9] 罗竹杰．电力用油与六氟化硫．北京：中国电力出版社，2007．

[10]《火力发电职业技能培训教材》编委会．电厂化学设备检修．北京：中国电力出版社，2005．